国家档案局国家重点档案保护与开发课题

民国时期万载县教育工作资料汇编与整理

杨永俊 编著

全国百佳图书出版单位
时代出版传媒股份有限公司
黄山书社

图书在版编目(CIP)数据

民国时期万载县教育工作资料汇编与整理 / 杨永俊编著.
——合肥 : 黄山书社, 2019.12
ISBN 978-7-5461-8791-4

Ⅰ. ①民… Ⅱ. ①杨… Ⅲ. ①教育史-史料-汇编-万载县-民国 Ⅳ. ①G527.564

中国版本图书馆 CIP 数据核字(2020)第 010103 号

民国时期万载县教育工作资料汇编与整理 杨永俊 编著
MINGUO SHIQI WANZAI XIAN JIAOYU GONGZUO ZILIAO HUIBIAN YU ZHNEGLI

出 品 人	贾兴权
责任编辑	周振华
装帧设计	熙宇文化
出版发行	时代出版传媒股份有限公司(http://www.press-mart.com) 黄山书社(http://www.hspress.cn)
地址邮编	安徽省合肥市蜀山区翡翠路 1118 号出版传媒广场 7 层 230071
印 刷	合肥锐达印务责任有限公司
版 次	2020 年 7 月第 1 版
印 次	2020 年 7 月第 1 次印刷
开 本	787mm×1092mm 1/16
字 数	600 千
印 张	29.75
书 号	ISBN 978-7-5461-8791-4
定 价	138.00 元

服务热线 0551-63533706

销售热线 0551-63533761

官方直营书店(https://hsssbook.taobao.com)

《民国时期万载县教育工作资料汇编与整理》

编纂委员会

前 言

万载县，江西省宜春市辖下的一个山区丘陵县，地处赣西偏北，界于湘赣边境，其西与湖南省浏阳县接壤，北为赣西北“纯客县”江西省铜鼓县，东北毗邻赣西北禅宗文化积淀最为深厚的江西省宜丰县，东接“上高会战”主战场所在地江西省上高县，南则是古袁州府所在地江西省宜春市袁州区。万载县居于赣江重要支流锦江河之上游，历史上属于“吴头楚尾”范畴，控扼湘赣之孔道，乃兵家必争之要地。万载开县于三国时期的吴黄武（222—229）中，至今差不多有1800年历史，而其文明则可上溯商周。从历史长时段视野与区域比较视角分析，万载县建制历史不能说不悠久，然与西汉初最早建县的高安与宜春二县相比较晚了400余年，与赣西北偏东的上高县（建县于东汉中平年间，即公元184—188年）比较也晚了数十年，甚至于其西部湖南省浏阳县（建县于东汉建安十四年，即公元209年）的建县历史都比它早10余年。万载只是与其东北邻县宜丰同年建县，早于其北面邻县铜鼓1700多年。

万载县现有居民分本籍与客籍两系，均属汉族的两大支系。从严格的意义上说，万载县没有严格意义上的原住居民，本、客二民系的众姓均为汉唐以来自外地迁徙而来。根据笔者对上世纪80年代编修的《万载县地名志》所涉及姓氏的不完全统计，万载现有居民姓氏中，从唐代开始移居万载的有秦、汪、辛、施、余、廖、陈、柳、段、宋、张、李、蒋、杨、冷、晏、欧阳、郧、徐、朱等20个姓氏；从两宋时期移居万载的姓氏就更多，有龙、郭、鲍、邓、喻、简、敖、钱、潘、钟、韩、武、汤、文、王、邹、戴、闻、易、高、袁、江、翟、卢、黄、吴、孙等近30个姓氏；从明朝开始，随着自闽粤赣客家区域的客家移民大批迁徙赣西北山区丘陵，落户于万载的姓氏又增加了几十个。这些来自山东、浙江、广东、福建、安徽、湖北、江苏等省以及本省其他区域的移民，共同创造了万载的光辉历史与特色文化。

对历史与文化的记载，传统时代以官修与私修的史志与谱牒为主。官修史志由政府设置机构安排职官主持，于是左史记言，右史记事，史官编修历朝国史，地方政府编纂方志；私修纯属私人修纂，以私修国史与方志为主，家族姓氏谱牒的编修尤为突出。方志与谱牒，是区域历史文化保存的两大载体。万载官修方志始自明朝成化十二年（1476）首修的《万载县志》，之后每隔十多年或数十年即重修一次县志，从明朝成化十二年到今天，已经修纂《万载县志》多达10次。万载县历届修志情况是：明朝成化十二年（1476）首修，嘉靖二十三年（1544）二修，崇祯九年（1636）的三修，明朝共修志三次；清朝康熙二十二年（1683）四修，雍正十一年（1733）五修，道光十二年（1832）六修，道光二十九年（1848）七修，同治十年（1871）八修，清朝共修志五次，期间道光在位时修志两次，其第二次修志成果以《万载土著志》命名；民国二十九年（1940）九修；中华人民共和国成立后于1987年十修。

官修之外,并未发现有私修县志。明清时期,万载宗族发展繁盛,祠堂星罗棋布,族姓修谱成风,如今留下数百部万载各姓族谱。这些由各族姓斯文私修的族谱与官修县志成为记录万载历史文化的重要资料,为研究万载历史文化的学者提供了丰富的参考文献。

不过,从事万载历史文化研究的学者并不满足于官修县志与族修谱牒,他们的研究目光于本世纪初开始聚焦于万载县档案资料,尤其聚焦于万载县民国档案资料。在从事万载历史文化研究学者视域里,万载民国档案的重要性丝毫不逊色于万载的十修县志与浩瀚谱牒。万载县民国档案以其数量之可观与保存之完整,在全国县级档案馆中享有较高知名度。在江西省的县级档案中,万载县民国档案保存数量亦名列前茅。按照万载档案馆《万载县敌伪档案目录索引》统计,万载县民国档案总共有 11261 卷,分 11 个全宗号,其中以党务工作为内容的全宗号 1 保存档案 457 卷,以政务工作为内容的全宗 2 保存档案 6456 卷,以部队军事为内容的全宗 3 保存档案 2627 卷,以警务及禁烟为内容的全宗 4 保存档案 399 卷,以地方防务为内容的全宗 5 保存档案 164 卷,以司法工作为内容的全宗 6 保存档案 738 卷,以特别区工作为内容的全宗 7 保存档案 63 卷,以“剿匪”为内容的全宗 8 保存档案 34 卷,以电信交通为内容的全宗 9 保存档案 253 卷,以民政为内容的全宗 10 保存档案 50 卷,以宗教及社会慈善服务为内容的全宗 11 保存档案 20 卷。从其不同全宗号所保留的民国档案数量差异分析,民国万载政务工作内容所占分额最重,多达全部档案卷数的一半以上;其次是民国万载军事内容,占了全部档案卷数的五分之一强;司法工作内容的卷数排第三;党务工作内容的卷数排第四;之后相继是地方防务内容与通信交通,卷数分别为第五与第六。

关于万载政务工作的全宗 2 涉及内容十分广泛,其下设 21 个目录号,大约包括人事、民政、经济、教育、田粮、工商业、农业、妇女工作、政务会议、乡镇干部任免、乡镇政务人才培训、乡镇工作、卫生工作、农会工作、合作社、社会工作等近 20 类政务内容,其中教育内容最为丰富,多达 1645 卷。万载县民国教育绝大部分集中于此全宗号内。其他全宗号中亦有少量教育工作内容,据不完全统计大约还有 64 卷。整个 11261 卷万载民国档案共有教育类档案 1709 卷,占万载民国档案卷数的 15.2%,其所占份额相当可观。除此之外,未标明教育标题的卷帙中,也杂有涉及万载教育内容的条目,若把这些统计进去,则万载县民国档案中的教育档案所占份额将会更大。由此看来,万载县民国教育档案内容丰富,类别繁多,保存系统完全,是研究民国教育工作不可多得的资料。

本人作为课题组负责人,自从承接“民国万载县教育工作研究”课题后,感觉到工作量十分巨大,故而花费了 1 年时间对万载县民国档案进行系统全面的翻阅与资料的收集整理。在广泛系统阅读与资料收集基础上,课题组根据现民国教育档案中的内容类别进行了去粗取精的归类处理,大概分为教育法规、教育方针、教育管理、教育发展规划、教育机构及运行情况、教育师资、教育经费、课程设置与教材图书、教育问题与诉讼等 9 大系列。本书内容采用编节式的编排方式。每一大类以编统之,即一个大类为一编,全部内容按类共分 9 编。

本书对民国教育档案具体内容的编排原则与方法:一、基本保持档案的原貌。不仅真实呈现所采录档案条目内容的完整真实，亦力求保持其形式的原貌特征。档案损缺部分的文字，以空白呈现。二、进行必要的修改完善。某些原始档案字迹潦草，多用繁体，读者或许难以辨认，故本书编写过程中对档案的修改主要表现为字体的改变，即草体与繁体改为简体；档案中手制的表格往往太宽或太长，重新编辑时进行了拆分式的修改。三、目录标题的取名依随不同情形。层级标题按类别取名，条目标题基本按照原档案条目标题取名。四、使用少量的插页。插页是档案条目的原始图片，以手机相机拍摄而置于相关内容后。读者能对比文中的输入文字与原始档案文字，以判断全书采录内容的真实情况。五、为了保证史料出处的准确性，文中的每则史料标题后标注了其在万载档案馆的卷宗号及页码，以方便读者与研究者核对出处。

作为课题组负责人，笔者尽管是历史学博士，然读博期间主要从事中古史的研究，与本课题研究内容关涉不大。由于对中国近现代史尤其是民国史的了解不深，笔者在从事民国万载教育工作课题研究中倍感吃力，只能凭着勤能补拙的精神来努力弥补专业上的短板并努力完成。当然，由于课题属于档案系列，档案系列课题研究的基本目标是为研究者利用档案资料提供方便，故而其研究重点理所当然地放置在对相关档案资料的系统梳理、完整整理与真实呈现上，强化观点性的述论则不居重心。如此考量之后，作为民国史门外汉的笔者重拾起完成课题的信心。就本课题而言，其成果标的是对万载档案馆中所保存的民国教育档案进行资料的汇编、整理与研究，其编辑整理出来的相关档案资料是否真实、系统、完整才是本课题组关注的重心。民国万载教育档案资料数量庞大，其内容虽然丰富但杂乱无章，重复、错误、损缺比比皆是，使用起来十分不方便，故而本课题组采录出来的档案条目力求准确、内容力求简洁、字迹力求清晰，并做到部分输入文字与档案图片能相互印证。笔者初次从事民国档案的整理，所整理出来的最终成果难免出现选择或许不够典型、内容或许不够全面、形式或许不够规范、标点或许不够准确等问题，还望读者在优容海涵的同时给予批评指正。

目　录

第一编　民国教育法律与法规

一、关于民国教育法律

1. 小学法(2-4-381.P1-4)

(廿一年二月廿四日,国民政府公布)

第一条　小学应遵照中华国民政府宗旨及其实施方针,以发展儿童之身心,培养国民之道德基础及生活所必需之基本知识技能。

第二条　小学修业年限六年。前四年为初级小学,后二年为高级小学。初级小学得视地方情形单独设立。

第三条　小学由市、县或区、坊、乡、镇设立之。其有特殊情形者,得由省设立之。私人或团体,亦得设立小学。

第四条　小学由市或县设立者,为市立或县立小学;由区设立者,为区立小学;由坊或乡镇设立者,为坊立或乡立镇立小学;由两区两坊或两乡镇以上设立者,为某某区某某坊或某某乡镇联立小学;由私人或团体设立者,为私立小学。

第五条　师范学校附设之小学,为师范学校附属小学。

第六条　小学之设立、变更或停办,在省行政区域内者,除省立小学外,应经该管县、市教育行政机关核准,呈请教育厅备案。在直隶属于行政院之市区域内者,应经市教育行政机关核准。

第七条　小学学级用单式编制。但有特殊情形者,得用复式编制。在初级小学,并得用二部或单级编制。

第八条　小学之教学科目及课程标准,由教育部定之。

高级小学应视地方情形设置简易职业科目。

第九条　小学教科图书,应采用教育部编辑或审定者。

前项编辑或审定,并应注重各地方乡土教材。

第十条　小学得附设幼稚园。

1-1　　0002-00048-381

附録

一、小學法　廿一年十二月廿四日　國民政府公佈

第一條　小學應遵照中華民國教育宗旨及其實施方針，以發展兒童之身心，培養國民之道德基礎及生活所必需之基本知識技能。

第二條　小學修業年限六年。前四年為初級小學，後二年為高級小學。初級小學得視地方情形單獨設立。

第三條　小學由市、縣或區、坊、鄉、鎮設立之。其有特殊情形者，得由兩設立之。私人或團体，亦得設立小學。

第四條　小學由市或縣設立者，為市立或縣立小學；由區設立者，為區立小學；由坊或鄉鎮設立者，為坊立或鄉立鎮立小學；由兩區兩坊或兩鄉、鎮以上設立者，為某某區某某坊或某某鄉鎮聯立小學；由私人或團体設立者，為私立小學。

小学
239
1956

第十一条　小学设校长一人，综理校务。

省立或直隶于行政院之市区立小学校长，由教育厅或市教育行政机关遴选合格人员任用之。

县市立、区立、坊立或乡镇立小学校长，由县、市教育行政机关选荐合格人员，呈请县市政府任用之，并呈请教育厅备案。

私立小学校长由校董会或设立人遴选合格人员聘任之，呈请主管教育行政机关备案。附属小学校长，由主管学校校长聘请合格人员充任，并呈请主管教育行政机关备案。但私立学校之附属小学有特殊情形另设校董会聘任之。

第十二条　小学教员由校长聘请合格人员充任，如合格人员有不敷时，得聘任具有相当资格者充之，均应呈请主管教育机关备案。

第十三条　小学校长、教员，均应为专任。校长并应担任本校教课。

第十四条　小学得单独或联合设校医或看护，其有六学年以上者，得酌设事务员。

第十五条　初级或高级小学学生修业期满成绩及格，由学校给予毕业证书。

第十六条　小学不收学费，但得视地方情形酌量征收。在公立小学，每人每学期初级至多不得逾一圆，高级至多不得逾二圆。在私立小学，每人每学期初级至多不得逾三圆，高级至多不得逾六圆。

学生无力缴纳学费者，小学校长应酌量情形免除其学费之一部或全部。

第十七条　《小学规程》由教育部定之。

第十八条　本法自公布日施行。

2. 小学规程(2－4－381. P4－22)

第一章　总纲

第一条　本规程根据《小学法》第十七条之规定订定之。

第二条　小学为施行国民义务教育之场所，其实施方针根据小学法第一条之规定。

第三条　小学收受六足岁至十二足岁之学龄儿童，修业年限六年。

第四条　为推行义务教育起见各地并得设简易小学或短期小学。

简易小学办法由各省市教育行政机关订定，呈请教育部核准备案。

短期小学依照教育部《短期小学规程》办理之。

第五条　小学学年学期之休假日期依照《修正学校学年学期及休假日期规程》之规定办理之。

第二章　设置及处理

第六条　各县市为推广设立小学便于管理起见，应依照《修正市县划分小学区办法》划分学区。

第七条　师范学校及训练师资之专科以上学校所附设之小学，除供师范学校学生实习外，其性质与单设之小学同。

第八条　各省市或训练师资之专科以上学校为试验教育而设之小学，称某某实验小学

第九条　省立小学以所在地地名名之，县市以下公立小学以区域较小之地名为校名，一地有立别相同之公立小学二校以上时，得以数字之顺序别之。私立小学应采用专有的名称，不得以地名为校名。

第十条　小学由各级教育行政机关分别管辖之，其范围如左：

（一）省立小学省立实验小学及省立师范学校附属小学由省教育厅管辖；

（二）市立小学、市立实验小学、市立师范附属小学及市内之私立小学，由市教育行政机关管辖；

（三）县、区、乡、镇设立之小学及县境内私立小学，由县教育行政机关管辖。教育行政机关以外各机关所特设之小学，由所在地主管教育行政机关监督指导之。

第十一条　小学应于每学期开始后一个月内，将全校组织概况、学级编制、教职员名册、儿童名册等呈报主管教育行政机关核准备案。

第十二条　省立小学及国立专科以上学校之附属小学与实验小学，于每学期开始后一个月内，将本学期儿童名册、上学期儿童毕业名册等报告所在地县市教育行政机关存查。

第十三条　实验小学应将实验计划及结果按年呈报主管教育行政机关转呈教育部。

第十四条　非中华民国之人民或其所组织之团体，不得在中华民国领土内设立教育中国儿童之小学。

第十五条　私立小学之设置，除依据《小学法》及本规程之规定外应遵照修正私立学校规程办理。

第三章　经费

第十六条　小学开办费，其校舍建筑及设备两项，应为六与四或七与三之比。

第十七条　小学经常费支配应以如左之百分比为原则：

教职员俸金约百分之七十；

图书仪器运动器具教具等设备费及卫生费约百分之十五；

实验文具水电薪炭等消耗费约百分之九；

旅行保险等特别费约百分之三；

预备费约百分之三；

前项预备费非经主管教育行政机关核准，不得动用。

第十八条　小学经费标准，由各省市教育行政机关订定，呈请教育部备案施行。

第十九条　小学经费之开支，应力求撙节核实。其公开审核等办法，由各省市教育行政机关订定，呈报教育部核准施行。

第四章　编制

第廿条　小学学级，应于儿童入学时依其年龄智力等分别编制。

第廿一条　小学学级编制依小学法第七条之规定。其学额每学级以四十人为原则，

至少廿五人。

第廿二条　初级小学之一部编制，视学校情形分半日制或时间制

第五章　课程

第廿三条　小学教学科目及每周教学时间列表如左：

<table>
<tr><td rowspan="2">年级
分钟
科目</td><td colspan="2">低年级</td><td colspan="2">中年级</td><td colspan="2">高年级</td></tr>
<tr><td>一年级</td><td>二年级</td><td>三年级</td><td>四年级</td><td>五年级</td><td>六年级</td></tr>
<tr><td>公民训练</td><td colspan="2">60</td><td colspan="2">60</td><td colspan="2">60</td></tr>
<tr><td>国语</td><td colspan="2">520</td><td colspan="2">420</td><td colspan="2">420</td></tr>
<tr><td rowspan="2">社会
自然（常识）</td><td rowspan="2" colspan="2">150</td><td rowspan="2" colspan="2">180</td><td colspan="2">180</td></tr>
<tr><td colspan="2">150</td></tr>
<tr><td>算术</td><td>60</td><td>150</td><td>180</td><td>210</td><td colspan="2">180</td></tr>
<tr><td rowspan="2">劳作
美术（工作）</td><td rowspan="2" colspan="2">150</td><td colspan="2">90</td><td colspan="2">90</td></tr>
<tr><td colspan="2">90</td><td colspan="2">60</td></tr>
<tr><td rowspan="2">体育
音乐（唱游）</td><td rowspan="2" colspan="2">180</td><td>120</td><td>150</td><td colspan="2">180</td></tr>
<tr><td colspan="2">90</td><td colspan="2">60</td></tr>
<tr><td></td><td>1120</td><td>1210</td><td>1230</td><td>1290</td><td colspan="2">1380</td></tr>
</table>

说明：一、公民训练与其他科目不同，重在平时训练。表内所列为团体训练时间，以十分钟为准（并入朝会等集会中）；

二、低中年级常识包括社会自然及卫生之知识部分。（卫生习惯部分纳入公民训练）；

三、四年级起算术科加教珠算；

四、高年级社会科得分为公民（公民知识）历史地理三科。时间支配公民三十分钟，历史九十分钟，地理六十分钟；

五、高年级自然科涵括之知识部份（习惯部分纳入公民训练）；

六、低年级工作科包括美术、劳作、作业，唱游科包括体育音乐作业；

七、总时间各校得依地方情形，每周减少三十或六十分钟；

八、时间支配以三十分钟一节为原则。视科目性质得分别延长至四十分钟或六十分钟。

第廿四条　小学课程应依照教育部规定之课程标准。其教学应依照课程标准之总纲教学通则及各科教学要点规定实施。

第廿五条　各地方乡土教材由学校或当地主管教育行政机关编辑，呈请上级教育行政机关审定之。

第廿六条　小学供儿童阅读之各种读物，应为语体文。小学教员应以国语为教授用语。

第廿七条　小学教材要目，其全国通用部分，教育部依照课程标准之规定另订之。其

地方特殊部分，由各省市主管教育行政机关订定，呈请教育部备案施行。

第廿八条　实验小学为便利教学起见，得将各科教材组织为联合之各个单元，不分科目综合教学。但须另编要目，呈请主管教育行政机关备案。

第六章　训育

第廿九条　小学训育应以公民训练为中心，由教员利用儿童内外各种活动，并联络家庭及本地公共机关，加以积极之指导。

第三十条　小学为训练儿童团体生活，应作种种集团活动，并得指导儿童组织简学易行自治团体。

第卅一条　小学为便利个别训育起见，得施行训导团制。小学教员均负直接训育儿童之责任。

第卅二条　小学为增进教训效率起见，应随时联络儿童家长讨论关于教训时之实际问题。

第卅三条　小学儿童不施以体罚。

第卅四条　小学公民训练标准及实施办法依照教育部之规定。

第七章　设备

第卅五条　小学校址应择便于儿童通学之地点，并须有善良之环境。

第卅六条　小学校舍建筑应质朴坚固，适于教学管理及卫生，并采用本国教材。

第卅七条　小学应有运动场，工场或农场，校园，其面积均须足敷应用。

第卅八条　小学儿童所用桌椅，宜适合儿童身长之比例。

第卅九条　小学应参照学校卫生设施方案，力求充实关于卫生及运动之设备。

第四〇条　小学关于图书仪器教具等设备，应求充实。

第四一条　小学应备有关于教学训育等各种重要簿籍图表。

第四二条　小学设备标准由教育部另定之。

第八章　成绩考查

第四三条　小学儿童学业成绩考查，除平时考查外，并分别举行临时试验，学期试验，毕业试验。

第四四条　临时试验由教员于每月月终举行之，每学期至少须举行三次。

第四五条　学期试验由教员于学期终举行之。但将届毕业之一学期免除学期试验，而以平时成绩为学期成绩。

第四六条　毕业试验由小学校长会同各科教员于修业期满时举行之。

第四七条　小学儿童学业成绩计算方法，体育考查方法及儿童升级留级办法由省市教育行政机关订定，呈请教育部核准备案。

第四八条　小学儿童之操行成绩，以公民训练之成绩为准。

第九章　入学及毕业

第四九条　小学儿童入学年龄为六足岁，但有特殊情形者，得展缓至九足岁。

第五〇条　小学各学级遇有缺额，在每学期开学后两个月内，应随时收受插班生。

第五一条　小学儿童因身体或家庭之特殊情形，得请求休学一学期或一学年期满复学。

第五二条　小学儿童因身体或家庭之特殊情形，经学校调查属实者，得准予转学或退学。

第五三条　小学儿童修业期满试验成绩及格，依照《小学法》第十五条之规定，由学校给予毕业证书。

第十章　学费及其他费用

第五四条　小学不收学费，但得视地方情形依照《小学法》第十六条之规定，呈请主管教育行政机关核准，酌量征收之。

前项征收学费之小学，应设置百分之四十以上之贫寒儿童免费学额。

第五五条　小学不得不以收费免费为编制学级标准。

第五六条　小学必需之用品等，得由学校发给或由学校或地方教育行政机关组织消费合作社，以极低廉之价售诸儿童。

第五七条　小学除有特殊情形呈经主管教育行政机关特别核准得向较殷实之儿童家庭募集图书建筑临时捐外，不得向儿童征收任何费用。

第十一章　教职员

第五八条　小学设校长一人，每学级设级任教员一人，并得酌量情形添设专科教员。但平均每两学级之教员人数，应以三人为度。

第五九条　小学应单独或联合设校医或看护。其有六学级以上者，得酌设事务员，但须呈请主管教育行政机关核准。

第六十条　小学教职员应在学校或学校所在之区域内居住。

第六一条　小学校长综理全校事务，除担任教学外，并指导教职员分掌校务及训教事项。

第六二条　凡具有左列资格之一者，得为级任教员或专科教员：

（一）师范学校毕业者；

（二）旧制师范学校本科或高级中学师范科或特别师范科毕业者；

（三）高等师范学校或专科师范学校毕业者；

（四）师范大学或大学教育学院教育科系毕业者。

第六三条　小学级任及专科教员无前条所列资格之一者，应受主管教育行政机关所组织之小学教员检定委员会之检定。

《小学教员检定规程》及《小学教员检定委员会组织规程》另定之。

第六四条　具有六十二条资格之一或经检定合格之教员服务二年以上具有成绩者，得为小学校长。

第六五条　小学教员由校长依《小学法》第十二条之规定，于学年开始一月前聘任之。初聘以一学（编者按：怀疑“学”是“年”之误）为原则，以后续聘任期为二年。聘定后应即呈报主管教育行政机关备案。遇有不合格者，主管教育行政机关得令原校更聘。

第六六条　小学因地方特殊关系，无从延聘，第六十二条所规定资格或已受检定之教员时，得以具有小学教员检定规程所规定之试验检定资格之一为代用教员，但应呈请主管教育行政机关核准。具有第六十二条资格之一或经检定合格之教育服务未满二年者，遇该地方合格校长不敷用任时，得任为代理校长。

第六七条　具有第六十二条资格之一或经检定合格之小学教员，得声请主管教育行政机关予以登记。前项登记之声请，主管教育行政机关不得拒绝。

第六八条　经登记之小学教员，主管教育行政机关应于每学年开始两个月前公布其姓名、学历、经历一次，但遇人数过多时，得分期公布之。小学聘请教员，除因特殊情形经由主管教育行政机关许可者外，应以登记公布公布者为限。

第六九条　主管教育行政机关为调整师资起见，得遵照《修正师范学校规程》第九十三条之规定，将所属师范学校毕业生分配于各地方，由小学校长尽先聘用之。

第七〇条　小学教员经校长聘定后，中途如有自请退职情事，须商请校长同意或得有替人后，方得离校。

第七一条　小学教职员之俸给，应根据其学历及经历而为差别，但至少应以学校所在地个人生活费之两倍为标准。

第七二条　小学教职员俸金以月计者，每年作十二个月计算。

第七三条　小学教职员在校时间，每日八小时。任课时间每日至多二百四十分钟。

第七四条　小学教职员在生产时期内，应予以六个星期之休息。

其代理人之俸金，应由学校呈请主管教育行政机关另行支给。

第七五条　小学教员继续在一校任职满十年得休假一年，从事研究考察，将其成绩送由原校转呈主管教育行政机关。前项休假教员仍支原俸，但以不兼任何有给职务者为限。

第七六条　小学教职员之俸给等级表，年初加俸办法，由省市行政教育行政机关规定呈请教育部备案施行。

第七七条　小学教职员养老金及恤金办法，依照国民政府公布之《学校教职员养老金及恤金条例》办理。

第七八条　小学教职员不随校长或主管教育行政人员之更迭为进退，非有左列情形之一者，不得解职：

（一）违犯刑法证据确凿者；

（二）行为不检或有不良嗜好者；

（三）任意旷废职务者；

（四）成绩不良者；

（五）身体残废或身有痼疾不能任事者。

第七九条　小学教员非有第九十八条各款情形之一而被解职者，得声叙理由呈请主管教育行政机关查明纠正。

第八〇条　小学教员因故解职后，应由校长声叙理由报告主管教育行政机关存案备查。

第八一条　小学教员进修确有成绩者,应予加俸或其他奖励。其进修及奖励办法,由各省市教育行政机关订定办法呈请教育部核准施行。

第八二条　幼稚园主任及教员之任用待遇及保障,通用本章各条之规定。

第十二章　辅导研究

第八三条　小学教员应参加本校及本地关于教育研究之组织,研究儿童生活所表现之事实及教训方法。

第八四条　小学有教员五人以上者,应组织教育研究会,研究改进校务及教学训导等事项,以本校全体教员为会员。每月至少开会一次,以校长为主席。

第八五条　小学在一学区内,应联合组织本区小学教育研究会,研究改进本区小学教育,以学区内全体小学教员及本区教育委员为会员,每两个月至少开会一次,以主管教育行政机关所指定之本区小学校长或教育委员为主席。

第八六条　小学在直隶于行政院之市或县市内,应联合组织全市或全县市小学教育研究会,研究改进本地方小学教育,以主管教育行政机关所指定之各学区小学代表等为会员。每半年至少开会一次,以市县教育行政长官或督学为主席。

第八七条　小学在五县市至七县市内,应组织省分区小学教育研究会,研究改进本省分区小学教育,以省教育厅所指定之各县市小学代表为会员。每年至少开会一次,以省立师范学校校长或附属小学校长或省立小学校长或省督学为主席。

第八八条　小学在全省应组织全省小学教育研究会,研究改进全省小学教育,以省教育厅所指定之省分区小学代表及省教育厅厅长主管科长督学等为会员,每两年至少开会一次。以省教育厅厅长或其代表为主席。

第八九条　教育部得召集全国各省市小学代表及初等教育主管人员开全国小学教育研究会,研究改进全国初等教育。其规程于召集该项研究会时另定之。

第九〇条　各省得由省教育厅指定省分区内之省立小学或省立师范学校附属小学为该省分区之中心小学。各县市教育行政机关得指定各学区内之一小学为中心小学。

前项中心小学应充分以研究所得供给该省分区或该学区内之小学参考实施。

3. 国民学校法(2－4－376. P15－19)

(三十三年三月十五日公布)

第一条　国民学校实施国民教育,应注重国民道德之培养及身心健康之训练,并授以生活必需之基本知识技能。

第二条　前条国民教育,为六岁至十二岁之学龄儿童应受之基本教育,及已逾龄学未受基本教育之失学民众应受之补习教育。

第三条　国民学校每保设置一所。但此方有特殊情形者得增设之,或联合数保共设一所。

第四条　一乡镇内之国民学校,应以一校为中心国民学校,设于乡镇适当地点,兼负辅导各保国民学校之责。

第五条　国民学校分设儿童教育及失学民众补习教育两部，均分高初两级儿童教育之修业年限。初级四年，高级二年。失学民众补习教育初级必要时，并得设高级。但失学民众补习教育均设高初两级。

第六条　私人或团体得设立小学办理国民学校之儿童教育，其规程由教育规之私立小学成绩优良者得指定为代用国民学校，其规程由教育部定之。

第七条　师范学校附属小学办理国民学校之儿童教育及失学民众补习教育。

附属小学校长由主管学校校长聘请合格人员充任，并呈请主管教育行政机关备案

第八条　国民学校及中心国民学校均得附设幼稚园。

第九条　国民学校及中心国民学校学生修业期满成绩及格，由学校分别给予毕业证书。

第十条　国民学校及中心国民学校用单式编制。但有特殊情形者，得用复式及单级式二部编制。

第十一条　国民学校及中心国民学校之教学科目及课程标准，由教育部定之。

第十二条　国民学校及中心国民学校应采用教育部所编辑或审定之教科图书。

第十三条　国民学校及中心国民学校隶属于各县市政府院辖市主管教育行政机关，但应与乡镇公所保办公处密切联系。

第十四条　国民学校及中心国民学校各置校长一人，综理校务。中心国民学校校长兼负辅导各保国民学校事宜。

第十五条　中心国民学校置教导主任一人，秉承校长主持本校教导事宜，并协助校长辅导各保国民学校之教导事宜。

第十六条　国民学校之学级数过六学级以上者，亦得置教导主任一人，秉承校长主持本校教导事宜。

第十七条　国民学校及中心国民学校之教员，由校长遴选合格人员聘任之，应呈请主管教育行政机关备案。

第十八条　国民学校及中心国民学校教员，应协助乡镇公所及保办公处训练民众推进地方自治。

第十九条　国民学校及中心国民学校之经常费，由主管教育行政机关统筹支给之。国民学校及中心国民学校之开办设备等费，除由主管教育行政机关筹给外，得由乡镇保筹给之。

第二十条　国民学校及中心国民学校应会同乡镇公所或保办公处筹集基金，以其享息补充学校经费及设备费用。

前项筹集基金办法由教育部会同内政部财政部拟订呈请行政院核定之。

第二十一条　国民学校及中心国民学校均不得收取学费或杂费。

第二十二条　关于学龄儿童或失学民众之强迫入学另以法律定之。

第二十三条　国民学校及中心国民学校教职员之检定、任用、待遇、保障、进修办法，

由教育部定之。

第二十四条　国民学校及中心国民学校规则由教育部定之。

第二十五条　本法自公布之日施行。

4. 补习学校法(2－4－1444. P69－70)

(行政院三十三年十月十四日发布)

第一条　补习学校以补充应用知识、提高学生业程、传授实用技术、增进生产能力为目的。

第二条　补习学校分普通补习学校及职业补习学校，各依其所补习科目或采用教材之程度，分初中高三级。初级补习学校相当于中心国民学校之高级部；中级补习学校相当于初级中等学校；高级补习学校相当于高级中等学校。

第三条　补习学校由公立学校教育机关或公营事业机构附设，省市县政府或私人亦得设立之。

第四条　补习学校之设立、变更及停办系省或院辖市设立者，由省市教育行政机关呈请教育部备案，其余呈由主管教育行政机关核准转呈上级教育行政机关备案。

第五条　补习学校上课得采用按日制或间日制。采用按日制者，每日上课时间不得少于二小时；采用间日制者，每日上课时间不得少于三小时。

补习学校每一科目教学总时数不得少于同级正式学校课程标准内规定总时数三分之二。每一科目修业期限不得少于两个月。

第六条　补习学校学生修业完毕，经试验及格者，由学校给发合格证书。

第七条　补习学校学生修业与同级正式学校相当年级之主要科目经试验及格者，得以同等学力(编者按:应为“历”)移考正式学校程度相衔接班次。其已在各级补习学校修业完毕试验及格者，并得以同等学力移考与原补习学校程度相衔接之正式学校。

第八条　补习学校学生修毕与同级正式学校相当年级之主要科目一经试验及格者，得由主管教育行政机关举行考验，其办法由教育部定之。

前项考试及格者，由主管教育行政机关给予资格证明书，说明其具有同级正式学校毕业同等之资格。

第九条　各级补习学校之教学科目课程标准设备标准及实际规制，由教育部定之。

第十条　补习学校置校长或主任一人，综理校务。公立学校教育机关或公营事业机构附设补习学校之校长或主任，得由各该学校机关机关主管人员兼任。

第十一条　补习学校教员由校长由主任聘请合格人员充任，以专任为原则，职员由校长或主任任用。

第十二条　补习学校不收学费，但得酌收讲课费，职业补习学校并得酌收实习费，均悉呈经主管教育行政机关核准。

第十三条　公立或已立案之专科以上学校得依实际需要设置与该学校程度相当之补

习科目，选取合格学生，其修业完毕经试验及格者，由学校给与各该科目之学分证明书。

第十四条　《补习学校规章》由教育部定之。

第十五条　本法自公布日施行。

5. 补习学校规程(2－4－320. P171－172)

第一条　补习学校以传授或补充应用知识授高学业程度为宗旨。各种函授学校讲习所、传习所及属于补习性质之业余补习班讲习班等均属之。补习学校除属于职业性质者，应依照《职业补习学校规程》办理外，均依本规程办理之。

第二条　省县市应根据地方各种事业之实际需要设置补习学校，机关学校法定团体及私人亦得设立之。

第三条　补习学校补习之资料得为下列之一种或数种：

一、属于一般知识者，如国文、历史、地理、外国文、数学、注音符号、公文等；

二、属于专门知识者，如化学、物理、生物、统计、会计、簿计、工程、绘画、测量、图书馆学等。

第四条　补习学校由省(市)县设立者，其名称冠以省(市)县立字样，由机关学校团体设立者冠以机关学校团体名称并加附设字样；由私人设立者冠以私人字样。仅设一种学科之补习学校应于校名上标明学科名称，其设置学科在两种以上者无庸标明。

第五条　补习学校之修业期限至少应为两个月，得于晨间夜间或其他适当时间授课。

第六条　补习学校之管辖，除省(市)县立补习学校以其设立之省(市)县教育行政机关为主管机关外，私立或机关团体附设之补习学校，依其程度由各级教育行政机关分别管辖：

一、属于小学程度之补习学校，以县(市)教育行政机关为主管机关；

二、属于中等学校程度之补习学校，以省(市)教育行政机关为主管机关；

三、属于中等学校以上程度之补习学校，以教育部为主管机关。

第七条　补习学校之设立应将设立旨趣计划、设立之科目程度、修业期限、校舍设备、经费等，呈经主管教育行政机关核准，变更或停办时，亦应呈报主管教育行政机关备案。

教育行政机关直接设立之补习学校，应呈报上级教育行政机关备案。

第八条　补习学校每期或每学科结束时，应将教职员一览表、学生名册、学生成绩、经费收支、办理经过呈报主管教育行政机关备案。

第九条　补习学校课程由各该校拟定，呈经主管教育行政机关核定之。

第十条　补习学校学生不拘年龄及入学资格，惟以曾受相当教育者为限。

第十一条　补习学校应具备教学上必要之设备。

第十二条　补习学校设校长或主任一人，综理校务。

第十三条　补习学校校长主任或教员须具备左列资格：

一、补习学科相当于小学程度者，须分别具备小学校长或小学教员之资格；

二、补习学科相当于中等学校程度者，须分别具备中等学校校长或该科目中等学校教员之资格；

三、补习学科属于专门性质且中等学校以上程度者，对于该科目须专门知识或特殊研究或具备相当于专科以上教员资格。

第十四条　补习学校以不收学费为原则，但私立补习学校经主管教育行政机关之核准，得酌量征收之。

第十五条　补习学校学生修业期满或修毕应习学科时，经学校考试及格由学校给予毕业成绩证明书。前项学业成绩证明书，应注明修行学科及期限。

第十六条　本规程自公布日施行。

6. 教育会法(2－4－349. P2－9)

第一条　教育会以研究教育事业发展地方教育并协助政府推行教育政令为宗旨。

第二条　教育会为法人。

第三条　教育会之主管官署在中央，为社会部，在地方为省市县社会政府为主管机关。教育部或各省市县教育行政主管机关为其目的事业主管官署。

第四条　教育会之任务如左：

一、关于地方教育之研究设计及建议改进事项；

二、关于增进人民生活上知识之指导事项；

三、关于地方教育之调查统计及编纂事项；

四、举办各种教育研究会及学术讲习会；

五、举办各种教育事项但须经主管教育行政机关之核准；

六、关于一般教育事项得议教育行政机关；

七、管理各主管官署委办或咨调事项；

八、办理其他合于教育会掌管之事项。

第五条　教育会不得为营利事业。

第六条　教育会分乡镇教育会、市区教育会县教育会、市教育会、及省教育会。下级教育会听受上级教育会之指导。

第七条　有左列情形之一时，教育部在会部筹会间召集全国省市教育会联合会议：

一、教育部或社会部认为必要；

二、经七省市以上教育会之组织时。

前项联合会议之代表人数，由教育、社会两部会同定之。

第二章　设立

第八条　同一区域内每级教育会以一个为限。

第九条　各级教育会之区域依其现有之行政区。但乡教育会或市区教育会遇有特别事由时，经当地主管官署会商目的事业主管官署核准不得依现有之政府区域设立之。

教育会区域依现有之行政区域者，冠以该区域之名称，其不依现有之区域者，得另冠名称，呈请当地主管官署核定之。

第十条　乡镇教育会或市区教育会之设立，应有该区域内具有会员资格者二十人以上之发起。县市以上教育会之设立，应有直接下级教育会过半数之成立。

第十一条　教育会之组织应由发起人向当地主管官署申请许可经许可机该主管官署印（编者按，“印”应为“应”之误）即派员指导。

第十二条　教育会经许可组织后，应即推定筹备员组织筹备会，报当地主管官署备案，并分呈目的事业主管官署。

第十三条　教育会章程应载明左列事项：

一、名称；

二、宗旨；

三、区呈；

四、会址；

五、任务或事业；

六、组织；

七、会员入会出会及除名；

八、会员之选任解任及其权利与义务；

九、职员名额权限任期及其选任解任；

十、会议；

十一、会费之数额；

十二、经费及会计；

十三、章程之修改。

第十四条　教育会于召开成立大会前，应传筹备经过连同章程草案呈报，主管官署并派员监选。

第十五条　教育会组织完成时，应于十日内造具会员名册、职员略历册、连同章程各一份，呈请当地主管官署立案，并应分呈目的事业主管官署备案。

第十六条　教育会经核准立案后，应由当地主管官署颁发立案证书及图记。

第三章　会员

第十七条　凡中华民国人民住居该区域内年满二十岁具有左列资格之一者，得加入乡镇教育会或市区教育会为会员：

一、现任公职或已立案之学校教职员或社会教育机关职员以中等以上学校毕业者为限；

二、曾在公立或已立案之大学或独立学院教育科系或师范学院毕业生；

三、曾在师范专科学校或师范学校毕业生；

四、曾在公立或已立案之专科上者学校毕业并从事教育事业一年以上者；

五、曾在公立或已立案之学校或社会教育机关服务三年以上者；

六、对于教育确有研究并有关于教育著作者。

第十八条　有左列情事之一者不得为教育会会员：

一、背叛中华民国者；

二、褫夺公权者；

三、禁治产者。

第十九条　上级教育以下级会为会员。

下级教育会为上级教育会之会员时，得派代表出席。前项代表之名额，乡镇教育会或市区教育会，二人归教育会或市教育会一人，各由会员大会选举之，任期二年。期满，应即依法改选，连选得连任。

第四章

第廿条　乡镇教育会或市区教育会设理事三人至五人，后补理事一人或二人，监事一人，后补监事一人由会员大会就会员中选举之，理事得互选一人为常务理事。

第廿一条　县市教育会设理事五人至九人，候补理事一人至三人，监事一人至三人，候补监事一人，由会员大会选举之，至得由理事互选一人至三人为常务理事。

前项常务理事为三人时，得互选一人为理事长；监事为三人时，得互选一人为常务监事。

第廿二条　省教育会或院辖市教育会设理事九人至二十五人，后补理事三人至七人，监事三人至七人，候补一人或二人，由会员大会选举之。

前项理事互选三人至五人为常务理事，必要时常务理事得互选一人为理事长监事互选一人为常务监事。

第廿三条　上级教育会职员之候选人不限于下级教育会出席之大（编者按："大"应为"代"之误）表。

第廿四条　上下级教育会职员不得互相兼任。

第廿五条　各级教育会职员之候选人以其所属乡镇教育会或市区教育会为限。

第廿六条　教育会选举之职员为无给职。

第廿七条　教育会职员任期二年期满，应即依法改选，连选得连任。

第廿八条　教育会职员改选完成后，应于十日内造具职员略历连同会员增减名册，呈报当地各主管官署备案。各该主管官署应将改选总报告表分别逐级转报社会部及教育部备案其整理与改组时间。

第廿九条　教育会选举之职员因有不得以之事由，得经会员大会议决准其辞职。其因职务上违背法令营私舞弊或有其他重大之不正当时，为得经会员大会议决其退职，或由主管官署将其解职。

第五章　会议

第卅条　教育会会员大会分定期会议及临时会议两种，由常务理事或理事长召之。

前项定期会议每年一次。

第卅一条　教育会会员大会之决议，会员通半数之出席会员通半数之同意行之。

第卅二条　左列各款事项之决议，以会员通半数之出席出席（编者按：原档案“出席”二字应为重复。）会员三分之二以上之同意行之：

一、修正章程；

二、会员除名；

三、会员退职。

第卅三条　教育会理事会议，县市以下教育会每月一次，省市教育会每两月一次，由常务理事或理事长召集之，必要时得开临时会议，监事会议。县市教育会每两月一次，省市教育会每四月一次，由常务监事召集之，必要时得开临时会议。

第六章　经费

第卅四条　教育会经费分左列两种：

一、会员入会费及当年费；

二、事业费。

前项事业费经会员大会或代表大会议决，得依法募集之，必要时亦得由中央或地方政府补助之。

第卅五条　各级教育会收支应于每年度终了时呈报当地主管官署核销，并通告各会员。

第七章　解散及清算

第卅六　教育会违反法令妨害公益怠忽任务时，主管官署得分别施行左列之处分：

一、警告；

二、撤销及决议；

三、整理；

四、解散。

教育会经解散后应即重行组织。

下级主管官署为第一项第三款或第四款之处分时，应经上级主管官署之核准。

第卅七条　教育会解散时，其财产应由当地主管官署指派人员清算其清算。人有代表教育会执行清算一切事务之权。

第八章　附则

第卅八条　本法自公布日施行。

二、关于民国教育法规

1. 儿童家庭供给小学教员食宿办法(2-4-737.P19)

（教育部二十九年七月六日公布）

第一条　本办法根据《小学教员待遇规程》第五条之规定订定之。

第二条　学校有左列情形之一者，得呈请主管教育行政机关核准，饬由乡（镇）长或保长商请儿童家庭供给住宿：

一、学校为单级编制无教员宿舍者；

二、学校无教员宿舍或住宿设备者；

三、教员家庭距学校四公里以外者。

第三条 教员住宿之供给，以寝室及室内应用之木器、晨昏所需之用水为限，其他被褥灯油等所需仍由教员自理。

第四条 教员之住宿由儿童家庭有余屋可设法者轮流或长期供给之，轮流供给者以一次居住一学期为度。

第五条 学校有左列情形之一者，得呈请主管教育行政机关核准，饬由乡(镇)长或保长商请儿童家庭供给教员膳食：

一、学校为单级编制无炊事设备者；

二、学校经费支绌无炊事设备者；

三、教员家庭距学校两公里以外者。

第六条 教员膳食之供给，以教员本人在开学期间一日三餐家常饭菜为限，寒暑假期及亲友临时膳食均由教员自理。

第七条 教员膳食之供给，由乡(镇)长或保长会同儿童家长公议之。

第八条 已供给住宿之儿童家庭，得不再供给膳食。

第九条 国民学校中心学校民教部之合格教员适用本办法之规定。

第十条 本办法自公布之日施行。

2. 地方津贴小学教员米谷暂行办法(2－4－737. P20－21)

(教育部二十九年七月三十日公布)

第一条 本办法为补充儿童家庭供给小学教员食宿办法订定之。

第二条 小学教员之薪给不能确照《小学教员薪给支配及实施办法》第三、四、五、六、七各条之规定支薪并加薪时，得由学校呈请县(市)政府核准，令饬乡(镇)保长依照《儿童家庭供给食宿办法》第七条之规定，与儿童家长公议，以米谷津贴小学教员。

第三条 教员每人每月所得米谷之津贴视薪给之多寡而定。米以一市斗至三市斗为度，谷以二市斗至六市斗为度。常用面食《杂粮之地方》依照此项比例类推，但得视地方情形及小学教员之实际待遇，依照《小学教员薪给支配及实施办法》第四至第七条之规定比例增加之。

第四条 津贴教员之米谷，由具有左列经济条件之儿童家庭分任之。不足并得向具有同样经济条件之住户商店工厂等劝募认定之：

一、有田地三十亩以上或其他不动产三千以上者；

二、有千元以上资本经营工商业者；

三、有自耕地十亩以上而人口不足七口者；

四、有租耕地三十亩以上而人口不足七口者。

第五条　儿童家庭、住户、商店及工厂等，每户每月津贴之米谷米以五市合至二市升为度，谷以一市升至四市升为度，但得随富力之增进比例增加之。

第六条　津贴教员之米谷，每学年第一学期自八月起至下年一月止第二学期自二月起至七月止，全年以十二个月计算。

第七条　津贴教员米谷及各户分认定之确数，由乡（镇）保长及家长公议决定后注册呈报县（市）政府备案。

第八条　津贴教员之米谷，每月于二十日后二十五日前由乡（镇）保公所以盖有校钤之收据派人收集后，汇交教员，并填表报告县（市）政府。此项报告表由县（市）政府制印颁发。

第九条　县市政府对于各地方津贴小学教员之米谷账目及实际情形，应由县督学或区教育指导员等随时严密查察，以杜流弊。如发现有中饱等情弊时，应即依法严办。

第十条　本办法自公布之日施行。

3. 推行家庭教育办法（2－4－320. P95－101）

第一条　各省市县教育行政机关应督导所属各地学校、社会教育机关及文化团妇女团体积极推行家庭教育。

第二条　各省市教育厅局应于主管社会教育之科股指定职员一人，办理家庭教育行政事宜。

第三条　各县市推行家庭教育，由各设县市社会教育推行委员会主持办理。

第四条　各市县所属区署乡镇公所及保办公处应分别责成教育指导员文化股主任及文化干事等，协同当地教育机关团体推行家庭教育。

第五条　各级学校推行家庭教育由各校社会教育，推行委员会主持办理。其负责实验家庭教育工作之学校，得另组家庭教育推行委员会主持办理之。

各社会教育机关推行家庭教育，由办理教导工作部分主持办理之。

第六条　各级学校及社会教育机关推行家庭教育，教职员生均应参加，并得以女教职员学生为主体推行各项工作。

第七条　专科以上学校除各师范学院及设有教育科系之大学或独立学院，应办理左列事项两种以上外，其他各院校得就性质所近酌量办理：

1. 家庭教育公开讲演；

2. 家庭教育通讯研究；

3. 家事技术之指导；

4. 家事指导人员之训练；

5. 家庭教育问题之研究；

6. 家庭教育图书杂志之编辑。

第八条　中等以下学校以举办家庭教育班为主要工作。各中等学校除举办家庭教育班外，应就性质所近办理左列事项两种以上：

1. 恳亲会；
2. 家庭教育讲习会；
3. 家事公开讲演；
4. 儿童健康比赛；
5. 各项家事比赛；
6. 儿童教育指导；
7. 育婴指导；
8. 家庭医药卫生指导；
9. 家政管理指导；
10. 家庭副业指导；
11. 家庭实行新生活指导；
12. 家庭教育通讯研究；
13. 其他。

第九条　国民学校中心国民学校小学幼稚园及民众学校除必须举办家庭教育班外，应各就学校班级数及教职员数之多寡，斟酌办理左列事项两种以上：

1. 家庭访问；
2. 恳亲会；
3. 特约模范家庭；
4. 主妇会；
5. 各项家事比赛；
6. 儿童教育指导；
7. 育婴指导；
8. 家庭医药卫生指导；
9. 家政管理指导；
10. 子女婚姻指导；
11. 礼俗改良指导；
12. 家庭消费合作指导；
13. 家庭副业指导；
14. 家庭实行新生活指导；
15. 其他。

第十条　全国各级民众教育馆一律以推行家庭教育为主要工作，除必须举办家庭教育班外，国省市县立民众教育馆应依其等级，分别按照第七、八、九条所列各项办理四种以上。其他各级社会教育机关，均应各就所长，推行家庭教育。除必须办理家庭教育班外，国省市立社会教育机关应依其等级，分别按照第七、八、九条所列各事项办理两种以上。

第十一条　各级学校及社会教育机关于年度开始时，应将推行家庭教育计划编附学校办理社会教育计划及本机关工作进行计划内，呈报主管教育行政机关核准施行；年度终了时，应将办理情形编附呈报备案。

第十二条　各级学校及社会教育机关推行家庭教育所需经费，应于各该学校机关经常费内动支，不足之数得呈请主管教育行政机关酌予补助。

第十三条　各地方文化团体、妇女团体推行家庭教育，应参照本办法之规定，商承各县市社会教育推行委员会，单独办理各项工作，或参加各级学校及社会教育机关协同工作。

第十四条　本办法自公布日施行。

4. 全国各级学校学生社会服务年实施办法大纲(2－4－320. P260－262)

第一条　教育部为配合国家总动员之实施、发动全国学生协助抗战加强国防力量并锻炼学生服务能力、发扬服务精神起见，特订定本办法大纲。

第二条　学生社会服务年年度规定，自三十一年八月起至三十二年七月底止。

第三条　专科以上学校学生社会服务，应就下列各项至少选择办理二种：

(一)民众学校或补习学校暑期学校；

(二)民众书报阅览；

(三)壁报或画报；

(四)通俗演讲；

(五)民众生活指导包含民众人事咨询及问字代笔等项；

(六)民众俱乐部包含音乐戏剧电影播音等项；

(七)各项有关文化之展览会；

(八)各项社会调查；

(九)协助推进地方自治及民众组训；

(十)协助办理地方公共卫生。

第四条　中等学校学生社会服务应就下列各项至少选择办理二种：

(一)民众学校或暑期学校；

(二)民众书报阅览；

(三)壁报或画报；

(四)通俗讲演；

(五)歌舞戏剧队；

(六)民众清洁指导；

(七)协助改良当地风俗习惯；

(八)中等以上学校学生，应就本校特性同时办理各项专门社会教育工作(例如法学院应办理民众法律顾问，农学院应办理农业推广，工学院应办理民众科学指导，医学院应办理妇女接生及救护训练，女子师范学院应办理儿童保健，各种职业学校应办理短期职业补习学校及职业介绍等项，余类推）。

第五条　中心学校国民学校学生社会服务，应就下列各项至少选择二种：

（一）传习民众识字教育；

（二）巡回火库；

（三）家庭访问；

（四）捕蝇杀蚊团及清洁运动。

第六条　学生社会服务事项除应依照前列各条规定办理外，并应每月举办一种中心社会教育活动。该项活动暂定一月份为改良风俗运动，二月份推行新生活运动，三月份为实行国民精神总动员运动，四月份为促进国民经济建设运动，五月份为推进地方自治运动，六月份为提倡公共卫生运动，七月份为推行国民兵役运动，八月份为扫除文盲运动，九月份为提倡国民体育运动，十月份为推进国防科学运动，十一月份为扩大慰劳与救助运动（或为文化建设运动社会教育扩大运动），十二月份为扩大劳动服务运动。活动事项表附发各项□□活动应与前页各条规定各项服务事项配合进行，并应利用图书、壁报、美术、音乐、戏剧、电影、播音等项工具办理之。

第七条　中等以上学校学生社会服务，应由各校于社会教育推行委员会下特设社会服务指导委员会统筹主持；中心学校、国民学校学生社会服务，应由各校指定专人主持办理。学生从事社会服务，除中心学校、国民学校由教职员负责领导学生办理外，中等以上学校应以指导学生自动办理、教职员从旁辅助为原则。

第八条　学生社会服务事项，各学校应相互取得联系与配合，以收分工合作之效。其办法由所在地主管教育行政机关或县市社会教育推行委员会决定之。

第九条　学生社会服务时间，应由各校自行规定，惟每生每周不得少于二小时，每逢星期日及各种纪念节日尤应加强工作，寒暑假期内并应由学校特订办法办理之。

第十条　学生社会服务成绩，应由各校认真考核。其服务成绩优良者，应予以奖金或奖状。考核办法由各校自行订定，呈报主管教育行政机关核定施行。

第十一条　各级学校应于开始前一个月内，依照本大纲详订实施计划，呈报主管教育行政机关核准施行，所需经费在各校经常费内撙节开支，遇必要时得呈请主管教育行政机关补助。

第十二条　各级学校应于年度终了后一个月内，将学生社会服务年实施状况呈报主管教育行政机关备核。其学生服务成绩特别优良者，并得由主管教育行政机关予以嘉奖。

各级学校办理学生社会服务年成绩，并应由各主管教育行政机关派员考核，对于各校校长教职员办理成绩优良者予以嘉奖。

第十三条　本办法大纲由教育部公布施行之。

附社会教育中心活动表

社会教育中心活动表

月份	活动项目	活动工作	配合纪念节目	备注
一	改良风俗	如提倡各种正当娱乐、组织禁烟会、禁赌会、礼俗改良会及举办□□表演会、破除迷信展览会	一日，中华民国开国纪念	
二	推进新生活运动	如举行新生活讲演、组织新生活力行团、选择新生活模范家庭及指导守时、守秩序、守纪律等优良习惯	十九日，新生活运动纪念日	
三	实行国民精神总动员运动	讲解忠孝、仁爱、信义和平等美德，培养民众正当思想与信仰及组织肃奸会等	八日，国际妇女节；十二日，植树节；廿九日，革命先烈纪念日	
四	促进国民经济建设运动	如举办各项生产、讲演、展览，提倡造林、筑路及农村副业，推进合作事业，设立各项讲习会、训练班及提倡节约建国储蓄	四日，儿童纪念日	本月份除办理、促进国民经济建设运动外，并应扩大办理音乐教育如举行大规模音乐会组织乡村歌咏队及提倡儿童福利活动等
五	推进地方自治运动	如讲解新县制各项法令，协助举办户口调查、社会调查，训练民众运用民权，使踊跃参加组织长老会、妇女会、壮丁队、少年团等	一日，国际劳动节；五日，革命政？纪念日；九日，国耻纪念日	

续表

月份	活动项目	活动工作	配合纪念节目	备注
六	提倡公共卫生运动	如举办卫生宣传、卫生调查、卫生检查、卫生展览、拒赌、讲演预防注射健康竞赛等	六日，禁烟纪念日	
七	推行国民兵役运动	如宣传兵役要义、讲解兵役法，令劝导民众乐于从军，欢送军士入伍，设立兵役询问处及为出征军人家属服务等	七日，抗战建国纪念日；九日，国民革命军誓师纪念日	
八	扫除文盲运动	如举办识字教育、讲演、游艺、劝导民众入学、调查失学民众、设立识字班及推行小学生教学智识份工、办理识字教育等	十四日中国空军节，十六日先师孔子诞辰纪念日，教师节	
九	提倡国民体育运动	如爬山、划船、越野、滑翔及各种体育表演民众运动会等	九日国父第一次起义纪念日，同日体育节	
十	推行国防科学运动	如举办国防科学讲演、展览会及各项科学表演等	十日，国庆纪念日	本月份除办理推进国防科学运动外并应扩大办理戏剧教育如举行大规模戏剧表演及组织乡村戏剧队等
十一	扩大慰劳与救助运动	如组织慰劳队慰劳荣誉军人及其家属、义民义童与推进尊贤、敬先、敬老、育幼、周收废疾等救济事业	十二日，国父诞辰纪念	本月份除办理扩大慰劳与救助运动外并可于十二月办理文化建设运动及社会教育扩大运动周
十二	扩大劳动服务运动	如宣传劳动服务意义、讲解人役法令、组织服务团训练及增进民众劳动服务知识能力及扩大劳动服务事项等	廿五日，云南起义纪念	

5. 教育部设置各县市办理国民教育成绩优良奖励金暂行办法(2－4－320. P227－230)

第一条　教育部为鼓励各县市努力推行国民教育起见，特订定本办法。

第二条　各县市办理国民教育具有左列三类成绩之全部或二类以上者，经查明属实得核给奖励金。

一、关于行政者：

(一)对于本学年度计划内规定应设置之中心学校及国民学校能全数举办；

(二)对于全县市学校数、班级数、教职员数、学龄儿童数、失学成人数等，均有详确之调查与统计；

(三)对于视导工作能切实办理，每学年对全县市学校有详确之视察报告；

(四)对于现行教育法令及上级机关指示改进事项，均能恪切遵照办理。

二、关于经费者：

(一)对于县市教育经费能分年增筹并不挪移别用；

(二)对于学校经费能按期发放并不迟延及积欠；

(三)对于督导中心学校国民学校筹集基金能如期筹集足额；

(四)对于提高教员待遇及实施教员米谷津贴能切实办理而著有成效。

三、关于学校设施者：

(一)对于中心学校、国民学校应收儿童及失学成人名额能每期招足，并不中途无故退学；

(二)对于中心学校、国民学校民教部能如期设置并能切实办理；

(三)对于各项辅导研究会能如期举行而著有成效；

(四)对于充实全县市学校设备能有整个计划并切实办理。

第三条　各县市办理国民教育成绩优良奖励金，暂定每省每学年度核给三县(包括市)。

第四条　各县市办理国民教育成绩优良奖励金，暂定每县市伍千元至七千元。

第五条　各省每年应将具有第二条领受奖励金资格之五县市开具各项优良事实(应报各项优良事实办理经过情形及统计表等)连同县长、教育科长姓名资历暨全县市中心学校国民学校校长教员名册，于八月底以前汇报本部审核。

第六条　各省选送办理国民教育成绩优良县市，经本部审查核定，除最优之三县市给予奖励金由省转发具领外，其余二县市应由省传令嘉奖，以资鼓励。

第七条　各县市办理国民教育成绩优良奖励金之用途，应充作办理全县市教育行政人员及教职员福利事业之用，教育行政人员占十分之四，教职员占十分之六。

第八条　各县市奖励金之保管动用，由各教育厅订定办法，呈报本部备案。

第九条　受奖之县市得由本部随时指定办理实验与研究工作，所需经费由部拨给之。

第十条　本办法自公布日施行。

6. 江西省保立小学暂行办法(2－4－381. P23－27)

(江西省政府公布)

一、本省为厉行教育普及以达到实施管教养卫合一之目的,推行保立小学,以所在保之整个社会为施教范围,全部民众为施教对象,特订定本办法。

二、凡未设学校之各保,应至少设保立小学一所,遇有特殊情形呈经县政府核准者,得联合二保以上五保以下共同设立之。

三、保立小学均以所在之保名名之,称第几区第几保保立小学。联合设立者,称第几区第某某保联立小学(如第六区第十一、十二、十三、十四、十五各保联合设立者,称为第六区第十一、第十二、第十三、第十四、第十五保联立小学)。

四、保立小学至少设儿童班及成人班各一班,每班人数以四十名至五十名为标准,但数保联合设立者应酌量增设班数。

五、凡六足岁至十足岁之未受教育儿童,及过十五足岁至四十五足岁以下之失学成人,均应分期强迫入学。

六、保立小学儿童班及成年班之编制如左:

(一)儿童班　分甲乙两种:(甲)短期小学班。采用二部编制招收八足岁至十五足岁之儿童。(乙)普通小学班。斟酌地方情形得采用单式复式单级及二部各种编制招收六足岁至十足岁之儿童,四年毕业。(甲)(乙)两种同时举行者,自八足岁至十足岁之儿童应酌量情形,编入短期小学班或普通小学班。

(二)成人班　以晚间上课为原则采分团编制六个月毕业并得设妇女班。

七、保立小学有儿童及成人各一班者设校长兼教员一人每增加各一班者增设专任教员一人。

八、保立小学校长教员以具有下列资格之一者为合格:

甲、师范学校及高中师范科毕;

乙、乡村师范简易师范及师范讲习科毕业者;

丙、师范学校附设之保学师资训练班及各县保立小学师资训练所毕业者;

丁、中等学校毕业者;

戊、小学教员检定合格者;

己、曾任小学教员二年以上著有成绩者;

庚、高小毕业经民众干部训练班毕业者;

辛、曾任私塾塾师成绩优良或有相当程度者。

九、保立小学校长及教员均由县政府委任之,保长有前条所列资格之一者,得兼任保立小学校长。

十、保立小学校长非由保长兼任时,应兼任保办公处书记,保长兼任校长或校长兼任书记均不兼薪,但由保长兼任时,保立小学应添设专任教员一人。

十一、保立小学设保立小学委员会,人数五人至七人本保保长为主席委员,保学校长为当然委员,余就本保内热心教育具有声誉者遴选,均由县政府委任之为无给职。

十二、保立小学委员会应遵照规定,负编造保立小学经费预决算及征收保管发放之责,并筹划校舍强迫学生入学。

十三、各县市以每保联范围内为小学区设学董一人,由保联主任兼任,主办区内小学教育事务,其任务如左:

一、宣扬义务教育工作之重要;

二、拟具本学区义务教育实施计划;

三、指导本学区各保筹划教育经费;

四、会同本学区各保调查学龄儿童;

五、指导本学区各保筹设学校;

六、指导本学区各保强迫学龄儿童入学。

十四、保立小学经费之预算决算应由区员商同各保保立小学委员会编造后,送由区署转呈。县政府汇集全县保立小学预算决算加以核计后,递呈省政府备案。

十五、保立小学经费每设立儿童及成人各一班,每年应筹之标准数额如左:

过一百二十户之保为甲种保,每保应筹二百五十二元;

一百零一户至一百二十户之保为乙种保,每年应筹二百二十八元;

八十户至一百户之保为丙种保,每年应筹二百零四元。

上列标准,各县得就地方经济情形与需要酌量增减,但须呈请专员公署核准,转报省政府备案。

十六、保立小学经费尽先以各保原有学款(产)公款(产)及清查整理以后各保增加之公款公产拨充之,并依照《各省县市筹集义务教育经费暂行办法大纲》第五条暨行政院二十五年六月第三五二七号训令各规定筹,集其实施办法另定之。

十七、保学经费之支配标准如左:

保别	校长兼教员年俸	每儿童及成人各一班之全年办公费	备注(专任教员年俸)
甲种保	二一六元	三六元	一九二元
乙种保	一九二元	三六元	一六八元
丙种保	一六八元	三六元	一四四元

十八、保立小学师生应协助保长领导本保民众努力农村改进之实际工作。

十九、保立小学课程儿童班应遵用部颁《小学课程标准》及《短期小学课程标准》至成人班以《公民训练常识》《应用文字算术》为主,其课程纲要另订之。

二十、保立小学儿童班寒暑期均不放假,但经县政府之核准得酌放农假,每年至多以六十日为限.成人班每期上课时间自三个月至六个月,每年至少应办两期。

二一、保立小学校舍除各该保内原有校舍者外,得借用保内之祠宇、寺庙、会馆、公所等建筑物。

二二、保立小学所在保内之公有田地、陂塘或无主民房,得由县政府酌量拨给学校使用。

二三、保立小学师资之养成及进修，由省政府统筹办理，但在统筹办法未公布前，各县得拟定办法核准办理。

二四、本办法由江西省政府公布施行，并分别呈报军事委员会委员长、行营行政院、教育部备案。

7. 江西省保立小学经费之收支保管及审核办法（2－4－381. P35－40）

一、本省为划一各县对于保立小学（以下简称保学）经费之收支保管与审核手续起见，根据《江西省保立小学暂行办法》第十二、十三、十五、十六各条之规定，订定本办法。

二、各县保学拨用各该保原有学款（产）公款（产）之办法如左：

甲、未设学校之保筹办保学时，应由区长指派区员会同各该保保甲长，将保内原有之学款（产）公款（产）详细调查，将款产性质原经管人员每年收入原来用途逐一查明，并拟定拨充保学经费若干分别填入调查表，经区长审核后呈报县政府核夺（表式另定——附后）；

乙、拨充保学经费之数额，除去应纳捐税及不可少之正当开支外，所余即扩充保学经费，但不得少于全数百分之六十、如原系学款（产）被挪作别用者，应如数收回，拨作保学经费。

丙、各保原有学款（产）公款（产），如于调查时有隐匿不报或预先设法分散消减等情，一经查出，除仍照前项规定拨作保学经费外，并处以相当惩罚；

丁、各县政府对于甲项呈报，应即核定指令各该区区长监督原经管人与该保保长共同具名书立拨款办学字据，载明每年应拨数额及缴纳时间，送呈区署立案，并由区署汇报县政府备案（字据式样另定，附后）；

戊、前项拨款办学字据送呈区署后，每年由经管人按期如数缴保学委员会，不得短少，但遇不可抗之灾害，致原有款产收入减少时，得向保学委员会陈明理由，经查明属实，得按原收入减少之总数比例减少之；

己、保学委员会于每次收到前项拨款时，应填具三联收据，一联存根一联给交款人，一联呈送区署（此项收据由区署印发加盖区署钤记于骑缝，其格式另定，附后）；

庚、由学款（产）公款（产）拨充之保学经费以不变更保管理权为原则，遇必要时得由区署呈请县政府核准，指令保学委员会管理，如动产应息存殷实商店，并须将关系之契据与存折送由区署验明后，由保学委员会保存并转报县政府备案；

辛、由保学委员会代管之保学款项如系不动产，即由委员会按期收租，于每期收毕时，造具结单，并对各租户每次交租时填具三联收据，一联存根，一联给交租人，一联于清结时汇齐连同结单送区署备查。如系存款生息，只能按期支息，不得动用，本金其存折并须每学期送区署查验（三联单格式另定——附后）；

壬、凡私人或其他团体对于保学乐输款项时，关于存案缴款填给三联单及代管等手续，均适用本条之规定。

三、各县筹办保学拨用学款（产）公款（产）后，依照《江西省保立小学暂行办法》第十七条规定之保学经费支配标准如有不足，即依照《江西省各县筹集义务教育经费实施办法》第十七条筹足之[附第七条原文——七、行政院二十五年六月第三五二七号训令所指之地方教育机关依照本省现行制度为县政府其余各小学区内按各户富力筹集之义务教育经费，除依上列四、五、六三条拨充之款外，不足之数应照规定应筹之保学经费额，由区长、保联主任、保甲长、保学委员会委员共同负责劝募，并由区长召集保联主任、保甲长、保学委员会委员公议就各户（已经自动捐认者除外）动产不动产之现在经济状况，分别担任其分担之数额，呈报县政府核准并公布之]。

四、凡已设立小学之保，其经费非出自本保者，应于原有学级外，添办短期小学班，所需经费适用本办法第二第三两条之规定筹助之（但原有小学如系短期小学者，即以原款办普通四年之小学）。

五、各县保学经费之动用及审核办法如左：

甲、保学经费应由区员指导保学委员会于每年开始前（但于年度中间新成立者则于开学一个月内）编造岁出岁入预算书四份，专案送由区署转呈县政府核准施行，并由县政府汇齐全县保学岁入岁出预算书，呈报专员公署转报省政府备案；

乙、各区区署应组织该区保学经费稽核委员会委员五人至七人，由区署职员一人至二人、各校教职员代表二人至三人、当地热心教育之公正士绅二人至三人组织之，负审核全区各保学经费出纳之责，其组织规程及审核程序另定之；

丙、各保保学具领一月份经费时，应于一月十五日前将一月份，经费之请款凭单一份与甲月份之支出计算书二份，连同计算书之附属表据等，呈送区署转发各该区保学经费稽核委员会审核（请款凭单及计算书表另定之——附后）；

丁　区署收到各保学甲月份请款凭单，除发交保学经费稽核委员会稽核外，填发一月份支付命令交由保学校长向保学委员会领取经费，并填具三联收据，一联存根，其余二联交由保学委员会分别存查送区；

戊　各保学应于学年度终了后一个月内编造全年度收支决算书二份，送由区署交保学经费稽核委员会审核通过，以一份连同审核报告发还各该保学委员会公布，一份存查，并汇编全区保学收支决算概况表四份，除一份存查外，余三份呈送县政府递报专员公署省政府备案。

六、各县保障保学经费之独立办法如左：

甲、凡各项公私产业经拨为保学经费者，不得转让或抵押于他人；

乙、保学所收各项经费不得移作别用；

丙、保学经费应按照核定预算开支，不得擅行动用；

丁、关于保学经费之收支保管，应由各级主管机关严密监督，如有挪借或舞弊情事，一经查觉，除责令加倍赔偿外，并须依法惩戒。

七、本办法自公布之日施行并咨报教育部备案。

8. 江西省三十年度特种教育实施方案(2－4－320. P139－145)

甲、行政方面

一、中心工作

1. 宣扬国父遗教,奉行总裁训示,协进党团活动,以求错误思想之肃清与敌伪活动之扫除。

2. 加紧战区教育工作,澈底摧毁奴化阴谋,以增强抗战教育之实效。

3. 继续推进国民教育与实验乡(镇)中心学校及保国民学校制度,以求建国要务之完成。

二、调整行政机构

1. 特种教育股职员仍依照部颁《特教股组织通则》之规定,继续设置各项工作人员,并遵照部令裁减视导员股员各一人。

2. 特教视导员免兼战区教育督导处主任或战区教育工作队队长。

3. 特种教育股职员依照铨叙等级支俸,并比照本省公务人员支俸办法予以折扣。

三、严密视导考核

1. 规定本厅省督学义教视导员、社教督导员负责视导特教,并督促各县教育科长县督学加紧视导。

2. 严饬各特教视导员恪遵视导计划执行任务,按期呈报视导报告与表册,并规定视导完毕后如期返厅办公。

3. 取消特教辅导区,并规定中山中心学校应负辅导所在乡(镇)各保国民学校之责。

4. 规定特教巡教团团长应兼负辅导中山学校之责。

5. 修订本省特教工作人员考绩办法及工作竞赛办法等严格执行。

6. 规定考绩时期对特种教育股职员服务成绩严加考核,分别奖惩,并呈报教育部。

四、指导研究进修

1. 整理并充实特种教育股原有图书,并设立党义研究室。

2. 督导特教工作人员研究施教实际问题,执行奖励办法,并饬按期编送实验国民教育与实施抗战教育之结果与心得呈核;

3. 指定特教工作人员必读书籍,并饬将读书心得与困难问题呈报。

4. 指导各特教校团成立党义、时事、文化、教育等研究会,并订定研究大纲分发参考。

5. 利用农忙假期,举办特教工作人员增进训练或工作讨论会。

五、编印课本刊物

1. 修正翻印特教课本或编印特教工作上之参考资料,分发各校团应用。

2. 翻印或编印补充读物或乡土教材,分发各校团应用。

3. 转颁部编《特教丛刊》《特教月刊》,以充特教人员工作之参考,并供课内外补充读物之用。

六、补充工作人员

1. 举办特教或战教工作人员登记

2. 举办特教或战教工作人员训练

3. 选拔合格人员补充特教或战教工作人员。

七、推行战区教育

1. 本省推行战区教育，另订《江西省战区教育工作实施办法》办理之。

八、经费处理

1. 中央核给经费数额、及中山学校所在地配发之国教经费、以及上年度特教经费节余、中央办法上应给补经费，并计编列预算，俾依照开支。

2. 战区教育工作经费遵照教部指示专款开支，另计收支数目。

3. 本年度教育经费收支手续已实行公库法，本厅特教股仅负经费核发手续。

乙　事业方面

Ⅰ　中山中学(或中山中学班)

一、本年度筹设中山中学一所或中山中学班一班，招收初中毕业生或曾任特教工作二年以上而资历相当之工作人员，予以高中同等程度之三年训练，并加授有关特教战教国教理论技术课程，毕业后派充中山中心学校校长或特教巡教团战教队组长等职。

二、中山中学附设中山中心学校，以研究实验推行国民教育方法为主要工作，俾便实际指导各县中山学校。

三、中山中学附设中山农场办理生产教育，以资示范，并负指导生产改良推广业务之责。

四、中山中学在经费可能范围内，拟再筹设中山保健所、中山体育场、中山工厂等，以完成中山学区基础。

Ⅱ　中山中心学校与中山国民学校

一、特教校名与校址

1. 按照特教施教区域，斟酌实际需要情形以及各县补助经费状况，将原有中山民众学校分别改名为中山中心学校与中山国民学校。

2. 缩减中山学校校数，以设立九十校至一百校为原则.

3. 按照地方情形及班次学生数等调整各校校址，以尽先设于思想特殊地带邻近战区或克服区域为原则。

4. 规定各中山学校所在地不再设乡(镇)中心学校与保国民学校，并不得兼办。

二、增加经费与增设教师

1. 比照乡(镇)中心学校与保国民学校之经费数额，并遵照部令，将各校经费如薪俸、办公费、学用品费、事业费等，分别增加一成至三成。

2. 按照地方需要班级学额多寡，中山中心学校与中山国民学校均各分三级列支经费。

3. 增设各校教师，中山中心学校设教师二人或三人，中山国民学校设教师一人。

三、实验与推进国民教育

1. 订定各校实验与推进国民教育工作指导纲要，通饬各校遵照切实实施。

2. 分月规定各校实验与推进国民教育之中心工作事项，并订定实验工作要点，通饬各校遵照办理；

3. 指导各校。对于实验工作之心得与困难分别作详实之记载，按月呈送报告。

4. 规定各中山中心学校除应辅导所在地各保国民学校外，并应与各中山国民学校同负协助地方学校推行国民教育之责。

四、展布党团活动

1. 规定特教人员均应入党，并介绍校内思想坚定学生或当地优秀民众入党入团。

2. 规定各中山学校均应设立中国国民党区分部或三民主义青年团分队，以推行民众组训工作与三民主义文化运动。

3. 会同本省省党部与三民主义青年团支团部，商订特教校团推进党团活动办法，通饬遵照办理。

五、推行一般工作

1. 中山学校设在邻近战区与克服区域者，仍应特重自卫训练工作之推行，设在后方县份者，仍应特重生产教育之办理。

2. 各校应继续举办各项社会活动，并应以调查户口、调查武器、招抚土匪、组训民众、领导实践国民公约、改进农村社会事业、示范改变生产事业、协办地方合作事业、协助推行地方自治、施送医药、破坏敌伪奴化教育设施、协助游击工作等项为主要工作。

3. 各校对于学校设备布置、行政事务之处理以及各班教学方法，应力求改进，以为地方学校之楷模。

4. 分月指定各校社会活动中心工作，并订定实施要点通饬遵照办理。

Ⅲ　特教巡教团

一、健全组织

1. 将原有特教巡教团四团归并为两团，并增加其组数与工作人员。

2. 增加各团经费，并充实其设备。

3. 各团设专任团长，并调整工作人员分组工作。

二、划分工作区域

1. 采取半年巡回制，以游击战区、收复区域以及后方思想特殊地带为施教区域；

2. 每县工作时间以两个月为度，由各团于出发工作前拟具工作路线及日程呈核。

三、推行巡教工作

1. 各团应遵照部颁《修正各省特种教育巡回教学团战时工作纲要》切实推行，并应以破坏敌伪奴化教育、侦查异党活动以及抗战宣传、实施各种战时教学为主要工作。

2. 各团应设立中国国民党区分部或三民主义青年团分队，加强推行三民主义文化运动及各项党务工作。

3. 各团应于出发工作前拟具工作计划大纲呈核。

4. 各团到达每一施教地点，应先召集当地机关团体开会商讨工作，事后除团内应自行精密检讨工作效果外，并仍召集到场机关团体切实检讨批评，以求改进。

5. 各团于每期工作完毕后应遵照厅令集中一地，办理各项，准备下期工作之事项。

四、辅导学校

1. 各团团长应兼负辅导各中山学校之责。

2. 各团对于施教区内国民学校、私塾、社教机关等之教学及其他社会工作，均应分别予以切实辅导。

3. 各团工作人员应搜集有关乡（镇）中心学校与国民学校制度参考资料；以供研究。

9. 江西省中等以上学校改进办法（2－4－367. P108－118）

壹　总则

一、本省为谋中等以上学校教育之改进起见，特依据《江西省动员戡乱时期施政准则》之规定，订定本办法。

二、本省中等以上学校之各项设施，以力求质的改进并集中人力财力物力分期完成标准学校之建设为目标。

贰　调整学校与班级

三、各处学校与班级之设置，应配合地方需要力求分布均匀，俾各地区教育得均衡发展。凡现有中等学校已足敷容纳当地升学学生之县市，应限制再行增设。

四、省立中学以办理高中为主，除设在南昌之各校外，其余各校初中班次逐渐紧缩以办理三班或四班（即一年级两班二三年级各一班）为原则。省立师范学校以办理高师为主，除女子师范学校得酌设简师班外，其余各校简师班一律停止招生。省立职业学校设制力求单纯化，设备力求工厂化，以达到建教合一之目的，其出路较狭之科班应尽量减少。

五、未设县立中学之县应一律筹设县中；无力单设县立简易师范学校者，得于县立中学附设简师班或简师科。

六、各县应根据当地农工业之产销情形择要设立实用初级职业学校或职业补习学校，现有县立职业学校其设科不合地方需要者应予调整。

七、私立学校之设立应严加限制，新办之私立中学及职业学校以办理初级为原则，非基础稳固、成绩优良者不得增办高级班次。

八、私立学校不得任意迁移倘有迁移，之必要者，应先建筑相当校舍，呈经教育厅核准，否则应予取缔或停止其招生。

叁　修建校舍与充实设备

九、中等以上学校之改进暂采重点与渐进主义，估量人力财力设置标准学校若干所，并分期完成其各项标准设施。

一〇、标准学校之指定及一般学校校舍与设备之完成其办法如下：

（一）省立学校：就交通便利、教育发达地区指定基础较好、成绩较优之学校若干所为标准学校，除将无校舍及迫切需要之学校屋舍酌加修建外，集中财力物力尽先完成其标准学校之建筑与设备；

（二）县立学校：就基础较好之学校、财力较裕之县份，每行政区指定标准学校若干所，限期完成其标准学校之建筑与设备；

（三）私立学校：就历史悠久、基础较好之学校，征求其同意指定为标准学校，限期完成其建筑与设备。

其余学校并应酌定期限完成其最低限度之校舍建筑及设备。除省立小学由教育厅统筹办理外，其未能如限完成者，县立学校予该管行政督察专员及该县县长以处分，私立学校逐渐减少其班次或撤销其立案，新办学校应先完成校舍建筑及教学设备之全部或一部始准开办。

前项私立标准学校除应享有各种优先权利外，省政府应特予补助，以扶植其发展。

十一、各校修建设备事宜应由教育厅聘请专家组设委员会负责监督指导。

十二、各校仪器、标本、图书、杂志等设备应由教育厅统筹办理、并应尽量扩大省立科学馆仪器标本制造所之规模、制造仪器标本补充各校设备。

肆　加强教学与管理

十三、各校开学放假应切实遵照教育部规定日期办理，其实行上课日数如不及规定者，除校长应受相当处分外，减少日数并得令校于次学期补足之。

十四、各校专任教员不得在外兼课，其因事请假时间应由教务处登记令其补课。

十五、各校教室日志应由教育厅重行规定格式发交各校仿制备用，由各班值日学生轮流将每日教学科目、教材内容、任课教师姓名及缺课补课等情形详实填入，送请导师检阅签名盖章，校长及教务主任每周应调集各班教室日志详加核阅。

十六、各科学生作业，应参照部章规定每学期作文次数及英数理化等科练习要点，令饬各校指导学生依照习作。教员出勤加批改注明周次及处理时间并签署姓名或加盖图章藉明责任。

十七、理化等学科各校应按照进度举行实验，备具纪录，籍资查考。省立科学馆组织设立科学化运动巡回工作，团应按期分赴各校施行巡回实验。

十八、专科学校、师范学校及职业学校应切实注意学生实习，备具纪录籍资查，考其实习成绩不及格者不得升级或毕业。

十九、各校教室日志、各科练习作业及实验纪录等，省立由教育厅不定期举行抽查，外县由省督导人员随时调阅。

二十、各校学生体育成绩应由教育厅派员抽考，凡体育成绩不及格者不得升级或毕业。

廿一、各校教学研究会应督导经常开会研究各科教学改进办法，必要时由教育厅召集各科优良教师举行研究会议。

廿二、中学及师范每班学生人数以五十人为度，但一年级在各种条件具备之下得酌增至六十人，超过规定者，教育厅得不核准其学籍。

廿三、为提高学生程度便利升学计，每年度由教育厅办理高中毕业生进修班两班至四班，收容高中毕业尚未升学之学生入班补习。

廿四、各校健康检查每学期至少应举行一次……（编者注：前有几个看不清的缺漏字）。教育委员会研究改进办法外，并应将检查结果通知学生家长促其注意。

廿五、各校军事训练与童军训练应切实督导改进其办法，由教育厅会同军官区司令部及童子军理事会分会订定之。

廿六、各校导师制应责成学校切实改进，不得有名无实。

廿七、各校学生自治会应健全其组织，所有有关学生生活规约应在学校监督指导之下，由学生自行订定，自行负责执行。

廿八、各校应组织家长会，籍以加强学校与家庭之联系，而增进管训之效率。

伍　整顿学风

廿九、各校每学期应按照规定召开各种会议，实行校务公开。

卅、各校经费稽核委员会应健全其组织，按期开会审查各种账目簿册单据等，并将审查结果列表公布，实行经济公开。

卅一、各校师生应实行新生活，提倡正当娱乐，根除不良嗜好与习惯。

卅二、各校应消除校内派系及地域观念，学校内不得有同乡会等组织。

卅三、严办学潮为首肇事之人，如有不良分子聚众滋闹，视其情节轻重予学校以全部或一部解散之处分。

卅四、因闹学潮而被开除之学生，学校不得填发任何证件，并应呈报教育厅通饬各校不得收容。

卅五、凡鼓动风潮之教职员应即解聘，并呈报教育厅通饬各校停止相当期间之聘任。

陆　提高师资素质并改善其待遇

卅六、全省公私立学校校长应严加考核其资历，较差办学无成绩表现者应予调整。

卅七、县立学校校长必须专任常川驻校，负学校行政实际责任，不得由县长兼任。

卅八、县立学校校长之选派，由县长保荐合格人员三人检同证件呈由教育厅圈委一人或由教育厅迳派之，其服务成绩优良者应切实予以保障，县长不得任意更动。

卅九、各校教员资格应严加检定，其不申请检定者降低其级俸或令其解聘。

四〇、每年暑期应举办讲习会，指定各校教员参加讲习会。

四一、每年应选派年资较深及成绩特优校长及教员，组织教育考察团赴国内外参观考察。

四二、中等学校国文，英语，数学，物理，化学等科支给批改练习费办法，予以恢复。

四三、教员已达退休年龄而不愿退休者，应逐年酌量减少其教学时数，仍支原薪。

四四、公私立学校应筹定教师福利基金，推行教职员医药补助、生育补助、子女教育补助及消费合作等福利事业，由各校教职员组织委员会共同管理，其基金来源如下：

（一）政府拨款；

（二）学校经费节余；

（三）自行筹募。

柒　厉行考核与奖惩

四五、各校办理情形，每学年至少应由教育厅派员督导一次，必要时得组织督导团或聘请专家分赴各校督导。

四六、每学期应就各校重要学科举行抽考一次，先就交通便利，教育发达之地区实行，必要时南昌市得每月举行一次，由各校指派各班学生若干人轮流集合考试。

四七、各校重要工作由教育厅制定考核量表，厉行工作竞赛，详细办法另订之。

四八、前条各项考核结果除分别情形予校长教员及学生以个别奖惩外，并实行团体奖惩。如为省立学校办理成绩特优者，除给予学校奖状外。并予校长及全体教职员晋级加俸；办理成绩过劣者，得予校长及全体教职员以停止晋级或申诫处分。

四九、各校优良教师每学年调查一次，并于教师节日以各校所报优良教师为候选人，由各教育学术团体及主管教育行政人员共同投票选举荣誉教师若干人予以奖励。

五〇、公私立学校校长应尽先就荣誉教师或优良教师中选用之。

五一、公私立学校之办理成绩除由主管教育行政机关予以考核外，并得举行社会测验以定其优劣。

捌　附则

五二、各校应依照本办法分别制订各项有关改进计划切实实施。

五三、本办法自公布之日施行并咨教育部备案。

10. 江西省社会教育改进办法（改正案）（2－4－367. P119－129）

壹　总则

一、本省为谋社会教育之改进起见，特依据《江西省动员戡乱时期施政准则》之规定，订定本办法。

二、本省各级社会教育机关事业进行以协助组训民众动员戡乱及倡导国民道德、灌输行宪知能为工作总目标。

三、本省各级社会教育机关工作动向应使社会式重于学校式，尽量举办大规模社教运动及巡回施教工作，以扩大其效果，并注意与各方联络合作，以期事半功倍。

四、本省各级社会教育设施侧重质的改进，就原有机构整理充实，并在可能范围内奠定新兴事业基础渐谋量的扩充。

五、本省各级社会教育机关工作人员厉行资格检定，一律以检定合格者充任为原则。

贰　发展民众教育

六、充实省立实验民众教育馆设备，并添建馆舍，增列事业经费，加强其研究实验辅导工作，使起示范作用，成为全省各县市民众教育馆之事业领导中心，并请省戡乱建国动员委员会划拨经费，加强其动员戡乱宣传工作。

七、各行政区原有之省立民众教育馆，应斟酌动员戡乱需要积极设法恢复并按实际情形重划民众教育辅导区，辅导各县民众教育馆推进业务。

八、根据一县一民教馆原则督促未设民众教育馆县市一律设立；已设民众教育馆县市尽量充实其内容，并在县市戡乱建国动员委员会划拨经费加强各该县市动员戡乱宣传工作。

九、切实督促各级民众教育馆遵照教育部颁《工作实施办法》《每月中心工作实施要点》，推进各项民教事业，并订定办法厉行工作竞赛。

十、全省各级学校及社会教育机关均应根据《江西省戡乱剿匪时期教育界动员实施办法》以具体方式广为实施民众教育使地方成年男女咸能获得普遍而切要之政治训练与技能训练。

十一、各级民众教育馆应布置动员戡乱教育环境，并照教育部令发动建立功过亭，发扬民族正气，揭露社会败行。

十二、各级民众教育馆应遵照教育部颁《德育日活动办法》利用星期日切实扩大德育日各项具体活动。

十三、各级民众教育馆应切实组训民间艺人，以动员戡乱有关体裁充实通俗书、词、歌曲、戏剧、魔术等民间艺术内容，动员民间艺人深入民间演唱。

叁　充实图书教育

十四、充实省立中正图书馆设备，收回军队借驻馆舍馆地，恢复儿童阅览室，选择动员戡乱书刊巡回展览，并加强地方文献之整理与收藏。

十五、利用劝募方式扩大省立庐山图书馆业务，分向友邦征赠西文书报，使能成为国际文化交流据点，并利用机会举行文化界动员戡乱座谈会及暑期文化活动。

十六、发动兴建省立九江图书馆馆舍，充实其设备，并配合剿匪工作举办江边巡回书车，扩展其业务。

十七、各县市立图书馆已具规模者，维持其单独设立，已并入民众教育馆者，分期督导其分立，并令征存地方文献。

十八、订定办法奖励私人创设图书馆及阅览室，征订动员戡乱有关书报，便利民众阅览。

十九、责成省立中正图书馆订定辅导办法，在技术上辅导各机关学校工厂设立图书馆（室）经常开放。

肆　普及国民体育

二十、扩大省立体育场平地，遵照标准重新建设，增加健身房、游泳池等设备，并加强其活动。

廿一、县立体育场已单独设立者，分期完成标准建设；并设于县立民众教育馆置□□，并逐渐分立；未设立者，分期普遍设立或并设于县立民众教育馆。

廿二、各机关学校一律设置体育设备，开辟运动场，普遍推进业余运动，并于星期日开放，诱导附近民众参加运动。

廿三、指导各级学校普遍设立学生活动之运动场，订定统一教材，普遍实行早操或课间操运动。

廿四、全省各区县市普遍提倡国术,筹设国术训练班,以养成民众自卫能力。

廿五、公私立各级学校每年单独或联合二校以上举行运动会一次,作运动技术上之观摩,并注意运动道德之培养。

廿六、按期举行全省运动大会,由全省各县市选报选手参加,并鼓励民众参加拳术、器械、竞走、骑射等有关国民体育之技术表演,养成民众尚武精神。

廿七、联络驻防本省省航空研究院飞机制造厂等航空机关,倡办滑翔驾驶练习或表演,锻炼青年体魄,培养青年航空知能。

廿八、经常举办民众集体徒步旅行或越野、爬山、竞渡等项比赛,以养成民众耐劳冒险习惯。

伍　推行卫生教育

廿九、省健康教育委员会改组为省卫生教育委员会,并加强其工作。

卅、各级学校应遵照教育部颁设施标准充实卫生设施,厉行青年儿童体格锻炼及体格检查,并注意缺点矫治。

卅一、各级民众教育馆应普遍发动当地中西名医,扩大举办义务施诊工作,并发动中西药店举办施药运动,普遍疗治贫病民众,并指导民众注重公共卫生,促进民族健康。

卅二、联络卫生机关及军警保甲,按季扩大推行卫生运动,实行灭蚊、灭蝇、灭鼠、灭蚤、禁烟、禁毒,保持国民健康。

卅三、策动举办市民健康、儿童健康、标准青年、模范壮丁等项有关健康竞赛,鼓励国民养身保身健身习惯。

陆　改进电化教育

卅四、充实省电化教育辅导及影音设备,增辟室内及露天施教场所,并加强其辅导及服务工作。

卅五、健全电影巡回工作队组织,增列巡回经费,确定巡回路线,经常举办省会市区巡回及外县巡回放映工作。

卅六、恢复省立实验民众教育馆幻灯制作设备,经常调制戡乱行宪有关灯片分发全省各地电影院于幕前放映,并举办街头活动标准映射,扩大宣传教育效用。

卅七、联络江西省广播电台增加教育播音及戡乱动员特别播音节日,责成装设收音机之学校及社教机关按时约集学生民众收听。

卅八、尽量鼓励各县县政府、社教机关、中上学校装设收音机,达到'每一单位一收音机'标准分期完成,并登记考核其收音成绩。

卅九、争取影片从事本省戡乱动员新闻摄影及特产生产摄影,制成教育电影片,大量复制拷贝,巡回各地公映。

柒　加强科学教育

四十、充实省立科学馆设备与工作,并扩充其馆舍,树立推行科学教育之中心。

四一、省立科学馆附设之仪器标本制造所,扩大制造修理中小学校理化仪器标本及有关挂图。

四二、省立科学馆科学化运动巡回工作团应扩大巡回施教区域，辅导各级学校及社会教育机关以推进科学教育。

四三、经常举办国防科学运动有关竞赛活动，奖励国防科学研究与发明。

四四、利用各种教育机会扩大科学化运动，诱导民众实行生活“科学化”及科学“生活化”，使科学与生活打成一片。

捌　扩充补习教育

四五、策动各级业务机关、团体学校附设职业补习学校或补习班，授以谋生技艺，并指导其就业，以救济社会失业人员。

四六、奖励办理普通补习学校或补习班，并辅导学生升学，以拯济社会失学青年与儿童。

四七、严厉考核公私立各级补习学校或补习班办理情形，督导切实改进。

四八、创办注音符号通俗报纸，廉价供给各级成人妇女班毕业学生及识字不多民众阅读，予以继续教育机会。

四九、征集并编印民众补习读物分发各级社教机关及普通补习学校，以供众览。

玖　督导学校办理社教

五〇、督导各级学校切实办理社会教育，并考核其成绩予以奖惩。

五一、各级学校应切实推行‘德育日活动’，于星期日开放所有设备及场所并吸引民众参加受教。

五二、各级学校应就其性能及当地实际需要，配合民众组训，利用各项集会灌输动员戡乱及行宪应用知能。

拾　展开其他社会教育事业

五三、指定省立实验民众教育馆配合动员戡乱需要，编印发行各项通俗小册及连环图画流传民间。

五四、由省立社教机关联合组设社会教育巡回工作团，以各种原有施教工具与人力巡回各地，展开动员戡乱组训宣传工作，并实地辅导各地改进社会教育设施。

五五、由有关机关聘请专门人员及社会鉴赏名流，组设博物馆筹备委员会，在不需经常费原则下搜集博物展品，俟戡乱剿匪军事结束再行正式成立。

五六、各级社会教育机关在动员戡乱期中，应机动地配合军事形势，及时推进难民救济及伤兵慰劳工作。

拾壹　附则

五七、本省各级社会教育机关及各级学校应依照本办法，分别详订业务有关改进计划，切实实施。

五八、本办法自公布之日施行，并咨教育部备案。

第二编　民国教育指导思想与服务方向

一、关于教育指导思想

1. 万载县文化运动委员会要求学校组织三民主义研究会的公函(1－3－9.P12－13)

事由:抄发奉颁各机关团体学校组织三民主义研究会办法函请查照组织见复由

万载县文化运动委员会公函　吟文字第007号

中华民国三十四年五月十八日

案奉江西省文化运动委员会文和字第二四六号训令开:

本会为发动全省各机关团体学校研究三民主义起见,特制订《江西省各机关团体学校组设三民主义研究会办法》除分行外合行检发该项办法令仰该会遵照办理呈授。

等因,奉此。附发《江西省各机关团体学校组设三民主义研究会办法》一份,自应遵办,除分函外,相应函请贵校查照组织,并希将组织情形见复为荷!

此致

县立中学主任委员　汪敷郭

江西省各机关团体学校组设三民主义研究会办法

一、江西省各机关团体学校为研究与阐扬三民主义,得仿本办法普遍维设三民主义研究会。

二、本省各机关团体学校之三民主义研究会(以下简称各研究会),省会方面由省文化运动委员会发动组织,各县由各县文化运动委员会(以下简称县文运会)发动组织,县文运会尚未组织县份由各该县党部发动组织(以下简称本会),各机关团体学校(暂以中等以上学校为限)由该机关团体学校区分党部发动组织。

三、各研究会自行订立简章,成立后,在省会者应将简章报请本会备核在各县者应将简章送各该县文运会转呈本会备核。

第9页　9-12

为抄发本省各机关团体学校组织三民主义研究会办法函请[illegible]由

万载县文化运动委员会公函　中华民国三十四年五月十八日　吟文字第007号

案奉

江西省文化运动委员会文秘字第二四六号训令开：

本会为发动全省各机关团体学校研究三民主义起见，特制订江西省各机关团体学校组设三民主义研究会办法，除分行外，合行检发该项办法，令仰该会遵照办理具报。

等因；奉此，附发江西省各机关团体学校组设三民主义研究会办法一份，自应遵办，除分函外，相应函请

贵校查照组织，并将组织情形见复为荷！

此致

县立中学

主任委员　汪效郭

江西省各机关团体学校组设三民主义研究会办法

一、江西省各机关团体学校为研究与阐扬三民主义得依本办法普遍组设三民主义研究会

四、各研究会除在省会者直接受本会指导与考核外，其余均受本会暨所在地之县文运会指导与考核。

五、三民主义参考资料由各机关团体学校自备，研究题材项目得由本会发给。

六、各研究会经费由各机关团体学校自筹，其成绩优异者经考核结果得由本会酌给奖金。

七、本会对各研究会考核办法另定之。

八、本办法如有未尽事宜得随时由本会修改之。

九、本办法由江西省文化运动委员会公布施行。

2. 江西省文化运动委员会举办三十四年度三民主义文学竞赛办法(1-3-9. P8)

宗旨：鼓励各界人士研究三民主义文学理论及提高其写作兴趣。

题材：1. 文学理论；2. 散文；3. 小说；4. 诗歌。除文学理论与赛人必须写作外，其余三种可任择一种题目，均自定作品内容，须以三民主义为中心意识，且有创造性或发挥性者。

组别：分中学生、大学生、公务员、文化人四组。

征稿：自登报征稿之日起至七月底截止收稿，外埠以邮戳为凭。

应征：应征文稿文言、白话不拘，论文与散文均以五千字为度，小说以一万字为度，诗歌不拘体韻。文稿均须用毛笔缮正，加新式标点符号，于首页注明应征组别及真实姓名，服务机关或学校名称，加盖图章，信封左角上注明'应征文稿'四字，挂号直寄江西瑞金江西省文化运动委员会，录取与否概不退还。

评阅：由本会聘请专家分组评阅，以昭公允。

录取：每组录取三名共录取十二名。

奖励：1. 各组录取文稿其奖金如下：

中学生组第一名一千元，第二名八百元，第三名六百元；

大学生组第一名一千六百元，第二名一千二百元，第三名八百元；

公务员组与大学生组同；

文化人组第一名二千元，第二名一千五百元，第三名一千元。

2. 录取稿件除给奖金外，著作权仍归作者保留，但本会如有刊印必要时有优先。

3. 江西省各级学校推行新生活运动要点暨考核标准(1-6-49. P10-24)

事由：颁发江西省各级学校推行新生活运动要点暨考核标准各一份令仰遵照由

江西省政府训令　　　　教字第 2173 号

民国三十六年　月　日

令各公私立中等以上学校省立社教机关及省立小学

查新生活运动之推行应由教育界首先倡导，躬自实践，以为民众表率而后推之于一般国民，庶能造成风气转移习俗。各级学校过去对此运动虽曾努力推行，惟是日久玩生，仍觉未能持之有恒。当此建国伊始，实施宪政在即，自应培养一般国民使皆有良好习尚，一切生活均能合乎规律，方足以称为现代国民，尤应先从各级学校实施以为社会倡导。兹经依照《新生活运动须知》，就日常生活必需达到之条件，订定《江西省各级学校推行新生活运动要点及考核标准》各一种，除分令外，合行检发该要点及考核标准令，仰该校遵照实施为要！

此令。

附发《江西省各级学校推行新生活运动要点及考核标准》各一份。

主席　王凌基

教育厅长　周邦道

附：江西省各级学校推行新生活运动要点

甲、实施总则

一、各级学校对于新生活运动之推行、应负倡导实践之责任。

二、各级学校校长及教职员应充分发挥新生活运动精神，改进教育，完成时代使命。

三、各级学校应遵照《各级学校新生活运动委员会组织大纲》之规定，组织新生活运动委员会，负责切实推行新生活运动。

四、各级学校应先注意实施"整洁""简朴""负责""守时""礼节""知耻""勤作业"及"不赌博"等项目，然后次第实施《新生活运动须知》所规定之其他项目。

乙、实施要项

一、关于整洁之推行事项：

1. 校舍之支配力求合理布置力求整洁美观；

2. 经常保持房屋院落清洁；

3. 经常保持厨房清洁；

4. 经常保持厕所清洁；

5. 经常保持教室寝室整洁；

6. 经常保持桌面及抽屉整洁；

7. 经常洗刷地板及保持墙壁清洁；

8. 多开窗户并勤加洗抹；

9. 疏通沟渠清除污秽；

10. 注意扑灭蚊蝇臭虫跳蚤老鼠；

11. 整饬服装注意仪容；

12. 痰吐入盂；

13. 规定学生洗晒衣服被褥及沐浴次数；

14. 规定学生服装及日用品式样及数量；

15. 每周举行大扫除竞赛清洁；

16. 举行学生健康检查。

二、关于简朴之推行事项：
1. 用具衣物力求简朴合用；
2. 文电往返力求简捷明瞭；
3. 文具用品之使用力求节简；
4. 灯油水电之使用力戒浪费；
5. 员生制服以采用国货为原则；
6. 公私宴客以茶点为原则并力求撙节；
7. 提倡步行以锻炼体魄；
8. 利吾自强不任意举债。
三、关于负责之推行事项：
1. 注意工作不敷衍不推诿；
2. 教学管训严格执行；
3. 不规避应尽之义务，经办工作必如限完成；
4. “今日事今日毕”，如遇繁杂工作可酌延工作时间以免积压；
5. 利用课余从事社会服务。
四、关于守时之推行事项：
1. 设置标准钟；
2. 确定作息时间严格遵行；
3. 遇事守时不迟到不早退；
4. 谈话内容简明扼要；
5. 办公时间不谈闲话。
五、关于礼节之推行事项：
1. 升降国旗应敬礼；
2. 唱国歌校歌均应起立；
3. 见尊辈师长应敬礼；
4. 对社会上有资望劳积之人应肃敬；
5. 行坐时对于老幼应起让；
6. 同学相见应相互行礼；
7. 走路应靠右边出，入应依顺序而行；
8. 在路上或公共场所不高声谈笑；
9. 他人谈话应静听，如有意见应俟人谈毕再行叙述，态度并应和平；
10. 入他人之室应先轻轻敲门请而后入；
11. 不私自开看他人之函件包裹及抽屉；
12. 餐宴应举箸相让，不可争先恐后、杯盘狼藉。
六、关于知耻之推行事项：
1. 奉行法令服从纪律；
2. 思想纯正态度光明；
3. 学校经济澈底公开；

4. 不假公济私不营私舞弊；
5. 不挪用滥用或侵吞公款公物；
6. 不看淫秽浪荡之电影、戏剧、歌舞或书籍；
7. 不作欺诈他人之行为；
8. 严格检查自己行为知过必改。
七、关于勤作业之推行事项：
1. 作息应依规定睡起准照时间；
2. 规定课程应按时授毕，按时习毕；
3. 规定作业应按时缴交，按时批改；
4. 努力课外阅读及写作；
5. 注意课内外运动；
6. 举办各种作业成绩比赛；
7. 寒假暑假应作有计划之进修。
八、关于不赌博之推行事项（应以正当娱乐工作以代替不良嗜好，如赌博等）：
1. 革除不良嗜好，提倡正当娱乐；
2. 设置游艺室；
3. 组织戏剧队或音乐会；
4. 充实体育及图书设备；
5. 增开林园广植花木；
6. 举办各种游艺比赛。
丙、推行办法
一、造就新生活运动之教育环境，以收潜移默化之效。
二、切实作新生活运动之有效宣传，以唤起儿童青年注意。
三、教训合一，认真实行新生活运动之训练，以改进儿童青年生活。
四、以身作则，发挥领导作用，以鼓励儿童青年上进。
五、违反新生活运动者，按情节轻重予以道德制裁或实际处分。
六、推行新生活运动努力者，应考据其成绩予以奖励。
七、各级学校推行新生活运动之成绩占各校总成绩百分之二十五，其考核标准另定之。

江西省各级学校推行新生活运动考核标准

要项	细目	标准分数	实得分数	备注
整洁	1. 校舍之支配力求合理布置,力求整洁美观 2. 经常保持房屋院落清洁 3. 经常保持厨房清洁 4. 经常保持厕所清洁 5. 经常保持教室寝室整洁 6. 经常保持桌面及抽屉整洁 7. 经常洗刷地板及保持墙壁清洁 8. 多开窗户并勤加洗抹 9. 疏通沟渠清除污秽 10. 注意扑灭蚊蝇臭虫跳蚤老鼠 11. 整饬服装注意仪容 12. 痰吐入盂 13. 规定学生洗晒衣服被褥及沐浴次数 14. 规定学生服装及日用品式样及数量 15. 每周举行大扫除竞赛清洁 16. 举行学生健康检查	180		
简朴	1. 用具衣物力求简朴合用 2. 文电往返力求简捷明瞭 3. 文具用品之使用力求节简 4. 灯油水电之使用力戒浪费 5. 员生制服以采用国货为原则 6. 公私宴客以茶点为原则并力求撙节 7. 提倡步行以锻炼体魄 8. 利吾自强不任意举债	100		
负责	1. 注意工作不敷衍不推诿 2. 教学管训严格执行 3. 不规避应尽之义务经办工作必如限完成 4. “今日事今日毕”,如遇繁杂工作可酌延工作时间以免积压 5. 利用课余从事社会服务	120		
守时	1. 设置标准钟 2. 确定作息时间严格遵行 3. 遇事守时不迟到不早退 4. 谈话内容简明扼要 5. 办公时间不谈闲话	120		

续表

要项	细目	标准分数	实得分数	备注
礼节	1. 升降国旗应敬礼 2. 唱国歌校歌均应起立 3. 见尊辈师长应敬礼 4. 对社会上有资望劳积之人应肃敬 5. 行坐时对于老幼应起让 6. 同学相见应相互行礼 7. 走路应靠右边出入应依顺序而行 8. 在路上或公共场所不高声谈笑 9. 他人谈话应静听,如有意见应俟人谈毕再行叙述,态度并应和平 10. 入他人之室应先轻轻敲门请而后入 11. 不私自开看他人之函件包裹及抽屉 12. 餐宴应举箸相让,不可争先恐后、杯盘狼藉	120		
知耻	1. 奉行法令服从纪律 2. 思想纯正态度光明 3. 学校经济澈底公开 4. 不假公济私,不营私舞弊 5. 不挪用滥用或侵吞公款公物 6. 不看淫秽浪荡之电影戏剧歌舞或书籍 7. 不作欺诈他人之行为 8. 严格检查自己行为,知过必改	120		
勤作业	1. 作息应依规定睡起准照时间 2. 规定课程应按时授毕按时习毕 3. 规定作业应按时缴交按时批改 4. 努力课外阅读及写作 5. 注意课内外运动 6. 举办各种作业成绩比赛 7. 寒假暑假应作有计划之进修	140		
不赌博	1. 革除不良嗜好提倡正当娱乐 2. 设置游艺室 3. 组织戏剧队或音乐会 4. 充实体育及图书设备 5. 增开林园广植花木 6. 举办各种游艺比赛	100		

续表

要项	细目	标准分数	实得分数	备注
合计		1000		
(一)本标准根据《江西省各级学校推行新生活运动要点》“丙、推行办法”第七项之规定订定,由各级学校师生遵照实行。 (二)本标准由各级教育视导人员考核成绩,分别给分呈报主管教育行政机关核定,作为学校总成绩百分之二十五。				

4.江西省政府关于订发《各级学校德育日工作活动实施办法》之训令(1－6－49.P2－9)

事由:订发江西省各级学校德育日工作活动实施办法令仰遵照由

江西省政府训　　令发文教字第2113号

中华民国卅六年三月　日

令　公私立中等以上学校

省立社教机关

省立小学

查教育部前以“立己通人化民成俗”为学者之天职。我国文化正当继往开来、存亡绝续之交,学校师生尤应相互砥砺德业,兼修养成实践力行之学术风气与质朴敦厚之社会习尚,故特定星期日为德育日,并于卅二年颁布《各级学校德育日工作大纲》,经本府转令全省各级教育机关一体遵行,有案。年来,本省各级教育机关遵令奉行者固属有之,而始勤终懈甚或认为无关重要迄未遵办者尚居多数,自非加紧推行难期良果,兹特订定《江西省各级学校德育日工作活动实施办法》所望各校师生切实奉行,用宏亲仁泛爱之旨而收化民成俗之效。除分令外,合行检发该项实施办法,令仰遵照办理具报。

此令。

附发《江西省各级学校推行德育日工作活动实施办法》一份。

主席　王陵基

教育厅长　周邦道

附:江西省各级学校德育日工作活动实施办法

一、本省为加紧各级学校推行德育日工作活动,使学校与社会打成一片,以达成“化民成俗”之任务,特订定本办法。

二、各级学校推行德育日活动除法令别有规定外,应依照本办法办理之。

三、德育日活动项目除国民月会业经中央明令停止外,仍以部颁《各级学校德育日工作大纲》所规定之项目为范围。

四、德育日工作活动之实施事项如左：

（一）学校开放：

1. 各级学校应于德育日将礼堂及体育场开放，并将图书馆、科学室、工厂及农场等尽量利用，以为教育民众之场所；

2. 礼堂中除规定之编置外，并应悬挂先圣先哲、民族英雄及古今名人像片，附以简要之事略说明。如举行某种活动时，并应临时悬挂与某种活动有关之图表；

3. 体育场设备除全部供民众使用外，并应派员指导练习各项运动；

4. 图书馆除重要珍贵书籍外，所有普通或通俗书刊及报章应全部供民众阅览，并派员指导；

5. 科学室、工厂及农场之设备及物品均应标明名称用途及其特殊价值，并应利用各项设备举办简易科学表演供民众观览。

（二）举行国民周会

1. 发动学生推定国民周会干事若干人，分别劝导民众为会员；

2. 国民周会应于每届德育日举行，并应欢迎一般民众参加；

3. 举行国民周会时，应讲解重要政令、重要时事及与国民道德有关事项；

4. 讲解国民道德，应以阐扬四维八德为主；

5. 举行国民周会应配合音乐、戏剧、电影、播音、幻灯及科学表演等活动，以增加民众参加集会之兴趣。

（三）推行新生活运动

1. 发动学生组设新生活运动推行队，每届德育日在附近推行新生活运动。

2. 推行新生活运动应以《新生活须知》所规定之各种事项为依据，并特别注意下列各项：

甲　守时运动；

乙　卫生运动；

丙　协助地方政府整顿公共场所秩序；

丁　倡导勤劳节约运动；

戊　倡导正当娱乐；

己　利用民间原有习俗配合推行新生活条件提倡各种季节运动。

（四）推行社会服务工作

各级学校应根据各该校内所备具之特长暨环境之需要，酌量推行下列各项社会服务工作：

1. 举行各种展览会；

2. 举行各种座谈会；

3. 办理升学就业指导；

4. 指导民众家庭副业；

5. 指导民众土木工程及农业改进；

6. 办理民众法律讲解处；

7. 办理民众代笔处；

8. 办理民众俱乐部；

9. 提倡兵役运动；

10. 推行识字运动；

11. 举行游艺活动；

12. 举行体育竞赛；

13. 举行通俗宣传；

14. 举行家庭访问；

15. 推行公共卫生；

16. 编辑民众壁报；

17. 指导民众办理合作事业；

18. 其他。

上列各项工作除识字教育、通俗宣传必须普遍办理外，小学应经常办理其他二项以上之活动，中等以上学校应经常办理其他四项以上之活动。

五、国民周会及各种座谈会等集会以一小时至二小时为限，开会时间应按地方情形酌定之。

六、各项活动所需之经费应列入经常预算。

七、每月应确定一项中心工作，扩大活动范围并应联合当地各级教育机关及有关机关共同办理。

八、联合扩大德育日活动之主持机关由参加机关共同推定，其所在地有省立民众教育馆者应由省立民众教育馆主持，各县市政府并应切实协助。

九、各项中心工作之实施，可参照教育部颁《民众教育馆每月中心工作》办理。

十、各县市政府应改进公民道德，推行重要政令，除补助活动须费外，并应于每学期开始时普遍张贴白话布告，劝令民众于星期日参加当地学校德育活动。

十一、各级学校教师每人每学期最少应担任国民周会主讲一次。

十二、各级学校高年级学生均应轮流参加德育日各项活动。

十三、师范学校应以德育活动为每届应届毕业学生主要实习科目之一，其实习办法由各该校自行订定之。

十四、各级学校学生因参加德育活动而外出工作时，应由学校派定教师率领，务须保持良好纪律，以为民众表率。

十五、德育活动需要奖品时，得由主持机关向各界征求，惟每学期以二次为限。

十六、各级学校于每年度开始前应将德育活动计划列入学校行政计划并按月造送工作月报至年度终了编具年度工作总报告呈报主管机关备核。

十七、各级学校德育日工作由教育厅及各县市政府分别督导考核酌予奖惩。

十八、各级学校学生对于德育日工作成绩应作为操行成绩之一其特别努力者得由各该校酌予奖励。

十九、协办德育活动之机关及人员具有成绩者由县市政府酌予奖励。

二十、本办法自公布之日施行并报请教育部备案。

二、关于教育服务方向

1. 万载县立初级中学校奉令转饬本校无党籍团籍教职员限期办理入党入团手续具报之呈文(1－3－10. P7－11)

事由:奉令转饬各校无党籍团籍教职员限期办理入党入团手续具报等因呈复鉴核由

万载县立初级中学校呈　　教字第十九号

民国三十一年四月二十一日发

案奉钧府咏教一字第一〇二七一号训令略开"以奉令转饬各地学校无党籍团籍之教职员限期办理入党入团手续,以期加强防制力量,仰即遵照办理具报"等因;奉此,自应遵办,查本校教职员共计二十人,均早经入党,奉令前因;理合造具本校有党籍教职员一览表备文呈请鉴核!谨呈万载县县长谭。

附呈《万载县立初级中学有党籍教职员一览表》一份

万载县立初级中学校长刘庸常

万载县立初级中学有党籍教职员一览表　中华民国三十一年四月　日填

职别	姓名	党登字号	备注
校长	刘庸常	赣字〇〇一三六号	
教务主任兼教员	欧阳光汉	贡字二〇五五二号	
训育主任兼教员	龙蕴化	赣字二二六一八号	
教员	汪文辉	贡字〇二〇〇九号	
教员	杨劭龕	赣字〇九三八六号	
事务主任兼教员	辛焕镃	赣字〇九三六四号	
教员	李祖谦	赣字〇九四七九号	
教员	汤文光		在申请中
教员	郭鸿长	贡字二〇五三五号	
教员	汪玉藻	贡字二一七八五号	
教员	郑光远	贡字〇六〇三〇号	
教员	叶天驷	贡字二〇五四五号	
教员	彭鼎	贡字二〇五四四号	

续表

职别	姓名	党登字号	备注
教员	李德毅	赣字一七三八七号	
教员	郭宗沂	军志字二四四五六号	
女子部指导员兼教员	辛豫光	贡字二〇五三〇号	
校医	刘绍明	赣字〇九三七一号	
事务员	胥吉甫		在申请中
书记	卢简	贡字二〇五四九号	
书记	李淑元	贡字二四四五六号	

2. 江西省政府关于转发社教设施与党部联系办法的训令(2－4－320. P39－41)

事由:转发社教设施与党部联系办法令仰遵照由

江西省政府训令　　　教四字第3410号

民国二十九年四月　日发

令万载县政府

教育厅案呈以奉教育部本年二月六日社壹——字第六六七八号训令开:“兹为谋社会教育设施与党部取行联系以收合力策进之效起见,特订定《社会教育设施与党部联系办法》一种,令饬遵行,除函中央社会部宣传部查照转饬各级党部遵照,暨分令外合,行检发该办法令仰遵照,转饬转饬遵照。”等情;据此,应予照办,除分令外,合行抄发原办法一份,令仰该县长即便遵照!并转饬遵照!

此令。

计抄发《社会教育设施与党部联系办法》一份。

附:社会教育设施与党部联系办法

一、社会教育设施应与党部互相取得联系,以期相辅而行,收合力策进之效。

二、各级社会教育机关与各级党部联络办法如左:

1. 各项有关推进地方社教事业之委员会应请当地高级党部参加;

2. 各项短期训练班党义一科应请当地党部派员讲授;

3. 举行大规模之社会教育运动或宣传时应请当地党部参加办理;

4. 关于党义之宣扬应接受当地党部之指导。

三、各级党部应实施社会教育其事项如左:

1. 发动全体党员参加扫除文盲工作;

2. 督促当地人民团体举办民众学校或补习学校;

3. 关于社会教育推行事项,社会服务处应接受当地教育行政机关之指导,并与当地社会教育机关联络实施各项社会教育;

4. 关于民众组织及训练事项得会同或委托当地社会教育机关办理之。

四、各级社会教育机关宣扬党义之成绩,应随时转报当地党部备查;各级党部所有社会教育事业,应依照主管教育行政机关法令办理所有实施成绩,并应随时报查。

五、各级社会教育机关宣扬党义及各级党部办理社会教育所需经费,均由各该机关自筹之。

六、本办法由教育部及中央社会部分别公布施行。

3. 江西省第二区行政督察专员兼保安司令公署关于奉令转饬各级学校应加紧训导管理并注意防范奸党活动、禁止学生赌博的训令(1-6-49. P37-38)

事由:奉令转饬各级学校应加紧训导管理并注意防范奸党活动、禁止学生赌博仰遵照由

江西省第二区行政督察专员兼保安司令公署训令　　　教字第0061号

民国三十七年四月　日

令私立龙云初级职业学校

案奉江西省政府教秘字第〇六六〇号训令开"查教育界动员戡乱消极方面在于整肃学风。防范奸党活动已于前颁实施办法内详明指示,各学校对于训导管理自宜认真执行,以期校风肃穆乱、萌消除,此不仅戡乱时期学校当局应有之职责,亦为平时管教学生无可旁贷之任务。乃近据报告,学生常有在校内外赌博情事,如南昌市石头街万安会馆学生聚赌被警局破获一案,虽未查出为何校学生,然已丧辱青年人格,有玷学生声誉,闻之殊觉痛心!由于此等事实足以证明学校平日管理训导工作尚属松懈,致学生得以自由旷废课业,作种种规外行动。况近据密报,共匪将于国大开会时期在各处骚动学生赌博,实为诲盗之媒,更足予奸党活动机会,是其影响于一校者尚小,妨害社会治安者实大,亟应严令禁绝,以资防范。又每见青年学生吸食香烟,无论课室、饭堂、街头巷尾毫,无顾忌口叼烟卷,自鸣得意。此种不良嗜好并应一并督饬戒除,以免妨碍学生心身健康。各级学校校长嗣后务应严格实施训导,加紧学生管理。中上学校应限制学生通学住校,学生非经家长身函证明核准外,宿假者不准在外住宿。全校教师应共同负起管训责任,督导学生专心研读,戒绝不良嗜好,如有赌博行为一经查出,从严惩处。对奸党活动尤应严加防范,庶几校风肃穆,祸乱消弭于无形。所谓教育动员乃不致等于空设。除分令外,合行令仰该署转饬所属各校一体遵照"等因,奉此合行令仰该校切实遵照办理为要。

此令。

专员兼司令　郭觫

4. 中国国民党江西省执行委员会关于每一中心学校必须有一人为党或为团作宣传的代电(2－4－352.)

事由:为每一中心学校必须有一人为党或为团作宣传特订颁表式电仰遵办由

中国国民党江西省执行委员会代电　　　卅三宣一字第3200号

民国三十三年四月　日

各县县党部顷准中央宣传部渝33设字第21140号丑应代电,以奉总裁指示,党部团部皆应注重基层工作,每一中心学校必须有一人为党或为团作宣传等因,希参照本部前颁《各省市县党部推进通俗宣传实施纲要》规定,在每一中心学校所组成之宣传,队中必须遴选本党或本团优秀份子至少一名担任宣传以期达成为本党或本团作宣传之目的等由。除分电外,合亟随电订颁各县中心学校宣传人员姓名略历表一种,仰即遵照,切实办理具报以凭汇转为要。

主任委员梁栋(04,02)

附《江西省××县中心学校宣传人员姓名略历表》一份。

5. 万载县政府与少年总团部关于发行《各级少年团组织办法》《各级团长团员名册统计表》等的训令(2－4－701. P46－47)

事由:令发各级少年团组织办法各级团长团员名册统计表等令仰遵照切实办理严格训练并将遵办情形具报由

万载县政府/少年总团部训令　　　心教字第1486号

民国三十一年九月廿五日

令仙源乡中心学校

案查本县各级少年团组织办法暨团员名册统计表等早经转发,并将各该区乡团部遵照组织训练列报各在卷,惟本学期各级学校教职员人事稍有更动。为加紧各级团队组训起见除派本府督学兼督练员李汤铭、李士雄二员随时分赴督饬外,合行抄发《各级少年团组织办法》《各保队长团员名册》《各级队数及团员数目统计表》各一份,令仰遵照,切实办理,严格训练,并将遵办情形造具名册及统计表报府察核,毋得忽延为要。

此令。

附发　各级少年团组织办法一份各级团长团员名册一份各级各级队数团员数目统计表一份

县长兼总团长　何心毅

副总团长　梁余(霞)

附:各级少年团组织办法

一、少年团之编组以保为单位,此保内十三岁至十八岁之少年、十三岁至十五岁之少女,一律编为少年团员。

二、总团部:县设总团部,县长兼总团长,教育科社会科科长担任副总团长,督学担任督练员。

三、区团:区设区团部,以县立各中心小学校长担任区团长,县立中心小学童子军教师担任副区团长。

四、区之下为乡(镇),设乡(镇)团部,乡(镇)中心学校校长担任乡(镇)团长,乡(镇)中心学校教员担任副乡(镇)团长,无乡(镇)中心学校之乡(镇),其乡(镇)团部由县府指定办理,成绩较优之保国民学校兼办。

五、乡(镇)之下为保,保设保队,保国民学校或保立小学校长担任保队长,保队附由保队长指定优秀分队长一人担任,未设保学之保,其保队长得暂由副保长担任。

六、一保内之适龄男女少年,不论人数多少,概编为一保队。保队之内按团员人数之多少,编为若干分队。每分队以十人至十五人为准。每分队设分队长一人,由保队长遴选本对中优秀团员充任。

6. 中国国民党万载县执行委员会关于抄送学生志愿服役办法的代电(1-3-9. P172-173)

事由:为抄送学生志愿服役办法电仰遵照由

中国国民党江西省万载县执行委员会代电再　　运字第〇三九四号

中华民国三十三年五月廿九日

县立中学区党部　案奉中国国民党江西省执行委员会卅三组三字第四七一四号代电开:案准江西省军管区司令部泰征二字第四〇三号公函抄发《学生志愿服役办法》嘱查照等由,除分电外、合行抄发原件电,仰遵照等因。奉此,除分电外,合行抄发原件电仰遵照为要。书记长汪敷郭辰

印附抄《学生志愿服役办法》一份。

学生志愿服役办法(军政部三十二年十二月公布)

第一条　学生志愿服役除照一般兵役法令办理外,悉依本办法之规定。

第二条　凡中等学校以上学生志愿服役,应向学校申请登记,并以年满十八岁以上为限。

第三条　学校志愿服役学生在登记时,由校医作初步身体检查,其标准如左:

一、身长一百五十五公分以上者;

二、体重四十六公斤以上者；

三、胸围七十六公分以上者；

四、五官四肢及肺脏正当者；

五、无重沙眼痔疾及精神病者。

第四条　合于前条初步身体检查之学生由学校造具志愿服役学生姓名年籍清册，送请当地军（师）管区司令部复查验收。

第五条　军（师）管区司令部接到前项清册后应派军医到学校复行检查，复行检查时不及第三条各款规定标准者，仍在原校继续求学。

第六条　军（师）管区司令部对于检查合格学生——及地点举行，定期入营。在入营前，对于营舍被服等项应事先准备妥当，其有自备应用衣物在规定范围以内者，准予尽量携带。

第七条　前条合格学生编组为教导队，由军政部集中办理或由军（师）管区办理之，前项教导编训办法另定之。

第八条　志愿服役学生如曾受军训合格者得选拔为军士，训练期满后得择优送考中央陆军军官学校。

第九条　志愿服役之学生训练期满后，得依其所习学科及志愿服任特种兵、特业兵、空军及适当之军事辅助勤务。

第十条　学生服役后应保留其学籍，其在服役期间之成绩由部队考核通知原学校，以备退伍回校肄业时按其程度酌予升级。

第十一条　学生服役期中如有逃亡情形，除依法办理外、并开除其学籍。

第十二条　凡中等以上学校年满十八岁以上之女生志愿服役，应向学校申请登记后造具清册送请当地军（师）管区司令部，听候调任军事辅助勤务。

第十三条　公教人员党员团员志愿服役时适用本办法之规定。

第十四条　本办法自公布日施行。

7. 江西省政府关于抄发《九江乡师兵役教育实施办法》转饬各完全小学参考施行的训令(2－4－320. P60－64)

事由：抄发《九江乡师兵役教育实施办法》一份令仰转饬各完全小学参考斟酌施行由

江西省政府训令　　　　字第　　　号

民国廿九年九月廿七日发

据本府教育厅案呈以奉教育部令肆4字第19271号训令内开

“查本部前经根据国民参政会第四次大会建议改进兵役办法，订定《全国公私立中等以上学校及各级社会教育机关兵役宣传原则》二项，通饬遵行在案。兹准军政部渝孝役宣字第二九八〇号咨抄送《江西省九江乡村师范学校兵役教育实施办法》，请通饬各完全小学以上学校参考斟酌施行等由，附办法一份，准此。查该项办法尚可作为各校参考资料，除函复外，合亟印发原办法一份，令仰该厅知照并转饬知照，此令”等因，附发原办法一份，奉此,除通饬省立各级学校及社教机关遵照外,拟请通饬各县转令各完全小学参考斟酌施行等情,前来,除分令外,合行抄发原件一份,令仰该县知照,并转饬知照。

此令。

附印发原办法一份。

主席　熊式辉

教育厅厅长　程时煃

附:江西省九江乡村师范学校兵役教育实施办法

一、本办法为本校在杨村兵役教育区实行兵役教育而订定之。

二、本校实施兵役教育暂分下列三期。

第一期　在本学期第七周以前举行兵役宣传周,并慰劳出征军人家属,其规定进行事项如左:

(1)每日派队分保宣传;

(2)歌咏壁报各班随同出发宣传;

(3)发行兵役三日刊;

(4)召集出征军人家属参加国庆纪念大会;

(5)赠奖食盐每家一斤;

(6)赠奖荣誉状;

(7)举行化装宣传;

(8)其他。

第二期　在本学期第十二周前调查出征军人家属实际情形,并实施精神教育,其规定进行事项如左:

(1)派队出发调查出征家属实际生活状况;

(2)调查出征家属已否领受政府优待;

(3)代写书信;

(4)代为操作使家庭整洁;

(5)与出征家属个别谈话使认识抗战最近趋势;

(6)组织出征家属宣传队;

(7)教育出征家属子弟;

(8)其他。

第三期　在本学期第十七周前调查壮丁并实施精神训练其规定事项如左:

(1)派队出发调查壮丁数量及生活状况;

(2)举行家属谈话会;

(3)率领壮丁赴出征家庭参观;

(4)率领出征家属赴壮丁家庭谈话;

(5)教授壮丁歌曲;

(6)组织壮丁预备队;

(7)举行讲演会;

(8)其他。

三、凡实施前条每期兵役教育事项,得指挥各保甲长协同进行。

四、凡壮丁中签,应召集全乡大会举行应征荣誉典礼,以表示全乡崇敬之意。

五、本校应在每日所出之抗战新闻上,特开出征荣誉榜一期,以资鼓励。

六、凡兵役教育所需书籍、标语、图画以及其他各种宣传品,均由战时后方服务团,宣传兵役壁报各班妥为准备,尽量供给。

七、凡关于兵役方面所发生之种种情弊,本校所派出各队得尽量调查,并检同证件据实报告,设法纠正,以期兵役政令得以尽利推行。

八、凡出征家属如有请求事项本校得尽力代办。

九、本办法经行政会议通过后施行。

8.江西省政府关于抄发并落实《中等以上学校学生征服兵役与限制入校资格办法》的训令(2－4－320. P264)

事由:准军管区代电以奉军政部抄发《中等以上学校学生征服兵役与限制入校资格办法》请查照等由令仰遵照由

江西省政府训令　　　泰教民五字第02317号

民国三十二年二月　日发

令万载县政府

案准江西省军管区司令部三十二年二月十日泰军编三字第一三五号代电开,案奉军政部渝爰役务字第一四七〇号代电开成电徵一电悉,兹抄发《中等以上学校学生征服兵役与限制入校资格办法》一份,希即查照并转饬遵照等因,抄发《中等以上学校学生征服兵役与限制入校资格办法》一份,奉此,除分电外,相应抄送该项办法一份,电达查照等由。附抄《中等以上学校学生征服兵役与限制入校资格办法》一份。准此。查上项办法除于上年二月以教字第一三九号令发在案呈分行外,合再抄发原办法,令仰饬属遵照。

此令。

计抄发《中等以上学校学生征服兵役与限制入校资格办法》一份。

主席　曹浩森

教育厅厅长　程时煃

附:中等以上学校学生征服兵役与限制入校资格办法

本案系奉院长饬交商议,遵经详加研讨。据教育部代表报告,全国中等学生总数六十二万余名，高中规定学龄标准为十五岁至十八岁，除女生外，其兵役及龄者约计高初中学生共当二万名之请；全国专科以上学校学生总数约四万余名，除女生及体格过弱者与独子外，兵役及龄者约当三万名。两项总共为五万名。又据军政部代表报告，现全国每年征服兵役总数约二百万名，故依上述两部代表之报告，即照现时在及龄壮丁中征服兵役之最高比率十分之一计算，目前所可在全国中等以上各校学生中征服兵役者，总共不过五千名，亦仅当征兵全额四百分之一，似尚不致有重大影响及于役政之推行。

至于此后如何厉行兵役，据教育部代表报告刻正由军政部何部长函商党团主持人员，拟向本届国民参政会提出议案云云，此关系国家推行兵役之政策，自当静候商决。且各校学生之服兵役，现行兵役法令业有具体规定可资推行，惟以后为强迫兵役实施，严防假入学之名故事逃避起见，拟对中等学校学生入学资格及军训事宜，予补充严密规定如下：

一、初高中及其同等学校招考新生，其年满十八岁者如招考时期距其证书上所载毕业时期不满一学年，应准其投考，如逾一学年，应拒绝其投考。

二、初高中及其同等学校招考新生，对年满十八岁而以同等学力资格投考者应予拒绝。

三、初高中及其同等学校招考插班生，其年龄满十八岁者，应审核其转学证件发给之时期。与投考编级之时期如距离在一学期及一学期以内者，应准其应试编级；如距离超过一学期者，应不准其参加编级试验。

四、毕业证书及转学证件上之年月日及年龄如有涂改情形，应不予承认。

五、公私立中等学校招收新生及转学生，证件应一律呈送主管教育行政机关，应对底册严予查验。如发现有伪造情形，应即饬令开除学籍其兵役适龄之学，生应即移送该管军区或团区入伍服役。

六、学校如有私发证书、证件或包庇适龄壮丁收容入学情事，除学生照前条规定办理外，其应行负责之校长、主任、教官或教员应即撤职，依法严惩，如系私立学校并应勒令停用。

七、中心学校、国民学校儿童部各年级均不得收容满十八岁之学生。

八、高中及其同等学校之军事训练应严格实施，其因残废痼疾请求长期半休者应严予审查，军训成绩不及格者不得进级。

九、高中及其同等学校集中训练应照规定举行如成绩不及格者不得毕业。

9. 万载县政府关于兵役适龄学生依法抽签按序征召的代电（2－4－701. P9）

事由：为奉电以各级学校之兵役适龄学生自卅二年一月起一律依法抽签按序征召不得予以缓役等因令仰遵照由

万载县政府代电　　心军教字第 3157 号

中华民国三十一年十二月十四日

仙源乡中心学校。案奉江西省政府戌卅教民三字第一六八五七号代电奉军事委员会委员长蒋酉马渝爱役务字第（10749）号代电开“查征兵开始六载，于兹所征壮丁多系目不识丁之文盲,其智识份子之学生多未予以征集,因之士兵素质低劣,影响抗战甚大,更以各地学校收容超过学龄之学生几为壮丁避役之渊薮役政推行尤多滞碍。兹特通令各级学校之兵役适龄学生,自卅二年一月起一律依法抽签,按序征召,依其程度配服役务,不得予以缓役。除分行各省政府各军管区暨内政教育军训军政各部外,合行电仰遵照,并转饬所属一体遵照,等因。奉此,除分电各署县各公私立中等以上学校、省立小学外,合行电仰遵照、并转饬该县公私立中小学遵照”等因。奉此,除分电外,合行电仰遵照。

县长 何心毅

10. 江西省政府关于印发《各级学校实施农业生产办法大纲》并饬所属小学遵照之训令(2-4-320. P46-49)

事由:印发各级学校实施农业生产办法大纲仰转饬所属小学遵照由

江西省政府训令　　泰教二字第4797号

民国二十九年六月十二日

令万载县政府

据本府教育厅案呈“案奉教育部普肆15字第一五八九九号训令内开:查近来粮价昂涨,各地学生伙食均发生影响,以致学生营养不良,影响体格健康,应由各省市教育厅局切实注意救济外,兹由本部依照抗战期间节约消费增加生产之原则,订定《各级学校实施农业生产办法大纲》,以期养成学生农业生活技术,增进学生食料营养。合行检发一份仰即切实遵办具报等因。奉此,除分令公私立中等学校暨省立小学外,拟请通令各县县政府转饬所属小学遵照”等情。据此,除分令外合行印发《各级学校实施农业生产办法大纲》令仰该县转饬所属小学遵照办理,并依原办法大纲第九条之规定,拟具实施计划及办法呈报核备为要。

此令。

附发《各级学校实施农业生产办法大纲》一份。

主席 熊式辉

教育厅厅长 程时煃

附:各级学校实施农业生产办法大纲

第一条 各级学校应遵照本办法大纲实施农业生产,以期增进学生之食料营养与生产技能。

第二条 大学实施农业生产应于劳动服务时间内行之,中等学校实施农业生产应于生产劳动训练时间内行之,平均每人每周约有三小时之工作时间;小学实施农业生产以小学高年级学生为限,每隔一日须有一小时之工作时间。

第三条　各级学校农业生产之种类如左：

一、种植蔬菜（春季播种瓜类、苋菜、茄、辣类、番茄、菜豆、四季豆、豇豆、小白菜等。夏季播种品种：甘蓝、花椰菜等。秋季播种白菜、萝卜、黄芽菜、芥菜、油菜、菠菜、葱头、大葱、蒜苗、韭菜、豌豆等）；

二、养鸡（注意品种，饲养反疗病方法）

三、养猪（注意品种及饲养方法）；

四、养牛或山羊（注意品种及饲养方法如。无法取得牛乳，可以山羊乳代之）；

五、养鱼（注意品种适宜地点凿池及放养）；

六、制造豆腐或豆浆；

七、养蜂（注意品种适宜地点及饲养方法）；

八、栽培果树（就柑橘、桃、李、苹果、草莓五种中选栽）；

九、培养豆芽菜；

十、制造酱油及酱菜（注意设备及制作方法）；

十一、饲养植物其他适于当地土宜、富有滋养料之动植物；

十二、其他。

第四条　各级学校应就学校环境之便利，就前列各项农业生产中设施若干种，其作业场所以能容纳全体学生工作为原则。

第五条　各级学校应尽量与附近之农业教育机关及农业建设机关取得联络，以便获得种植、畜牧等材料方法之供给。

第六条　各级学校应指定人员负责指导学生从事农业生产，并商请附近农业学校或机关供给优良材料。

第七条　各级学校实施农业生产所需经费以各校自筹为原则，必要时得呈请主管教育行政机关酌予补助。

第八条　各级学校为督促学生生产技能进步起见，每年至少应举行竞赛一次，成绩优良者由校酌给奖品以资鼓励。

第九条　各级学校应根据本大纲拟具实施农业生产详细计划及办法，呈报主管教育行政机关备案。

第十条　主管教育行政机关应随时派员视察各级学校农业生产实施情形，并定为学校考绩标准之一。

第十一条　本办法大纲自公布之日施行。

11. 万载县政府关于中心学校及国民学校社会事业实施要点的训令（2－4－333. P7－8）

事由：令发中心学校及国民学校社会事业实施要点仰遵照由

万载县政府训令　　　咏教字第6208号

民国三十年十月四日

令五区罗城乡乡长

查国民教育之实施范围，其对象不仅在学校一隅，而在整个社会。总裁于国民教育会议中曾昭示：一在提高教育人员之责任与地位，使教育人员所努力者，由学校教室之讲习，进而为地方社会实际工作之示范；二在延长并扩展教育之功能，使学校教育所奠立之基础，即由教育人员从保甲壮丁队合作社等群体机构中实施训导，成为经久不断之社会教育，而后教育事业之功绩之累进，即为地方自治真正之完成。关于社会事业之举办，自应积极推行，除分令外，合行抄发《中心学校及国民学校社会事业实施要点》一份，令仰转饬所属各校遵照办理，并将办理情形随时具报为要！

此令。

附发《中心学校及国民学校社会事业实施要点》一份。

县长　谭咏秋

附：中心学校及国民学校社会事业实施要点

（一）中心学校及国民学校举办社会事业，应绝对遵守下列三个原则：

1. 要使学校有关系的人员如教师、学生、各种社会之分子等全体动员，努力推动各种社会事业；

2. 推行各种社会事业，要尽量鼓励民众自动的精神，不能完全由学校代办；

3. 社会事业的推动应尽量利用乡镇民代表会，保民大会及保甲会议等，务使学校的社会事业，在地方自治组织中，取得合法的根据。

（二）中心学校及国民学校在政治方面应举办之社会事业有下列几种：

1. 推行地方自治；

2. 编组保甲；

3. 举行社会调查及查报户口异动；

4. 组织乡镇民代表大会及保民大会；

5. 协助办理壮丁训练及地方自卫；

6. 调解民众之纠纷；

7. 推行或宣传各种政令。

（三）中心学校及国民学校在教育方面应举办之社会事业有下列几种：

1. 举行通俗讲演，扩大纪念周，国民月会等；

2. 举行巡回宣传；

3. 开放学校图书馆，供民众阅览；

4. 开放学校体育场，供民众运动；

5. 举办时事壁报及常识壁报；

6. 举行卫生运动或清洁运动；

7. 提出新生活运动；
8. 设立民众代笔处，问字处，问事处；
9. 举行家庭访问；
10. 举行各种竞赛及各种展览；
11. 设立民众俱乐部；
12. 组织各种合法会社；
13. 其他。

（四）中心学校及国民学校在生计方面应举办之社会事业有下列几种：

1. 提倡合作指导组织合作社；
2. 提倡造林、筑路与修水利等；
3. 指导改良农事等；
4. 提倡农村副业；
5. 协助办理农本贷款或仓库；
6. 举办农民经济调查及生活指导；
7. 提倡节约运动及国民经济建设；
8. 其他。

（五）中心学校及国民学校举办社会事业应照下列程序办理：

1. 每月月初召集保甲长会议，将本月应之社会事业详加讨论，并分别决定办法；
2. 在保甲长会议以后再召集一次民众大会开会的时候，将保甲长会议的议决案分别报告，并详加解释，使全体民众都能了解；
3. 在举行民众大会的时候同时举行各种有计划的宣传及游艺表演，引起民众参加开会的兴趣；
4. 在民众大会举行以后，便照着保甲长会议议决案去办理，并相机举行沿户宣传或指导；
5. 每月终了的时候，应定期考查各项工作进行情形，在下一次保甲长会议及民众大会上提出报告，如有须奖励的，即当众给奖；
6. 乡镇民代表大会及保民大会开会的时候，应将保甲长会议的决议案及执行情形提出报告。

12. 万载县政府奉令颁发学校兼办社教工作计划表的训令(2－4－701. P30)

事由：奉令颁发学校兼办社教工作计划表令仰遵照填报由

万载县政府训令　　　心教字第2021号

民国三十一年十月廿日

令仙源乡中小

案奉江西省政府教字第八九九〇号训令内开“教育厅案呈，以奉教育部本年七月二十三日教育第九二〇〇号以令内开：查学校兼办社会教育，依照规定，应于每年度终了及开始时编制报告及计划呈报备核。现三十学年度行将结束，各级学校亟应编制本学年度工作报告及三十一学年度工作计划呈报教育行政机关核转。兹为加强是项工作效能计，特规定各省市师范学校应以组织歌咏戏剧队、辅导小学兼办社教、推行家庭教育、推行国格教育四项为主要工作；中学应以组织歌咏戏剧队、推行科学教育、民众卫生指导三项为主要工作，中等职业学校及省立专科以上学校应根据各校之性质，分别予以指定二、三种主要工作；小学仍应遵照中心学校、国民学校办理社会教育要点办理。除分令外，合行令仰转饬遵照。此令。等因。奉此，请予通饬遵办具报等情。前来，应准照表除分行外，合行令仰遵照，分别编制本学年度工作报告及三十一学年度工作计划，并每种缮具二份，呈核为要”等因。奉此，自应遵办。除分令外，合行颁发《社教工作计划表》一份，令仰该校长迅即遵照表式填报三份，呈府以凭核转为要！

此令。

附发《社教工作计划表》一份。

县长　何心毅

13. 江西省政府教育厅要求学校协助党部宣传的训令(1－3－9. P41－42)

江西省政府教育厅训令　　　教四字第929号

民国卅三年九月　日发

令　公私立中等以上学校

省立各小学

案奉教育部本年六月二十日训字第一九九七四号训令开：

“案准中央秘书处公函，以奉总裁一再指示，学校应负宣传主义之责任。为使宣传深入农村，尤须各县中小学校协助党部办理，请与中央宣传部会商实施办法等由，兹经与中央宣传部会商，拟订《加强各级学校协助党部宣传办法》一种，除分令外，合行抄发该项办法令仰该厅(局)遵照，并转饬所属遵照办理为要”

等因，附发《加强各级学校协助党部宣传办法》一份，奉此，自应遵办。除分令外，合行抄发原办法一份令仰遵照，即速组织宣传区队，切实协助地方党部宣传，并将宣传情形随时报查为要！

此令。

附抄发《加强各级学校协助党部宣传办法》一份。

厅长　程时煃

附：加强各级学校协助党部宣传办法

一、各级学校应协助地方党部宣传，并应由各校校长或主管训导人员主持其事。

二、各校如已组有宣传区队者，应设法充实，其未组织者，应即迅速成立，并须与地方党部取得密切联系。

三、各校宣传人员应尽量遴选教职员及优秀学生担任之。

四、宣传资料及宣传技术由各省市党部依照中央宣传部所颁发之宣传指示，通报通讯暨纲要及宣传技术须知等，随时转发各校应用，各地方党部并得自行搜集宣传资料供给各校应用。

五、宣传区域以各该校所在地附近为主。

六、宣传方式以尽量采用讲演、歌咏、图画、壁报及戏剧等通俗方式为主。

七、宣传时间以不妨碍学业为原则，并应于可能范围内斟酌地方情形及需要规定宣传日期，凡属例假或纪念日均应列为宣传日期，遇有重要事件发生须宣传时，得由各地方党部会同各校负责人临时决定之。

八、各校宣传情形每学期由各地方党部及各校分别签转中央宣传部及教育部备查。

九、各省党部及各省教育厅须负督导考核之责其成绩优良者应予以奖励并报中央宣传部及教育部备查。

十、本办法经中央宣传部及教育部核准后施行。

14. 中国国民党江西省执行委员会要求学生开展暑期兵役宣传活动的训令(1－4－5. P37－40)

中国国民党江西省执行委员会训令

卅二宣一字第786号

民国卅二年七月　日

令各县(区)党部

案准江西省政府卅二年七月十八日教字第〇六四六五号公函开“案奉委员长于东役宣电令开：‘查暑假在即各地方应即照本会前项《中等以上学校学生假期兵役宣传实施纲领》切实办理，宣传重点如次：(一)本年三月修正公布之兵役法须尽量宣传解释，及逃避兵役者必依法惩办。(二)新兵待遇现已大加改善，应使国民周知。(三)宣传中央优待征属之至意，并发动社会力量扶助征属，救济征属。除分电外，希饬属遵照，并切实督导施行，分别考核具报以凭奖惩’等因，奉此。遵即订颁《本省三十二年暑假中等以上学校学生兵役宣传办法》除通饬所属切实施行外，相应检送宣传办法一份，函请查照，并转饬所属切实督导为荷”等因，附《江西省三十二年暑假中等以上学校学生兵役宣传办法》一份，准此，自应照办。除分令外，合行抄发原办法，令仰遵照，切实督导宣传为要。

此令。

附《江西省卅二年暑假中等以上学校学生兵役宣传办法》一份。

主任委员　梁栋

附:江西省三十二年暑假中等以上学校学生兵役宣传办法

一、本办法遵照委员长于东役宣电令及《中等以上学校学生假期兵役宣传实施纲领》订定之。

二、全省公私立中等以上学校均须遵照本办法,组织学生暑假兵役宣传队,深入乡村普遍宣传。

三、各校学生暑假兵役宣传队应冠以各该校之校名称,为某某学校三十二年暑假兵役宣传第×大队×中队×区队×分队。

四、各校学生暑假兵役宣传队以分队为单位,以大队为最高单位,每十五人编为一分队三分队,为一区队,三区队为一中队,三中队为一大队,人数不足三中队在二中队以上者,只得成立一大队。大队长由校长担任之,大队附由教导主任及军事教官担任之,中队长由教职员担任之,区队长、分队长以优秀学生担任之。

五、前条规定之组织可按学生之籍贯编组之,以便假期返籍者得参加工作。每地不足一分队时,可与附近各校合并组织,改称为某某学校三十二年暑假兵役联合宣传第分队。编组完成后,应造具名册分别通知宣传地点之县政府、乡镇公所、县党部及兵役机关。

六、回籍从事兵役宣传之学生于到达原籍时,应向县政府及乡镇公所报到,如不能自编成队时,并应听候县政府或乡镇公所编组。

七、各校编组宣传队除以籍贯为分配之原则外,并可按宣传事项之性质及学生之志趣分别编组为话剧、演讲、化装演讲、歌咏等分队,分别编配于各中队或区队中,不必另立名目。

八、各校奉到本办法时如已放假,不得托辞请免或敷衍了事,仍应根据回籍学生之籍贯、个性及志趣详为编组,用通讯方法指定其工作及服务地点等。

九、宣传方式除通俗讲演外,应尽量采用化装宣传、话剧表演、歌咏表演及按户访问,并绘制图画,印发标语传单,编贴壁报。

十、宣传资料除遵照委员长历年有关兵役之文告及《兵役宣传大纲》《优待出征抗敌军人家属办法》《优待出征抗敌军人家属条例江西省施行细则》《江西省兵役改进年工作纲领及宣传工作实施纲要》《江西省三十二年度春节兵役宣传大纲》外,尤应注意《修正兵役法》之要点及中央设法改善新兵待遇之事实。

十一、前条所列《修正兵役法》《新兵待遇改善情形》及其他重要兵役法令,由各级管区及各县政府各乡镇公所供给之。

十二、宣传之中心事项规定如左:

(一)本年三月修正公布之《兵役法》须尽量宣传解释,及逃避兵役者必依法惩办;

(二)新兵待遇现已大加改善应使国民周知;

(三)宣传中央优待征属之至意,并发动社会力量扶助征属、救济征属。

十三、宣传态度应庄重诚恳,服装应清洁朴素,务使民众乐于接近。

十四、宣传日期规定自八月十日至八月二十日。

十五、各校应于宣传工作结束后半月内填具工作报告表二份(附表式一),连同学生编配名册及服务证明表,呈报省政府核备。

十六、各县县党部、县政府及各级兵役机关应于各校学生下乡宣传时派员督导,并考核其成绩,填具督导报告表(附表式二)送请省政府备核。

十七、各校学生暑假兵役宣传列为假期作业之重要成绩,服务完毕后应取得工作所在地乡镇公所之服务证明表(附表式三),呈由学校汇呈省政府备核。

十八、学生服务不力者,由学校予以处分服务努力者,由学校予以奖励。各校长因督导不力致无成绩者,予以处分;其成绩特殊优异者,呈请军事委员会予以奖励。督导机关之主管长官及督导人员之奖惩与校长同。

十九、宣传经费应在各校原有经费内匀支。

二十、本办法自公布之日施行,并呈报军事委员会备案。

第三编　民国教育管理机构及其职能

一、关于教育行政机构及其职能

1. 教育部关于短期小学学生缺席次数应严加限制的训令(2－4－381. P57)

事由:短期小学学生缺席次数应严加限制其在校受课至少须满二百天以上方得毕业令仰转饬知照由

教育部训令　　　二十五年四月十九日

第五八三〇号

令各省市教育厅局

查一年制短期小学为期甚短,关于学生缺席次数应严加限制,其在校一年受课之日数至少须满足二百天以上方得予以毕业,合行令仰知照,并转饬遵照。

此令。

2. 教育部关于一年制短期小学修业期满应否发证书之训令(2－4－381. P57－58)

事由:据浙教育厅呈为一年制短期小学修业期满应否发给证书一节除指令并分行外令仰遵照转饬由

教育部训令　　　二十五年三月十七日

第三三七一号

令各省市教育厅局

案据浙江省教育厅呈称"案据黄岩县政府呈称'查一年制短期小学学生,修业期满,应否由校发给修业证书,并呈送县政府验印,又是项证书式样是否与普通小学相同,理合呈请核示。'等情;据此,查一年制短期小学暂行规程内,对于证书等未有明文规定,究应如何办理之处?本厅未便擅断,除指令外,理合备文转请核示祇遵"等情前来,查一年制短期小学学生修业期满,成绩及格应由学校给予证明书,其式样得比照学校毕业证书规程内第四种证书式样,将原式内"毕业证书"四字改为"修业期满证明书","本校"二字下加"受一年短期小学教育"字样,并将"准予毕业"四字删去,又此项证明书无须由县政府验印。除指令该厅遵照并分行外,合行令仰遵照并转饬所属一体遵照。

此令。

3.教育部关于一年制短期小学修业期满证明书应由各市县义务教育委员会发给之训令(2-4-381.P58)

事由:准河南省政府咨据商邱县长呈请准予一年制短期小学修业期满证明书由各市县义务教育委员会给一节除咨发并分行外令仰遵照转饬由

教育部训令　　二十六年四月二日

第五六四一号

令各省市教育厅局

案准河南省政府教字第三六号咨开:案据本省商邱县长呈称"案查发奉河南第二区行政督察专员公署奉钧府二十五年四月四日教字第三五四号训令略开,转奉教育部训令:'查一年制短期小学生修业期满成绩及格,应由学校给予证明书,此项证明书无须由县政府验印'等因,仰转饬遵照等因,转行至府,奉此,自应遵办,惟因此项证明书由学校自行发给,深恐各校不能一致,且易发生流弊,于成绩考查上亦感不便,拟请钧府转咨教育部,准予通令由各县市义务教育委员会制定修业期满证书明编号,令交各校具领转发,并于发处将证明书存根汇订送会备查,以照郑重而免分歧,可否之处,理合备文呈请鉴核示遵"等情;据此,查所称办法似尚可行,惟与贵部所定办法微有出入,究应如何办理之处,除指令外,相应备文咨请贵部查核,见覆为荷。等由过部。查该县府所抄办法尚属可行,除咨复并分行外,合行令仰遵照,并转饬所属一体遵照。

此令。

4.教育部关于短期小学修业期满证明书发给办法之训令(2-4-381.P58-59)

事由:据湖南省教育厅呈为短期小学修业期满证明书发给办法请核示一案除指令并分行外检发证明书式样令仰遵照并转饬所属一体遵照由

教育部训令　　二十六年五月二十九日

第九九六六号

令各省市教育厅局

查一年制短期小学修业期满证明书由各市县义务教育委员会发给一案,业经本部于二十六年四月二日以五六四一号训令通饬遵照办理在案。兹据湖南省教育厅来呈节称:"本省各市县义务教育委员会在预算上均未列事务费一项,所有各项杂支历由各县市教育科局津贴,今兹改由各市县义务教育委员会发给,此项证明书之印刷或购买费,将从何处问支?又此项证明书在本省原由各市县主管教育行政机关盖印核发,今兹现由各市县义务教育委员会发给,其证明书上只须盖以该会图记,或尚须援用各普通小学之证书,须当地最高教育行政机关验印之规定。"等情;据此,经本部核定发给此项证明书之印刷或购买费,应在各市县义教经费项下开支,证明书无须送市县教育行政机关验印。本部并参照学校毕业证书规程第四种式样一种通饬施行,以求划一,除指令并分行外,合行检发该项证明书式样及说明，令即遵照并转饬所属一体遵照。

此令。

5. 江西省政府转发《抗战功勋子女就学免费条例》之训令(2－4－320. P158)

事由：奉令以变通抗战功勋子女就学免费条例规定转饬知照由

江西省政府训令　　　教二字第11036号

民国三十年九月廿一日发

令万载县政府

案奉行政院勇陆字第一二六七七号训令开"《抗战功勋子女就学免费条例》前经国民政府制定公布施行在案，查该条例规定，抗战功勋之文武官佐士兵及人民之子女请求入学免费待遇，以得有军事委员会所颁发之恤金给与令，或经依战地守土奖励条例核准免除子女学费者为限。兹为优待抗战功勋人员子女就学起见，(一)领有各省市政府按照《人民守土伤亡抚恤实施办法》所颁发之恤令者，(二)依《党员抚恤条例》及《公务员恤金条例》抚恤暨各省市政府自行抚恤人员无论所颁发者是否恤令或恤金证，查只须有核准抚恤之党政机关证明为抗战殉国或受伤残废者，亦均得依照该条例之规定请求免费待遇以资衿恤，而昭激励。除分令外，合行令仰知照、并转饬所属一体知照"等因，奉此。查《抗战功勋子女就学免费条例》曾经奉颁转发有案、兹奉前因，除分令外，合行令仰知照，并转饬所属一体知照。

此令。

主席　熊式辉

教育厅厅长　程时煃

6. 江西省政府关于转发《教育部设置各县市办理国民教育成绩优良奖励金暂行办法》之训令(2－4－320. P225－230)

事由：转发教育部设置各县市办理国民教育成绩优良奖励金暂行办法仰遵办具报由

江西省政府训令　　　教三字第〇七二五四号

民国三十一年七月六日发

令万载县政府

教育厅案呈以奉教育部国字第一九一三〇号训令内开"本部为鼓励各县市努力推行国民教育起见，订定《教育部设置各县市办理国民教育成绩优良奖励金暂行办法》通饬施行，除公布并分令外，合行检发办法一份，仰遵办具报为要"等因，附发《教育部设置各县办理国民教育成绩优良奖励金暂行办法》一份，奉此，自应遵照。兹经规定：(一)本省各县办理国民教育优良成绩奖励金之考核标准依照前颁《江西省各县办理国民教育工作竞赛办法》第五条暨《三十一年度各县办理国民教育工作竞赛事项及给分标准》之规定办理。

(二)各县奉令后,应将该县办理国教优良事实经过情形及有关统计图表并连同县长教育科长姓名、年龄、籍贯资历表及全县乡镇中心学校暨保国民学校校长教员名册,于七月三十日前赍呈三份,以凭核转。(三)省督学及义教社教视导员奉令后,应就各县办理国教情形切实考核,将各县办理国教优良事实及经过情形呈报。(四)各县办理国教优良成绩由教育厅举行初步审查选之。(五)县报请教育部核办。以上各点,理合签请通饬施行等情,据此核尚可行合行抄发部颁办法一份,令仰该县长遵照办理具报,毋误为要!

此令。

计发:《教育部设置各县办理国民教育优良成绩奖励金暂行办法》一份。

主席　曹浩森

7. 私立中学立案程序及其必要条件(2-4-74. P28-29)

(三十三年四月)

(教育厅订)

一、校董会之组织

1. 凡私人或私人团体认为当地有设立初级中学或完全中学之必要,须独资或集资创办私立中学,应先行纠合同志,组织校董会。为其设立者之代表,其名额至多以十五人为限,由设立人聘请相当人员组织之。

2. 校董人选至少须有四分之一校董曾经研究教育或办理教育,及三分之二校董居住本省境内者充任,并由校董中互推一人为董事长,现任当地教育行政机关及其值任上级教育行政机关人员不得兼任校董。

二、校董会呈报立案

1. 校董会组织成立后,应确定名称。如拟办初中,称私立××初级中学校董会;如拟办完全中学称私立××中学校董会。拟具校董会章程及校董会,立案呈报事项表各同样二份呈验,附资产资金,以据呈请当地县政府核转。

2. 县政府对于该校董会所送章程表册,应查明各校董有无办学经验,是否热心教育,其资产资金是否确实稳固,当地是否需要是项学校,均应详加考据。如认为合于上述各条件,应将原送章程表册封面加盖县印,转呈核备,并应于转呈时加具切实意见,以供参考。

3. 校董会资产系指不动产,应移转业权向县府登记,并取得登记证,资金系以现款存入国家银行(定期存款)。以上两项即作学校基金,以收入息金充学校经常费(学费收入亦须纳入经常费内)(经常费数额详另表)。

三、学校呈报开办

1. 校董会经呈准立案后,方可筹备开办学校,如修建校舍购置校具以及图书、仪器、标本模型等等,但开办费应另行筹款交给,不得动用原有资产资金(开办费数额详另表)。

2. 学校筹备完竣,即可延聘教师,招生开办,一面依照呈报开办规定表式(一)至(十一)各表,妥为填造装订成册、于封面加盖校董会钤记(此项钤记于校董会呈准立案后呈厅签发)，各以同样二份呈由当地县政府转呈核办。

四、学校呈请立案

1. 学校呈请立案，应于开办后一年行之；其开办二年尚未呈请立案者，得令停办，并撤销其校董会之立案。

2. 呈请立案时，应依照规定表式(一)至(十一)各表妥为填造，并另行拟订各项章程规则，分别装订成册，于封面加盖学校钤记(此项钤记于学校呈准开办后呈厅签发)各以同样二份呈由当地县政府转呈核办。

3. 学校经呈奉核准立案暨转奉教育部核准备案后，学校立案手续始告完成。

上列各点系参照部颁《私立学校规程》摘要叙述，以俟创设私立学校者之参考其余关于学校一切行政组织、编列、课程、训育等事项，均详载部颁《修正中学规程》与《修正私立学校规程》暨各有关中学教育法令内，可到商务中华各大书局购备，诸不赘述。

8. 江西省各县(市)教育行政机关办理中等教育及县市立中等学校处理校务应行注意要点(2－4－367. P85－86)

江西省各县(市)教育行政机关办理中等教育及县市立中等学校处理校务应行注意要点

一、各县(市)设置中等学校，应以开办初级中学、简易师范学校及初级职业学校为原则。如在国民教育师资特别缺乏之地方，应尽先开办简易师范学校。

二、各县(市)立中等学校，应受(市)政府教育科或县(市)教育局之直接监督。

三、县(市)立中等学校经常费及教职员生活补助费，除由县(市)政府细列预算统筹核发外，并应另行筹集基金谷，每校一千五百市石或相当于上项价值之基金。

四、县(市)立中等学校基金由县市教育特种基金保管委员会负责保管、统收、专付，以其孳息购买教学、改善教员待遇之用。

五、县(市)立中等学校校园应有相当之面积，并具备各种重要场所。

六、县(市)立中等学校应遵照部颁最低设备标准之规定，充实其必要设备(须具备足敷各科教学应用之仪器、药品、标本、图表、机械器件及足供教员学生参考阅览之图书，暨最低限度之体育设备)。

七、县(市)立中等学校图书馆、运动场等设备，于可能情形下，应尽量开放，以供一般民众之利用。

八、县(市)立中等学校每学期招收新生插班生时，应定期公开考试，至多以三次为限，不得随到随考。

九、县(市)立简易师范学校每次招生，应以百分之五十名额由各该县乡镇中心国民学校选择优秀毕业生免试保送入学。

十、县(市)立中等学校录取同等学力新生名额，高中不得超过百分之十，初中不得超过百分之十五，高级职业学校不得超过百分之二十，初级职业学校不得超过百分之三十，简易师范学校不得收录同等学力学生，但招收初中毕业生之简易师范科得酌予收录，其名额不得超过百分之十三。

十一、县（市）立中等学校除最后一学期外，其余班级如有缺额得招收同性质学校学期衔接之转学生，并须经考试及格。

一二、县（市）立中等学校征收学生费用，应切实遵照本省省政府规定县联立中等学校征收学生费用及学米限度表办理。

一三、县（市）立中等学校应依照规定设置公费免费学生名额，师范学生应给予全部公费。

一四、县（市）立中等学校行政组织机构及工作要领，应视学校之性质、学级之多寡，遵照各类学校规程及中等学校行政组织补充办法暨各项有关法令之规定，分别设置及分配。

一五、县（市）立中等学校校长应由县（市）政府遵照各类学校规程所定，严格选荐合格人员一人至三人，开具详细履历，检同证件呈请省政府教育厅核定委派，必要时亦将由省政府迳行委派。校长除担任本校教学外，不得兼任他职。

一六、县（市）立中等学校校长经省政府委派后，非经呈准县（市）政府不得更易。

一七、县（市）立中等学校各科教员应由校长选聘曾经教育厅检定合格人员充任，以担任其专习学科为主，并为专任，但必要时得聘请兼任教员，仍不得超过全体教员人数四分之一。

一八、县（市）立中等学校校长及专任教职员每日在校时间至少七小时，并应轮流指导学生自习。

一九、县（市）立中等学校教职员待遇得比照本省省立中等以上学校教职员支薪晋级办法办理。

二十、县（市）立中等学校应厉行导师制，并加强军事管理及童子军训练。

二一、县（市）立中等学校教职员应以身作则领导学生，并设法消除其派系及地域观念。

二二、县（市）立中等学校如发生学潮，应即查明为首肇事人员，呈请县（市）政府转呈省政府教育厅，从严惩处。

二三、县市立中等学校应针对学生个性成绩及家庭环境遵照部颁《各省市县教育行政机关暨中小学施行升学及职业指导办法大纲》之规定，切实施以升学及职业指导，并应设置职业介绍及辅导机构，经常办理毕业学生之职业介绍工作，以增加青年择业与服务之知能。

9. 江西省政府关于筹集基金之奖励应依照《捐资兴学褒奖条例之规定》办理之训令(2－4－719. P176)

事由:废止保国民学校及乡镇中心学校筹集基金奖励办法今后关于筹集基金之奖励应依照捐资兴学褒奖条例之规定办理令仰知照由

江西省政府训令　　　教三字第916号

民国三十六年二月　日

令万载县政府

据教育厅案呈以奉教育部三十五年十二月十七日国字第三九三四七号训令开"案查本部二十九年九月七日第二九〇七五号令公布之《保国民学校及乡镇中心学校筹集基金奖励办法》业已废止,今后关于筹集基金之奖励应依照《捐资兴学褒奖条例》之规定办理,仰即知照"等因,转请通饬知照等情。据此除分令外,合行令仰该县转饬所在地属一体知照为要!

主席　王陵基

教育厅长　周邦道

10. 江西省政府令遵教育部关于各级学校主管人员不得兼任其他职务之令的训令(2－4－719. P186)

事由:据教育厅案呈奉部令各级学校主管人员不得兼任其他职务等因,拟请通饬各县县长不得兼任县立中等学校校长职务,各该校长兼有他项职务者并应由县转饬辞去兼职以专责成等情,令仰切实遵办具报由

江西省政府训令　　　教字第00517号

民国卅六年一月　日

令万载县政府

据教育厅案呈奉教育部三十五年十月十五日人字第二五五二三号训令开"查公私立各级学校主管人员依照规定必须专任,不得兼任其他职务,即社会事业或工商事业之主管亦在限制之列,以免废弛本职,影响学校行政。前经本部通令饬遵有案,经时已久,为重视校务起见,特再重申前令,务期各校校长切实注意,不得接受兼职,其有已兼任其他职务者,应即辞去兼职,以专责成。除另行外,合行令仰遵照,并转饬遵照此令"等因。奉此,除已由本厅迳行转令所属省立及私立各校校长切实遵照并当严切执行外,查各县县立中等学校尚有以县长兼任校长者,拟请通饬各县县长,如有已兼任县立学校校长职务者,应即另保妥人接替,又各该县立中等学校校长如已兼有其他职务者,并应由县查明转饬即日辞去兼职,以专责成等情,应准照办。除分令外,合行令仰该县切实遵照办理并将遵办情形具报备核为要!

此令。

主席　王陵基

教育厅长　周邦道

11. 江西省政府关于颁发本省中等以上学校改进办法暨社会教育改进办法之训令(2－4－367. P107－129)

事由:抄发本省中等以上学校改进办法暨社会教育改进办法令仰遵照由

江西省政府训令　　　教秘字第6192号

民国三十七年十月

令各公私立中等以上学校

查《本省中等以上学校改进办法》暨《社会教育改进办法》业经二〇二五次及二〇三二次省务会议分别通过修正,记录在卷。除明令公布并分别咨令外,合行核发各该项办法共二份,令仰核校遵照为要。

此令。

抄发《江西省中等以上学校改进办法》、《江西省社会教育改进办法》各一份。

主席　胡家凤

教育厅长　周邦道

12. 江西省政府转发教育部《中心学校国民学校分期办理失学民众补习教育办法》并令遵照的训令(2－4－320. P277－280)

事由:转发中心学校国民学校分期办理失学民众补习教育办法仰转饬遵照办理由

江西省政府训令　　　教四字第三六四五号

民国卅二年四月　日发

令万载县政府

教育厅案呈以奉教育部三十二年四月一日国字第一五八八〇号训令内开"查各省市实施国民教育以来,对于办理成年失学民众补习教育成效未著。兹为切实督促各县市积极推行起见,特订定《中心学校国民学校分期办理失学民众补习教育办法》公布施行. 今后各县市中心学校国民学校办理民教部关于事前之调查失学民众预行分期编配及督令分期入学,均须依照是项办法办理。所有全省各县市调查失学民众工作限三十二年七月底以前办理完竣。三十二年九月起,各县中心学校国民学校民教部应一律依照本办法分期实施。除咨请内政部,转咨各省市政府,分饬各县市乡镇保甲长一致遵行外,合亟印发该项办法一份,令仰该厅遵照,转饬各县一体遵照,并将办理情形具报备核此令"等因。计附发《中心学校国民学校分期办理失学民众补习教育办法》一份,奉此,请通饬遵照办理等情。据此,除分令外,合行抄发原办法,令仰遵照切实办理,并将办理情形具报为要!

此令。

计抄发《中心学校国民学校分期办理失学民众补习教育办法》一份。

主席　曹浩森

教育厅厅长　程时煃

附:中心学校国民学校分期办理失学民众补习教育办法

一、教育部为肃清全国文盲,切实推进中心学校国民学校办理失学民众补习教育(简称民教部),特订定本办法。

二、各县市政府应责成各乡镇之保甲长,就本保内各户调查失学民众人数,造具每保失学民众清册,送交本保内国民学校或中心学校。

三、中心学校或国民学校应视本保内失学民众人数之多寡,预定分为若干期办理民教部(以半年为一期,约四十人至五十人)。

四、各保内国民学校或中心学校以每期办理成人及妇女各一班为原则。如本保内失学民众人数过多时,得在一期内同时增设班级。

五、中心学校国民学校预定办理民教部办法确定后,应将各期应行入学之民众由保长会同中心学校或国民学校校长通知本保内失学民众限期,分别认定在某期内入学,并须亲自签名或画押于清册内。各期报名人数如有过多过少时,得由校长会同保长调整分配。

六、前条失学民众分期入学清册应造具三份,一份呈送县政府备案,一份交与本保内中心学校或国民学校,一份存保办公处备查。

七、各保内国民学校或中心学校校长在某期民教部开学前,应会同保甲长分别通知应行入学之民众,督令入学。

八、失学民众接到通知后,应即如期入学。如故意推诿延不入学者,应由保长依照《强迫入学办法》,令其入学。

九、各保失学民众如在限期入学前先将中心学校或国民学校民教部所用课本自行修习完毕,经中心学校或国民学校测验认为及格者,得由保长会同校长发给证明书免予入学。

十、各县市政府应将全县各保所呈送之失学民众分期入学清册,统计全县失学民众总人数及分期入学民众人数,呈报省教育厅备案。省教育厅根据各县所报人数,统计全省失学民众人数及分期入学民众人数,呈报教育部备案。

十一、各省教育厅应订定《失学民众强迫入学办法》,令饬各县市切实遵照办理。

十二、本办法由教育部公布施行。

13. 江西省政府关于整顿私立中学的训令(2-4-367. P9-11)

事由:检发私立中学整顿案仰遵照由

江西省政府训令　　　教字第1618号

民国三十六年三月

令各私立中学

查本省私立中学年来数量虽日见增加，然大都良莠不齐，其中办理成绩优良者固多，而办理不善、成绩窳劣腐败者亦复不少。本府有鉴及此，特拟具整顿方案，并提经此次行政会议决定，惟原案所规定之基金数额与最近教育部令稍有不符，现已依照更正。除分令外，合行抄发原案，令仰该校遵照为要！

此令。

计发《整顿私立中学案》一份。

主席　王陵基

教育厅长　周邦道

附：私立中学整顿案

案由：私立中学应如何整顿案

办法：

一、关于校董会者

（一）健全校董会组织，切实执行职权。

（二）校董会应按期开会，并将会议录随时报核。

（三）校董会应于每学期结束后，将经费收支概况呈报备核。

二、关于设备及经费者

（一）须具备适当之校舍及场地。

（二）须有必不可少之设备。

（三）遵照教育部规定，初中每年须具备经常费八千万元，高中每年须具备经常费一亿二千万元。如系新办之学校，除上列经常费外，并须另筹开办费，初中须筹建筑费八千万元，设备费六千万元，高中须筹建筑费一亿二千万元，设备费八千万元。

凡未达上项标准者，不准立案；其未经核准立案擅自开办招生者，各县市政府应随时报由教育厅令饬停闭，其业已立案者，亦应遵照上项标准充实设备，增筹基金。

三、关于师资者

（一）校长必须专任，并常川驻校，负学校行政实际责任。

（二）教职员资历必须适合部订标准，否则主管教育行政机关得随时令饬更聘。

（三）私立中学教师待遇应比照公立学校教师待遇办理。

四、关于学生者

（一）各级学生以五十人为度，但至少须有廿五人。

（二）征收同等学力学生，高中不得超过录取总额百分之十，初中不得超过录取总额百分之十五。所谓同等学力学生报考高中者，须在初中修满五学期；报考初中者，须在小学修满六年级上学期。

五、关于征收费用者

(一)私立中学征收费用不得超过省政府之规定标准。

(二)私立中学所征收之学费、寄宿费为其全部收入之一部份,统收统支。图书费、体育费应造具收支清单,于每学期结束前公布之,并造具清册连同单据粘存簿,送请校董会转报核销。

(三)学生膳食如由学校代办应核实开支。

六、其他

(一)应遵照部颁学校历如期开学放假。

(二)应遵照部颁课程标准严切实施。

(三)各私立中学应受所在地政府及教育行政机关之监督指导。

14. 江西省政府关于开展本省中等以上学校工作竞赛之训令(2-4-367. P90-95)

事由:抄发《本省中等以上学校工作竞赛办法》令仰遵照由

江西省政府训令　　　教字第5315号

民国三十七年九月　日

查《本省中等以上学校工作竞赛办法》业经第二〇一七次省务会议通过,纪录在卷,除明令公布并分别咨令外,合行检发该项办法一份,令仰该校遵照为要!

此令。

附发《江西省立中等以上学校工作竞赛办法》一份

主席　胡家凤

教育厅长　周邦道

附:江西省中等以上学校工作竞赛办法

壹　总则

一、本省为谋中等以上学校工作效率之增进、教育功能之发挥起见,特订定本办法。

二、本竞赛以全省同性质之公私立中等以上学校为参加单位。

三、本竞赛分下列二种:

(一)全能竞赛:为促进学校一般工作,于同性质学校间就各重要项目举行竞赛;

(二)单元竞赛:为促进学校某种业务,于同性质学校间就某种项目举行竞赛。

贰　竞赛项目及考核标准

四、全能竞赛项目及各项目所佔总成绩百分比如左:

(一)学校行政占百分之十;

（二）教学训育占百分之五十；

（三）体育卫生占百分之十；

（四）办理社教占百分之二；

（五）生产教育占百分之三；

（六）校舍设备占百分之七；

（七）事务管理占百分之八。

前项竞赛考核量表另订之（见附表）。

五、单元竞赛就实际需要情形斟酌举办下列各种竞赛：

（一）教学实施竞赛；

（二）练习作业竞赛；

（三）各科成绩竞赛；

（四）上课日数竞赛；

（五）校风竞赛；

（六）新生活竞赛；

（七）体育设施竞赛；

（八）其他。

前项各种单元竞赛，其考核标准由教育厅于每次举行竞赛时规定之。

六、全能竞赛每学期或每学年举办一次，单元竞赛得不定期举办之。

叁　考核与奖惩

七、各种竞赛除由教育厅指派督导人员根据考核量表实行考察外，并得组织考察团或聘请专家分赴各校考察。

八、各种竞赛应予评定成绩后，由省政府或教育厅根据考核结果分别予以奖惩。

九、奖惩办法除个别奖惩外，并得斟酌情形实行团体奖惩。

肆　附则

十、各校应斟酌情形，择定项目，联合同性质学校，举行校际竞赛，或就本校各班举行班际竞赛，并将结果报厅备查。

十一、本办法自公布之日施行并咨教育部备案。

江西省中等以上学校全能竞赛考核量分表
（自1947年1月至1948年11月）

江西省中等以上学校全能竞赛考核量表　　年　月　日						
学校名称			校长姓名			
项目	规定分数	计分标准	实得分数	合计	附注	
学校行政	100	一、行政组织：组织符合规定分层负责、联系密切者，十分。 二、人事配置：主管人员能力胜，任教职员资历符合规定。人事配置适当者，二十分。 三、服务精神：教职员精诚团结，通力合作，富有朝气者，二十分。 四、会议：遵照规定举行会议，实行校务与经济公开，议决案均能切实执行者，二十分。 五、学级编制：学级编制符合部章，每班学生人数与规定相符，不任意扩充班次滥收学生者，二十分。 六、规章表簿：各项规章厘订完备，表簿齐全，按时记载者，十分。				
教学管训	500	一、教学设施：计划周密，教具齐全，各科教学订有预定进度，并能依照实行者四十分。 二、课程支配：教学科目及时数均照规定，日课表编配适当者，十分。 三、教学方法：教员课前准备充足，教材教法能启发学生学习兴趣，理化等科能按照进度举行实验，并能定期举行教学研究会，商讨改正方法者，六十分。 四、上课日数：上课日数与规定相符，例假日及寒暑假指导学生作有益活动及假期作业者，六十分。 五、作业处理：各科均有练习作业，并能认真批改者，六十分。 六、自修督导：学生自修时间，教员能勤加督导，读书风气浓厚者，二十分。				

续表

		七、缺席统计:教员及学生缺席能严格检查记载,订有补课办法,切实执行者,二十分。 八、学业成绩考查:平时考查及定期测验均能认真举行,并能根据结果实施奖惩者,二十分。 九、训导实施:计划周密,导师制推行有效,家长会组织健全,并能按时举行会议,商讨训导上各项问题;卅分。 十、军训与童训管理:组织完密,管理严格,内务整洁,并能与导师相配合实施者,五十分。 十一、校风:校风严肃,学生能尊师重道,服从纪律,遵守秩序者,八十分。 十二、课外活动:订有活动办法奖励学生参加,并有成绩表现者,三十分。 十三、操行成绩考查:订有考查办法,能切实施行,并能实行奖惩者,二十分			
体育卫生	100	一、体育设施:运动场所合用,体育用具完备,并能善为保护及管理者,二十分。 二、体育训练:注意日常锻炼,实行强迫运动,并能举行各项竞赛者,四十分。 三、卫生设施:备有医药室及疗养处所,实施体格检查,缺点矫治与传染病预防者,四十分			
办理社教	20	一、社教设施:遵照部颁办法办理社会教育,并能配合当地民众组训,推动戡乱动员工作者,十分。 二、开放场所与设备:能尽量开放各种场所与设备,以为实施社会教育之用者,十分。			
生产教育	30	一、生产劳动设施:辟有种植地区与畜养场所,实施生产劳动,备有各种工具,能充分利用者,十分。 二、生产劳动训练:有专人负责指导,师生全体参加。并有成绩表现者,二十分。			

续表

校舍设备	170	一、校舍:地点适宜,地势高爽,校地有适当面积,校舍建筑坚固,光线充足,空气流通,具备重要场所,且分配得宜者,六十分。 二、教学用具:仪器、标本、挂图等教学用具设备完善,并能充分利用者,五十分。 三、图书:图书、杂志、报章等充实,足敷师生参考阅读,并能随时添置者,五十分。 四、实习场所:各项设备适合实习之用,并能管理得法者,十分。			
事务管理	80	一、经费支配:支配合理,使用力求撙节,且能涓滴归公者,四十分。 二、膳食管理:师生膳食经营得法,管理完善者,三十分。 三、财产保管:财物出纳手续完备,财产目录能按时送厅者,十分。			
规定总分	1000	实得总分			

15. 万载县各族祠堂会产兴办文化事业办法(2-4-367. P81-83)

第一条 本县为利用各族祠堂会产以发展地方文化事业,树立建国基础起见,特订定本办法。

第二条 各族祠堂会产"包括总祠祭产会产及其支祠享堂等祭产会产",其产业状况与收支情形除由各族祠堂会产经管人向县政府详实呈报外,并由县政府及各乡镇公所随时查报备查。

第三条 各族祠堂会产由各该祠堂会产经管人如实管理必要时,县政府得派员查明,如有情弊,得由县政府处理之。

第四条 各乡(镇)保国民学校或中心学校等集基金时,各族祠堂会产应尽量捐助足额,如有不明大体,避不捐助者,县政府得酌量情形令饬乡镇公所迳行提拨捐助,其捐产依照捐资兴学条例,仍应予以褒奖。

第五条 各族祠堂会产除捐助当地各级学校为基金外,其余所有收息应以百分之六十规定为准,贴各该族子弟升学之用。其津贴标准,由各该族祠会按照升学子弟多寡及其程度,自行议定,并呈报县政府备查,如有盈余,另存生息置产,仍专作津贴之用。

第六条 各族祠堂会产中,如尚有指拨学田享受学租者,应即停止,改作升学津贴。

第七条　各族祠堂会产规定为津贴各该族子弟升学之用后，即不得移作他用，并因订立据约，呈请县政府验印存案。如经管人不依照规定，移作他用时，应其享受津贴之子弟，得呈请县政府依章处理。

第八条　各族祠堂会产每年所有收息，除规定为津贴之用外，其余百分之四十应尽量用于各该族公益事业，如祭祀救灾恤贫养老育振等，绝对避免无益之浪费。

第九条　各族祠堂会产，自本办法公布施行后，非呈经县政府核准，不得任意变卖。如有违章变卖，一经查出，除重科捐税外，并处罚负责人员。

第十条　各族祠堂会产，未呈经县政府核准，倘有任意变卖地契，管理机关应拒绝其转移业权。

第十一条　本办法经整理地方自治财政大会通过后，由县政府公布施行，并呈请省政府及二区专员公署备案。

16. 万载县政府关于印发本县各级学校新旧任校长交代规则的训令(2-4-330. P29)

事由：印发《本县各级学校新旧任校长交代规则》令仰遵照由

万载县政府训令　　　　心教财字第15723号

中华民国三十三年七月20日

令梅溪区区长

查本县各级学校校长交代办法，前经本府拟定呈奉江西省政府卅三年七月三日财四字第一〇七四六号指令修正，应即通饬施行，除呈报暨分令外，合行印发《本县各级学校新旧任校长交代规则》一份，令仰该区长知照！

此令。

附发《本县各级学校新旧任校长交代规则》一份。

县长　何心穀

附：万载县各级学校新旧任校长交代规则

(一)凡属本县各级学校校长新旧任交代手续，除法令另有规定外，悉依本规则行之。

(二)本县各级学校校长遇有更动情形时，旧任校长须绝对遵守县政府命令限期，造具全部文物款项四柱清册送交新任点收。

(三)旧任校长除将钤记于新任到职之日即应移交外，其余文物一律于十日内移交清楚。

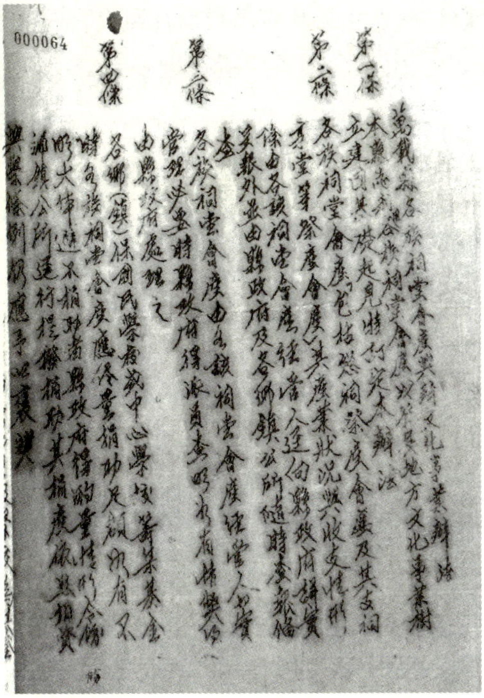

000064

萬載縣各族祠堂會產與辦文化事業辦法

第一條　本縣為獎勵各族祠堂會產以發展地方文化事業樹立建國基礎起見特訂定本辦法

第二條　各族祠堂會產包括族祠祭產會產及其支祠房堂等祭產會產其產業狀況與收支情形係由各該祠堂會產經管人逐年向縣政府詳實呈報外並由縣政府及各鄉鎮公所隨時查考稽核

第三條　各族祠堂會產由各該祠堂會產經管人妥實管理必要時縣政府得派員查明有否情弊由縣政府處理之

第四條　各鄉（鎮）保國民學校經費中心學校籌集基金時各族祠堂會產應盡量捐助足額如有不敷時大族應不捐助者縣政府得酌量情形令飭鄉鎮公所造冊提撥捐助其捐產額照捐資興學條例規定予以褒獎

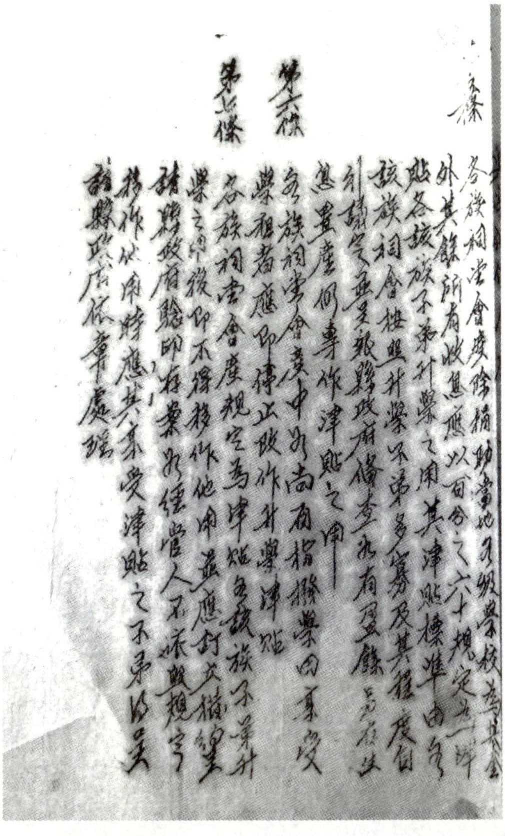

第五條　各族祠堂會產除捐助當地各級學校基金外其餘所有收息應以百分之六十規定為一律津貼各該族子弟升學之用其津貼標準由各該族祠會按照升學子弟多寡及其程度自行議定並呈報縣政府備查如有盈餘另存生息專作津貼之用

第六條　各族祠堂會產中如尚有指撥學田專為族內子弟升學者應即停止改作升學津貼

第七條　各族祠堂會產規定為津貼各該族子弟升學之用後即不得移作他用並應訂立規約呈請縣政府驗印存案如經管人不依照規定移作他用時應其族人享受津貼之子弟得呈請縣政府依章處理

（四）中心学校新旧任移交时，由县政府派员前往监交，或就近指派所在地乡（镇）长监交，保国民学校新旧任移交时，由该乡长责成所在地乡镇公所文化干事前往监交，或就近派保长监交。

（五）移交接收清楚后，新旧任会衔造册四份（监交者亦须签名盖章），除新旧任各执一份外，函一份送所在地乡镇公所存查，一份呈报县政府核备（如属保国民学校，除呈报县政府外，并函报乡镇公所备查）。

（六）新旧任移交时，经费结算以卸替离到之日为起讫。

（七）旧任校长如抗不移交，或移交不清，应由新任校长查明欠交情形，会同监交人员，责成前任移交清楚，或报请县政府核办，但新任校长如有故意留处情形，前任校长亦得会同监交人员呈报核办。

（八）新旧任交接，除有特殊情形经呈准延期外，如于规定期内仍未办理具报者，新任校长应受严格之处分。

（九）新任校长务于奉令后十日内到职，不得以任何情形延诿。但有特殊情形时，得在十日内叙述理由报府核准，否则得视其情节轻重予以处分。

（十）本规则呈报省府核准后施行。

17. 万载县政府转发省府关于乡镇各级学校须有一公共林场之饬令的训令(2－4－701. P16)

事由：本省府令饬各区乡镇各级学校须有一公共林场等因制发调查表式令仰遵照执行

万载县政府训令　　　心字第2781号

民国三十一年十一月廿一日

令仙源乡中心学校

案奉江西省政府酉教建一字第〇七三〇八号代电开“案准农林部申陷秘渝电开，顷奉委座手谕甲便待心贰电节开，各省造林亟应切实推行，凡学校及乡镇均须有一公共林场，每一居户每年应植树几株，逐年增加，西北各省尤为紧要。关于树苗供应、林场保护等办法，务须持久不辍，简便易行等因自应遵照。查造林办法，本部前已分函办理，谅荷鉴及。现各省三十二年度计划正在编拟之中，奉谕前因，除遵办外，相应电请饬属先行拟具实施办法以免延误等由。准此，查推广造林至为重要，本省早鉴及此曾订有《江西省各县筹设县苗圃办法江西省各县县立苗圃给售苗木规则》《江西省乡镇造林办法》《江西省各乡镇设立禁山会准则》《江西省各县植树竞赛办法》《江西省农业院奖励私人培育柱苗办法》《江西省农业院各林场暨中心苗圃推广苗木办法》《江西省农业院拨给森林种苗办法》，先后通饬施行在卷。上项法规包括造林组织、苗木供应、森林保护及奖励各项。委座手谕所示各点，上项法规内多已备载。道‘凡学校及乡镇均须有一公共林场每一居户每年植树造林逐年增加’一项未经明白规定，应就本府订颁《江西省乡镇造林办法》内第三条后加一条为‘四、各乡镇应筹设一公共林场，并应规定所管各居户每年应植树株数，逐年增加’。该办法原第四条改为五，其余各条依次递改，并饬由教育厅检修正《江西省各县乡镇中心学校及保国民学校实施生产教育办法大纲》时，对学校须有一公共林场一节详加规定，另令饬遵，自可不必另订造林实施办法，以免重复。准电前由，除咨复暨分电外，合亟电仰遵照前令，电令切实办理，并将造林列为三十二年度中心工作之一，仍将办理情形随时具报为要”等因。奉此，除分别函令外，合行制发调查表式，令仰该校切实遵照，并将设立地点填表报府，以凭汇转为要。

此令。

附调查表一份。

县长　何心毅

18. 万载县政府转发九中全会关于乡镇中心学校及保国民学校应隶属于县政府之决定的训令(2－4－701. P33)

事由：奉令转饬以九中全会决定乡镇中心学校及保国民学校应隶属于县政府等因令仰遵照由

江西省万载县政府训令　　　心教字第1970号

中华民国卅一年十月十五日

案奉江西省政府民教字第八六六八号训令“以奉行政院顺一字第四六一四零号训令内开‘乡镇中心学校保国民学校之隶属关系，经第五届中央执行委员会第九次全体会议决定如左：乡镇中心学校及保国民学校校长既由县市政府遴委，自应隶属于县市政府，不应隶属于乡镇之下等因。除分行外，合行令仰遵照，并转行遵照此令’等因。奉此，自应遵照。兹规定：(一)各乡镇中心学校及保国民学校既已隶属于县(市)政府，所有各级学校与乡镇公所及保办公处行文均互用公函，惟中心学校及国民学校有所请示时，应呈请县政府核办，并为谋公文便利起见，县(市)政府对于各级学校有所训示时，得训令各乡镇公所转知各级学校办理同时，各级学校有关办学成绩之报告或填报各种表册，亦应送乡镇公所查照统计。(二)乡镇中心学校及保国民学校校长，均由县(市)政府委任，教员由校长聘任报请备案。(三)为使各级学校有所增进起见，乡镇公所对于本乡镇内之中心学校及国民学校仍负有督导之责，至关于筹集学校经费、学谷及强迫入学等事项，并应随时协助，籍资发展。(四)各中心学校及国民学校应努力协办本乡镇保地方自治事业，以收政教联络之效。(五)各县县政府前经关于中心学校及国民学校之隶属，暨各级学校与乡镇公所行文程序之请示在案者，悉依照本训令办理，不再分别指复。奉令前因，除分令外，合行令仰该县长遵照，即便转饬所属一体遵照为要”等因，奉此，自应遵照，除分令外，合行令仰该校长即便遵照为要！

此令。

县长　何心毅

19. 万载县少年团第一次正规训练实施办法(2－4－333. P2－3)

一、本办法遵照《修正江西省战时民众组训实施纲要》订定之。

二、少年满十三岁至十八岁之少男,十三岁至十五岁之少女,除受童子军训练者外,一律实施训练。

三、训练以保队为单位,由各级团长副督同保队长保队附实施,但得由区团或乡镇团斟酌当地情形,联合数保集中训练。

四、训练期间自本年十月至十二月行之,每日训练二小时,以授足一百五十小时为准,星期日不放假,如遇风雨不能集合,致旷课旷操时,得酌量顺延补足,惟全期日数不得超过三个月。

五、训练地点利用学校公共场所及祠庙行之。

六、训练教材由县府呈请省府发给。

七、教育基准表遵照省府规定实施。

八、训练期满,由乡镇团填具证书(附证书式样)呈由总团加盖县印发还转给。

九、训练开始时,应举行团员宣誓典礼;毕业时,应举行毕业典礼,并呈报,总团派员参加指导。

十、区中心小学所在保二保或四保,乡镇中心学校所在保,应由各区乡镇团长分别集中训练,以为示范。

十一、各区乡镇团长副应切实负责辅导考核各保队训练事宜。

十二、各乡镇(召集所属保队全体团员,择定适中地点会操一次,各区团应于受训期满,复召集全区各保队团员举行检阅一次,并呈报总团派员参加指导。

十三、团员之服装颜色及式样与小学制服相同,但在团员不能制规定服装时,得以日常短服代替之。

十四、各区乡镇保长文化干事应切实协助办理调查传集编组。

十五、各级团队应于训练开始一星期后,造具各级队长附及团员名册(附式一)、统计表(附式二),逐级遍呈总团,训练期满,并应造具毕业团员名册(附式三)呈送总团备查。

十六、少年团训练列为各级小学成绩考核之一。

十七、本办法经呈报　省府核备后施行。

20. 万载县政府关于颁行《国民学校法》之训令(2－4－330. P36)

事由:奉颁《国民学校法》令仰遵照由

万载县政府训令　　　心教字第15103号

中华民国三十三年6月19日

令梅溪区署

案奉江西省政府教三字第四〇一三号训令开：

教育厅案呈以奉教育部参第一七一六二号训令内开：案奉行政院卅三年三月二十日义陆字第6133号训令内开："案奉国民政府本年三月十五日渝文字一五五号训令开：'查《国民学校法》业经制定，明令公布，应即通饬施行。除分令外，合行抄发该法条文，令仰知照，并转饬所属一体知照等因。奉此，除分行外，合行抄发该法一份，令仰知照并所属一体知照。'"又奉行政院卅三年三月二十一日义陆字第6240号训令开："案奉国民政府本年三月十五日渝文字一五号训令开：'查《小学法》业经明令废止，应即通行饬知。除分令外，合行令仰知照，并转饬所属一体知照。'"等因。奉此，除分行外，合行令仰知照，并转饬所属一体知照各等因。奉此，除分行外，合行抄发《国民学校法》一份，令仰知照，并转饬所属一体知照等因，附发《国民学校法》一份，奉此，请予通饬遵照等情，兹特规定：(一)乡镇中心学校一律改为中心国民学校，称为"某某县某某乡(镇)中心国民学校"；(二)失学民众补习教育之修业年限，初级四个月至六个月，高级六个月至一年，应恪遵办理；(三)中心国民学校及国民学校之经常费，嗣后均由县市主管教育行政机关统筹支给之；(四)国民学校及中心国民学校均不准征收学生学费或杂费。合行抄发《国民学校法》一份，令仰该县长即便遵照。此令。

等因；附发《国民学校法》一份，奉此，自应遵照除分行外，合行抄发《国民学校法》一份，令仰该区转饬遵照。

此令。

附发《国民学校法》一份。

县长　何心穀

21. 万载县政府关于抄发《教育会法》的训令(2-4-349. P1)

事由：奉令抄发《教育会法》仰遵照由

江西省万载县政府训令　　　心教字第23985号

中华民国三十四年十月九日

令教育会理事长辛钟灵

案奉江西省政府教社字第零一八二一号训令开：

"案奉行政院卅三年十一月九日义玖字第二三四八九号训令内开：'奉国民政府本年十月卅一日渝文字六四〇号训令开：查《教育会法》现经修正明令公布，应即通饬施行。除分行外，合行抄发该法令，仰知照，并转饬所属一体知照。等因，附抄发《教育会法》一份。'奉此，除分令各署县外，合行抄发该法令仰知照。"

等因。附抄发《教育会法》一份，奉此，合行抄发原件一份，令仰该会遵照为要。

此令。

县长　何心穀

22. 万载县三兴乡设置文化股主任及保办公处文化干事姓名清册(1-9-147. P153)

万载县三兴乡设置乡文化股主任及保办公处文化干事姓名清册

乡镇保	兼任职别	姓名	略历	委派年月	备考
三兴乡公所	文化股主任	张业宏	简师毕业	卅七年二月	现任中心国校社教主任
第一保办公处	文化干事	高清云	志成中学毕业	卅七年二月	现任第一保国校代理校长
第二保办公处	文化干事	张绍钧	简师毕业	同	现任国校校长兼教员
第三保办公处	文化干事	欧阳璧	龙河中学毕业	同	现任国校教员
第四保办公处	文化干事	潘循枢	简师毕业	同	现任国校校长
第五保办公处	文化干事	潘福庚	力行中学毕业	同	现任国校教员
第六保办公处	文化干事	张洪贵	师资训练班毕业	同	现任国校教师

23. 万载县柏树乡公所关于佃产拨归本乡国家基金委员会的呈文(2-4-719. P71)

万载县柏树乡公所呈　　先田粮字第九二一号

民国卅五年五月廿三日发

案据居民温明升呈称:窃民于民国十八年得买龙田福田桥会所管坐落龙田狮形下旱田一处,共坵计额租十二担正,衅因马天汉之后裔马宝儒诈财未遂,以致涉讼连年。然而当此诉讼未决、业权未定之际,而民所发之佃马亦否认,马宝儒所发之佃民亦否认,承耕者往往不能安心耕作,切思将来其业权无论属谁所有,而佃耕者自应得到佃权之保障,以便安心耕种。兹为维持佃权及防止发生意外起见,用特具文呈请钧长,俯赐主持另发别佃,并请暂行代收代管,一俟业权确定之明文颁行后,再由业权所有人自行主持,以维佃权而防意外争执,则不胜感激待命之至,等情。据此:查该民温明升所呈各节,确系事实,复查该项田产系无益公产。拟请拨归本乡国教基金委员会保管,似可减免该民争讼,并可免该项田产荒芜。如何之处理,合备文据情转呈钧长鉴核示遵!

谨呈

万载县县长　刘

万载县柏树乡乡长　陈梅开

24. 万载县获富乡公所要求准许本乡第二保国校添设高级一班增聘教员二人等的呈文(2-4-719. P91)

事由:准本乡第二保国校以学生人数增加添设高级一班增聘教员二人等由转呈核备由

万载县获富乡公所　呈　　　涵教五十四号

民国三十五年三月二十日

案准本乡第二保国校教字第一三号公函开："查本校开学以来，学生人数激增，高级生已到三十名，初级生已到五十二名。除原有复式初级一班外，添设复式高级一班。一人力量有限。无法管教。已增聘刘绍基、刘定国二人为本校教员，兹检具二人履历表一份，相应函请贵乡长查照转呈县府备案为荷。"等由。准此，查该校国教基金稳定，且本学期学生人数激增，确有添设高级一班、增聘教员之必要，准函前由，理合备文转呈钧长鉴查核备。

谨呈

万载县县长　刘

获富乡乡长　龙养浩

25. 万载县励进乡公所关于本乡第十一次扩大联席乡务会议决议事项请鉴核备查的呈文(2-4-719. P4-5)

事由：为录呈本乡第十一次扩大联席乡务会议决议事项请鉴核备查由

万载县励进乡公所呈　　　世文字第二七七号

民国三十六年五月二六日

案查本乡各国校校数校址及三十五学年度第二学期教师人选，业经提交第十一次扩大联席乡务会议决议：(一)第一保设国校于石岐庵，设一分班于灌潭庙柞树下杨家屋；第二保设国校于揭家塅揭三公祠，设一分班于中烟塘陈家祠；第三保设国校于莲塘庙，设一分班于高塘庙；第四保设国校于新田庙；第五保由第一中心国校加聘教员二人(支给与国校教员同)，设分班于果子窝彭宅及冷水坑汪家屋；第六保设国校于十字佈汪祀先祠，设一分班于东边周家屋；第七保设国校于丁田韩家祠，设二分班于小江西李大祠及岑源普仁祠；第八保设国校于夫田龙永善公祠，设一分班于石笋坑庙内及土稷塅蕃衍代用分班；第九保由第二中心国校加聘教员二人(支给与国校教员同)，设分班于佈头鲍宅及栈下张宅。(二)教师人选由各保保长会同代表遴选登记合格及服务能力或学问优良人员，造具略历保送乡公所汇聘；如不报者，由乡公所直接遴选汇鉴核委等语，纪录在卷。除分别电令外，理合录案备文报请钧长鉴核！

谨呈

万载县县长刘

励进乡兼乡长辛世安

二、关于学校管理机构设置及规章

1. 万载县黄茅乡中心国民学校章则汇编目次(2-4-719. P6-8)

一、组织大纲
二、教职员服务细则
三、总务部办事细则
四、教导部办事细则
五、推广部办事细则
六、辅导部办事细则
七、教职员请假规则
八、级任教员服务细则
九、值日教员服务细则
十、编辑室办事细则
十一、考勤委员会办事细则
十二、自治指导委员会办事细则
十三、生产局办事细则
十四、卫生委员会办事细则
十五、游艺室办事细则
十六、校务会议规程
十七、教导会议规程
十八、总务会议规程
十九、辅导会议规程
二十、推广会议规程
二一、经济稽核委员会规程
二二、训育委员会规程
二三、民众文字代笔办法
二四、学生请假办法
二五、膳厅规约
二六、寝室规则
二七、运动场规则
二八、阅览室公约
二九、游艺室规约
三十、低年级教室公约
三一、中年级教室公约
三二、高年级教室公约
附录
一、学生自治组织——中心市政府信条
二、学生自治组织——中心市政府规程
三、学生自治组织——中心市区职员办事细则

2. 万载县黄茅乡中心国民学校组织大纲(2－4－719. P10－13)

一、本大纲遵照《修正小学规程国民教育实施纲领》及《乡(镇)中心学校设施要则》之规定,订定之。

二、本校遵照中华民国教育宗旨及各项小学法规,实施下列各项任务:

(一)激发民族意识;(二)培养国民道德;(三)锻炼健强身心;(四)训练劳动身手;(五)启发科学思想;(六)增进必需知能;(七)实验教育方法;(八)辅导地方学校。

三、本校设校长一人,综理校务,并协助乡(镇)公所处理各项事务,由县府委任之。

四、本校设教职员六人,由校长遴选合格人员,呈请县府审查合格后延聘之。

五、本校设总务、教导、辅导、推广四部,各部设主任一人,商承校长主持各该部事宜。

六、本校各部分设若干股,每股设股长一人,由校长指派教职员分掌各股事宜。

七、本校各设级任一人,商承校长并商同各部主任处理各该级及训练事宜。

八、本校设校务会议,讨论本校应兴应革事宜,部设各部会议,讨论各该部有关事宜。

九、本校设左列各机构,办理各种工作:

经济稽核委员会;编辑室;自治指导委员会;文书室;考勤委员会;

游艺室;生产局;卫生委员会。

十、本校为处理临时工作起见,得设立其他委员会,其章则另订之。

十一、本校各种会,校长皆得出席指导或参加讨论。

十二、本校教职员服务细则,各部门办事细则,及各种会议规程,另订之。

十三、凡未经本大纲规定事项,遵照各种法令规章办理。

十四、本大纲由校务会议通过,经校长核定后公布施行。

十五、本大纲如有未尽事宜,得由校务会议议决备改,经校长核定,并呈送县府备案。

3. 万载县黄茅乡中心国民学校教职员服务细则(2－4－719. P14－16)

一、本细则根据本校组织大纲第十二条订定之。

二、教职员须服膺三民主义,遵守本校及主管教育行政机关一切规章命令。

三、教员须具有实验研究,通力合作之精神。

四、教职员对于担任科目及职务,须随时研究改进。

五、教职员均须秉承校长分任校务。

六、教职员均应负训导学生及分任课外作业指导之责。

七、教职员出席规定各种会议,并受上级教育行政机关之指导举行各种教学实验,并报告实验结果及研究心得

八、教职员在校膳宿,星期六晚上亦应轮流驻宿,星期日仍照常工作,至担任晚间教学及各种社会工作,亦不得籍故推诿。

九、教职员均为专任,不得兼任校外有给职务。

十、教职员在聘约有效期内不得中途辞职，如不得已而必须辞职时，须商得校长同意，觅得相当代理人后方可离校。

十一、教职员非因疾病及特殊事故，不得请假，请假规定另订之。

十二、教职员于学期终了时，得将公物分别点交有关各部，如有损失应照价赔偿。

十三、教职员必须于开学前三日到校，担任各部职务者一星期前到校。

十四、本细则经校务会议通过公布施行，并呈报县府备案。

十五、本细则如有未尽事宜，得提交校务会议修订之，并呈报县府备案。

4. 获富乡中心国民学校校长恳请制止二保国校妄行增办高级班的呈文(2－4－719. P93－94)

事由：为恳请维护本校发展迅予制止二保国校妄行增办高级班由

万载获富乡中心国民学校呈　　　　鸿字第七号

民国三十五年三月二十五日发

窃职自奉令以后，遵即赴校接钤就职，并遴聘原任教员，筹备招生开学上课，曾以呈报在案。迄今上课已久，附近儿童多逗留不来或观望不前，尤以在籍者为甚。前函请乡公所令饬保甲长挨户催征来校受课，终无效果，职乃率教员分别举行家庭访问，始知被本乡花台山第二保刘姓保国校诱入该校肄。业《查学校设施法规》，原定乡镇内已设有中心国校之保，或各保距离中心学校不足三里者不另设保国民学校，其应就学之儿童及失学民众即入中心学校肄业。准此规章，花台山距本校不一华里，不但不能增加高级，即初级亦不应有存在之可能。如果系特殊情形，亦不得妨碍本校发展为限。纵令刘姓虽在本校所在地，学童人数超过四分之二以上，亦不能利用族姓关系有此行为，使人屈于肘腋，以致本校陷于困难。二保国校校长刘放宽殊敢不顾法规，声言不讳，强迫本校该姓多数高级学生入校肄业，其居心不良，显系意图破坏本校发展。且该校经费人事两无构成设校条件，似此破坏教育、颠倒法规，实可痛恨。为此呈报钧长俯赐察核，迅予依法制止该校增设高级班，并希令饬迁移二保集中地点为保国校校址，其所办高级学生概行移交本校上课，使二校得以尽量发展，而保校亦能达其任务，庶几两无妨碍，乡教前途实利赖之。

谨呈

万载县县长　刘

获富乡中心国民学校校长　龙鸿业

5. 励进乡第二国民中心学校校长呈文恳请拘押拒纳国教经费的本校佃户(2－4－719. P153)

事由：为本校佃户鲍炳生抗租不纳恳请拘案押缴由

万载县励进乡第二中心国民学校呈　　　　丁教字第零六一号

民国三十五年十二月九日

案查钧府曾经令定本县每一中心国校，于每一年度应由乡国教经费委员会筹拨设备费谷六十市石在案。查原丁田乡国教经费委员会，虽有组织之名称，而事实上颇不健全，故本校历年来，均未拨领颗粒，对于设备只得因陋就简，或由私人设法罗借，勉强支持，一面自力更生，多方开导，搜查公有款产，籍以充实设备。本年二月间，有本校所在保漏收神会永祀堂所管多江田产一处，因首士历年受佃户拖骗短交之懊恼，不甘抗骗，自愿将该会田产助充本校设备之资，旋即经职请集首士佃户三面接替，并即由佃户鲍毛苟、鲍炳生二人书立借耕帖一纸，平均承佃，当日议定每年缴纳早晚谷五担五斗。迄今二稻登场，本校曾派员前往再三催纳，仅收得鲍毛苟稻谷二担五斗，而鲍炳生佃户应纳租谷二担七斗五升，竟敢置之不理，并佯言保长要提作保内公用。似此混乱，殊属可恶，若不严拘押缴，业权何在！用特备文，恳请钧府迅予派警将抗租不缴佃户鲍炳生拘案押缴，并撤销佃约，以清业权，而便教育为祷。

谨呈

万载县县长刘

励进乡第二中心国民学校校长张忠厚

三、关于教育附属机构

1. 万载县私立联兴小学校核董会用表之一(2 - 4 - 545. P1)

万载县私立联兴小学校核董会用表之一

<table>
<tr><td colspan="9">校董会立案呈报事项表</td></tr>
<tr><td>名称</td><td colspan="8">万载县私立联兴小学校校董会</td></tr>
<tr><td>目的</td><td colspan="8">巩固校务发展教育</td></tr>
<tr><td>事务所所在地</td><td colspan="8">万载三区塘头浆欧阳早度公享堂</td></tr>
<tr><td>资产资金或其他各项详细数目</td><td colspan="8">资金总额为六百九十六元，由龙高瞻众、武元众、四仁众捐洋一百四十四元，朱达义众、唐春众、标喜众熙照捐洋九十六元，龙崇孚众捐洋四十八元，陈荣禄众捐洋七十二元，欧阳泰复众、運泰众捐洋八十四元，龙尚善众捐洋四十八元，罗茂元众捐洋六十元，彭安六众捐洋二十四元，龙自修众捐洋二十四元，龙江湧众捐洋拾二元，龙洪春众捐洋三十六元，龙高贵众捐洋四十八元，统计捐洋六百九十六元。每年依照一分二厘行息，共息银八十三元五角二分外，学生每学期收学费洋一元，约可收六元。</td></tr>
<tr><td colspan="9">校董</td></tr>
<tr><td>姓名</td><td>性别</td><td>年龄</td><td>籍贯</td><td>职业</td><td>经历</td><td>担任职务</td><td>住址</td><td>备考</td></tr>
<tr><td>罗铢才</td><td>男</td><td>三七</td><td>万载</td><td>学</td><td>高小毕业历办地公益事务</td><td>董事长</td><td>塘头浆</td><td></td></tr>
</table>

续表

龙起材	男	三七	万载	学	高小毕业历办地公益事务	担任经费出纳	塘头浆	
朱熙照	男	三九	万载	农	历办地方公益事务	担任经费出纳	塘头浆	
龙成隆	男	三六	万载	商	历办地方公益事务	担任经费出纳	塘头浆	
龙贤沐	男	三八	万载	学	高小毕业	会计	塘头浆	
龙振华	男	四五	万载	学	中学毕业历充各校校长教员现国材校长	担任文书事项	石塘	
陈贵儒	男	五〇	万载	商	历办地方公益事务	担任经费审核	塘头浆	
欧阳启发	男	三四	万载	商	历办地方公益事务	担任经费审核	塘头浆	
龙成要	男	四四	万载	商	历办地方公益事务	协助董事长办理一切事务	塘头浆	
龙士伯	男	四三	万载	农	历办地方公益事务	协助董事长办理一切事务	塘头浆	
彭庚和	男	四二	万载	工	历办地方公益事务	协助董事长办理一切事务	塘头浆	

2. 万载县私立翠龙初级小学校校董会章程(2－4－704. P1－5)

第一条　本会根据《修正私立学校规程》第十三条之规定组织之。

第二条　本会定名为私立翠龙初级小学校校董会。

第三条　本会以设立者宜万边陲士民为主体。

第四条　本会遵照《小学规程》及其实施方针、兴办乡学、以实施党化教育、发展儿童身心、培养国民道德及生活所必需之基本技能为主旨。

第五条　本会设校董七人,内推一人为董事长。校董会董事长均由代表大会选任之。

第六条　本会应办之事项如左:

(一)经费之筹划及增进;

(二)预算及决算之审核;

(三)财产之收支保管财务之监督;

(四)学校之设施及扩充;

(五)校长之推荐及改选；

(六)校务之考查及其他行政事项。

第七条　董事长之职权如左：

(一)代表本会全体；

(二)召集本会会议执行决议案；

(三)处理本会日常事务；

(四)考察校务协助校长力谋发展。

第八条　董事长有事时，得委托各校董代行其职务。

第九条　本会会议分常务会议、临时会议二种。常务会议以本年六月间开会，由校董事长定期，但须于十日前发函通知；临时会议由董事长或校董三人以上之公请，或本校校长之请求，均得召集之。

第十条　本会会议须有校董过半数之出席、始得开议。

第十一条　校董董事长任期均为三年，但得连选连任。如有满职者，得依第九条之规定召集设立表大会，随时改选。

第十二条　本会财政实行公开。每学期终结，董事长须将收入数目造具清册交，由大会审核。

第十三条　董事长每学期开始须造具预算，经大会通过后遵照执行。

第十四条　校董会经理财政，非有临时紧急事情发生，常年开支不得超过预算以外。

第十五条　如有超过预算，须于会议时开具理由，请求追认。如经会议否认者，经手人应负赔偿之责。

第十六条　本会款产不得典押变卖，非有不得已时，不得动用基金。

第十七条　本会款产不得挪作别用，各职员不得预支薪水等情。如有上项情事，经手人应负赔偿之责。

第十八条　本章程如有未尽事宜，经大会决议，得随时修改之。

第十九条　本章程自呈准之日起。

3.私立益智小学校董会就本校簿据历年成绩被焚毁之呈文(2－4－719.P129－130)

事由：为声明本校簿据历年成绩被敌寇焚毁无踪请予备查由

万载私立益智小学校董会呈　　　民国三十五年十月十三日发

校教一号

窃本校自民国壬子元年创办以来，迄今三十余载。惟历年簿据表册成绩等项，均遭敌人焚毁殆尽。簿据成绩向存于三市钟祥兴先生开设店号乾元齋，诸事负责保管。因渠忠厚长者，可靠又对于教育方面非常热心，本校租产自经伊手之后，逐年无有盈余，将来定有兴盛之望。余者，校中所用不敷，亦系伊垫付。不料旧岁三市地方因敌寇过境，本校存于钟祥兴先生手簿据以及历年存底之表册等件，一概被敌人焚毁无踪。除登报声明外，理合具文呈请钧座鉴核，准予备查，实为公便。

谨呈

县长　刘

董事长　黄光厚

校　董　巫海涛　黎后仕　钟德懋　李学财

4. 万载县三兴乡公学款产清查委员会委员姓名略历册(1－9－148. P129)

万载县三兴乡公学款产清查委员会委员姓名略历册

职别	姓名	性别	年龄	籍贯	略历	备考
主任委员	高际云	男	三六	万载	龙河中学毕业历任乡长	
常务委员	张钧厚	男	二八	万载	江西县立力行中学毕业曾任校长等职	
委员	龙舒云	男	三五	万载	宜春乡村师范毕业曾任县督学等职	
委员	龙惠苍	男	五〇	万载	龙河中学毕业曾任校长等职	
委员	张卓人	男	二九	万载	志成中学毕业曾任校长	
委员	武启文	男	二九	万载	高小毕业现任保长	
委员	阳生瑞	男	四二	万载	现任保长	
委员	龙自云	男	二八	万载	力行中学毕业现任保长	
委员	潘水生	男	四三	万载	历任保长	
委员	潘启高	男	三七	万载	现任保长	
委员	伍根财	男	二八	万载	志成中学毕业现任保长	

全衔　乡长　高□□

中华民国卅七年四月四日

5. 万载县公学款产管理委员会第一分会第二次会议录(2－4－134. P4－10)

时间：三十五年三月三十一日上午十时

地点：大北门　卫生院

出席者：

汪国材　龙植贤代　　　龙怡美　龙光荣代

张忠厚　　　宋思德

辛荫苍　　　汪镇汉　郭康生代

辛继贤　　　袁友梅

辛文渊　　　王启贵

郭炳成　　　　　　　　鲍镇汉

缺席者：

王乘风　　　　　　　　李国树

郭怀刚

主席：辛继贤

纪录：谢运丽

开会如议

甲　报告事项

乙　提议事项

（1）本会没收各神会庄产有壹百余户，拟将各粮户从新立户，过入公学款产第一分会，以便输纳。可否之处，请公决案。

决议：①照案通过；②造具田亩清册呈请县府加盖县印；③由本会派员会同乡镇长及中心校长负责勘蹈。

（2）查本会所管各乡佃租，均系由会委托各砻房代收，车力损失为数甚巨，拟改由各中心国校会同乡公所代收。是否可行，请公决案。

决议：原则通过，由本会拟具收集保管办法，呈请县府核准后施行。

（3）查厂塘真君庙曾由本会每年发给香灯谷四担，因卅三年无人守庙，未来具领。嗣后可否援例拨发，请公决案。

决议：照成例发给（自卅四年起），以后无论何地庙宇，不得援例。

（4）前任职员所欠本会钱谷，虽叠经催收，久未清楚。如何处理，请公决案。

决议：由本会再函限十天内来会清理，并将经手账簿及有关证件交送来会，否则呈请县府追缴。

（5）据高城仓库函称，本会尚欠伊卅年度粮谷拾五石八斗壹升，现亟于结束，商请从速归垫等语。经查属实，业已如数照拨，请予追认案。

决议：准予追认。

（6）查近来生活高昂，各校员工待遇拟酌量提高，可否请公决案。

决议：①丁田、民权、涂泉、城南、高城五校教职员每名自四月份起增加薪俸谷壹担，暂发四成；②实验小学因县发给生活补助费，改拨给一次设备谷捌拾担，亦暂发四成；③上项津贴谷俟庄欠收清后，再行补发。

（7）城南中心国校增加民教部教员一名，民权中心国校加增事务辅导研究主任各一名及校工一人，曾由各校呈请县府准予。增设所有薪水，拟向本会发给，请公决案。

决议：自本年二月份起照发，嗣后各校增设教职员，请县府按照实际情形，于下学期予以调整。

散会

万载县公学款产管理委员会第一分会主任委员辛继贤

中华民国三十五年四月　日

6. 修正江西省各县市教育经费稽核委员会组织规程(2-1-102. P9-12)

第一条　各县市政府应组织教育经费稽核委员会稽核本县市教育经费之预算计算决算及一切账目。

第二条　委员会设委员十一人以左列人员组织之：

一、县市政府主管教育科长；

二、县市政府督学；

三、县财务委员会委员长或市政府主管财政科长；

四、县市长就本县市热心教育公正士绅遴聘二人；

五、县市教育会干事互推一人，但未经呈准省政府备案之县市教育会不得推派委员；

六、县长就区教育指导员指派一人；

七、余额由县市立教育机关教职员互推之，但办理会计、出纳及庶务人员不得充任委员；

八、委员会以县市政府主管教育科长为主任委员。

第三条　委员均为义务职。

第四条　第二条第一项第一款至第三款，委员以其本职任期为任期，其余委员任期一年，但得连任之。

第二条第一项第五款至第七款，委员在任期中解除本职时，应即重行推派补足原任期。

由区教育指导员派定及由县市立教育机关教职员互推之委员，在任期中解除本职时，应即重派重推其任期，以补足原任期为限。

第五条　委员会于每月上旬开常会一次，但于必要时得由主任委员召集临时会，其稽核事项如左：

一、县市经征处上月份征收教育捐税、教育款产、租息、县市义教补助费及其他教育款项情形；

二、县市金库或县公款保管出纳员上月份对于县市教育经费之保管及出纳情形；

三、县市政府上月份填发教育经费支付命令情形；

四、县市政府上月份收支保管本县市筹集及上级政府给与之义教补助费情形；

五、各教育机关上月份经掌费及临时费收支计算书件；

六、其他有关县市教育经费事项。

第六条　委员会开会于必要时，得请有关征收保管出纳人员及教育机关主管人员列席说明，并得调阅一切有关账册文卷，检查库存现金。

第七条　委员会每次开会稽核情形，应于开会后一星期内制成报告书，由出席委员会签名、盖章、加盖委员会钤记，送由县市政府公布，并加盖县印，转呈省政府察核。

第八条　委员会应于县市政府编造市地方岁入岁出预算决算时，由主任委员召集临时会，请县市政府将预算决算教育部份抄送审查，制成审查意见书，由出席委员签名、盖章、加盖委员会钤记，送由县政府加盖县印，转呈省政府察核。

第九条　委员会设事务员一人，由县政府主管教育科员兼任之，为义务职。

第十条　委员会必需之办公费在县政府办公费内开支之。

第十一条　本规程自公布日施行。

7. 万载县立实验学校就成立经费稽核委员会乞鉴核备案之呈文(2-4-132. P2-5)

事由：本校为实行经济公开经成立经费稽核委员会送呈该会规程乞鉴核备案由

呈　　　国字第四四号

中华民国三十五年四月二十六日发

窃本校为实行经济公开，本学期计划决组设经费稽核委员会，经草拟组织规程于本(四)月二十七日提交第四次校务会议修正通过，并即依照上项规程，当由全体教职员票选教员龙华民、胡福生、郭勳霖、辛省生、王海清等五人为委员，复由委员中互选辛省生为主任委员，正式成立。除饬知本校事务处应将本学期已过二、三月份一切收支账目票据补送稽核，嗣后并按月送付审核外，理合备文将该会成立情形连同组织规程一并报请鉴核备案。

谨呈

万载县县长　刘

附呈本校经费稽核委员会规程一份。

万载县立实验学校校长　汪国材

附：万载县立实验学校经费稽核委员会规程

一、本校为实行经济公开，特组织经费稽核委员会(以下简称本会)。

二、本会设委员五人由全体教职员选举之，并由委员中互推一人为主任委员，校长及掌理经费之职员不得当选。

三、本会委员每学期改选一次，连选得连任。

四、本会委员概为无给职。

五、本会每月开会一次由主任委员召集之。

六、本会之职责如左：

1. 审查本校预算；2. 稽核每月收支报告；

3. 审核本校决算；4. 审核本校一切收支账目及票据。

七、本会开会时，应请校长、事务主任及其他经办人员列席。

八、本会稽核各项账册单据，如有疑义，得请经办人说明。

九、本规程经校务会议通过后施行并呈请县府备案。

8. 万载县第四区教育经费管理委员会召开第二次委员会议(2-4-148. P129-130)

时间:三十一年五月六日(星期三)上午十二时

地点:第四区区署会议厅

出席者:李德训　刘文美　□汉海　陈士魁

邱国珍　彭殿魁　张钧林　欧阳璧代

胥富辉　辛时民　袁荣科　王权

刘日新　周振亚　辛文焕　袁怀周

柳尧照

主席:刘日新　纪录　柳尧照

开会如仪。

甲　报告事项(略)

乙　讨论事项

1. 主席交议:本区区乡镇中心小学校教职员应否发给津贴、或津贴若干,请公决案。

决议:一、各区区乡镇中心小学教职员及本会职员,自本年一月份起,按月每员发给津贴国币四拾元正;

二、各区乡镇中心小学校役及本会工友,自二月份起,按月每名发给津贴贰拾元正;

三、各区乡镇中心小学及本会公费,自二月份起,按月每班补助费拾一元正;

四、将来若县府能筹发津贴费时,大津贴由本会具领,以上所领津贴人员不得重领。

2. 主席交议:本年改办保国民学校十所,应否援例发给设备及发若干,请公决案。

决议:各保国民学校每校所发给添置设备费国币贰百元,交由该管乡镇长统领,斟酌需要情形代为添置设备,转发使用。

3. 各乡镇中小之经常费及修整设备各费曾经规定应遵照手续报销,现仍多数未履行者应如何办理,请公决案。

4. 各乡镇中小已请领设备修理各费,如查有不实在使用者,应如何办理,请公决案。

三、四两案决议:各种经费均应按月据实报销。如查有报而不实者,除将虚欠之数追回外,报请县府核办。

5. 各乡镇保学经费委员会应否发给办公费,请公决案。

决议:自一月份起至六月份止,各乡镇按月发给办公费国币贰拾元正。

6. 各区乡镇中小均经开辟菜圃,应否置发农具使用,请公决案。

决议:由本会统置发给每校发锄头贰张,链铲贰张,耙泥贰张,�箕贰担,粪桶壹担。

7. 临时动议:本会最近需款壹万二三千元,应售谷若干,谷价如何规定,请公决案

决议:一、售谷贰百九拾担,每担价四拾五元;

二、尽各校应领各费按价者购谷。如因佃户无谷,由各该校直接向佃户原价者收现款。

丙　散会。

区长　刘日新

9. 万载县第一区第三十九保学委员会请求备案委任的呈文(2-4-345. P2-6)

事由:为遵令组织保学委员会请予核转备案委任由

呈为遵令组织保学委员会,请予核转备案委任事。窃职保由冯督察员秉仁于八月二十一日上午八时在本保协职召集属甲各户长开会,公推郭水初为主席委员,邓济汉为常务委员兼校长,刘达成为常务委员,郭瑞祥、邓继琢、闻海庆、张秋兴为委员。事关教育要政,理合备文呈请钧署俯赐核转备案,迅予委任,以专责成,实为学便。

谨呈

万载县第一区区长　黄

第三十九保保长兼保学委员会主席　郭水初

常务委员　邓济汉

常务委员　刘达成　押

委员　郭瑞祥　押

邓继琢　押

闻海庆

张秋兴

中华民国二十六年二月二十七日

10. 万载县第一区第七十一保保长呈请核准委任该保保学委员及校长的呈文(2-4-345. P10-13)

事由:呈请分别加给保学委员并校长委任由

呈为呈请分别加给委员校长委任,以专责成事。窃奉钧署颁发保学办法内开,各保设立保学,由保长召集地方人士组织保学委员七人,并推举登记教师二人等因。奉此,保长当即会同周督办召集各甲人士开会组织委员会,并推出委员,业已呈报,旋蒙加给委任在卷。兹查各委员中途退却,不愿承认,其中支离甚多,保长无法可想,只得再三召集王姓绅董开会,切实开导,现据王姓当事人公同承认设立保学一所,经费由伊各祠完全负责,并据加推王庚明、王星照、王敷照、王体泉、王锦茂、王耀金及保长王恩荣等七人为保学委员,并推出登记教师王敷照、王耀金二人为校长教员。理合检呈认款单一纸,备文呈请钧署俯赐察核,迅即分别加给委任,并恳前将呈送之认款单,概行换还,实为公便。

谨呈

万载县第一区公署区长　黄

第七十一保保长　王恩荣

中华民国二十六年二月　日

11. 万载县政府关于遵照《保国民教育协进会组织规程》之训令(2-4-701. P20-21)

事由:为再抄发保国民教育协进会组织规程仰遵照组织具报由

万载县政府训令　　　心教字第2667号

民国三十一年十一月十五日

令仙源乡中心学校

案查《保国民教育协进会组织规程》及表式等项,前经本府谭前任咏教一字第七〇八七号训令转发有案,嗣据各校呈报组织者固多,而未经遵照或组织不健全者亦复不少。兹为推广国民教育起见……(编者按:前有缺字),保国教协进会自应重行整理,以增健全,俾增效率。除分令外,合亟转抄发该会组织规程及职员一览表式,令仰督饬乡镇中心学校暨保国民学校所在保迅即依法重新组织,限本月二十日以前办理完成,并将职员一览表汇填一份,呈府转报为要!

此令。

计抄发《江西省各县保国民教育协进会组织规程》及《保国民教育协进会职员一览表式》各一份。

县长　何心毅

附:江西省各县保国民教育协进会组织规程

第一条　本省为发动全省各保地方贤达协助政府推进国民教育起见特根据《江西省三十年度实施国民教育计划》第二十五条之规定,各保组织国民教育协进会(以下简称本会)。

第二条　本会定名为江西省□□县□□乡第□保国民教育协进会。

第三条　本会以原保立小学委员会改组,委员自五人至七人,以保长为主任委员,所在保中心学校或国民学校校长为当然委员,余就本保热心教育著有声誉者遴选,由保长递呈县政府给委,均为无给职。

第四条　本会之任务如次:甲、国民教育自筹经费(包括经常费基金设备费学谷)之筹集、征收、缴解、造报事项。乙、设备购置事项。丙、校舍选择修建事项。丁、调查学龄儿童及失学成人事项。戊、劝导或强迫入学事项。

第五条　本会每月举行常会一次,必要时得开临时会,由主任委员召集。

第六条　本会工作报告每半年列表递呈县政府一次(表式附后)。

第七条　本规程由江西省政府公布施行,并咨教育部备案。

某某县某某乡镇国民教育协进会一览表　　三十一年　月　日

盖印

协进会名称	主任委员	委员	成立日期	备考

乡镇长×××盖章

××县××乡镇××保国民教育协进会××学年度×学期工作报告表		
本学期开学概况	1. 月日开第次会议议决要案案 2. 3.	
工　作　概　况		备考
1. 本年自筹经费××元，本半年实收到××元，支出××元，尚存××元，造了报销没有，公布了没有。 2. 本年筹集基金××元，本半年实收××元，支出××元，造了报销没有，公布了没有。 3. 本年度筹集设备费××元，本半年实收到××元，支出××元，尚存××元，有余的款预备做什么用途，收支的费款公布了没有。 4. 本年筹学谷×担，本半年教师实得×担。 5. 本年调查本保学龄儿童××人，失学儿童××人，在学儿童××人，缓学儿童××人。 6. 本年调查本保失学成人××人，在家的××人，已受补习教育的××人。 7. 本半年学校添置重要设备 甲、 乙、 丙、 8. 其他。		
主任委员×××　印 委员×××　印		
说明：本表每半年依式填写4张（一张存查三张送乡公所递呈区署县府）		

12. 第四区茭湖乡保国民学校\保立小学教师学谷委员会委员（2－4－148. P81－82）

万载县第四区茭湖乡筹给保国民学校\
保立小学教师学谷委员会委员姓名简历表

万载县第四区茭湖乡筹给保国民学校\保立小学教师学谷委员会委员姓名简历表						
职别	姓名	性别	年龄	职业	略历	备注
兼主任委员	邱国喻	男	二八	学	现任本乡乡长	
兼副主任委员	詹竟成	男	二五	学	现任本乡文化干事	

续表

万载县第四区茭湖乡筹给保国民学校\保立小学教师学谷委员会委员姓名简历表						
职别	姓名	性别	年龄	职业	略历	备注
委员	江浩	男	三二	学	现任本乡经济干事	
委员	周炳年	男	三一	学	现任本乡民政干事	
委员	钟安敷	男	四一	学	现任本乡中心学校校长	
委员	周柱官	男	四二	学	现任本乡第一保保长	
委员	邱国清	男	三一	学	现任本乡第二保副保长	
委员	钟音宏	男	二五	学	现任本乡第四保国民学校校长	
委员	邱维新	男	二五	学	现任本乡第二保保立小学校长	
委员	江旭初	男	二五	农	现任本乡第五保保长	
委员	易元兴	男	四三	农	现任本乡第四保保长	
委员	谢诗开	男	六三	农	历办地方公益	
委员	彭青年	男	五〇	商	历办地方公益	

13. 万载县丁田乡国民学校设备委员会委员名册(2－4－136. P128)

万载县丁田乡国民学校设备委员会委员名册

万载县丁田乡国民学校设备委员会委员名册			
职别	姓名	简历	备考
主任委员	刘锐	中央军官学校毕业现充本乡乡长	
副主任委员	鲍友仁	龙河中学毕业现充江西水利局工程	
委员	李诚蕃	龙河中学毕业现充县政府技士	
	刘秉乾	江西法专毕业现充第四保国校校长	
	刘寿华	中学毕业现充县政府科员	
	张忠厚	龙河中学毕业曾充丁田中心学校校长	
	辛植民	中学毕业曾充保学校长	
	张顺新	龙河中学毕业现充县政府科员	
	郭鸿忠	志成高中毕业现充本乡中心学校校长	

四、关于教育行政人员及职能

1. 民国三十四年万载县县教育行政人员姓名年籍资历薪给表(2－4－1017. P5)

江西省三十四年万载县县教育行政人员

(科长督学科员事务员)姓名年籍资历薪给表

卅四年　月　日填报

职别	科长	督学	督学	督学	科员	科员	事务员
姓名	龙微谋	宋思德	郭鸿忠	龙鸿业	邹良才	袁燮梅	陈琼
别号	翼亭	敬明	信群		卓群		君德
性别	男	男	男	男	男	男	女
年龄	二九	二九	二九	三〇	三一	三一	二十四
籍贯	万载	同左	同左	同左	同左	同左	广东
学历经历	江西省立宜春乡师乡村师范科毕业，曾任科员督学、县党部委员等职	江西省立南昌师范高师科毕业，曾任县立一区中小校长等职及志成中学教员	江西私立志成高中部毕业，曾任县立一区中小教员及乡中小校长	江西省立南昌乡师高师部毕业，曾任小学校长	江西私立志成中学高中普科毕业，曾任小学教员	江西私立志成中学初中毕业，曾任教员及本府事务员等职	广州体育专科学校毕业，曾任清远中学教员及广东话所业务课话员
核委年月		卅二年七月				卅三年十月	
实支月薪	100	100	90	90	70	70	55
到职年月	卅四年五月	卅一年八月	卅三年八月	卅三年九月	卅三年八月	卅二年七月	卅四年七月
备注	尚未铨叙		尚未铨叙	尚未铨叙	尚未铨叙		尚未铨叙

2. 民国三十四年度万载乡镇教育行政人员姓名年籍资历薪给报告表(2－4－1017. P12－14)

万载县三十四年度乡镇教育行政人员姓名年籍资历薪给报告表

乡(镇)别	职别	姓名	年龄	籍贯	资历	薪给	备考
康乐镇	第三股主任	郭宗沂	三二	万载	省立宜春乡师毕业，曾任小学教员及校长等职	七〇	
	第三股干事	龙喜照	二一	同上	私立志成中学毕业，曾任小学教员	六五	

续表

乡(镇)别	职别	姓名	年龄	籍贯	资历	薪给	备考
高城乡	第二股干事	辛茂材	三四	同上	万载龙河中学毕业,曾任小学教员	六五	
丁田乡	第二股干事	鲍镇汉	三二	同上	万载龙河中学毕业,曾任乡镇干事及小学教员	六五	
涂泉乡	同上	李林生	二八	同上	高小毕业,曾任书记及国校校长等职	六五	
民权乡	同	辛揆薰	三一	同上	高小毕业,曾任田粮办事处助理员	六五	
城南乡	同	郭业兴	四一	同上	高小毕业,曾任保学校长及教员等职	六五	
三兴乡	同	高际云	三三	同上	初中毕业,曾任乡长及校长等职	六五	
白良乡	同	何秀鹏	四五	同上	省立第八中学毕业,曾任田粮办事处股长	六五	
大桥乡	同	汪治乾	三八	同上	龙河中学毕业,曾任小学教员	六五	
中正乡	同	丁耀南	三三	同上	省立第七中学毕业,曾任乡长及干事等职	六五	
蓝田乡	同	龙元昇	四〇	同上	高小毕业,曾任乡镇书记及干事等职	六五	
柏树乡	同	陈藩云	二八	同上	县立中学毕业,曾任高小教员	六五	
白杨乡	同	张基学	二七	同上	省立第二行政区义教师训所毕业,曾任小学教员	六五	
白水乡	同	欧阳子芬	二八	同上	初中毕业,曾任小学教员	六五	
株潭镇	同	龙嘉云	二六	同上	省立第二行政区义教师训所毕业,曾任乡镇干事	六五	
黄茅乡	同	汤式贻	二九	同上	县立中学及省立第二行政区义教师训所毕业	六五	
获富乡	同	张翰祥	二七	同上	宜春乡师毕业	六五	

续表

乡(镇)别	职别	姓名	年龄	籍贯	资历	薪给	备考
仙源乡	同	韩海轩	二八	同上	曾任小学教员及乡镇干事	六五	
槽头乡	同	李甘澍	二二	同上	高小毕业,曾任乡所书记	六五	
茭湖乡	同	彭述甫	三五	同上	匡庐中学毕业,曾任乡镇干事	六五	
卢洲乡	同上	彭如福	三三	同上	万载龙河中学毕业,曾任乡镇干事	六五	
罗城乡	同上	喻恒才	三三	同上	龙河中学毕业,曾任国校校长及乡镇干事	六五	
高村乡	同上	杨秉义	三九	同上	初中毕业,曾任乡镇干事	六五	
黎高乡	同上	阳焕民	三二	同上	高小毕业,曾任保队附	六五	

3. 民国三十四年万载县国民教育主要工作人员调查简表(2-4-1017. P29-31)

江西省万载县国民教育主要工作人员调查简表

职别	姓名	年龄	籍贯	性别	通讯处	备考
科长	龙徽谋	二九	万载	男	万载县政府第三科	
督学	宋思德	三一	万载	男	万载县政府第三科	
督学	龙鸿业	三一	万载	男	万载县政府第三科	
督学	郭鸿忠	二八	万载	男	万载县政府第三科	
校长	汪国材	三三	同上	同上	万载县立实验小学	
	王启贵	三二	同上	同上	万载高城乡中心国民学校	
	龙怡美	三四	同上	同上	万载县三民街裕记城南乡中心国校	
	郭怀刚	三八	同上	同上	万载县府转民权乡中心国校	
	辛敬	二一	同上	同上	万载县府转涂泉乡中心国校	
	张忠厚	三八	同上	同上	万载县府转丁田乡中心国校	
	李文信	四二	同上	同上	万载潭埠中正乡中心国校	
	丁耀庭	四二	同上	同上	万载砂江桥中正乡中心国校分校	
	龙秉忠	三四	同上	同上	万载县府转蓝田乡中心国校	
	朱霞岛	四一	同上	同上	万载大桥转柏柱乡中心国校	

续表

职别	姓名	年龄	籍贯	性别	通讯处	备考
	张志尧	三五	同上	同上	万载大桥转柏柱乡中心国校	
	欧阳锐	四一	同上	同上	万载白水乡中心国校	
	龙震秉	四五	同上	同上	万载株潭镇中心国校	
	王其昌	三一	同上	同上	万载黄茅乡中心国校	
	刘汉杰	三九	同上	同上	万载株潭转荻富乡中心国校	
	宋福生	三二	同上	同上	万载大桥乡中心国校	
	王权	四六	同上	同上	万载仙源乡中心国校	
	李德章	四九	同上	同上	万载县府转槽头乡中心国校	
	喻汉海	三二	同上	同上	万载白良乡中心国校	
	袁垂东	三二	同上	同上	万载三兴乡中心国校	
	卢雅	三四	同上	同上	万载卢洲乡中心国校	
	喻锦标	三四	同上	同上	万载罗城乡中心国校	
	潘文炳	三八	同上	同上	万载高村乡中心国校	
	华克强	五三	同上	同上	万载县府转黎高乡中心国校	
	邱国瑜	四〇	同上	同上	万载三百兴转茭湖乡中心国校	

4. 万载县政府关于奉令恢复各县市(区)乡镇文化股主任及保文化干事设置的训令(1-9-147. P148-150)

事由:为奉令恢复各县市(区)乡镇文化主任保文化干事设置一案令仰遵办具报由

万载县政府训令　　　安教字第四〇八四三号

中华民国卅七年五月　日

令三兴乡(镇)公所

案奉江西省政府教四字第〇二三八二号训令开:

"案教育厅案呈查部颁《办理县各级教育行政应行注意事项》第十三条及第十五条规定,乡镇公所设文化股主任一人,由副乡镇长或中心国民学校教员兼任,保办公处设文化干事一人,由副保长或保国民学校教员兼任,办理本乡镇或本保一切文化事宜。曾经转饬各县市遵照办理在卷。惟查各县市自县级机构紧缩后,均未设置该项人员,其在紧缩前虽亦间有设置者,然皆有名无实。盖以兼任人员纯尽义务,缺乏工作热忱,而副乡镇保长对教育更鲜注意,故其结果均无成绩可言。兹查本省各县乡镇中心国民学校及保国民学校各设有民教部,教员所任民教工作较为单纯,且与乡镇保接触机会甚多,此项教员对教育上之认识既较副乡镇保长为真切,而推行文化又为其应有之职责,若指定其兼任乡镇文化主任或保文化干事,纵仍属义务兼职,要与副乡镇保长兼任者必更为实在而易行。且自县级机构紧缩以来，乡镇文化干事规定由民政干事兼任，关于文化事宜并无专人负责，下逮各保更属空虚。爰拟在不增加人员、不增加经费之原则下，仍恢复乡镇文化主任及保文化干事之设置，并规定一律由乡镇中心国民学校或保国民学校之民教部教员兼任，以期加强基层教育行政力量，以谋补救上述缺憾。另订定文化主任及干事姓名清册格式，拟请通饬各县市遵办具报等情，核属可行。除分令外，合行检发上项姓名清册格式一份，令仰该县长遵照办理，具报为要，此令。”

等因，检发《江西省各县市区设置各乡镇公所文化股主任及各保办公处文化干事姓名清册》格式一份。奉此，自应遵办。除分令外，合行检发上项姓名清册格式一份，令仰该乡长于文到五日内切实办理，造册呈核，以凭汇报为要！

此令。

检发《江西省各县市(区)设置各乡镇公所文化股主任及各保办公处文化干事姓名清册》一份。

县长　郝谦

附：江西省各县市(区)设置各乡镇公所文化股主任及各保办公处文化干事姓名清册

附注

(一)依乡镇次序每一乡镇先填文化主任次列该乡镇各保文化干事。

(二)略历栏填文化主任或干事简单资历。

(三)一乡镇有中心国民学校两所以上或一保有国民学校两所以上者，任指派一校之民教部教员兼任文化主任或干事于备考栏内注明其现职。

(四)除南昌市各区公所文化主任为专任外其余各县乡镇公所文化主任均为兼任。

5. 万载县政府奉电转颁县各级重要行政会议注意要项暨区乡镇教育概况报告表之训令(2－4－330. P10－13)

事由：奉电转颁县各级重要行政会议注意要项暨区乡镇教育概况报告表仰遵照由

江西省万载县政府训令　　　心教字第　19199　号

中华民国三十三年十二月廿六日

令梅溪区区长

案奉江西省政府教三字第〇七七三六号代电开“查《部颁办理县各级教育行政应行注意事项》制定县政府主管教育科每月召开科务会议暨每半年召开督导会议各一次，各区乡

(镇)每一个月召开教育会议一次。再据本省之规定,各县每年度开始时,召开县教育行政会议一次,及每月召开县国民教育委员会暨保国民教育协进会各一次。各县对于上项各种会议尚能依照办理者固多,但未能分别切实举行者为数亦不少。兹为完密各层组织增加行政工作效率起见,特订定《江西省各县举行县各级重要行政会议注意要项》,随电颁发,除分电外,合亟检发上列注意要项一份,电仰该县长督饬依照规定,切实办理,并将办理情形按期分别报核为要"等因;附发《江西各县举行县各级重要行政会议注意要项》一份奉此,自应遵办,除分令外合行印发上项注意要项一份,暨区乡镇教育会议概况报告表各一份,令仰该区长即便遵照办理为要!

此令。

附发《江西省万载县各区乡(镇)教育概况报告表》二份(表一及表二)、《江西省各县举行县各级重要行政会议注意要项》一份。

县长　何心毅　公出

秘书　李秉刚　代行

附:江西省各县举行县各级重要行政会议注意要项

区教育会议:

一、各区应依照部颁《办理县各级教育行政应行注意事项》第十二条之规定,每三个月得举行教育会议一次,并将会议情形依照附颁表式(一)填具区教育会议概况报告表三份,连同决议案报县备核,学期终结时,将由县政府汇编,并依照奉颁表式(二)填具某县某年度某学期区教育会议概况报告表,呈报省政府备查。

二、举行区教育会议时,应以区教育指导员或民教指导员为主席,乡(镇)文化股主任干事及中心国民学校校长均须出席,商讨区内教育事业推行及改进事宜。

乡(镇)教育会议:

一、各乡(镇)应依照部颁《办理县各级教育行政应行注意事项》第十四条之规定,每三个月举行乡(镇)教育会议一次,并将会议情形依照附颁表式(一)填具乡(镇)教育会议概况报告表三份,连同决议案,报县备核,学期终了时,再由县政府汇编,并依照附颁表式(二)填具某县某年度某学期乡镇教育会议概况报告表,呈报省政府备查。

二、召开乡镇教育会议应以乡镇中心国民学校校长为主席,文化股主任干事、保国民学校校长及各保办公处文化干事等,均须出席,商讨本乡镇内国民教育之普及等事宜。

保国民教育协进会议:

一、各县保国民教育协进会应依照《江西省县保国民教育协进会组织规程》之规定,每月举行常会一次(必要时得召开临时会议),并将议事项应呈由乡(镇)公所转呈县政府备核。

二、各县保国民教育协进会每学期会务工作,应依照省颁表式填具工作报告三份,并由乡(镇)公所迳呈县政府。学期终了时,再由县政府——(编者按:前空缺有缺字)汇编,呈报省政府备查。

江西省万载县××区××年度召开第×次教育会议概况报告表			
会议日期		会址所在地	
出席人员姓名及职别		缺席人员姓名及职别	
列席人员姓名及职别		列席指导员姓名及职别	
主席		纪录	
会议录摘要	（并附会议录　　份）		
本期会议情形或上次决议案□□□□			
备考			

表(一)　区长(乡镇长)×××盖章　教育指导员或民教指导员(文化干事)×××盖章

6.保学行政注意事项(2－4－381.P29－35)

查本省自推行保学以来，据各县报告，均尚努力推行，殊堪嘉许，但查核各县过去工作，间有对于推行保学原意，不免误解，致措置未当，引起种种纠纷者，兹特择举嗣后对于保学行政，应加注意各点，以一步骤，而资改进：

一、此项保学推行伊始，前曾准各县将原有初级县立小学或完全小学酌量改办，原为平均各保人民之经费负担与受教机会均等起见，但恐其他各县未经核准，率尔改办或经费未能筹妥或设施未能悉当，致易引起纠纷。兹特明白稳定，在此次训令以前，各县公私立小学已改办保学者，仍应查照原定改办计划办理外，嗣后各县均须恪遵部颁实施义务教育暂行办法大纲施行细则及本府颁布之设立保学暂行办法办理。

二、凡已设立小学之保，其经费并非出自本保者，应于原有学级外，添办短期小学班。所需经费即就各保原有之学款(产)公款(产)内拨给之，不足时，亦得按照保甲经费比例负担，关于此项详细办法，正由本府拟订，俟审定后，通令遵照办理。

三、凡未经改办保学之公私立小学，应酌量添设一年制或二年制之短期小学班成人班或妇女班，由该校教职员分别担任教导之责，不另支薪。

四、保学经费，按照办法，本应尽先以学校所属保原有之学款(产)公款(产)拨充，不足时，方得按照保甲经费由住户用分等负担比例摊定，方得符规定，乃近查少数县份，对于原有之公款学款，不知遵照办法整理利用，多纯由各住户先行摊派，间亦有迳由各住户先行摊派，不足时，再从公款产内提拨者，凡此种种，均有未合。须知以公有之款产办当地之教育，自属正理，且已经明令规定，纵或于提拨之时稍有困难，亦宜详细调查，多方设法，以政教合一之精神，化阻力为动力，毋得循私畏难，尤毋得假公济私，妨碍推行，而亏职守。

五、各县私立小学，其经费如系出自地方学款(产)公款(产)者，得改办保立小学，其纯系私款或族款者，仍准照旧办理，惟办理腐败者，应加以整顿或令改组。

六、推行保学原为求于最短时期普及义务教育，固期数量同增，但若不顾经费之是否稳固，办理之是否合法，草率成立，急求成效，则流弊所至，将成有名无实，徒为一种表面上之数字，无裨实际，且亦大背本府普及教育之原旨，嗣后各县应以办一校即稳定一校之基础为方针，切实办理，用觇实效而资策进。

七、过去各处完全小学，类都集中城市，实为本省地方之一大缺点，嗣后务宜设法按照新划区域，每区各设中心小学一所，在区教育指导员未能设立以前，所有筹设保学及设立后之辅导事宜，可统由中心小学教职员分任其责，籍资促进。

八、各县近来多自办保学师资训练所，为应急切需要起见，虽属必要，惟查各县间所订办法，如聘任担任师资训练教员之资格，招收受训学生之程度，训练时间之长短，课程之编配，极不一致，似此办法歧异，于整个事业上影响殊大，本府为统一筹划起见，刻正拟订全省保学师资训练计划，由府迳行办理，用收实效。

九、各保立小学，可以宽筹经费，开办两班以上者，得用复式或单式编制，以期便利。

十、各县原有各项小学补助费，至少应以原额之半数，移充保学奖励金或特殊补助金之用。前者用以奖励成绩优良之保学，俾知劝勉，后者用以补助受灾严重之保，俾于无力兴学之时，亦得兴办保学，但标准宜力求妥适，考查宜力求客观。

十一、保学学生，务须厉行征学制度，诚以保学经费系全保人民所共担，故教育机会，亦宜力求均等，通常采用招生制时，不啻寓有自由竞争之意，贫苦子弟往往因之失学，若办保学，除特许缓学及免学之学生外，自宜按户平均征派，惟征派之时，应以尽先征派一年制或二年制之学生为原则。

十二、各县除县立小学，直属县政府外，所有各公私立小学（保立小学包括在内）各事项，均由学校所在地之各区署核转县政府备案或核办。

十三、各县保学名称，遵照部令，一律改称保立小学。

7. 江西省万载县教育行政概况调查表（2－4－705. P2－4）

江西省万载县教育行政概况调查表　　甲种

行政机构	1. 曾否改局为科或改科为局：经改局为科
	2. 建设已否分科：已分科
	3. 科长任用之手续如何：依照公务员任用条例呈请省府核委
	4. 科长是否不随县长进退：不随县长进退
	5. 历任科长之任期能否做简单的比较
	6. 现有人员处理日常事务是否足用：足用

续表

公文处理	7. 到文分发后已否办理有无检查方法 8. 对于例行公文表册之处理有无简便方法 9. 有闻其他各科之事项是否会核：会核 10. 公文如何归档 11. 视导人员是否帮同办理日常文件：未视导时帮同办理科务然为时甚暂
人事管理	12. 应受铨叙各员是否均已依法送铨：均已依法送铨 13. 每年是否举行考绩或考成：举行 14. 办公时间如何规定：上午七时卅分至十二时，下午一时至四时卅分。 15. 病假事假期限有无规定
视察辅导	16. 局/科长是否下乡视察每学期抽查若干校：下乡视察，每学期抽查五十校 17. 县督学是否下乡著编视导，每学期视导若干校：下乡，每学期视导一百三十校 18. 区教育指导员在本区内每学期普遍视导几次：视导四次 19. 视导人员每期报告能否在暑假或寒假期中全部造成：能 20. 视导报告是否呈省并予以公布：呈省并公布 21. 记载视导报告有无比较客观之方法 22. 办学人员之奖惩是否以视导人员之报告或意见为标准：参照办理
经费管理	23. 每年能否依法造具预决算有无困难：无 24. 历届局或科长前后任移交接收是否已均清楚：已均清楚 25. 能否宽筹经费提高待遇安定教师生活：刻正设法提高 26. 教费有无积欠，能否按月发放：无积欠，均已按月发放 27. 全年教育行政费若干占全县教费之百分比
调查统计	28. 曾否举行学龄儿童及失学民众调查：曾举行 29. 教育经费已办过几种
会议举行	30. 定期的会议有几种（列举） 31. 不定期的有几种 32. 会议是否太多议案能否一律实行
研究改进	33. 有无进行计划及相对读书之时间：有 34. 如何督促教师进修：代订杂志，并饬将研究心得报府发表 35. 对于现在县教育行政机关有无改进意见

说明：1. 甲乙种表一律填写两份一份存省一份由省呈报本部。2. 乙种表填局或科全部职员包括局长或科长、督学、办事员、书记、区教育指导员等。

中华民国三十年三月　日填制，县长或局长签名盖章，科长杨先导签名盖章

江西省万载县教育行政概况调查表　乙种

姓名	职务	性别	年龄	籍贯	资历	任职年月	待遇		备考
							俸给	津贴	
杨先导	科长	男	三五	浙江宁波	浙江英文专科毕业，历任万载横峰督学科长等职	二九年六月			
龙徽谋	督学	男	二六	江西万载	江西省立宜春乡村师范毕业及地方行政干训团毕业，历充小学教员科员督学等职	二九年六月			
李汤铭	督学	男	二八	同	芝阳师范毕业，历充中山民校校长	三十年八月			
王明德	科员	男	四一	同	旧制中学毕业，历充小学校长科员区长教育委员等职	二九年十一月			
郑泉清	科员	男	二六	同	师范毕业，历充小学校长兼教员	三一年五月			
郭文云	事务员	男	二六	同	省立南昌师范毕业，曾充小学教员	三十年十一月			
汪丙炎	事务员	男	三二	同	江西体专毕业，曾充平阳小学校长兼教员十年	三一年二月			
欧阳锐	教育指导员	男	三五	同	旧制中学毕业，历充小学教员	三一年三月			
龙景曜	教育指导员	男	四〇	同	省立第五师范毕业，曾充中心小学校长兼教员	三一年三月			

续表

姓名	职务	性别	年龄	籍贯	资历	任职年月	待遇		备考
							俸给	津贴	
辛文焕	教员指导员	男	三五	同	旧制中学毕业，历充小学校长兼教员	三一年三月			
喻锦标	教育指导员	男	二六	同	师范毕业，历充小学校长兼教员	三一年三月			

中华民国三十一年五月卅日填制　　县长谭咏秋　　科长杨先导代

8. 万载县政府关于民国三十三学年度第二学期各校人事调整的训令(2－4－330. P28)

事由：规定三十三学年度第二学期各校人事调整办法令仰遵照由

万载县政府训令　　心教字第15910号

中华民国三十三年8月1日

令梅溪区长

查三十三学年度开始在即，所有各级学校人事亟应从新计划调整，以臻健全，兹规定三十三年度第一学期调整办法如次：

一、凡上期各级学校代用校长教员于本年八月一日起一律停职(见附表)。

二、各级学校校长教员凡受本府记过或扣薪处分者，于本年八月一日起一律暂行停职，另候任用(见附表)。

三、各级学校教职员由本府严予考核，凡服务成绩不良、资历太浅者，令饬暂行停职，另候任用。

四、其余各级学校教职员除已自动离职者外一律准予连任不重发委。

五、各级学校教职员之补充及调动规定如下：(一)县立实验学校及各中心学校校长有必须调整时，由本府进行办理其教职员由校长遴选合格人员检同资历证件报府核委(应尽先遴送高中师范科毕业生及资格较高人员)必要时由本府迳行委用；(二)各乡镇国民学校校长教员如须补充或调整时一律由乡公所会商中心学校校长遴定合格人员检同资历证件会衔报府核委(应尽先遴选省立及县中师范科毕业生或资历较优人员)所保人员资历不合格者本府即迳行遴委充任；(三)上项教职员之补充及调整一律限于八月二十日以前办理完竣。

六、本年暑期调训人员一律以保持原职为原则但成绩太差者得予停用。

七、本府于三十三年一月心教字第11374号训令颁发各级学校教职员调整办法着即废止

以上各项除分令外合行印发上学期各校代用或受惩教职员名册一份令仰该区长切实遵照办理！

此令。

附发三十三学年度第二学期各校代用或受惩教职员名册一份。

县长　何心毅

第四编　民国教育发展规划

一、关于国家国民教育发展规划

1. 全国实施国民教育第二次五年计划(2－2－133. P1－3)

(教育部三十四年十一月廿日,国字第59288训令颁布)

甲　总纲

一、依照中央早日普及国民教育之政策将收复区各省市与后方各省市相配合,期于规定期限内,使全国各地所有学龄儿童与成年失学民众,均能分别受相当时期之义务教育与补习教育,特订定全国实施国民教育第二次五年计划。(以下简称本计划)

二、本计划开始实施时期,定为三十五年一月。全国各省市应根据本计划,并参照各省市实际情形,分别拟定实施计划。

(一)实施国民教育之四川、云南、贵州、广西、广东、湖南、福建、浙江、江西、陕西、甘肃、河南、湖北、安徽、宁夏、青海、西康、新疆、重庆等十九省市,一律自三十五年一月起,将以前实施国民教育五年计划做一结束,并分别检讨其实施结果,另定第二次实施国民教育五年计划。

(二)尚未实施国民教育之江苏、河北、山东、山西、绥远、热河、察哈尔、辽宁、安东、辽北、吉林、松江、合江、黑龙江、嫩江、新安、北平、天津、青岛、上海、南京、大连、哈尔滨等二十三省市,一律自三十五年一月起,拟定第一次实施国民教育五年计划。

(三)台湾省自三十五年一月起,依据本计划,并参照该省过去办理义务教育及失学民众补习教育实际情形,拟定第一次实施国民教育五年计划。

乙　实施程序

一、四川等十九省市拟定第二次实施国民教育五年计划之要点如次:

(一)已完成一保一国民学校、一乡镇一中心国民学校,已教育之学龄儿童与失学民众已达到第一次五年计划规定标准者。

1. 切实调查各地国民学校内容设施情形,分为甲、乙、丙三等,分期加以整理并充实。

2. 全部学龄儿童及失学民众均受相当之义务教育与补习教育。

3. 国民学校一律办高级班,使一般学龄儿童均受六年之义务教育。

4. 国民学校及中心国民学校教员至少应为简易师范学校毕业之人员。

(二)设校及入学儿童与失学民众数量尚未能达到第一期五年计划之规定标准者。

1. 设校数量应达一保一国民学校,一乡镇一中心国民学校。

2. 入学儿童应达到学龄儿童总数百分之九十以上,入学民众应达到失学民众总数百分之六十以上。

3. 切实调查各地中心国民学校办理情形,就其一般设施分列甲、乙、丙三等,分期加以整理并充实。

4. 国民学校及中心国民学校教员至少应为一年以上国教短期师资训练班毕业之人员。

二、江苏等二十三省市拟定第一次实施国民教育五年计划之要点如下:

(一)江苏、山东、河北、山西、辽宁、安东、北平、天津、青岛、上海、南京、大连、哈尔滨等省市原有地方教育已有相当基础,实施国民教育时,应规定在前三年内完成一乡镇一中心国民学校,一保一国民学校,入学儿童至少须达到学龄儿童总数百分之九十以上,入学民众至少须达到失学民众总数百分之六十以上,在后两年内应分别充实中心国民学校及国民学校,其进行程序如次:

1. 在第一年上半年内应促地方政府完成保甲编制及筹建校舍设备等工作。

2. 在第一年下半年内,应就原有之小学分别改设为中心国民学校与国民学校,务期达到平每三保有一国民学校。

3. 第二年内,应完成一乡镇一中心国民学校,并应达到平均每二保有一国民学校。

4. 第三年内,应完成每保有一国民学校。

5. 第四年内,应调查中心国民学校内容设施情形,分为甲、乙、丙三等,分期加以整理并充实。

6. 第五年内,应调查国民学校一般设施,分为甲、乙、丙三等,分期加以整理并充实。

(二)绥远、热河、察哈尔、辽北、吉林、松江、合江、黑龙江、嫩江、新安等省,应规定在五年内完成一乡镇一中心国民学校,一保一国民学校,入学儿童至少须达到学龄儿童总数百分之九十以上,入学民众至少须达到失学民众总数百分之六十以上,其进行程序如次:

1. 第一年内,应促地方政府完成保甲组织,并就原有之小学改为中心国民学校及国民学校。

2. 第二年内,应完成一乡镇设一中心国民学校,每三保平均有一国民学校。

3. 第三年内,应完成每二保平均有一国民学校。

4. 第四五年内,应完成每一保有一国民学校,并先就中心国民学校分别充实其内容。

三、台湾省原有各地方国民学校已有相当数量,入学儿童已达学龄儿童总数百分之九十九,可为义务教育已臻普及。惟行政学制及一切设施均与各省市不同,应于五年内加以整理改善,其要点如次:

(一)在地一二年内,应先完成保甲组织,将原有市街庄之国民学校,择其规模较大者改为中心国民学校,并就原有教职员举行总登记,加以短期训练后,分别任用,并尽先推行国语教学。

（二）在第三年内，应切实调查中心国民学校内容设施，分为甲、乙、丙三等，分别加以整理充实。

（三）在第四五年内，应切实调查各保国民学校内容设施，分为甲、乙、丙三等，分别加以整理充实。

丙　经费

一、国民教育经费列入县市预算。

二、国民学校开办设备等经费，已由各乡镇保自筹为原则，不足之数由县市政府补助之。

三、第一年内应依照规定筹集国民学校特种基金，其办法另定之。

四、中央视各省市实际情形酌量补助县市国民教育经费。

丁　教员

一、各省市应按照计划估计逐年设校及所需教员人数，增设师范学校或简易师范学校，预为培养师资。

二、各市省应在实施本计划以前举办全省市小学教员总登记，合格者予以分配任用，不合格者应分别举行检定或施以短期训练。

三、各省市为适应师资迫切需要计，得依照各省市国民教育师资短期训练班实施办法，分别举办六个月或一年之师资短期训练班，造就国民学校代用教员。

四、各省市应依照部颁省市小学教员假期训练实施计划，自三十五年暑期起举办小学教员假期训练班，分期训练小学教员。

五、各省市为督导中心国民学校及国民学校教员进修，应依照部颁各省市办理中心国民学校及国民学校教员进修办法大纲，举办各种进修事业。

奉教部渝国字第七一九号训令，本条应更正为：

六、各省市应依照部颁国民学校教职员任用待遇保障进修办法第七、八、九各条之规定，饬各县市切实提高小学教员待遇。

戊　设备

一、各省市国民学校及中心国民学校应依照部颁国民学校及中心国民学校暂行设备标准设置必须之设备。

二、各省市应依照该省市国民教育实施计划，举行全省市国民学校总调查，就其内容设施分期加以充实。

己　强迫入学

一、各省市应依照强迫入学条例，强迫全省市学龄儿童及失学民众入学。

二、各县市及各乡镇为办理强迫入学事宜，得设置强迫入学委员会。

三、学龄儿童及失学民众之调查及强迫入学等手续，应由国民学校及中心国民学校教员会同乡保长切实办理。

二、关于省区国民教育发展规划

1. 江西省实施国民教育第二次五年计划(2－2－133. P3－16)

壹　总则

一、本计划遵照教育部颁布《全国实施国民教育第二次五年计划总纲》第二条之规定，并参酌本省实际情形订定之。

二、各级行政负责人员，应恪遵，蒋主席昭示"教育第一"之目标，以勇锐精神，贯彻国民教育第二次五年计划，并策动地方贤达士绅，协助推行，以期提前完成。

三、本计划实施应注重质量并进，务须达到规定标准。

四、全省于五年内，入学儿童应达到学龄儿童总数百分之九十以上，入学民众，应达到失学民众总数百分之七十以上。(普及失学民众识字教育计划另订之)

五、本计划为配合本省战后教育三年计划实施起见，分为前后两期，第一期自三十五年初开始至三十七年底完成，第二期自三十八年初开始至三十九年底完成。

贰　设校与增班程序

一、在第一期之第一年内，丰城等六十九县，原有学校应继续办理，其因受战事影响停办之学校，应一律恢复，收复区南昌市，南昌、新建、高安、彭泽、湖口、靖安、九江、德安、瑞昌、永修、奉新、安义、武宁、星子等十五县市，及庐山区，现有各学校应继续办理，并须增设学校至少达到每乡镇有一中心国民学校，每三保有二国民学校之标准。第二年内，丰城等六十九县，应视地方需要，增设中心国民学校及国民学校，或就原有学校，增设班次，收复区南昌等十五县市及庐山区，应完成一乡镇一中心国民学校，一保一国民学校。第三年内，全省八十四县市及庐山区，均得视地方需要，继续增设中心国民学校及国民学校或就原有学校，增设班次。三年内(依照本省战后教育三年计划之规定)全省至少应达到有中心国民学校二千三百六十二所，国民学校一万八千三百零九所，儿童部高级三千九百二十班，初级二万三千九百班，民教部高级二千三百六十二班，初级二万零七百零三班，受完四年制之义务教育儿童一百四十万五千五百名，已受教育民众二百三十四万一千九百二十名。(三年内共计)

二、在第二期内，各县市区应视地方需要，就原有学校，增设班次，以足收容当地学额儿童及失学民众为度，并于第五年内各国民学校儿童部，酌量增办高级班，使学龄儿童渐次能受六年之义务教育。

三、五年内完成每县市设置县市立幼稚园一所，各中心国民学校，应视地方需要，设置幼稚班。以上两期，于五年内，全省至少应有中心国民学校二千三百六十二所，国民学校一万八千三百零九所，儿童部高级四千七百六十二班，初级二万八千七百三十四班，民教部高级二千三百六十二班、初级二万零七百零三班、除受完四年制义务教育儿童有一百六十九万三千零三十名外、另有高级就学儿童一十五万六千六百六十名、已受教育民众三百

江西省實施國民教育第二次五年計劃

壹　總則

一・本計劃遵照教育部頒布全國實施國民教育第二次五年計劃總綱第二條之規定，並參酌本省實際情形訂定之。

二・各級行政負責人員，應恪遵 蔣主席昭示「教育第一」之目標，以勇銳精神，貫澈國民教育第二次五年計劃，並策動地方賢達士紳，協助推行，以期提前完成。

三・本計劃實施應注重質量並進，務須達到規定標準。

四・全省於五年內，入學兒童應達到學齡兒童總數百分之九十以上，入學民衆，應達到失學民衆總數百分之七十以上。（普及失學民衆識字教育計劃另訂之）

五・本計劃爲配合本省戰後教育三年計劃實施起見，分爲前後兩期，第一期自三十五年初開始至三十七年底完成，第二期自三十八年開初始至三十九底完成。

貳　設校與增班程序

一・在第一期之第一年內，豐城等六十九縣，原有學校應繼續辦理；其因受戰事影響停辦之學校，

一

九十万零三千二百名。（附江西省实施国民教育第二次五年计划各年份校数班数学生数一览表）

江西省实施国民教育第二次五年计划各年份校数班数学生数一览表

年度	校数			中心国民学校	国民学校	省立小学	私立小学	合计	备注
三十五年	校数			2362	17122	32	346	19862	（见表下方）
	班级数	儿童部	高级	2362	—	141	417	2920	
			初级	4724	17122	152	715	22713	
		民教部	高级	2362	—	—	—	2362	
			初级	2362	17122	32	—	19516	
	学生数	儿童部	高级	70860	—	4230	12510	87600	
			初级	212580	770490	6840	32175	1022085	
		民教部	高级	70860	—	—	—	70860	
			初级	94480	684880	1280	—	78640	

备注：1. 本年度计划全省每乡镇有一中心国民学校，除南昌等十五县市因情形特殊约每三保有二国民学校外，其余各县均达每保有一国民学校。

2. 每中心国民学校办儿童部高级一班初级二班民教部高初级各一班，每国民学校办儿童部民教部初级各一班。

3. 儿童部高级每班学生三十名，初级每班学生四十五名，民教部高级每班学生三十名，初级每班学生四十名。

江西省实施国民教育第二次五年计划各年份校数班数学生数一览表

年度	校数			中心国民学校	国民学校	省立小学	私立小学	合计	备注
三十六年	校数			2362	18309	32	346	21049	（见表下方）
三十六年	班级数	儿童部	高级	2362	—	141	417	2920	（见表下方）
三十六年	班级数	儿童部	初级	4724	18309	152	715	23900	（见表下方）
三十六年	班级数	民教部	高级	2362	—	—	—	2362	（见表下方）
三十六年	班级数	民教部	初级	2362	18309	32	—	20703	（见表下方）
三十六年	学生数	儿童部	高级	70860	—	4230	12510	87600	（见表下方）
三十六年	学生数	儿童部	初级	212580	823905	6840	32175	1075500	（见表下方）
三十六年	学生数	民教部	高级	70860	—	—	—	70860	（见表下方）
三十六年	学生数	民教部	初级	94480	684880	1280	—	780640	（见表下方）

备注：本年度除将上年度原有学校继续办理外，增加国民学校一千一百八十七所，共计一万八千三百零九所，完成全省一保一国民学校之规定。

江西省实施国民教育第二次五年计划各年份校数班数学生数一览表

年度	校数			中心国民学校	国民学校	省立小学	私立小学	合计	备注
三十七年	校数			2362	18309	32	346	21049	（见表下方）
三十七年	班级数	儿童部	高级	2362	—	141	417	2920	（见表下方）
三十七年	班级数	儿童部	初级	4724	18309	152	715	23900	（见表下方）
三十七年	班级数	民教部	高级	2362	—	—	—	2362	（见表下方）
三十七年	班级数	民教部	初级	2362	18309	32	—	20703	（见表下方）
三十七年	学生数	儿童部	高级	70860	—	4230	12510	87600	（见表下方）
三十七年	学生数	儿童部	初级	212580	823905	6840	32175	1075500	（见表下方）
三十七年	学生数	民教部	高级	70860	—	—	—	70860	（见表下方）
三十七年	学生数	民教部	初级	94480	684880	1280	—	780640	（见表下方）

备注：1. 本年度就原有学校继续办理。

2. 本年度计初级学生1075500名，加上前两年度初级毕业生数，估计以400000名计算。共有就学儿童1475500名，占学龄儿童总数1775565名百分之八十三。

江西省实施国民教育第二次五年计划各年份校数班数学生数一览表

<table>
<tr><th colspan="3">校别 / 校数 / 年度</th><th>中心国民学校</th><th>国民学校</th><th>省立小学</th><th>私立小学</th><th>合计</th><th>备注</th></tr>
<tr><td rowspan="9">三十八年</td><td colspan="2">校数</td><td>2362</td><td>18309</td><td>32</td><td>346</td><td>21049</td><td rowspan="9">（见表下方）</td></tr>
<tr><td rowspan="4">班级数</td><td>儿童部 高级</td><td>2834</td><td>—</td><td>141</td><td>417</td><td>3392</td></tr>
<tr><td>儿童部 初级</td><td>5196</td><td>20139</td><td>152</td><td>715</td><td>26202</td></tr>
<tr><td>民教部 高级</td><td>2362</td><td>—</td><td>—</td><td>—</td><td>2362</td></tr>
<tr><td>民教部 初级</td><td>2362</td><td>18389</td><td>32</td><td>—</td><td>20703</td></tr>
<tr><td rowspan="4">学生数</td><td>儿童部 高级</td><td>85020</td><td>—</td><td>4230</td><td>12510</td><td>101760</td></tr>
<tr><td>儿童部 初级</td><td>233820</td><td>906255</td><td>6840</td><td>32175</td><td>1179090</td></tr>
<tr><td>民教部 高级</td><td>70860</td><td>—</td><td>—</td><td>—</td><td>70860</td></tr>
<tr><td>民教部 初级</td><td>94480</td><td>684880</td><td>1280</td><td>—</td><td>780640</td></tr>
</table>

备注:1. 本年度乃就原有学校继续办理。

2. 儿童部班次就原有继续办理外,中心国民学校高级班照上年度班次增加十分之二。又中心国民学校及国民学校初级班照上年度班次增加十分之一。

江西省实施国民教育第二次五年计划各年份校数班数学生数一览表

<table>
<tr><th colspan="3">校别 / 校数 / 年度</th><th>中心国民学校</th><th>国民学校</th><th>省立小学</th><th>私立小学</th><th>合计</th><th>备注</th></tr>
<tr><td rowspan="9">三十九年</td><td colspan="2">校数</td><td>2362</td><td>18309</td><td>32</td><td>346</td><td>21049</td><td rowspan="9">（见表下方）</td></tr>
<tr><td rowspan="4">班级数</td><td>儿童部 高级</td><td>2834</td><td>1380</td><td>141</td><td>417</td><td>4762</td></tr>
<tr><td>儿童部 初级</td><td>5715</td><td>22152</td><td>152</td><td>715</td><td>28734</td></tr>
<tr><td>民教部 高级</td><td>2362</td><td>—</td><td>—</td><td>—</td><td>2362</td></tr>
<tr><td>民教部 初级</td><td>2362</td><td>18309</td><td>32</td><td>—</td><td>20703</td></tr>
<tr><td rowspan="4">学生数</td><td>儿童部 高级</td><td>85020</td><td>54900</td><td>4230</td><td>12510</td><td>156660</td></tr>
<tr><td>儿童部 初级</td><td>257175</td><td>993840</td><td>6840</td><td>32175</td><td>1293030</td></tr>
<tr><td>民教部 高级</td><td>70860</td><td>—</td><td>—</td><td>—</td><td>70860</td></tr>
<tr><td>民教部 初级</td><td>94480</td><td>684880</td><td>1280</td><td>—</td><td>780640</td></tr>
</table>

备注:1. 本年度乃就原有学校继续办理。

2. 中心国民学校及国民学校儿童部初级班均照上年度班次增加十分之一。国民学校增办高级班以校数十分之一计算,应班一千八百三十班。

3. 本年度计初级学生 1293030 名,加上前两年度初级毕业生数,估计以 400000 名计算,共有就学儿童1693030名,占学龄儿童1775565名百分之九十五。

四、配合师范学校设置附属小学。

五、私立学校,须完成立案手续,并以不妨碍当地中心国民学校或国民学校之发展为原则。此项小学如办理手续优良,经考核属实者,得由政府予以奖励,并得指定为代用国民学校。

叁　充实学校内容

查本省原有各级国民学校,因受战事影响,内容多属空虚,亟待充实,各县市应遵照,教育部颁国民学校内容设施分等标准表,举行中心国民学校及国民学校内容调查,并分别等第,限期整理与充实,其应行充实项目与方法如下:

一、修建校舍

(一)各县市应组织修建校舍委员会,以策动筹募款项与协助设计修建事宜。

(二)各县市应于实施本计划第一期之第一第二年内,以修建全县市中心国民学校及国民学校校舍以达到全县校数三分之一为标准,第三年内,以修建达到全县校数二分之一为标准,其余限于第二期内一律修建完成。

二、充实设备

(一)各县市应组织充实学校设备委员会,统一购备物品,配发各校。

(二)各县市实施本计划第一期第一第二年内,至少三分之二之中心国民学校及五分之一之国民学校之设备,(包括校具、教具、图书、仪器及簿籍表册)应达到部颁暂行设备标准,其余中心国民学校及国民学校,至少应校具齐全,教具图书仪器及簿籍表册足用,并应于第一期第三年及第二期各年将全省各级国民学校分年完成规定标准。

(三)中心国民学校及国民学校,均应普设书报阅览室、民众会场、民众运动场,并应注意学校环境卫生,及推进儿童保健工作。

三、提高教员资格

(一)各县实施本计划,第一期内,中心国民学校教员,应有全校半数系师范学校毕业者,国民学校至少应有教员一人系师范学校毕业者,或受过一年以上师资训练并经检定合格者,至第二期内,中心国民学校教员均应以师范学校毕业者充任,国民学校教员均应以师范学校毕业或检定合格者充任。

(二)切实举行小学教员总登记及检定。

四、提高教员待遇

(一)各县市于第一期内,中心国民学校及国民学校教职员生活补助费,一律比照县级公务人员待遇支给,并列入县预算,但第一期第一年,如有困难,得将国民学校部分酌量减低,但最少不得低于县级公务人员待遇百分之五十,第二期内,应达到每教员之薪津总数,为当地个人生活所需之三倍。

(二)历行优待小学教员法规。

(三)积极推行小学教员福利事业。

(四)增列优良小学教员奖励金。

五、稳定学校经费

(一)各县市应将中心国民学校及国民学校经常费及临时费,全部编列县预算,并按期发放。

(二)筹足各级国民学校基金,第一期第一年,继续筹集基金,以其利息足敷开支学校经常费二分之一为最低额,第二年至第三年,由保管委员会,妥为运用,已有基金孳生利息,并继续筹集基金,以其利息足敷开支学校经常费三分之二为最低额,第二期继续第一期筹集基金,以其利息足敷开支学校全部经常费为最低额。

六、改善教学行政

(一)奖励教员勤勉服务,不得任意缺席。

(二)改进教导方法。

(三)学校布置,做到整齐清洁,秩序井然。

肆　增筹国教经费

一、各县市应于本计划开始后,分年将教育经费所估算出总数百分比逐年提高,应达到百分之二十至百分之二十五。

二、各县市应于本计划开始后,切实推行教育经费特种基金户制度。

三、中央划拨各县市国税,应尽先拨作国民教育经费。

四、各县市整理公产公款收益,应尽先拨充中心国民学校及国民学校经费。

五、各县市乡镇造产纯收益,应以百分之五十拨作国民教育经费。

伍　师资需要与训练

一、师资需要:

(一)依照上面设校规定,第一期内暂以每中心国民学校教员六人,(儿童部高初级班三班、民教部高初级二班之学校)国民学校教员三人计算,全省有中心国民学校二千三百六十二所,国民学校一万八千三百零九所,计需教师六万九千零九十九名。复查现有在职教员五万三千三百零三人,能继续服务教员姑约以百分之九十计算,共有四万七千九百七十三人,惟此项教员在师范毕业及已受检定合格者,约仅占百分之三十,共有一万四千三百九十二人,不合格教员,共有三万三千五百八十一人。照此计算,在第一期内尚不足教员二万一千一百二十六名,并现任职之不合格教员三万三千五百八十一人,需要补充与训练并继续举办检定。

(二)在第二期内,应将第一期原有教员六万九千零九十九人中,姑除去因退休病故离职教员十分之一计算,需要补充六千九百零九人,又各级国民学校增加班次,计高级一千八百四十二班,初级四千八百三十四班,共计六千六百七十六班,以每两班三教员计算,须增加教员一万零零一十四名,两共需要补充教员一万六千九百二十三名。

二、师资训练(编者按:原档案上遗漏了这一标题)

(一)增设省立师范学校,按照本省行政区为师范学区,第一期内,应达到每学区有省立师范学校二所,女子师范学校一所,并增设专科性质之师范学校若干所。

(二)普设县立简易师范学校,第一期第一年设立三十三所,第二年设立十五所,第三年设立十五所，第二期设立二十所，五年内完成每县一简易师范学校，如一县财力不足得联合数县设立之。

（三）省立师范学校以办高师科或乡师科为原则，县立简易师范学校以办简师科（班）为原则。

（四）各县在未成立县立简易师范学校以前，应于县立中学或县立职业学校内附设简师科或增办国民教育师资短期师资训练班各若干班。

（五）指定师范学校举办训练实习间期制，以实习生补充不足师资。（第一期第一年开始，并逐年继续办理。）

江西省实施国民教育第二次五年计划师资需要训练人数一览表

项目 期别	师资需要数	原有教员数	应补充教员数	训练师资数			
				合计	师范班毕业生数	简师班科毕业生数	尚不敷师资数
第一期（卅五至卅七年）	69099	47973	21126	18242	6648	11594	2884
第二期（卅八至卅九年）	79113	62190	16923	16674	5558	11116	249

附注：表列不敷师资数督饬各师范学校举办训练实习间期制，以实习生补充之，并令饬各县市切实举办小学教员检定，甄取合格教员。

陆　督促教员进修及辅导实验研究

一、进修事项：

（一）各县市应按期办理暑期讲习班及寒假教育工作讨论会。（自三十五年起实行并逐年继续办理）。

（二）各师范学校，普遍设置国教师资通讯研究。（自三十五年起实行并逐年继续办理）。

（三）各县市应统筹订购江西地方教育暨江西国教半月刊，及普通新闻分发各中心国民学校及国民学校，以供教员阅读或研究。（自三十五年起实行并逐年继续办理）。

（四）由教育厅继续编印国民教育法令汇编，及翻印部颁国民教育实际问题小丛书，分发各县市中心国民学校及国民学校，以供教员之研读。（三十五年起继续办理）。

二、辅导工作：

（一）按照行政区域，为师范学校辅导区，计全省分为九个师范学校辅导区，每一省立师范学校辅导三县至四县国民教育，并普遍设置地方教育指导员。（自三十五年起继续办理）。

（二）县立简易师范学校应辅导本县国民教育，以教育学科教员一人兼负辅导之责。

（三）中心国民学校切实辅导国民学校（三十五年度起继续督促办理）。

（四）恢复各县市国民教育巡回教学辅导团，以前尚未设置者，应在第一期第一年内增设。

三、实验研究事项：

（一）普遍成立省区县市乡镇国民教育研究会，并须按时开会报告工作。（自三十五年度起继续推行）。

（二）设置国民教育示范区，原有一所继续办理，并于第一期第一年内，将教育工作队，改为十个国民教育示范区，以加强国教实验研究与辅导推广工作。

柒　强迫入学

一、各县市乡镇应遵照强迫入学条例之规定，组织县市乡镇强迫入学委员会，切实办理强迫入学事宜。

二、学龄儿童及失学民政调查，应于每年度开始举行一次，由乡镇保长会同中心国民学校或国民学校校长教员办理。

三、中心国民学校及国民学校儿童部学生高级班每班至少应有三十名，初级班每班至少应有四十五名，民教部学生，高级班每班至少应有三十名，初级班每班至少应有四十名，如未达到此项数额，应厉行强迫入学。

捌　举办国民教育工作竞赛（不分期）

一、全省国民教育工作竞赛，以县市为单位，每年举行一次。

二、各县市国民教育工作竞赛，以乡镇保及中心国民学校为单位，每半年举行一次。

三、各县市每年度举办国民教育工作竞赛事项及标准，由省政府订定。

四、各乡镇保及中心国民学校每年度举办国民教育工作竞赛事项及给分标准，由各县市政府订定。

五、各县市举办国民教育工作竞赛成绩，由省政府考核，并将结果分报教育部，与工作竞赛推行委员会，各乡镇保及中心国民学校国民学校成绩，由各县市政府考核，并将结果呈报省政府核备。

2. 江西省普及失学民众识字教育计划（2－2－133. P41－47）

一、本省遵照教育部颁布《普及失学民众识字教育计划》并参酌本省实际情形特订定本计划。

二、实施对象：凡十二足岁至四十五足岁之失学民众，均应强迫入学。

三、实施方针：实施失学民众识字教育方针除普及识字教育外并注意下列四项之训练：（一）培养国民道德；（二）训练自治能力；（三）增进生产知能；（四）激发民族意识。

四、实施程序：全省八十四县市及庐山区应一律从三十五年度开始实施，分三年、四年、五年完成，其程序规定如左：

（一）三年内完成者（自三十五年至三十七年）：南昌市、萍乡、南康、清江、宜春、赣县、婺源、余干、南丰、兴国、丰城、修水、吉安、大庾、浮梁、乐平、上饶、玉山、贵溪、临川、宁都、信丰、龙南、余江、万年、上犹、崇义、虔南、定南、安远、寻乌等三十一县市。

（二）四年内完成者（自三十五年至三十八年）：进贤、万载、上高、新余、吉水、永丰、泰和、遂川、万安、永新、安福、鄱阳、都昌、彭泽、湖口、广丰、弋阳、铅山、南城、崇义、东乡、金溪、光泽、黎川、石城、瑞金、雩都、永修、奉新、武宁、宜丰等三十一县。

（三）五年内完成者（自三十五年至三十九年）：南昌、新建、高安、九江、分宜、新淦、铜鼓、峡江、莲花、德兴、横峯、宜黄、乐安、资溪、广昌、会昌、靖安、德安、瑞昌、安义、星子、宁冈等二十二县及庐山区一区。

五、实施机构：

（一）中心国民学校及国民学校一律设置民教部，但各乡镇得视实际情形由各该乡（镇）中心国民学校会同乡镇公所配合所辖各保国民学校民教部教员，巡回各保集中办理肃盲工作。

（二）民众教育馆，国民教育示范区，中等以上学校及机构团体工厂，应一律办理民众学校。

（三）各保得举办保甲读书会巡回识字班。

六、扩大宣传：各县市应于每学期开学前举行实施失学民众识字教育宣传周，其宣传方式如次：

（一）各乡镇分别举行实施失学民众识字教育宣传大会，城区由县市政府主持办理，各乡村由乡镇公所会同中心国民学校办理。

（二）乡镇强迫入学委员会，应协同各级学校组织宣传队，挨户劝导失学民众入学。

（三）举行化装游行会。

（四）散发宣传张贴标语。

（五）发动公教人员及地方士绅尽先令其家属入学以资倡导。

七、实地调查：各县市应遵照　教育部颁布之中心国民学校国民学校分期办理失学民众补习教育办法之规定。督促乡镇保长会同当地中心国民学校及国民学校校长教职员，重行切实调查各保失学民众确数，造具分期入学名册，并应将全县失学民众分期入学总人数呈报省政府汇呈教育部备核。

八、编配学额：依据调查结果，即将失学民众编定分期入学与入学地点，其编配原则如左：

（一）以年龄相近者，编为同期施教，并以年龄较小者，尽先编征入学。

（二）成人与妇女以分班教学为原则。

（三）按照识字程度，得编为高初二班。

（四）同职业者，应同期施教。

（五）乡镇保甲长及公教人员家属之失学民众，均应编在第一期入学。

（六）成人班或妇女班，每班以四十名至五十名为度。

九、配合识字：

（一）中心国民学校及国民学校民教部，均应设置专任教员一人，担任本班教学，并负责推设本保读书会及巡回识字班。

（二）民众学校以本机关团体工厂学校之职员或教员担任教学。

（三）每乡镇得视需要设置巡回教员若干人，以担任保甲读书会及巡回识字班教学，如因经费或人才缺乏不能设置此项巡回教员，得由民教部专任教员兼任教学。

（四）民教师资如感觉不足时，得发动中等以上学校学生及知识分子担任义务识字教员。

十、需要设备：

（一）中心国民学校及国民学校须尽量设置民教班教室及教具，如因一时未能设置者，得利用原有儿童班教室及教具施教。

（二）凡机关团体工厂学校附设之民众学校设备，应由各该机关团体工厂学校自行置备。

（三）保甲读书会或巡回教导班，得利用祠宇或住宅为固定课堂，最低限度，应设置黑板、课桌（必要时可借用民间普通桌椅）、粉笔、总理遗像，及蒋主席肖像，由乡镇公所统筹制备。

（四）各级学校及其他场所所设之成人班、妇女班、及民众学校，应有学生出缺席簿、学生成绩记载簿、教学日志簿、视导簿等，由县市政府统一印发应用。

十一、课程教材：

（一）各级学校成人班妇女班所授之课程，应遵照部颁中心国民学校及国民学校民教部课程标准办理。

（二）课本应一律采用国定本，由教育厅统筹印发，所需经费由县政府拨支，并由省教育经费酌予补助，必要时亦得由各县市政府呈准翻印。

（三）民教部地方教材，指定“江西省国民教育示范区”编辑，由教育厅审核印行。

十二、强迫入学：

（一）遵照强迫入学条例组织县（市）乡（镇）强迫入学委员会。

（二）凡失学民众之家长或保护人，应向当地乡镇强迫入学委员会，出具切结保证限期令其家属或雇工入学。

（三）强迫入学程序规定如左：

劝告：凡应入学之失学民众，应由保长会同中心国民学校或国民学校校长，用书面或口头劝告其父母或监护人限令入学。

警告：父母或监护人，经劝告后，如仍不遵限令其子女或受监护人入学，限期届满五日内，将其姓名榜示警告，并仍限期入学。

罚锾：榜示警告后仍不遵行者，得于限满七日内，经乡镇强迫入学委员会议决处以十元以下之罚锾，仍限期入学并汇报县政府。

（四）已入学之民众，如不经学校之许可，中途停学或任意缺课者，应由学校及强迫入学委员会共同劝导督促，如不遵从得依前条罚金之规定，处罚其父母或监护人。

十三、教学方法：成人班或妇女班教学应注意下列各点：

（一）要用注音符号教学，使失学民众易于学习。

（二）要使失学民众了解字句的意义。

(三)要使失学民众能自己讲解。

(四)要使失学民众能运笔写字。

(五)要使失学民众得到知识能与日常生活发生联系。

(六)要利用课前时间指导失学民众自习,并指导成绩优良者,辅导低能之失学民众。

十四、训导要点:

(一)要利用各种集会训练民众行使四权。

(二)要以"礼义廉耻"为目标,训练民众。

(三)要多作时事讲话,使民众了解个人与国家国际之关系。

十五、办理毕业:

(一)授完部颁国定课本时,应举行毕业试验,必要时得集合各保举办民众识字会考,并举行隆重仪式,对于成绩优良者发给奖金或奖状,以资兢进。

(二)毕业证书由学校或主办机关发给,并呈送教育主管机关验印。

十六、推行机构与督导人员:

(一)组织江西省失学民众识字教育推行委员会负计划研究督促之责。

(二)县市国民教育委员会,应负责策划与考核全县失学民众识字教育工作。

(三)各县市乡镇强迫入学委员会应厉行强迫入学。

(四)各乡镇肃清文盲协进会仍继续进行工作。

(五)县(市)长应负责督促所属各区乡镇长及各级国民学校校长推行失学民众识字教育。

(六)省教育督导人员及各县教育科长县督学乡镇文化股主任文化干事均应以督导实施失学民众识字教育为中心工作。

十七、考核与奖惩:

(一)乡镇保及中心国民学校与国民学校办理失学民众识字教育之成绩,由县市政府考核之,县市政府及国民教育示范区办理失学民众识字教育之成绩,由省政府教育厅考核之。

(二)各机关团体办理失学民众识字教育之成绩,其机关团体隶属于县市政府者,由县市政府考核之,隶属于省政府者,由省政府教育厅考核之。

(三)乡镇保甲长,应负责征集失学民众入学任务,中心国民学校及国民学校校长教员,应负责教导失学民众任务,如每班学生不满规定名额,应处分乡镇保甲长,如教导不善,应处分校长教员。

(四)对于办理失学民众识字教育工作人员每学期应举行工作竞赛一次,其工作努力成绩优良者,应酌予嘉奖,奖状、奖金、记功、升级等奖励;其工作不力者,应予申诫、记过、扣减薪金、降级、撤职等处分。

(五)各县市均应设实施失学民众识字教育奖励金。

十八、筹集经费:

(一)中心国民学校及国民学校办理民教部之经费,应列入学校预算。其原有经费不足时，由各县市在地方自治经费项下筹拨之。

（二）民众教育馆，国民教育示范区，中等以上学校，机关团体工厂，办理民众学校之经费，以自行筹拨为原则，必要时得呈请当地主管教育行政机关予以补助。

十九、各县市应以实施失学民众识字教育为各该县市施政之中心工作。

3. 江西省三十五年度普及失学民众识字教育实施计划（2－2－133. P48－50）

一、本计划遵照　部颁普及失学民众识字教育第二年（三十五年度）实施计划第七条之规定并依照本省普及失学民众识字教育计划订定之。

二、全省八十四县市，自三十五年度起一律开始实施失学民众识字教育，并规定南昌市、萍乡、南康、清江、宜春、赣县、婺源、余干、南丰、兴国、丰城、修水、吉安、大庾、浮梁、乐平、上饶、玉山、贵溪、临川、宁都、信丰、龙南、余江、万年、上犹、崇义、虔南、定南、安义、寻乌等三十一县市，本年度内至少应肃清各该县市现有文盲总数三分之一。进贤、万载、上高、新喻、吉水、永丰、泰和、遂川、万安、永新、安福、鄱阳、都昌、彭泽、湖口、广丰、弋阳、铅山、南城、崇仁、东乡、金溪、光泽、黎川、石城、瑞金、雩都、永修、奉新、武宁、宜丰等三十一县，本年内至少应肃清各该县现有文盲总数四分之一。南昌、新建、高安、九江、分宜、新淦、铜鼓、峡江、莲花、德兴、横峰、宜黄、乐安、资溪、广昌、会昌、靖安、德安、瑞昌、安义、星子、宁冈等二十二县及庐山区，本年内至少应肃清各该县区现有文盲总数五分之一。

三、各县市应重新调查各该县市全部失学民众及本年度应行入学民众人数，订定全县市或区三十五年度普及失学民众识字教育实施计划，呈报省政府备核。

四、本年度各县市实施失学民众识字教育，应从城市大村庄乡镇公所与中心国民学校所在地做起，除督促各级国民学校切实办理民教部外，并应尽量发动机关团体工厂办理民众学校或设置保甲读书会巡回教导识字班，其所设班数须以足容本年度应行入学之失学民众为度。

五、全省各县市乡镇均应于本年度三、九两月之第一周，举行失学民众识字教育宣传周。

六、全省各县市应于本年度三月底以前，遵将全县（市）失学民众及本年度应行入学之失学民众人数调查完竣，并将失学民众分期入学总人数，一并呈送省政府转报教育部备核。

七、各级学校民教部暨保甲读书会办理之成人班妇女班，本年度至少应办二期，每期四个月，第一期四月至七月，第二期自九月至十二月。

八、全省各县市政府应根据本年度应行入学之失学民众人数，印行民教课本，或向教育厅缴款定购民教课本。

九、全省各县市各级民教学校，均应设置民教部专任教员一人，以负推行失学民众识字教育专责。

十、全省各县市小学教员假期训练，应尽先调训民教部教员并应注重国语训练，培养国语人才，应用注音符号教学，使民众易于学习。

十一、民教部学生由乡镇公所负责征集，每班学生不满规定名额者（高级班三十名初级班四十名），应予乡镇长罚俸之处分，如教导不善，则应予校长罚俸之处分，由各县市政府订呈办法核准施行。

十二、全省各县市及省县各级民教馆，应予实施失学民众识字教育为三十五年度中心工作。

十三、组织江西省失学民众识字教育推行委员会，负全省失学民众识字教育计划研究督促之责。

十四、健全各县市乡镇强迫入学委员会，厉行强迫入学。

十五、各县市实施失学民众识字教育经费，应编入县市预算地方教育经费项下开支，不足时再由地方自治经费项下筹拨，或由当地人民筹集之。

三、关于县乡及学校教育发展规划

1.万载县三十三年度实施国民教育计划（2－4－376.P180－195）

甲、过去概况

（一）设校：本县未推行保学制度以前，全县学校仅三十余校，入学儿童约三四千名。殆推行保学制度以后，校数陡增，原有五区，各设中心小学一所计五所；原有二十五乡镇，除设有区中心小学之乡镇未再设立乡镇中心小学外，每乡镇设中心小学一校，计二十所，幼稚园一所；原有二百七十五保，计设保立小学二百一十三校，未设保学之保并设有私立小学三十六校，共计校数二百七十五校。三十年度，奉令实施国民教育，爰于是年下年度将保立小学改办为国民学校四十五校。迄三十一年上年度，再改办国民学校四十五校、乡镇中心小学二十校全数改办为乡镇中心学校，县立区中心小学五校改办为县立第一、二、三、四、五中心小学，是年下年度增办县立第一女子小学一所。三十二年上年度后，改办国民学校一百零二校，县立五个中心小学改办为县立五中心学校。下年度所余保立小学二十一校即全数改办完成。

（二）经费：本县三十一年度小学教育经费，计县立中心小学二万一千一百九十六元，乡镇中心学校三万八千七百三十六元，县立女子小学二千八百五十六元，县立幼稚园二千三百三十二元，中央国教补助费七万一千二百一十一元，县及乡镇保自筹经费拾五万零六百零八元。三十二年度，计县立中心小学二万四千三百六十一元，乡镇中心学校五万二千六百六十四元，县立女子小学五千八百六十四元，县立幼稚园四千九百一十四元，中央国教补助费拾二万七千八百元，县及乡镇保自筹经费五十四万二千三百三十二元。教育经费逐年有增。三十二年下半年，年度各级学校教师薪俸及办公等费一律改发实物，除县立五个中心学校薪金与实物并发外，所筹实物（谷）计县立及乡镇中心学校三千零七十六石七斗（女子小学幼稚园在内），保国民学校六千三百九十市石，各校办公费及设备费谷计二千四百七十五市石八斗，教师学谷计六千二百四十石（自筹谷数系供三十二学年度之用），共筹谷一万一千七百九十二石五斗，每石以三百五十元计算计，合法币四百一十二万七千三百七十五元，较前增筹达三百五十八万五千元之巨，其来源大部分为提自公学款产者。同时，各校基金田产每经筹定，故经费已增稳固。此后惟对于经费实谷之收支保管，应亟使其合理化。

（三）设备：三十二年度积极充实各中心学校及各保国民学校设备，除遵照章颁《江西省各县市乡镇中心学校及保国民学校设备经费及工料劝募办法》督饬各乡镇劝募工料、购置设备外，并宽筹设备费各计中心学校每校三十石，保国民学校每校五石，各校多已进行修理。县立女子小学（拟改中山小学）因校舍不适用，另筹集巨款四十余万元，从新建造新式校舍一所，足敷十班学生之用。全县各级学校设备事宜，均由县设备委员会计划办理之。

（四）师资：本县国民教育师资除举办教师登记检定并遵照规定标准任用认真考核外，尤注重于师资之训练与补充。三十一年度与三十二年度，经检定合格之师资共为八百二十六名，两年度暑期训练班又共训练二百十三名。三十二年下半年度，县立中学增办简易师范科一班，计学生五十名；由省立宜春、武宁二乡村师范及省立萍乡、奉新二简易师范训练毕业，前后亦不下百余名。故普通国民教师尚不感如何困难。为督促教师进修，每校均订阅《江西国民教育指导月刊》及《江西大众日报》各一份，以供研究。同时，为改进各校教学方法起见并组织巡回教学辅导团，分别前往各乡镇举行教学演示，并就城区附近学校教师组织教学批评会，颇能收到效果，师资素质已能逐渐增进矣。

（五）招生：各校招收学生采用下列方式实施：（甲）招生；（乙）举行教育宣传；（丙）鼓励劝学；（丁）遵照章颁《充实学额办法》，实行强迫征学。除有少数学校儿童班学额尚有不充实者，多数招收足额。惟民教部学额至感困难，除极少数学校尚能办理充实外，其余皆不充实，有亟谋补救必要。

（六）视导：本县县政府设有县督学三人，各区设有教育指导员四人，各乡镇共设有文化干事二十四人，均以视导国民教育为主要工作。县督学每人各担任数乡镇，分别负责，每学期至少有四个月在乡镇巡回视导。三十二年，为督查各乡国教情形，加强督导效率起见，特由县组织行政检阅团，特别注意检阅国教。县政府教育科长每学期至少有一个月在外视导，抽查全县学校十分之一以上。区教育指导员文化干事均经常在外视导，每学期普遍视导境内所有学校至少二次以上。各级教育视导人员均须依照规定，缮具视导报告，分别送呈核备，作为教育行政教育业务及工作人员考绩奖惩之主要根据。而视导员每到一校，并须摘记意见，签名盖章于视导记载簿上，以备考察。

乙、计划要点

（一）增设中心学校及国民学校

本县中心学校及国民学校已于三十二年度全数改办完成。依据每乡镇各设中心学校一所之标准，中心学校本年度不予设，惟本年度下半年度酌量增设小学部十班，增保国民学校。就私立小学及需要地区酌量增改二十校。兹将增改校数及小学，民教两部班数，分酌如次：

（甲）中心学校小学、民教两部班数——县立中心学校、乡镇中心学校计二十四校，又中心学校分校一校，共计二十五校。每校班数三班至九班不等，连本年度增设十班，全县至少有小学部初高级班一百二十一班。每校办民教部（成人班或妇女班）一班，全年办两期，本年度全县共有民教部五十班。

（乙）国民学校增改校数及小学、民教两部班数——保国民学校（连同上年度改办校数在内）计二百三十三校，每校至少办小学部（初级班）一班，本年度全县共有二百七十六班；民教部（成人班或妇女班）一班，全年办两期，本年度全县共有三百二十六班。

本年度全县县立中心学校、乡镇中心学校及保国民学校两共办小学部初高级班三百九十七班，民教部二百七十六班（又私立小学三十六校小学部六十七班）。

（二）收审学龄儿童数、失学民众数及占总数之百分比

（甲）学龄儿童入学数及占学童总数百分比——本县上年度学龄儿童统计三万七千一百三十二。名本年度全县中心学校及私立小学共办小学部初级班四百六十四班，每班依照规定以学童四十名计算，共收学童一万八千五百六十名，占学龄儿童总数百分之五十。

（乙）失学民众入学数及占失学民众总数之百分比——本县上年度失学民众总计五万四千八百八十四名。本年度全县设民教部二百七十六班，每班以（成人或妇女）三十名计算，共收（成人或妇女）一万六千五百六十名，占失学民众总数百分之二十弱。

（三）教职员人数之配合及待遇之改善

（甲）原有教职员人数——本县三十一年度及三十二年度经登记检定与训练合格之教师计一千零三十八名，除服务其他机关外，现有之教师共为六百八十名。

（乙）本年需要教职员人数及其来源——本年增设中心学校初、高级班十班，需教职员十名；增改保国民学校二十校，每校以二名计算，共需四十名。上年度未用足之教员，约需补充二十一名；本年度共需补充教职员七十一名。其来源为县立中学简师科毕业生五十名，省立简师学校毕业生约二十一名。

（丙）教职员待遇之改善——本县自三十二年度八月份起，教职员待遇已实行提高，薪俸改发实物（谷）。计县立中心学校除照县预算在县库支领薪金法币（校长月支薪俸二百七十八元教员二百六十四元）外，每人每月在公学款产项下各给津贴谷若干斗；乡镇中心学校完全发给实物，计校长月支薪谷二石，主任一石八斗，教员一石六斗，公粮均由县照数发给糙米六斗。国民学校校长月支薪谷一石二斗，教员一石。又教师学谷各月支一石，本年度仍当继续实行。至年功加俸及优良教师奖金，本年度亦照旧实行。

（四）教员进修及辅导工作

（甲）进修事项——一、暑期训练：本年暑期训练班调训保国民学校校长、教师一百二十名，训练期间一个月。二、通讯研究：由县国民教育研究会设通讯进修部，订定简约，征求全县保国民学校及中心学校教师加入，为研究员通讯进修，由通讯进修部每月提出有关推行国民教育之实际问题，印发各研究员研究解答，或举行专题讨论，将解答及讨论结果择优通告各校教师。三、订阅刊物：每校订阅《国民教育指导》半月刊及《大众日报》各一

份，并编印不定期进修通讯。四、教师日记：规定每教师须备教师日记，将工作情形及研究心得备记，日记每月缴交县府检阅一次。

（乙）辅导工作——一、健全县及各乡镇国民教育研究会组织，督促按期举行会议及各种辅导活动工作。二、县国教巡回教学辅导团经常下乡实行教学辅导。三、保国民教育协进会未组织者，一律组织，俾协助计划保国民教育及促进保国民教育之推行。四、中心学校辅导保国民学校，督促切实施行并考核成绩。

（五）学校设备及教材

（甲）中心学校及国民学校设备之充实及修建校舍——一、充实学校设备：由县统一设备委员会遵照《江西省各县保国民学校及乡镇中心学校设备经费及工料劝募办法》及省颁《保国民学校乡镇中心学校设备标准》统筹办理并分期购置齐全。二、修建校舍：本年度各中心学校校舍分别督饬修建完成，国民学校修建三分之二。三、设备经费：除由省方补助外，中心学校每校年筹谷三十石，以为购置设备之用；保国民学校每校年筹谷五石，以为设备之用。

（乙）小学部与民教部各种教材及教科用书之供应——一、小学部：自一年级一学期起，一律采用部编课本；一年级二学期以上，仍采用东南书局印行课本。二、民教部：民众课本由县自行翻印，所需印费并已列入县概算。三、补充教材：由县组织补充教材编辑处，编辑各项补充教材，印发各校采用。

（六）县教育行政之改善

（甲）县以下各级教育行政机构之健全——县教育科长应规定期间下乡视导，县督学及区教育指导员则经常下乡视导，乡镇文化干事切实协助及监督各校积极改进并遴选合格而富有教育经验者充任之。凡服务努力之教育行政人员依法予以保障。

（乙）县以下各级教育行政人员及学校教师之管理——各级教育行政人员及学校教师实行久任制。其任免进退均以学验及功绩为标准，并由县府切实管理之。

（丙）县以下各级教育行政对于行政三联制之实施——本年度县及各乡镇均应分别举行教育会议，以为设计决策之重要措施。凡属县区及各乡镇教育改进事项，由各级教育行政会议决定方针，交由各级教育行政分层负责执行，由县政府综核考成，严行赏罚。

（丁）县以下各级教育会议之组织及工作——县教育会议，按照上年度组织各乡镇长各中心学校校长及国民学校代表、各有关机关代表等，均为出席会员。各乡镇教育会议，其所属各国民学校校长、各保保长及地方有关机关代表、热心教育人士、均为出席会员。各级教育会议对于各级教育工作，应尽量检讨研究，以为决策改进之根据。

（戊）县以下各级教育行政人员之进修——由县订定各级教育行政人员进修办法切实督促施行。

（己）县以下教育行政人员及学校教师之成绩考核——由县订定《各级教育行政人员及学校教师成绩考核办法》切实施行。

（七）各级视导

（甲）县视导之实施——本县教育经费基础在上年度概经筹集稳定，本年度对于教育视导工作自应特别加强。在年度开始后三个月内，应召集全县督导会议一次，讨论关于视导及辅导方面之各项实际问题，同时订定视导计划，切实施行。

（乙）区乡镇视导之实施——区教育指导员乡镇文化干事对于所属国民学校及私立小学应分期作普通之视导。其视导计划由县政府详为订定，并就举行督导会议时，对于视导之意义、制度、组织、任务、计划等，应作详晰之讲述，使其深切明瞭。

（八）经费

（甲）设校经费概要——设立国民学校，其经常费及临时费均由当地祠会捐助之；私立小学改办者，就原有经费移充之。

（乙）教员进修费——由县统筹，计寒暑假期教员训练经费年支二万六千元，订阅《国教指导》月刊二万一千六百元，均经列入本年度县地方总概算。

（丙）辅导事业费——一、国民教育研究会经费全年共需一万八千四百八十元。二、国民教育巡回教学辅导团经费全年共需一万八千九百六十元。三、中心学校辅导旅费全年共需二千元。以上各项分由县乡统筹支付，并经列入本年度县地方总概算。

（丁）短期国教师资训练费——县立中学简师科一班学生五十名，全年共需十二万元。

（戊）小学教员福利事业费——一、年功加俸一万元。二、小学教员养老恤金伍仟元。三、小学教员康乐活动费一万二千元。四、优良国教师资奖励金六千元。以上各项全年共需三万三千元。

（己）学校设备费——中心学校及女子小学设备费全年共需稻谷七百八十石，保国民学校全年共需稻谷一千零六十五石，共计一千八百四十五石。

（庚）各种教育会议费——教育行政会议七千五百元，督导会议五千元，全年共需一万二千五百元。

（辛）推行幼稚教育费——全年共需三千九百六十元。

（壬）筹集学校基金——本年度筹集中心学校及国民学校基金，至少须有实收入利益稻谷一万石。

（癸）学校校舍修建费——本年度改建中心学校四校需费一百二十万元，修理中心学校十五校、国民学校五十校、共需费四十万元，共计一百六十万元。

2. 江西省万载县三十八年度教育实施计划（2－4－164. P56－67）

壹　教育行政

县政府照上年度紧缩编制，于第三科设科长、科员各一员，督学三员；各乡镇公所设专任文化干事一员。

贰　教育经费

一、筹集国教基金

1. 基金数额。依照规定筹足保国民学校基金稻谷一三六八〇市石及乡镇中心国民学校基金稻谷一〇八〇〇市石，合计二四四八〇市石。

2. 筹集方法：

子 清查利用原有祠会庙寺等公产。

丑 实行富户乐捐。

3. 收支保管方法：

子 健全各乡镇保国民教育基金保管委员会，严密保管监督支付。

丑 组织县国教学谷保管委员会，负责保管全县国教学谷，并监督支付。

寅 继续办理原有学产，订立契约，及推收过户手续。

二、国教经费预算

1. 经常费：一一九九六四〇元

2. 临时费：一四〇〇〇元

三、中等教育经费预算

1. 经常费：一五二六三六元

2. 临时费：五〇〇元

四、社会教育经费：三七八〇〇元

叁 学校教育

一、国民学校教育

1. 充实学校内容

子 督促各乡镇中心国民学校添置自然科学仪器标本模型各一套及运动器具数件，并普遍设置书报阅览室。

丑 督促各保国民学校设法添置校具教具，并修建校舍。

寅 促进各国校及中心国校均注意环境卫生。

2. 健全师资

子 举办国民学校及中心国民学校教员登记。

丑 继续办理国民学校教员核定。

3. 办理暑期讲习

子 训练期间：自本年七月二十二日起至八月十八日止。

丑 调训教师：调训国民学校校长、主任及教员。

寅 训练课程：除遵照奉颁规定课程外，并加重注音符号训练。

4. 实施强迫入学

子 健全各乡镇强迫入学委员会。

丑 督促各国校校长及乡镇保甲长办理学龄儿童及失学民众调查。

寅 凡失学民众之家长或监护人应向当地强迫入学委员会出结，限令其家属或雇工入学。

卯 实行劝告、警告、罚锾等强迫入学程序。

辰 中心国民学校及国民学校儿童部高级班每班至少应有三十名，初级班每班至少应有三十名；民教部学生高级班每班至少应有三十名，初级班每班至少应有四十名。如未达到此项数额者,即厉行强迫入学。

5. 举办国民教育工作竞赛

子　本校国民教育工作竞赛以乡镇保及中心国民学校为单位,每半年举行一次。

丑　国民教育工作竞赛事项及给分标准,由本府另定之。

寅　各乡镇保及中心国民学校成绩由本府考核,并将结果报呈省府核备。

二、幼稚教育

1. 充实内容

子　各幼稚园或幼稚班设法添置教育用具。

丑　各幼稚园或幼稚班应注意环境卫生,并进行保健工作。

2. 促进师资改善教学

子　任用幼稚师资教员并予保障。

丑　奖励幼稚教员。

寅　改进幼稚教育方法。

三、中等教育

1. 充实县立中学

子　购置各科教学仪器标本图表模型等设备。

丑　添置运动器具,并加辟运动场所。

寅　举行各科成绩比赛,提高学生读书兴趣。

肆　社会教育

一、民众教育馆

1. 总务部

子　健全基金管理委员会,重聘委员,修改章则,如期开会审核。

丑　整理馆舍场地,加以修葺,铲草植树。

2. 教导部

子　设立民众学校,举办成年班及妇女班。

丑　主编民众旬刊及电讯简报,设置报板贴挂通衢。

寅　通俗讲演。

3. 艺术部

子　大众画报每半月出刊一次,如遇纪念,另出特刊。

丑　刷制通俗标语。

4. 体育场

子　添置体育器械,充实体育场。

丑　举行各项运动竞赛,并每年开运动会一次,以推行国民教育。

5. 图书馆

子　添购图书充实设备

丑　加强管理整理原有书籍。

寅　加订报刊杂志。

伍　督导与考核

一、督导

1. 每学期县长赴各乡镇视导教育一次。第三科科长应有三个月之视导时间，考核乡镇保教育工作。县督学每学期至少应有五个月视导时间，必须普遍视导各学校两次，并须将视导情形按月呈报。

2. 每月乡镇长应赴各保国学校视导一次，文化干事应二次，并须填报辅导表。

3. 各乡镇中心国民学校校长或优良教师，每月应普遍辅导国民学校一次，必要时举行示范教学。

4. 各乡镇长及中心国民学校校长须于每年开始拟订辅导计划呈报。

二、考核

1. 第三科科长督学科员工作成绩之优劣，由县长考核报呈省府核定奖惩之。

2. 各乡镇长及文化干事工作成绩，由第三科考核，签请县长核定奖惩之。

3. 各级学校校长办理成绩之优劣，由督学考核，保呈第三科科长签请县长核定奖惩之。

4. 各级教员教学成绩之优劣，由各校长考核，其成绩优良者，报请县府核奖，并转呈报省府核备。

3. 万载县第五区二十七年度改进义务教育行政计划大纲(2－4－1386. P72－79)

(二十七年五月二十五日)

绪　言

义务教育为教育建国之基础，亦即每个国民应受之最低限度之教育。倘若义务教育办理未善，不但贻误国民应享之幸福，且妨碍整个教育系统组织之健全与社会之进化，国家之盛衰实有莫大之影响。况值此暴日侵华，国家民族已至绝续存亡之际，对于激发民众抗敌情绪，共起御侮救亡，尤赖有良好之教育，方始以负此重大之使命。故本区今后之义务教育确有切实改进与整理之必要，以期收得美满之效果，达到教育救国之目的。在实事求是、切合实际需要之一贯方针之下，一面方固求量的发展，而谋义教之普及，他方面尤须注意质素之改良，以收实效。同时，量的发展当中，痛戒好高骛远、攫取虚名之咎，以免靡费财力或竟一事无成。质是之故，爰订定本计划，以为实施之准绳。

甲、关于学校班次设置方面

一、各保应遵照定章，以每保设立保学一所为原则。但遇村落星散、人口过少、保学经费无法筹定的款之保，亦得选择适中地点，联合两保或三保设置联立小学。

二、各保立小学设立分校，得斟酌地方实际情形，以不设为限。如遇村落散漫之保，得设立巡回教学处，每保以二班为限，另聘教师一人专负巡回教学之责。

三、各保应尽量就各保原有私立小学或族学代用保学，不另筹经费。

四、各保立小学以设儿童班一班、成人班或妇女班一班为原则，设校长兼教师一人，若增加一班或添设分校一所者，得增设助教一人。

五、本区第三保联境内原有保联中心小学及中山民校各一所，同设于该保联之第二十保内，相距仅一里许，以人口或学童论，均无设立两校之必要，名实质虚，徒然耗费有用之公财，殊为可惜。又第四保联昔遭害最深，无论公财私蓄均已破产，其困难情形当为全县各保联之首，筹措保学经费实属万分困难。本年度拟请将省属第五中山民校迁设于本区第四保联之西坑，兼办第四保联中心小学，而第三保联中心小学则移于高村市附近，添办保学、成人各一班，庶金钱不致浪费，教育得以普及。

六、保联中心小学仅设儿童、成人各一班者，本年度仅设校长兼总务主任一人，教导主任兼教员一人。

七、本区区中心小学就其所在地之学童及经费筹措之实际情形，拟请县府将保学部四班核减为两班，采用复式编制，籍以减轻地方负担，俾便轻而易举。

八、本区为求学校教育与社教同时并进，籍以激发民众抗敌情绪起见，本年度得另设战时教育巡回教学团，以区长兼团长，区中心小学校长兼副团长教育区员兼组长，并遴选富有社教经验之保学教师六人为团员，保联中心小学校长在必要时亦得调充团员，不另支薪。

乙、关于经费方面

一、各保立小学年支经费一百四十四元，其分配如下：

1. 校长兼教员一人年支九十六元；

2. 办公费年支二十四元；

3. 设备费年支二十四元。

二、各保立小学设立分校者，添设助教一人，年给八十四元，办公费设备费在本校匀支。

三、各保立小学设备费应受区署之严格统制，发给物品。

四、保联中心小学年支经费五百二十八元，其支配如下：

1. 校长一人月支拾四元；

2. 教员二人月各支拾二元；

3. 办公费月支四元；

4. 书报费月支二元；

5. 设备费年支三十元此款应由区署就各校实际需要核定预算后动用之。

五、各设立保学之保年筹保学经费一百四十四元，有分校者加筹八十四元，保联中心小学所在地保年筹保学经费一百四十四元，区中心小学所在地四保年筹二百八十八元。

六、战时教育巡回教学团年支经费六百元，由各保平均负担其支配如下：

1. 团员六人，年各支八十四元（合计五百零四元）；

2. 办公费，月支三元（合计三十六元）；

3. 宣传材料及宣传用具费，年支六十元。

七、各保保学经费遵照上令，按照富力之，高低筹集之其办法如下：

子、查农村之富力为土地估计富力时，得就其土地之多寡分别高低，征集义教捐谷。

丑、市镇之富力为资本估计富力时，得就其资本之大小分别高低，征集义教经费。

寅、不在市镇之商贩或厂主及其他生活优异者，并应按其富力征集义教经费。

八、征集义教经费先由保长调查全保富力就富力之高低量出为入，造具分担义教经费名册，呈区查核后发，交当地保学委员会负责征集保管。

九、各保征集保学经费应一律由保学委员会经手，保长仅负催征之责，并一月内征集齐全，由区署派员查封义教仓谷及义教银钱。各保学委员会在征收义教捐谷限期内，得斟酌开支膳食费用，但不得超过四元。

十、各保收集之保学经费捐谷，非有区署命令，不得动支分文。

十一、区公学款产保学经费管理委员会改由区长兼主任，教育区员兼副主任，均不另支薪俸。设事务员一人，经理钱谷出入及催征事务，月支薪俸十元，并每月办公费二元，共一百四十四元，由各保平均负担，籍以节省财力而重公允。

丙、附则

本计划呈准后自二十七年七月一日起施行之。

4. 万载县罗城乡公所卅五学年度第一、二学期教育工作报告\计划书(2－4－720. P32－34)

(卅六年三月十三日，乡长　李凤栖)

甲、工作报告

一、设校概况

<table>
<tr><td colspan="3">校名</td><td>第一保国校</td><td>第二保国校</td><td>第四保国校</td><td>第五保国校</td><td>第六保国校</td><td>第八保国校</td><td>第九、十保国校</td><td>第十一保国校</td><td>第十二保国校</td><td>合计</td></tr>
<tr><td colspan="3">地址</td><td>麻田李大祠</td><td>柘桑郭大祠</td><td>城上周大祠</td><td>湖溪李大祠</td><td>中溪范氏家塾</td><td>淳江李大祠</td><td>苏溪美公祠</td><td>黄洲真君祠</td><td>河家洲彭宅</td><td></td></tr>
<tr><td colspan="3">教职员数</td><td>2</td><td>3</td><td>2</td><td>2</td><td>3</td><td>2</td><td>3</td><td>2</td><td>2</td><td>21</td></tr>
<tr><td rowspan="4">班级数</td><td rowspan="2">民教部</td><td>高级</td><td>\</td><td>\</td><td>\</td><td>\</td><td>\</td><td>\</td><td>1</td><td>\</td><td>\</td><td>1</td></tr>
<tr><td>初级</td><td>1</td><td>1</td><td>1</td><td>1</td><td>1</td><td>1</td><td>1</td><td>1</td><td>1</td><td>9</td></tr>
<tr><td rowspan="2">小学部</td><td>高级</td><td></td><td></td><td></td><td></td><td></td><td></td><td>1</td><td></td><td></td><td>1</td></tr>
<tr><td>初级</td><td>1</td><td>2</td><td>2</td><td>1</td><td>2</td><td>2</td><td>2</td><td>1</td><td>1</td><td>14</td></tr>
</table>

续表

学生数	民教部	高级							44			44
		初级	40	41	40	42	45	41	46	40	42	377
	小学部	高级							21			21
		初级	58	54	56	56	54	36	48	35	46	443
学生基金数			\	\	\	\	\	\	\	\	\	\
全年经费数			5.04	7.44	5.04	5.04	7.44	5.04	7.44	5,04	5.04	52.56
备考				分校一校	分校一校		分校一校	分校一校		分校一校	分校一校	

二、推行国教情形

遵照部颁课程标准，转行实施教学，并善诱儿童锻炼身体，增广学识。

三、推行社教情形

转行各校教职员每周分赴村鄰检查环境卫生及代笔等工作。

四、筹集国教基金情形

除第六保原有塾课会田租年收一百余石，第六、九、十保原有公学款产田租年收八十石以上其余各保各筹派卅石尚未收集。

五、筹集教师学谷情形

遵照县府订定《本学年度收支暂行办法》筹集，经各保国教经费保管委员会负责保管，按期发放。

六、各校教育视导情形

本期与承办干事先后分赴各校视导教学二（三）次，遇有欠缺不适宜者督行改善。

乙、工作计划

一、推行国教

务使各校充实教材，实施各项比赛，使学童自动进修。

二、推行社教

转行各校教职员每周做壁报一次，及检查环境卫生、实行宣传等工作。

三、筹集经费：

1. 调查原有神庙会款产，未经公学款产保管会收纳者，充作所在保国教支用。

2. 严饬各保国教经费保管委员会遵照县颁收支暂行办法筹集及实行生产事业稳定基金数额（基金每国校须在卅石）。

四、实施视导

督饬承办干事每月赴各校\保视导二（三）次。

5. 江西省政府关于呈送县立中学校务计划的指令(2-4-322. P299-302)

事由:据呈送县立中学校务计划请核示等情仍应分别改正,再行呈候核备由

江西省政府指令,教字第1759号

万载县县长张芗甫,廿六年三月十五日呈一件:呈送本县县立中学校务计划书,请登核示遵由。

呈件均悉。查所送计划书,尚有应行改正各点,兹特分示如次:

一、甲,立校精神,宜加"养成中国人大团结精神,打破部落思想"。

二、乙、三,1,应改"县立中学经费,由县政府负责保管,统收统支"。

三、乙、四,1,应改"县立中学校长,由县政府遴选合格人员三名,开具履历,呈请省政府圈委"。又2,"县立中学教员,由校长选聘合格人员充任之。"

四、巳、一、1,2,3,4,各田租统归县府署收管,其学费一项并应一律振解。

上指各点,仰即转饬遵照改正,再行呈核!

此令,原件姑存。

中华民国廿六年四月二日

主席熊式辉

教育厅厅长程时煃

附:修正万载县县立初级中学校务计划
(第三次全体筹备委员会通过)

前奉江西省政府《化除万载土客界限办法》,于打破城居,互通婚姻,重修县志外,合办教育,设立县立初级中学,建筑新校舍于县城,此需经费,指定以龙河中学及考棚学宫等原有款产全部租息,暨东洲职校原有基金充用,限二十六年度,两校归并办理,迁入于新校舍实行授课,兹将其实施计划,拟定如左:

甲、立校精神

一、培养生活必须知识

二、养成乡村服务人才

三、准备升学基础学程

四、造就良好公民模楷

五、养成中国人大团结精神,打破部落思想。

乙、筹备开办

一、新校舍建筑费之筹措

1. 订定奖励劝捐办法向各族祠殷户劝募;

2. 呈请省政府拨补建筑费一部。

二、新校舍地点之测刊

1. 廿六年度暂借城内学宫加以修葺，并于左右空旷余基添建教室及其他必须房舍，候另建新校舍完成，改为大成图书馆之用，所有经费提前捐募。

2. 新校舍另择环境优美空旷适中之地，建筑现代化之校舍，应于民国二十九年度完成所需建筑费，依照乙项1、2两款办理。

三、经费之筹拨及保管

1. 县立中学经费由县政府（县财务机关）负责保管，统收统支。

2. 提拨龙河东洲考棚学宫等原有款产彻底清查与整理，由县财务机关统一收付，但仍维持教育款产独立之精神。

3. 编造本校二十六年度收支概算书。

四、罗致师资及招生

1. 县立中学校长由县政府遴选合格人员三名开具履历，呈请省政府圈委。

2. 县立中学教员由校长选聘合格人员充任之。

3. 合并龙河东洲两校原有学生混编班上课。

4. 招收男女新生及插班生。

丙、校舍设备

一、利用圣庙大礼堂，再加修葺，使光线适宜，颜色适当，增进优美环境，以崇观感。

二、利用正殿横屋（现区署办公室）寝室，打通板壁，改建会食堂一所。

三、利用两庑及两旁乐器库，将原开门之一扇板壁推出，与屋树取平，隔作直室各十间，计共廿间，靠墙开窗，改为学生寝室，每间可容十二人。

四、正殿前端横屋，加建楼房一层，设置板梯作为图书馆，两旁隔扇作为职员卧室。

五、利用后殿正厅改为会议厅两旁厢房，略和修葺改为教员寝室，共计六间。

六、利用名宦乡贤两祠改为体育科学两馆。

七、利用昭忠祠（现戒烟所）及其左侧隙地添建平方一幢，与乡贤祠左侧耳门打通前半段旧屋改建厨房，另于空地建筑浴室、游艺室、整容室、校役室、储藏室各一大间。

八、利用明伦堂正厅加以修葺改为女子部卧室。

九、正殿左侧地基建楼房一幢，以砖墙隔扇，可得三丈四尺见方，便作教室用，上下共四大间。

十、明伦堂屋后地基与正殿左侧地基建楼房一幢，除右半边建筑教室四间外，左半边楼下设置男生劳作场，楼上设置女生习艺室。

十一、后殿左前方隙地与后殿左侧寝室墙齐取三丈四尺见方，平方一幢，作为教室一处，连教室右侧衔接西庑隙地接连，建矮平房一幢，为教职员寝室之用。

十二、后殿左后方土地祠旧地将地基提高，建筑教室一幢，前后教室两间。

十三、校舍大门改于正中，对中砌成甬道，两边添建平屋作为传达室警卫室之用。

十四、后殿右后方空广隙地建厕所一幢，另开小门出入。

丁、行政组织

一、设校长一人，综理校务行政一切事宜。

二、校长之下分设教务，训育，事务主任各一人，年级主任三人，女子部指导员一人。

三、设文牍，会计，校医，事务员各一人，书记二人。

四、设左列各种会议及委员会。

1. 校务行政会议。

2. 教务会议。

3. 训育会议。

4. 事务会议。

5. 经费稽核委员会。

6. 训育指导委员会。

戊、班级编制

一、男生部拟办六班。

二、女生部暂办一班。

已、经费预算

子、收入方面

一、以龙河东洲考棚学宫原有教育款产收入全部提拔，由县政府统一收管，其学费一项一律报解（龙河约收田租九百石，东洲约收田租一千九百石，考棚约收田租二百石，学宫约收田租八百石，学费收入约一千八百元，上列各项收入全年可得田租三千八百石，价值约七千六百元，又学费一千八百元）。

二、地方教育附加项下每年拨补二千六百元。

丑、支出方面

一、常年经费支出。

1. 教职员薪俸七千六百元。

2. 设备费二千四百元。

3. 公杂费一千二百元。

二、临时预备费支出年计八百元。

寅、附设机关及场所

一、附设工厂，分印刷化学果食缝纫四部，设于校本部内。

二、附设农场，分园艺农艺畜牧饲鱼四部，设于东外徐家塘。

三、附设林场，分桐林果林风景林木林四部，设于鹅鼻峰山麓。

四、组织供给合作社贩卖书籍文具用品食品等件。

五、设体育场于本校门首乌溪河对岸，东洲荒地另于河上搭筑木桥，以便通行。

六、附设民众夜校，由本校师生轮派教授施行成人职业补习教育。

七、组童子军团以童子军为学生自治之团体，养成其社会及军队各种活动之机能。

卯、其他

一、捐资建筑校舍之捐户设立纪念堂于本校校内，每年举行纪念会一次。

二、捐款一千元以上者免其后裔一人全年学费。

三、学生操行学业体育三种成绩特别优异者得受公费及免费生之待遇。

四、本计划自二十六年起至二十九年适用之。

6. 万载县立第二区中心小学民国二十七年度改进计划书(2-4-1386. P62)

(一)行政

1. 整理卷宗。

2. 审核上年度收付账目。

3. 编制困难问题表。

4. 添置各项表册簿单。

5. 修正各项章则。

(二)班级

1. 本校设一、二年级复式一班,三、四、五上、五下、六各年级设单式一班,每班最低限度四十名,边远人员稠密之地,如陂田、枫林头、杨塘尾须设分班三所,分作四班计,枫林头、杨塘尾各设复式一班,陂田学童较多,设一年级单式一班二、三年级,复式一班,本校除原定六班外,另增办幼稚园一所,以培植幼稚生。全校共需班级十一班,除幼稚园分班经费造具预算呈核外,本校仍须维持六班经费。

2. 设妇女工读班一班,纯由原任教员分担义务职。

3. 设短期班一班,以救济贫苦儿童。

(三)校舍

1. 本校校舍星散,未便管理,精神亦异常散漫,亟图设法集中,以资改进。现决定修整高级部,接连之关帝庙,为本校校址,其修整费已造具预算呈核。

2. 改进厨房厕所以重卫生。

(四)设备

1. 组织本校设计委员会。

2. 添置童子军器械。

3. 低级生课桌太高,不适学生身体,须新添置低年级课桌十张。

4. 添置国难图书挂图及儿童图书。

5. 添置体育器具。

6. 充实运动场设备。

(五)社教

1. 设置抗敌壁报。

2. 组织抗敌巡回宣传队。

3. 组织剧团。

4. 添设民众识字处。

5. 切实家庭联络。

(六)辅导

1. 调查设立保学或代用保学地址及考成各保保学教师。

2. 辅导保联中心及保学行政教导事宜及考查其优劣。

第五编　民国教育机构设置及运行情况

一、关于教育机构设置

1. 万载县政府关于各保国民学校设置的训令(2－4－1037. P2－5)

事由　为确定各保国民学校设置一案令仰遵照办理由

江西省万载县政府训令忠教　　　一一三八七

令　各乡镇长

　　本府督学

查本县各保国民学校设置多未固定,时而设立,时而停闭,影响国教推行尤巨。本府有见及此,已将确定保国民学校设置一案,先后提经本县三十二年度行政会议暨第一届参议会第四次会议决议,各在卷。兹依照原案办法,订定《确定保国民学校设置要点》如次:

(一)本县国民学校之设置,准依照一保一校之规定外,并得参照学龄儿童及失学民众之分布情形为设置标准。其已有国校不得因并保而连带缩减,原地广人稀之区应施行巡回教学。

(二)保国民学校学生不及四十名者,仅设校长兼教员一员。其保地境远阔、儿童众多、一校不敷容纳或不便集中一校者,得酌增校数或分校,分班,由校长、教员分负教学之责,或以校长在校教学,教员则巡回施教。

(三)乡镇中心国民学校所在保,不另设保国民学校。其经费仍应比照保国民学校经费额由乡统筹专作中心国校设备费用。

(四)一保内有二所国校者,其名称以数字区别之,称万载县某某乡(镇)第几保第几国民学校。

(五)保之户口密集或有其他特殊情形者,得联合二保或二保以上设置保国民学校一所,称万载县某某乡(镇)某某保国民学校,但以便于学龄儿童及失学民众求学为限。

(六)保国民学校设置经确定后,不得任意停闭,并应依照左列原则选择校址:

甲、便于多数学龄儿童及失学民众入学地区;

乙、自然环境优美地址燥爽;

丙、余地宽阔便于日后扩展。

(六)校址一经确定后应遵照《江西省各县市乡镇中心学校暨保国民学校设备经费及工料劝募办法》分期建筑校舍。如一时确难建筑者,得利用祠堂、庙宇或私人房屋为校舍,但须尽量加以修理,务合教学设施,并应遵照《国教基金筹采办法》充实国校基金。

（七）确定保国民学校设置事宜。由本府分期分区派员下乡征询当地人士意见，会同乡镇公所实地勘踏列表（表式另定），报府核定。

以上各点，除分令外，合行令仰该乡（镇）切实遵照办理具报，具遵照办理为要。

此令

县长　刘〇〇

2. 第四区第三保联关于设立三十保保立小学之呈文(2-4-939. P47-52)

摘由：为呈报三十保保立小学恳请察核备案并乞分别给委以专责成由

拟办：呈表均悉，准予备案加委，委令随发，仰即转给，只须仍将保学概况表依式填具二份，呈由该管区署核转备查为要。

计发概况表二份　　　三月廿日

中华民国廿五年三月十九日

窃职处案据第三十保保长钱球伟呈称"窃本保所辖之地纵横约十余里，住户虽七百之普，而失学儿童都有八十余名。去岁虽螺塘地方创办私立荣山小学一所，而受其教育者不过该地一部分儿童而已。如南岭下、英伞佈、下坪等处之儿童，近年来均未受其教育，常抱失学之叹。今者各保均皆奉令设立保学，而本保尚付缺如。职有鉴于此，特于本月四日召集甲长及绅董会议，讨论设办保学之进行办法。在讨论中本拟假螺塘阳大祠设保学一所，乃限于地势上之天然界线，情形特殊（如螺塘、岭仔上、山口等处在万岁桥大河山东，南岭下、英伞佈、下坪等处在河以西），故决议设保学于螺塘阳大祠内，设分班于南岭下白马祠庙内，籍免学童过桥渡水之险。其基金议定全年度为一百二十元，照奉颁办法之规定尚不足丙等保学之经费，因聘请之教师俱以事关桑梓，毅然愿为，故不得不稍加变更此项基金，概由辖境内之中元、借字、老中元、土地、大保、承年等神会款产项下除完粮以外，扫数提拨。如其不敷之数，向阳姓祠会及桥会、韩姓丁会提足。同时选职为保学校长，以欧阳杰、谌秉彝为教师，并推阳启妹、阳春妹、阳细苟、阳有兴、张志金、钱志仁、廖年生七人组织保学委员会，内推阳启妹、钱志仁、张志金等为常务委员，推职为主席委员。旋经保学委员会决，于本月十日开学。其一切校具，暂由所有者借用。为此理合将成立保学经过情形，检同保学委员会，呈报立案表及教职员略历表，一并具文呈请钧处察核并请转呈区署核，转县府察核备案，呈乞分别给委以专责成而利教育，实为学便"等情。据此，查核保长所呈各节均系实情，而地势特殊确有分班之必要。据呈前情，除呈报区署核转外，理合具文呈请钧长察核备案，并分别给委以专责成而利教育，实为学便。

谨呈

万载县县长　张

附呈《保学委员会立案呈报事项表》及《教职员履历表》各一份。

第四区第三保联主任　张垂章

中华民国二十五年三月十六日

附：第四区第三十保保立小学呈报开办表（略）

教职员履历表

姓名	钱球伟	欧阳杰	谌秉彝
性别	男	男	男
年龄	二十八	二十四	二十八
籍贯	万载	同	同
经历	曾任私立训蒙小学校校长，龙桥小学校校董现任保联书记兼保长	曾任守望队书记，种痘局种痘员，督办保甲团团员现任教师	曾任区办公处书记，保联主任，现任教师
职务	保长兼校长	教师	教师
备改			

保学委员会立案呈报事项表

名称		第三十保保立小学保学委员会						
目的		为实行三民主义增加儿童智识						
事务所所在地		螺塘里阳大祠、南岭下白马祠庙内						
资产资金或其他收入详细项目		由所辖境内淫祠邪会除完粮以外扫数提拨，如不敷之数向阳姓祠会、韩姓丁会、桥会提足，计全年度经费一百二十元						
委员	姓名	阳启妹	阳春妹	阳细苟	阳有兴	张志金	钱志仁	廖年生
	性别	男	同	同	同	同	同	同
	年龄	四二	六十	四九	三十	五二	四十	六六
	籍贯	万载	同	同	同	同	同	同
	职业	医	农	农	农	农	学	农
	经历	曾充壮丁队排长	曾充甲长	曾充甲长	曾充甲长	曾充保长	曾充代理保长	历办地方公务
	担任职务	常委	委员	委员	委员	委员	委员	委员
	住址	螺塘里	螺塘里	螺塘里	螺塘里	下坪	南岭下	英伞布
备考								

3. 蓝田乡公所关于设立第七保国校分班一所的呈文(2－4－342. P6－7)

事由:为据本乡第七保国校呈请设立分班一所乞核示祇遵由

万载县蓝田乡公所　　　呈文　仞教字第95号

民国三十五年十月卅日

案准

本乡第七保国校校长呈称"窃维教育为立国之本,而教育又以小学尤为国家所重视,盖小学教育为基层教育。务使儿童均能得到求学之机会,则不负国家设学之美意。职校辖地穹远,人烟疏密不一,欲求全保儿童聚于一堂无失学之叹,诚于事实上有所不能。职为儿童学业计,乃会同本保保长、甲长、保民代表及保内绅耆共同讨论,决议假楼陬龙穆公祠设立本保国民分校。该祠为先年起立小学有年,课桌凳椅等具,均属现成,地址适宜,校舍宽宏,学龄儿童定能达到足额之数。当经聘请孙冠英为分校主任教员,该员系万载县立龙河中学旧制毕业,曾经登记合格给发小学教员甲种登记证(此证现存县府教育科),定于八月十六日开学上课。为此理合备文呈请钧长鉴察,并乞转呈县府察核准予备案给委,实为学便!"等由,准此,查所呈各节确系事实,据呈前情,理合备文呈请钧长鉴核,训示饬遵!

谨呈

万载县县长　刘

万载县蓝田乡乡长　龙仞千

4. 蓝田乡乡长关于停办第九保国校的呈文(2－4－342. P4－5)

事由:为据本乡第九保国校因邻校稠密请予核转停办据前情理合转呈鉴核示遵

万载县蓝田乡公所　　　呈文　仞教字第14号

民国三十五年十月二十五日

查接管卷内据本乡第九保保长肖焕楷等呈称"窃本保地属岭东,保辖境内设有中心国校,且于一华之邻近又设有第七、八保国民学校,而保辖境内所有适龄儿童均入中心国校及七、八保国校就学。对于本保毗连邻近于国校之设立,学童素成困难,有名无实,似无办之必要。为此理合报请钧长转呈县府,将本保国校准予停办,实为德便"等情,前来查该保所称各节,均系事实,应予暂时停办。据呈前情,理合备文转呈钧长鉴核示遵!

谨呈

万载县县长　刘

万载县蓝田乡乡长　龙仞千

5. 中正乡第十七保公民关于暂时停办本保国校的呈文(2－4－719. P114－115)

事由:呈为本保国校办理不善复以经济困难拟请予以暂时停办乞鉴核示遵由

万载县中正乡第十七保公民　呈　民国三十五年九月十七日

窃查本保地处西隅,经连年旱灾惨重复,于去年七月间遭敌蹂躏、洗劫殆尽,农村经济极感艰窘,致人民食不果腹、衣不蔽体,苦于保甲一切派抖。如本保国民学校自奉令创办以来,该校基金全由各姓挨户派抖,每年须筹集学谷二十石之多。查该校开办虽有四年之久,迄今成绩毫无。推其原因,皆系该保长马玉麟串同地痞冯廉操纵一切,竟以国校为己办,擅自充任教席,不明教育方针及其责任,又无教学资格,只知一味助恶。保长敲诈民膏,横行无忌。自伊担任教职后,到校求学儿童乃寥寥无几。似此情形,实有违背政府普遍教育本旨。今虽开办,等于虚设,需费颇巨,于事无补。在此艰困时期,负斯无益之教育费用而民众尽敢怒不敢言。若长此以往,诚不知将伊于胡底拟请钧座准予暂时停办,以轻民负,俟地方经济稍裕时,再赓续开办。如认事□□(脱字)要,恳乞另委品学兼优者充任,使求学儿童有所造就,公民等不堪缄默,只得迫切诉请钧长鉴核,并乞俯赐民情,如何之处,谨候示遵!

谨呈

万载县县长　刘

中正乡第十七保公民　杨　雄　林忠南　叶炳南　郭秀全
杨科生　谢应南　陈生林　杨桂生
杨元生　鲍戍生

通讯处:万载县城内三民街永昌祥

事由：呈為本保國學校辦理不善復以經濟困難擬請予以暫時停辦懇乞鑒核示遵由

決定辦法：明日指示 [illegible] 擬辦

查上学期視導意見該只办学数科 [illegible]

萬載縣中正鄉第十七保公民 呈

民國三十五年九月十七日

竊查本保地處西隅繼連年旱災慘重復於去年七月間遭敵蹂躪洗
劫殆盡農村經濟極感艱窘致人民食不果腹衣不蔽體苦于保甲一切派抖
如本保國民學校自奉令創辦以來該校基金全由各姓按戶派抖每年須籌
集學谷二十石之多查該校開辦雖有四年之久迄今成績毫無推其原因實係

年 月 日 收文 字第8214號

該保長馬玉麟串同地痞禍魔操縱一切竟以國校為己辦擅自充任教席
不明教育方針及其責任又無教學資格祇知一味助惡保長敲詐民膏橫行無
忌自伊担任教職後到校求學兒童乃寥寥無幾似此情形實有違背政府
普遍教育本旨今雖開辦等於虛設需費頗鉅於事無補在此縣困時期
負斯無益之教育費用而民衆尽敢怒不敢言若長此以往誠不知將伊
於胡底擬請 鈞座准予暫時停辦以輕民負俟地方經濟稍裕時再賡續
開辦如認事[illegible]要懇乞另委品學兼優者充任俾求學兒童有所造就公民等
不堪緘默祇得迫切訴請
鈞長鑒核並乞俯賜民情如何之處謹候示遵！

謹呈

二、关于教育运行

1.万载县各级小学三十一学年度上学期行事历(2-4-701.P57-59)

万载县各级小学三十一学年度上学期行事历　(教育科制)

周别	训练中心	月别	起讫日期	预定重要事项	说明
准备周		八月	二十七日至三十日	1.八月二十七日学期开始; 2.通告入学及开课日期; 3.调查附近学龄儿童及失学民众; 4.实行征派或招考学生入学; 5.修葺校舍,布置学校环境; 6.购置规定课本、表簿及各种用具; 7.订定课程表及作息时间表; 8.召集校务会议或保学委员会,讨论应办事宜; 9.举行教师节纪念会; 10.举行开学典礼。	依照部颁战时各级学校学年学期之规定,中小学暑假自七月十八日起讫八月二十六日止,八月二十七日上午九时召集所在保地方士绅及民众举行教师纪念会,讲述孔子道行及学说。
第一周	整洁	八月至九月	八月二十一日至九月六日	1.处理学生注册事宜; 2.布置教室并排列学生座位; 3.制订点名册; 4.开始授课; 5.开始整洁周训练; 6.举行整洁比赛; 7.举行国民月会; 8.举行第一次全校大扫除。	排学生座位时,要将近视眼及身体矮小之学生排在前面,高者排在后面; 点名簿名字之上面要编明号数,依照桌上号数顺序; 学校附近环境亦须打扫清洁。
第二周	礼节	九月	七日至十三日	1.开始礼节周训练; 2.举行礼节练习比赛; 3.组织儿童自治会; 4.健身操及课外活动开始; 5.纪念周大道会开始; 6.订定师生公约; 7.九月七日举行辛丑条约国耻纪念会; 8.纪念体育节; 9.举行教师运动大会; 10.组织所在地少年开始少年团训练。	1.九月九日为体育节……(编者按:前有脱字)节举行各种竞赛及成绩展览会; 2.又利用纪念周讲述辛丑国耻事实,……(编者按:前有辨不出的字)附近民众一律参加。

续表

周别	训练中心	月别	起讫日期	预定重要事项	说明
第三周	知耻	九月	十四日至二十日	1. 开始知耻周训练； 2. 举行九一八纪念会； 3. 绘制各种统计图表； 4. 举行演说比赛； 5. 民教部学生开始上课。	召集学生及附近民众开会，讲述九一八历史。
第四周	敏捷	九月	二十一日至二十七日	1. 开始敏捷周训练； 2. 组织经费稽核委员会； 3. 组织校舍建筑委员会； 4. 儿童自治会开始社会活动； 5. 填报学校概况报告表及附表（一）（二）（三（四））。	上项表须由中心学校校长会同文化股主任妥为填报，不得逾期。
第五周	勤俭	九月至十月	九月二十八日至十月四日	1. 开始勤俭周训练； 2. 举行第一次月考； 3. 统计出缺席公布周知； 4. 奖励未请假缺席学生； 5. 举行团员月会； 6. 组织储蓄会； 7. 举行全县运动大会。	
第六周	爱国	十月	五日之十一日	1. 开始爱国周训练； 2. 公布第一次月考成绩； 3. 举行国庆纪念大会； 4. 召集第二次校务会议； 5. 举行总理伦敦蒙难纪念大会； 6. 举行第一次少年团队检阅。	1. 讲述双十节始末； 2. 各科月考成绩分班公布并绘制统计图表于各教室； 3. 讲述总理伦敦蒙难经过。
第七周	生产	十月	十二日至十八日	1. 开始生产周训练； 2. 举行生产活动比赛； 3. 总务主任拟定生产教育办法； 4. 儿童自治团体举行生产活动； 5. 民教部学生开始生产教育； 6. 利用废物制造校具教具； 7. 召开第一次经济稽核委员会。	生产教育苦多，如养鸡、养鱼、种菜、植树、养鹅、纺织等，可视各生心性所近、兴趣所向，分别规定，无论长少，参加一种。

续表

周别	训练中心	月别	起讫日期	预定重要事项	说明
第九周	拥护领袖	十月之十一月	十月二十六日至十一月一日	1. 开始拥护领袖周训练； 2. 庆祝太阳节(总统寿辰)； 3. 举行——(编者按:前有辨不清的字)比赛； 4. 举行作文比赛。	十月三十一日为总裁寿辰纪念日,是日上午九时集合纪念,讲述总裁精神人格道德事业之伟大及对中国之贡献,并庆祝一天。
第十周	仁爱		二日至八日	1. 举行仁爱周训练； 2. 举行第二次月考； 3. 举行十一月份国民月会； 4. 慰劳出征军人家属； 5. 调查贫苦民众； 6. 慰劳负伤官兵； 7. 代出征军人家属写信； 8. ？济义童与难民； 9. 组织敬老会及慈幼会。	
第十一周	和平	十一月	九日之十五日	1. 开始和平周训练； 2. 公布第二次月考成绩并分别绘制统计图表于各教室； 3. 举行总理诞辰纪念； 4. 举行第二次少年团大检阅。	十一月十二日总理诞辰纪念日,举行纪念会,讲述总理革命事迹及三民主义,并放假一天。
第十二周	助人	十一月	十六日至二十二日	1. 开始助人周训练； 2. 公布第二次月考成绩并分别绘制统计图表于各教室； 3. 举行教育研究会； 4. 举行演示教学； 5. 召开家长座谈会； 6. 协助保民成立合作社； 7. 召开第二次经济稽核委员会。	二十一日为防空节,举行放空毒演练。
第十三周	信义	十一月	二十三日至二十九日	1. 开始信义周训练； 2. 举行家长访问； 3. 举行全校第三次大扫除。	

续表

周别	训练中心	月别	起讫日期	预定重要事项	说明
第十四周	忠勇	十一月至十二月	十一月三十日至十二月六日	1. 开始忠勇周训练； 2. 举行肇和兵舰纪念； 3. 举行十二月份国民月会； 4. 举行童子军大会操及野外露营； 5. 举行兵役宣传。	十二月五日为肇和兵舰纪念日，举行纪念会，讲述肇和舰役意义与经过。
第十五周	公益	十二月	七日至十三日	1. 开始公益周训练； 2. 举行第三次月考； 3. 举行第三次校务会议； 4. 举行庆祝修桥铺路节纪念会。	十二月十二日为修桥铺路节。
第十六周	学问	十二月	十四日至二十日	1. 开始学问周训练； 2. 公布第三次月考成绩； 3. 举行智力测验； 4. 举行读书比赛。	
第十七周	服从	十二月	二十一日至二十七日	1. 开始服务周训练； 2. 举行习字比赛； 3. 举行肃静比赛； 4. 召集第三次经济稽核委员会。	二十五日为民族复兴节，亦云南起义纪念日。
第十八周	快乐	十二月至一月	十二月二十八日至一月三日	1. 开始快乐周训练； 2. 召开民国成立纪念； 3. 举行同乐会； 4. 举行成绩展览会； 5. 举行成人班结业典礼； 6. 举行恳亲会。	一月一日为中华民国成立纪念日，悬旗志庆集会庆祝，讲辛亥革命及民国成立过往。
第十九周	孝顺	一月	四日至十一日	1. 开始孝顺周训练； 2. 举行一月份国民月会； 3. 讲述各科大意指导施习办法； 4. 核算各生平日成绩。	

续表

周别	训练中心	月别	起讫日期	预定重要事项	说明
第八周	强健	十月	十九日至二十五日	1. 开始强健周训练； 2. 举行体格检查； 3. 举行远足活动； 4. 举行运动会； 5. 检阅少年团； 6. 举行第二次全校清洁大扫除。	
第二十周	有恒	一月	十二日至十八日	1. 举行学期考试； 2. 公布学期考试成绩； 3. 编制寒假学生作业问题分发学生自习。	帮示及通知。
第二十一周	结束	一月	十九日至二十六日	1. 二十六日举行寒假休业式(二月一日寒假开始迨十日止)； 2. 检查校具； 3. 统计收支概况； 4. 召开结束会议； 5. 召开第四次经济稽核委员会。	

2. 万载县高城乡第三保国民学校三十三年度第二学期开学报告表(2－4－946. P24)

万载县高城乡第三保国民学校三十三年度第二学期开学报告表

<table>
<tr><td colspan="2">校址</td><td colspan="5">竹渡闻大祠</td><td colspan="2">学校所在保</td><td colspan="5">第三保</td></tr>
<tr><td colspan="2">校长</td><td>姓名</td><td colspan="4">闻雄飞</td><td colspan="2">到职日期</td><td colspan="5">二月十八日</td></tr>
<tr><td colspan="2">教员</td><td>姓名</td><td colspan="4">闻长泽</td><td colspan="2">到职日期</td><td colspan="5">二月二十三日</td></tr>
<tr><td colspan="2"></td><td></td><td colspan="4"></td><td colspan="2"></td><td colspan="5"></td></tr>
<tr><td colspan="3">全年经费</td><td colspan="8">由公给</td><td colspan="3"></td></tr>
<tr><td colspan="2">办理班数</td><td>高级班</td><td>混合一班</td><td>初级班</td><td>中低级各一班</td><td>短小班</td><td>无</td><td>成人班</td><td>一班</td><td colspan="2">妇女班</td><td>现无</td><td>合计四班</td></tr>
<tr><td rowspan="16">学生数</td><td colspan="6">儿童数</td><td colspan="2">短小班</td><td>成人班</td><td colspan="2">妇女班</td><td colspan="2">人数总计</td></tr>
<tr><td colspan="2">年级</td><td>学期</td><td>男</td><td>女</td><td>合计</td><td>男</td><td>女</td><td></td><td colspan="2"></td><td>男</td><td>女</td></tr>
<tr><td colspan="2" rowspan="2">一年级</td><td>一学期</td><td>2</td><td>4</td><td>6</td><td rowspan="14">无</td><td rowspan="14">无</td><td rowspan="14">二十二人</td><td colspan="2" rowspan="14">现无</td><td rowspan="14">八十一人</td><td rowspan="14">十四人</td></tr>
<tr><td>二学期</td><td>11</td><td>1</td><td>12</td></tr>
<tr><td colspan="2" rowspan="2">二年级</td><td>一学期</td><td>4</td><td>3</td><td>7</td></tr>
<tr><td>二学期</td><td>5</td><td>1</td><td>6</td></tr>
<tr><td colspan="2" rowspan="2">三年级</td><td>一学期</td><td>5</td><td></td><td>5</td></tr>
<tr><td>二学期</td><td>4</td><td></td><td>4</td></tr>
<tr><td colspan="2" rowspan="2">四年级</td><td>一学期</td><td>9</td><td>2</td><td>11</td></tr>
<tr><td>二学期</td><td>6</td><td></td><td>6</td></tr>
<tr><td colspan="2" rowspan="2">五年级</td><td>一学期</td><td>9</td><td>1</td><td>10</td></tr>
<tr><td>二学期</td><td>6</td><td>2</td><td>8</td></tr>
<tr><td colspan="2" rowspan="2">六年级</td><td>一学期</td><td></td><td></td><td></td></tr>
<tr><td>二学期</td><td></td><td></td><td></td></tr>
<tr><td colspan="2" rowspan="2">合计</td><td>一学期</td><td>24</td><td>10</td><td>34</td></tr>
<tr><td>二学期</td><td>32</td><td>4</td><td>36</td></tr>
<tr><td colspan="4">本学区失学成人数</td><td colspan="10">三百三十余人</td></tr>
<tr><td colspan="4">本学区学龄儿童数</td><td colspan="10">二百六十人</td></tr>
<tr><td colspan="14">中华民国三十四年三月初一日</td></tr>
<tr><td colspan="14">校长　闻雄飞　填报</td></tr>
</table>

3. 万载县第三区获富乡各保保立小学开学上课日期呈报表(2－4－1016. P1－2)

万载县第三区获富乡各保保立小学开学上课日期呈报表

校名	校长姓名	开学日期	上课日期	学生数	实到学生数	备注
第二保立小学	陈天起	二月二十八日	三月二日	三十四人	三十四人	
第三保立小学	韩价卿	二月廿四日	二月二十八日	三十人	三十人	
第四保国民学校	龙协南	二月二十四日	二月二十七日	七十八人	七十八人	
第五保立小学	黄之翰	二月二十八日	三月二日	三十人	三十人	
第六保立小学	周焕彩	二月廿八日	三月二日	卅五人	卅五人	
第六保立小学分校	李维华	二月二十七日	二月二十八日	三十五人	三十五人	
第七保立小学	叶鸿钧	二月二十七日	三月二日	三十二人	三十二人	
第七保立小学分校	张致明	二月二十七日	三月二日	三十五人	三十五人	
第八保国民学校	龙稷臣	三月七日	三月十日	六十人	六十人	
第九保立小学	鲍咏颜	二月二十四日	二月二十六日	四十三人	四十三人	
第九保立小学分校	邓竟成	二月二十四日	二月二十六日	二十六人	二十六人	

谨呈

万载县县长谭

第三区获富乡乡长刘汉杰

中华民国三十年四月二日

4. 万载县政府关于调查各学校概况不分公私立小学的训令(2－4－1036. P6)

事由:令饬调查各学校概况不分公私立小学由

万载县政府训令　　　咏教一字第12450号

三十一年六月十一日

令罗城乡公所

兹查本县各区署各乡镇公所对于调查各级小学一切概况,仅见保学,而行于县立中心小学、乡镇中心小学、中山学校、私立小学,互不发生关系,以致各项表报不全,无从统计。嗣后各该区署及乡镇公所对于调查各校状况,有属于统计性质者,应就所有境内公私立小学一律查报,毋得遗漏。而各该学校填造各项统计表册,亦须分送所在地区署及乡镇公所汇报。关于区署及乡镇公所对于境内县立小学及乡镇中心学校行文,应依照规定,互用公函通报。对于私立小学、保学,则以令行至。各项表册凡有时间性者,务宜遵限造报,不得延忽,致误事功。除分令外,合行令仰遵照为要!

此令。

县长　谭咏秋

5. 万载县政府关于填报各级学校三十年度上学期及下学期概况一览表之训令(2－4－1036. P4)

事由:令经查填各级学校三十年度上学期及下学期概况一览表不得再延由

万载县政府训令　　咏教一字第12347号

三十一年六月八日

令罗城乡

查各区署各乡镇公所应造辖境内三十年度上学期及下学期各级学校概况一览表,多数未覆呈报,以致无法汇办。各该区乡镇长及承办教育行政人员均未尽到职责,殊属非是。除分令外,合行令仰该乡长遵循,分列学期,详实查填,限文到三日内呈府核转,悬案以待,毋再玩延干咎!

此令。

县长　谭咏秋　公出

秘书　李秉刚　代行

6. 万载县株潭镇第十保国民学校十一月份校务报告表(2－4－945. P6)

万载县株潭镇第十保国民学校十一月份校务报告表

部别	级别	学生数	请假人数	本月份出席人数百分比	职别	姓名	病假日数	请假日数	其他
小学部	一年级	37名	7		校长	李学钧			
	二年级	15名	5		教员	欧阳映			
	三年级	18名	6						
	四年级	12名	3						
民教部	妇女班								
	成人班								

续表

部别	级别	学生数	请假人数	本月份出席人数百分比	职别	姓名	病假日数	请假日数	其他
合计		82 名	21	0.82%					
一般性校务实施事项	教务方面	1.实施党化教育,了解从来道德;2.节录各种杂志报章指导儿童阅读;3.举行第三次月考。							
	训导方面	1.实施忠勇训导,了解青年守则;2.举行讲演比赛;3.德育举行服务活动。							
	社教方面	1.举行抗敌建国宣传;2.整洁风纪事宜。							
	事务及任务方面	举行公共个人清洁检查,并定期举行卫生比赛。							
	各种会议	举行第三次校务谈话会议。							
工作之困难及成败									
建议事项		研究本地风土及物产,以便扩充生产事业。							
乡镇公所考语									
备考									
中华民国		三十三年十二月六日,校长李学钧填报							
说明		1.本表各栏均应按实呈报上月份校务。月报须于下月份五日前填就,呈送县府备核;2.本表务须按月呈送,否则不予核发该月份公粮;3.本表为各校工作考成之一。							

7.万载县私立龙仁山小学一月份校务报告表(2-4-945.P8)

万载县私立龙仁山小学即株潭镇

第十一二三保联立国民学校一月份校务报告表

部别	级别	学生数	请假人数	本月份出席人数百分比	职别	姓名	病假日数	请假日数	其他
小学部	一年级	56 名	10	82%	校长	龙华民		二天	
	二年级	39 名	3	93%	教员	龙瞻英		三天	
	三年级	15 名	4	91%	教员	龙沐瀛		二天	
	四年级	11 名	2	81.8%	教员	龙实	一天	一天	
民教部	妇女班	29	4	86%					
	成人班	34	11	69%					

续表

<table>
<tr><td>部别</td><td>级别</td><td>学生数</td><td>请假人数</td><td>本月份出席人数百分比</td><td>职别</td><td>姓名</td><td>病假日数</td><td>请假日数</td><td>其他</td></tr>
<tr><td colspan="2">合计</td><td>184 名</td><td>34</td><td>81%</td><td></td><td></td><td></td><td></td><td></td></tr>
<tr><td rowspan="5">一般性校务实施事项</td><td>教务方面</td><td colspan="8">检查学生各科练习，编订学生寒假作业，中旬举行学期考试公布考试，成绩并奖励优良学生。</td></tr>
<tr><td>训导方面</td><td colspan="8">元旦举行庆祝大会，初旬指导学生生活检讨，训导处并召开操行座谈会。</td></tr>
<tr><td>社教方面</td><td colspan="8">发给成人班妇女班休业证件。</td></tr>
<tr><td>事务及任务方面</td><td colspan="8">统计本学期收支概况，指导学生寒假作业，检查并收拾校具于此寒假寒开。</td></tr>
<tr><td>各种会议</td><td colspan="8"></td></tr>
<tr><td colspan="2">工作之困难及成败</td><td colspan="8"></td></tr>
<tr><td colspan="2">建议事项</td><td colspan="8"></td></tr>
<tr><td colspan="2">乡镇公所考语</td><td colspan="8"></td></tr>
<tr><td colspan="2">备考</td><td colspan="8"></td></tr>
</table>

中华民国三十四年元月二十日校长　龙华民　填报

8. 万载县政府关于三十二年春季小学毕业班会考办法之训令(2－4－701. P10)

事由：印发本县小学三十二年春季毕业班会考办法令仰遵照由

万载县政府训令　　　心教字第 3166 号

中华民国三十一年十二月十四日

令仙源乡中心学校

查本学期瞬将结束，各小学肄业期满之学生自应举行毕业会考，以资甄别而利教学效用兹经本府订定《万载县小学三十二年春季毕业班会考办法》，除分令印发外，合行检发办法一份，令仰该校长遵照！

此令。

附发本县小学三十二年春季毕业班会考办法一份。

县长　何心毅

附：万载县小学三十二年春季班毕业会考办法

一、本届小学毕业会考，以分区举行为原则，如某区参加人数过少时，得由县政府临时指定并入邻近区份考试。

二、各会考区主试及监试委员，由县政府分别聘请或指派之。

三、请考毕业各小学，除应遵照规定造具请考毕业学生履历成绩及课程表二份呈送县政府存转外，并应另造参加毕业考试学生名册三份（表式附后）连同请考毕业学生最近二寸半身相片两张（相片底层由各校填写姓名并加盖校长私章），于三十一年十二月底以前呈送县政府，以便编列试场座号。

四、各校转学学生，须将转学证明书，呈缴县政府查核。

五、考试科目如下：1. 国语；2. 算术；3. 常识（包括社会自然）。

六、考试日期定为三十二年一月十五日，各试区同时举行，其时间分配如下：

1. 上午八时至九时五十分：国语；2. 上午十时至十二时：算术。

3. 下午二时至四时：常识。

七、考试试场，假设各县立中心小学并由该校事先布置妥当。

八、各科试题试卷，由县政府制定密封，发交主试委员携赴各区当场开拆，于考试完毕二日内，汇将试卷呈由县政府评定成绩分别公布，并核发毕业证书。

九、参加考试学生膳宿，由各校自行负责。

十、试场秩序，应遵照县政府二十九年一月九日教字第一四九号训令规定切实执行。

万载县　小学三十二年春季班请考毕业学生名册

姓名	年龄	籍贯	备　考
合计			

9. 万载县政府关于小学毕业会考的训令(2－4－330. P56－59)

事由:令发小学毕业会考办法仰遵照由

万载县政府训令　　　心教字第2270号

中华民国三十四年七月六日

令龙元辅

查三十三学年度第二学期各学校应届毕业学生,业经本府分别核定,兹拟定考试办法暨考试日期及监试委员姓名一览表各一份,除分令外,合行令仰该员遵照前往监试,并将监试情形具报为要!

此令。

附发考试办法暨考试日期及监试委员姓名表各一份。

县长　何心毅

附:万载县卅三学年度第二学期小学毕业考试办法

一、本届小学毕业考试以分校举行为原则,参加人数过少学校由县政府指定并入邻近学校考试。

二、各校监试人员由县政府派定之。

三、考试科目如左:1. 国语;2. 算术;3. 常识(包括社会自然等科)。

四、考试时间定为七月十二日上午七时卅分至九时卅分国语;十时至十二时算术;下午二时至四时常识。

五、各校考试学生应于考试前一日到达指定地点(考试地点另定从缓)参加考试。

六、各校毕业学生试卷一律由各校自行购置,十行纸订成试卷分发学生。

七、各科试题由县政府制定密封,发交监试人员携赴各校当场开拆。如考试完毕后,汇将试卷呈由县政府许定成绩分别公布。

八、各校试场秩序务宜严肃。如违反规则得由监试委员令其停止考试或签报县政府核办。

万载县三十三学年度第二学期小学毕业考试日期及监试委员姓名表

校　别	参加考试人数	考试地点	考试日期	监试人姓名	备注
康乐镇中心国校	二十八名	本校	七月十二日	钟瑞坎郭宗沂	
私立平阳小学校	四名	世兴小学	同上	邹良才	
世兴小学校	八名	本校	同上	同上	
私立龙山小学校	十六名	本校	同上	王树楷	

续表

校　别	参加考试人数	考试地点	考试日期	监试人姓名	备注
俊逸小学校	六名	龙山小学	同上	同上	
□□乡中心国校	六名	本校	同上	刘道文	（编者按：前学校名称的字迹磨灭不清）
涂泉乡中心国校	十一名	本校	同上	龙惠民	
私立开宣小学	六名	本校	同上	袁友梅	
私立鹅峰小学	五名	本校	同上	李茂正	
城南乡中心国校	六名	本校	同上	宋思德	
茭湖乡中心国校	十八名	本校	同上	范东霖	李绍明应补证并函行核准参加考试
获富乡中心国校	十九名	本校	同上	李水绪 邓赓尧	
白良乡中心国校	八名	本校	同上	龙鸿业 袁松泉	
私立贻哲小学	三名	白良中心国校	同上	同上	
私立文联小学	五名	同上	同上	同上	
中正乡中心国校	二十一名	本校	同上	龙文辅 王禹宗	彭文赞、彭久生、彭予长应保呈复再行核定
乐育成德小学	八名	中正乡中心国校	同上	同上	彭体荣壹名无学籍，应候呈复再行核定
蓝田乡中心国校	壹名	同上	同上	同上	
柏树乡中心国校	四名	同上	同上	同上	

续表

校 别	参加考试人数	考试地点	考试日期	监试人姓名	备注
株潭镇中心国校	十五名	本校	同上	龙沐馨 辛迪先	
私立龙冈小学	二十一名	本校	同上	龙震东	
高村乡中心国校	二十三名	本校	同上	郭德忠 杨敬周	
白杨乡第六国校	十九名	本校	同上	张荣杰	
卢洲乡中心国校	十六名	本校	同上	卢战	卢□□无学籍；卢绍曾以前在何校肄业，应补呈核夺（编者按：前名字看不清）
罗城乡中心国校	十三名	本校	同上	李凰棲	
白杨乡中心国校	十名	本校	同上	张耀南	
大桥乡中心国校	十一名	本校	同上	龙徽谋 喻嘉修	
私立全五小学	六名	大桥中心国校	同上	同上	
私立体仁小学	四名	同上	同上	同上	
仙源乡中心国校	壹名	同上	同上	同上	
槽头乡中心国校	九名	本校	同上	李德训	
黄茅乡中心国校	十七名	本校	同上	罗俊杰 辛文谨	
私立康乐小学	二十名	本校	同上	王勤勉 王其昌	

10. 万载县政府关于二十九年度小学春季班毕业考试的训令(2-4-368. P1-6)

事由:令检《二十九年度小学春季班毕业考试办法》仰遵照由

万载县政府训令　　　　教一字第一〇三八五号

民国廿九年十二月廿一日

令第一、二、四、五区中心小学,第一区丁田、民权、城南乡中心小学,

第二区白水乡中心小学,第四区白良、仙源、茭湖乡中心小学,

私立平阳、作新、蕃衍、龙冈、文联、贻哲、龙桥小学,

第二、三、四、五区署,第一区城厢二镇中心小学:

查二十九学年度小学春季班毕业学生肄业即将期满,自应举行考试,以资甄别。兹经订定考试办法,除分令外,合行印发该项办法一份令仰遵照办理毋延为要!

此令。

附发《二十九年度小学春季班毕业考试办法》一份。

县长　姜××

附:万载县二十九年度小学春季班毕业考试办法

一、本届小学毕业考试,以分区举行为原则,如一区参加会考人数过少时,由县府临时指定并入邻近区份考试。

二、各校请考毕业各小学除应遵照规定造具请考毕业学生履历成绩及课程表一份呈送县府存转外,并应另造参加毕业会考学生名册三份(名册式样附发)连同请考毕业学生最近二寸脱帽半身相片两张(相片底面由各校填写姓名,并加盖校长私章),于三十年一月一日以前呈送县府,以便编列试场座号。其转学学生并应将转学证件呈缴查核。

三、考试科目如下:

1. 国语;2. 常识(包括社会自然);3. 算术。

四、考试日期定于三十年一月十日,时间分配如下:

1. 上午八时至十时:国语;2. 上午十时半之十二时半:算术;3. 下午二时至四时:常识。

五、考试试场:假各区中心小学。

六、各区考试试场及试场布置:除第一区由县府教育科主持外,其余各区由各区区长、民教区员、教育委员会负责办理,主试委员及监试委员由县府临时分别聘请或指派之。

七、考试学生,应由各校自行照料,并预备膳宿。

八、各科试题试卷,由县政府制定密封,交主持委员携赴各区当场开拆。于考试完毕后即将试卷汇呈县府评定成绩,分别公布,并填发毕业证书。

九、试场秩序,应遵照县府二十九年一月九日教字第一四七号训令颁发规定切实执行。

万载县　小学二十九年度春季班请考毕业学生名册

姓名	年龄	籍贯	备考
合计	名		

11. 万载县政府关于二十三年春季小学毕业考试分区的训令(2－4－701. P2－3)

事由:令发分区一览表令仰遵照由

万载县政府训令　　　心教字第3564号

民国三十二年元月七日发

令仙源乡中心学校

查三十二年春季小学生毕业考试,经决定于一月十五日分区举行。兹订定分区一览表,仰即遵照并饬参加考试学生,如期到达考试地点为要!

此令。

附发分区一览表一份。

县长　何心毅

江西省万载县三十二年春季小学毕业考试分区一览表

区别	试场	参加学校	请考人数	座号	主试委员	监试员	备考
第一试区	县立第一中心小学	县立第一中心小学	33	1	辛科长	汪丙炎	合计一三一人
		私立龙桥小学	24				
		高城中心学校	2				
		私立作新小学	6				
		丁田乡中心学校	15				
		私立平阳小学	4				
		私立正心小学	20				
		城南乡中心学校	16				
		涂泉乡中心学校	11	130			
第二试区	县立二中小	县立第二中心小学	18	131	李士雄	龙振华	合计四九人
		蓝田乡中心学校	17				
		私立乐育小学	14	180			

续表

区别	试场	参加学校	请考人数	座号	主试委员	监试员	备考
第三试区	私立龙冈小学	私立龙冈小学	33	181	郑泉赓	龙元辅	合计五二人
		泉水乡中心学校	8				
		获富乡中心学校	11	232			
第四试区	县立第四中心小学	县立第四中心	4	233	李汤铭	刘庸常	合计一〇五人
		茭湖乡中心学校	10				
		三兴乡中心学校	12				
		私立贻哲小学	9				
		仙源乡中心学校	11				
		私立全五小学	4				
		白良乡中心学校	26				
		私立文联小学	12				
		私立明体小学	14	337			
第五试区	县立五中小	县立第五中心小学	18	338	宋思德	巢思澄	合计人
		罗城乡中心学校	12				
		卢洲乡第九与十保国民学校					

12. 万载县政府关于转发省政府教育厅关于《战时各级学校学年学期假期及利用服务进修暂行办法》的训令(2－4－1036. P11－13)

事由:奉令抄同战时各级学校学年学期假期及利用服务进修暂行办法一份饬令遵照实施由

万载县政府训令　　咏教一字12651号

三十一年六月廿六日

令罗城乡公所

案奉江西省政府教字第〇五五二一号训令开:教育厅案呈以奉教育部三十一年四月十一日高字第六三六二〇号训令开:查自抗战以来,各级学校间有因迁校或其他种种关系,未能依照规定时间始业及授业,不仅影响学生功课与程度,且不适应战时环境。值此抗战时期,人力物力固应竭力节省,时间节约尤属必要。自二次世界大战发生以来,各国为增加生产及工作效率,对于节约时间均甚注意。学校缩短学年与假期,均已次第实行。我国抗战与建国齐头并进,更应厉行节约,同争最后胜利。各级学校对于学生学业更宜加紧训练,以应战时生活。本部有鉴于此,特将各级学校假期酌予缩短,假期应如何利用亦分别加以规定,俾各级学校课程在时间上易于分配。六部份分战区学生假期中不能离校,应督促并指导其作,以纠正其已往散漫之积习,养成其努力迈进之精神。休候期间,得以利用,优良学风,得以树立。兹特制定《战时各级学校学年学期假期及利用假期服务进修暂行办法》公布施行。又本部前于三十年六月二日公布之《修正学校学年学期及休假日期规利程》在战时应暂行适用。除分令外,合行检发该项办法令仰知照,并转饬所属一体遵照。等因。附发《战时各级学校学年学期假期及利用假期服务进修暂行办法》一份。奉此,拟请令饬各级学校一体遵照实施等情。应准照办,除分令外,合行抄发原办法,令仰该县切实遵照办理为要。等因。附发《战时各级学校学年学期假期及利用服务进修暂行办法》一份。奉此,自应切实遵办。除分令外,合行抄发原附件,令仰该即便转饬各保国民学校保立小学、私立小学一体遵照实施为要!

此令

附抄发《战时各级学校学年学期假期及利用服务进修暂行办法》一份。

县长　谭咏秋

附:战时各级学校学年学期假期及利用假期服务进修暂行办法

第一条　教育部为使各级学校教育适应战时环境、并使学生利用假期服务进修起见,特订定本办法。

第二条　各级学校以每年八月一日为学年之始,翌年七月三十一日止为学年之终。

第三条　一学年分为二学期,以八月一日至翌年一月三十一日为第一学期,以二月一日至七月三十一日为第二学期。

第四条　各级学校除去暑假、年假、寒假、春假日数,每学期到学期内之日数依左列之规定:

(一)专科以上学校第一学期一百五十六日,第二学期一百四十八日(闰年一百四十九日);

(二)中等学校第一学期一百六十日,第二学期一百五十八日(闰年一百五十九日);

(三)小学第一学期一百五十六日,第二学期一百五十五日(闰年一百五十六日)。

第五条　各级学校暑假、年假、寒假、春假、日数及起讫日期依左列之规定:

(一)暑假专科以上学校以五十日为限(起七月八日讫八月二十六日),中等学校及小学校以四十日为限(起七月十八日讫八月二十六日);

(二)年假各级学校一律定为二日(起一月一日讫一月二日);

(三)寒假专科以上学校及中等学校以九日为限(起二月一日讫二月七日),小学以十日为限(起二月一日讫二月十日);

(四)春假各级学校一律定为二日(起四月四日讫四月五日)。

第六条　各级学校关于国定纪念日之放假及举行纪念办法,另发中央之规定办理。

第七条　各级学校本校纪念日休假每年不得过一日。

第八条　各级学校于规定寒暑假期满之次日应一律开学办理注册等手续，专科以上学校不得逾七日，中等学校及小学不得逾三日，但新生得予延长。

第九条　各级学校假期起讫日期不得任意变更，但因各地气候及特殊情形者，得经呈准后酌量移动之。

第十条　各级学校应尽量利用假期实施劳动服务及实习作业等其项目如次：

（一）专科以上学校学生以实习、作业、社会服务、社会调查及阅读指定书籍为主，贷金生应参加劳动服务工作。

（二）高中学生应指定阅读有关我国固有学术文化及道德之书籍（经史子集），并参加地方社会活动。

初中学生应参加当地社会童子军服务与训练。

职业学校学生应作事谷秧作业实习。

师范学校应指定阅读先儒教学语录及历朝学案，并参加当地小学教员假期训练班研习。

（三）小学生应注意课业进修（特别注意练习书数），参加旅行参观；高年级学生并得自由参加暑期社会、童子军训练与服务。

假期实习劳作、服务作业等工作，均作为学期成绩之一。

前项详细实施办法另订之。

第十一条　本办法自公布之日施行。

13. 万载县三十六年度小学教员暑期训练班实施办法（2－4－341. P6－10）

壹　总则

一、本办法依照《江西省三十年度各县办理小学教员暑期训练实施办法》及《江西省三十一年度分区分期小学教员假期计划》，并参酌本县实际情形订定之。

二、本界举办小学教员暑期训练，尽先调训国民学校及保立小学校长、教员。其应调教师由县府另令指定。

贰　训练目的

三、训练小学校长教员，使其能恪遵总理遗教，服从总裁领导，成为实施三民主义之信徒与澈底遵行命令之基本干部，

四、训练小学校长教员，使对于国民教育有深切之认识与必要之知能，而成为健全国民教育之师资。

五、训练小学校长教员，使其有革命精神与统一意志及正确之人生观，以为地方自治之主干人员。

叁　训练要旨

六、养成小学校长教员有自动自觉、笃实负责、团结努力、积极奋斗之精神。

七、使小学校长教员切实明瞭三民主义教育之原理与方法。

八、使小学校长教员确切明瞭推行国民教育之步骤与方法及地方自治联系之重要。

九、使小学校长教员获得新教育之理论与方法及地方基层政治建设必要之知识技能。

肆　训练内容

十、小学教师暑期训练内容分精神、生活、智能、体育四部分。

甲、精神训练

1. 讲述国父遗教；2. 讲述总裁言行；3. 讲述中国国民党政纲与政策；4. 讲述中国国民党组织与党员须知；5. 精神讲话。

乙、生活训练

1. 新生活规律之实践；2. 集体生活习惯之训练；3. 刻苦耐劳操作之训练；4. 行动敏捷确实之训练。

丙、智能训练

1. 讲述战时政治建设与经济建设；2. 讲述县各级组织纲要与地方自治问题；3. 讲述国民教育之理论与实施；4. 讲述各科教材与教学法；5. 国民教育实际问题之讨论；6. 专题讲座。

丁、体格训练

1. 各项基本运动之练习；2. 军事常识与基本动作之演习；3. 卫生常识之讲述与实习。

伍　调训对象与人数

十一、本届调训国民学校及保立小学校长教员全县八十名，一区及二、三区四十名，一区及四、五区四十名。

陆　训练期间与课程

十二、本届暑期训练期间定为两星期，自八月十一日起至八月二十四日止。

十三、暑期训练各科课程（遵照奉颁规定）。

柒　实施办法及调集人员

十四、本届小学教师暑期训练，应组织全县小学教员暑期训练委员会，以县长为主任委员，选聘县训所教育长、县教育科长、县督学、县立中学校长、县立民教馆馆长为委员。

十五、本届暑期训练定名为江西省万载县小学教员暑期训练班（以下简称训练班），以县长为主任委员，县训所教育长、县教育科长为副主任，下分总务、教务、管理三组，每组设组长一人，组员若干人，视人数之多寡得斟酌需要，由主任指派现任公务员或学校教职员兼任，管理组组长由县训所军训队长担任。

十六、各组职掌如下：

1. 总务组：掌理文化纪录缮写庶务会计等事项。

2. 教务组：印发讲义、编排课程、支配时间、考核成绩、小组讨论、统计数字、汇编各项报告表等事项。

3. 管理组：掌管训育、检查内务以及日常生活等事项。

十七、训练班各科讲师由主任就科目性质，分别敦请县党部县政府县训所及其他各科专门人才担任，膳宿由班供给。

十八、训练班各科讲师须将担任科目编辑，讲义于开始教学前送交训练班教务组缮印，以便教学时分发学员应用。

捌　训练经费

十九、训练班所需一切公杂费用在县训所经费内支给。

二十、受训学员膳食费每员由各该乡镇筹缴食米四十市斤（并油盐柴火费在内）。

玖　成绩考核

二一、训练班学员成绩考核分下列各项：

1. 日常生活习惯行动之考核；　2. 学科成绩之考核；　3. 业务设计演习之考核。

二二、训练期间，学员成绩除由各科讲师随时考核外，结束时应将各科成绩举行总测验。各科成绩满六十分以上者，由训练班发给结业证明书；成绩优异者，予以升级或加俸之奖励；不及格者予以降级减薪免职之处分。

拾　附则

二三、本届暑期训练班办理结束后，于一星期内将训练情形，暨工作讨论结果，以及各项概况统计表、学员履历、成绩表、小组讨论，记载表汇编总报告，呈报备核。

二四、本办法公布后施行，并呈报省政府备案。

14. 万载县政府关于举行三十年度小学教师暑期讲习会的训令（2－4－346. P13－18）

事由：为抄发三十年度小学教师暑期讲习会暂行办法及应参加学员姓名表令仰遵照办理由

万载县政府训令　　　咏教字第　号

民国三十年七月日

令五区罗城乡公所

本府为增加小学教师进修机会起见，特利用本年暑期内举办讲习会。兹经订定《三十年度小学教师暑期讲习会暂行办法》，除分令外，合行抄发上项办法及应参加学员姓名表，令仰该乡长即便遵照，转饬该应参加各学员如限到会参加讲习，毋得迟延干咎。

此令。

附发讲习会暂行办法一份应参加学员姓名表一份。

县长　谭咏秋

附：万载县三十年度小学教师暑期讲习会暂行办法

一、本办法遵照《江西省三十年度分区小学教师暑期讲习会办法》及《江西省各县二十七年度办理小学教师暑期讲习会要则》并参酌本县实际情形订定之。

二、万载县政府为增加小学教师进修机会起见，特利用本年度暑期内举办讲习会。应入会研习之小学教师，由县府另令抽调之。

三、本年度举办之小学教师暑期讲习会（以下简称讲习会）特注重下列各点：

（1）注重精神及生活训练，以改造各学员思想与生活习惯；

（2）研讨小学教材教法，以增进各学员教学技术；

（3）举行问题讨论，以解决各学员日常所遇之困难问题。

四、讲习期间定自七月二十五日起至八月十四日止。

五、讲习会会址设立力行中学内。

六、讲习会组织委员会主持之委员人数定为十一人。由县长担任委员长；教育科长担任副委员长；负综理会务之全责。除督学教育科科员、各区教育委员为当然委员外，并由委员长另聘学识优良、热心教育之地方士绅为委员。其组织如下：

（1）总务部：分设文书、招待、庶务、会计、舍务等各股；

（2）教务部：分设注册、课务、讲义、课外活动等各股。

各部各设部主任一人，各股各设干事一人至二人。除由委员兼任外，并由委员长聘请或指派担任之。

七、讲习会经费在本县三十年度教育预备费项下支拨。

八、第一区参加讲习学员应由各乡镇文化干事于七月廿三日率领来会报到，其余各区参加讲习学员由教育委员于七月廿三日率领来会报到，同时并汇齐各委员证册证书交讲习会委员会。

九、各学员入学时应自带下列各件：

（1）食米三斗，菜金十元（以上多还少补）；

（2）面盆一只，面巾、浴巾各一条，雨鞋、布鞋各一双，袜两双，衬衫、裤及制服各两套，草席、毯子（或小被）各一床，雨伞一柄，草録军帽一顶，牙刷、牙杯、牙粉（或牙膏）各一，笔、墨、砚各一，最近半身二寸相片两张（一贴注册证用，一贴修业证书用）。

十、各被调学员均应如期入会，不得诿故不到或迟到，否则按其情节分别予以记过撤职处分。

十一、讲习会应设科目规定如左：

（1）公民；（2）军事训练；（3）小学行政；（4）常识；（5）小学各科教材及教学法；（6）小学训育；（7）民众教育与训练；（8）体育及童子军；（9）研究或实习；（10）；（11）其他。

十二、讲习会讲师除由委员担任外，并由委员长另聘有各科专门研究及有实际经验者担任。讲师、教官酌给津贴。

十三、讲习期间一切日常生活应实施军事管理。

十四、讲习会于学员修业期满时举行成绩考核。

十五、各科成绩均由各科讲师教官评定之。

十六、讲习会委员会根据各科讲师教官评定成绩（各科研习占70%，军事管理占30%）核算各学员成绩及格者，发给证书特优者，予以调升之奖励；不及格者，予以降级或免职之惩处。

十七、讲习会委员会经费预算拟聘讲师、教官等，呈请核示办理完毕后一个月内，并将各学员研习成绩表、履历表、各项统计及概况等具报省府备查。

十八、本办法自公布之日施行、并呈报省府备案。

15. 万载县卅六年度小学教员假期讲习班课程分配表(2-4-121. P4-6)

万载县卅六年度小学教员假期讲习班课程分配表

科目	细目	讲习时数	讲师姓名	备考
精神讲话		二	刘励忠	
		二	郑泉庚	
总理遗教总裁言行	总理遗教	三	汪敷郭	
	总裁言行	三	易名瑜	
各科教材及教法	学习心理	二	刘励忠	
	教学方法	四	张烈	
国民教育之实际问题	国教实际问题之研讨及解决办法	四	喻汉海	
		四	胥承照	
国民学校行政	中华民国教育宗旨及现行教育政策	四	宋思德	
	中心国民学校之组织及行政	三	喻汉海	
	国民教育之辅导	三	宋思德	
地方自治	县各级组织纲要	二	顾克仁	
	自治法规	三	钟国屏	
	恭议制度	二	龙济海	
	地方自治之实际问题	三	辛贯三	

续表

科目	细目	讲习时数	讲师姓名	备考
中华民国政府组织及实质	国府及五院组织省市政府组织	二	龙惠民	
	建国大纲临时约法及宪法	二	辛登福	
国民教育研究会之组织及工作	国教研究会组织规程	四	郑泉庚	
	国教研究会之工作与实际问题	四	郑泉庚	
小学教师进修与福利事业	小学教师进修方法	二	宋思德	
	教师福利问题	二	喻汉海	
工作讨论	办理民教	二	卢馆长(乾)	
	社会活动指导	二	龙鸣道	
康乐活动	戏剧	二	郭振岚	
	音乐	二		
业务演习		四	喻汉海 胥承照	

16. 万载县政府关于转发民国三十六年度寒假教育工作检讨会提案记录并令遵照的训令(1－9－148. P124－125)

事由:转抄发卅六年度寒假教育工作检讨会工作讨论提案记录一份令仰切实遵照办理具报由

万载县政府训令　　　字第03178号

中华民国三十六年三月　日

令三兴乡公所

八日举行关于各项教育工作改进提案,亦经分别详切讨论纪录在卷,除分令外,合亟抄发上项纪录一份,令仰切实遵照办理具报为要!

此令

抄发《寒假教育工作检讨会工作讨论提案纪录》一份。

县长　郝谦

附:工作讨论

第一案 国教基金应如何设法稳定案。

决议:1. 依照规定组设县各乡(镇)公学款产清查委员会;2. 隐匿之公学款产经密报并查明属实后,准给密报人以百分四十之奖金;盗卖之公学款产经报查明属实后,准给密报人百分之八十之奖金,以一次为限;3. 彻底清查遗漏之公款公产;4. 健全保管机构,慎选保管人员;5. 由各乡镇中心国校教职员利用闲暇会同基保管金委员会。

第二案 各保国校间有不健全者应如何整理案。

第三案 各地私塾应如何取缔案。

决议:各保国校及各中心国民学校所在地五华里以内不得设立私塾。如仍有设立私塾者,由各乡镇长及文化干事切实负责取缔。若敷衍从事,由各中心国校负责检发,乡镇长记过,文化干事撤职。

第四案 各中心国校应如何防范共匪案。

决议:1. 各乡镇中心国校应切实训练儿童随时调查不良份子,如有发现,由校方通知乡镇公所负责缉获;2. 训练儿童尽量灌输共匪残酷之情形,务使明瞭赤化痛苦;3. 训练儿童担任情报工作。

第五案 教师福利事业委员会应如何组织案。

决议:1. 组织筹备委员会,推定丁科长、阳校长光汉、宋馆长以介、喻督学溪海、汪校长国材、汪镇长金林、丁校长耀庭、王校长宝生、龙校长植贤、王校长滢兴、宋校长思德、郭校长怀刚、卢校长球士拾三人为筹备委员,并以阳校长、宋馆长为召集人。2. 筹集方法基金:(1)会员入会金每员壹万元;(2)向各校基金保委会劝捐福利事业经费稻谷壹市石,而第一公学款产保委会则劝捐六市石;(3)追缴仁顺福倒骗何任国教师谷。

第六案 请比照县级公务员薪津标准,划一各中心国校教职员薪津案。

决议:照案通过,提交县政会议追认,并推派郭校长怀刚、龙校长怡美、张校长玉香三人列席行政会议说明理由。

第七案 请遵照厅颁《小学教员晋级办法》分别晋级支薪,以昭激励案。

决议通过照案。

17. 万载县三十五学年度寒假教育工作检讨会应行注意事项(2-4-720. P23-24)

(壹)本学年度寒假教育工作检讨会遵照省颁《各县市三十五年度举行寒假教育工作检讨会要点》办理之。

(贰)教育工作检讨会会期定为五天,起讫日期候另令饬遵。

(叁)教育工作检讨会会址设县立实验学校(大北门内宾兴堂)。

(肆)本学年度寒假教育工作检讨会以左列人员出席参加:

1. 教育科科长督学科员;2. 县训所教育长;3. 县立中学校长;4. 县立简师主任;5. 县立民教馆馆长;6. 各乡镇中心国校校长;7. 各乡镇公所文化干事。

(伍)教育工作检讨会会议程序如次:

1. 法会讲习一天;2. 工作检讨二天;3. 工作讨论二天。

(陆)出席人员均应于会期前一日到会报到,不得托故规避,如遇特殊情事确系不能到会者,须派适当教职员代理

(柒)各乡镇中心国校校长及乡镇公所文化干事应依照附发格式,编拟工作报告及计划书一份,于二月十九日以前专丁送交本府教育科汇核

(捌)各出席人员应依照左列讨论事项规定,充分搜集实际问题及材料,缮正二份于二月十九日以前送交教育科汇付研讨:

1. 推行国民教育事项;
2. 推行社会教育事项;
3. 实行强迫学龄儿童及失学民众入学事项;
4. 充实县立中学及筹办县立简师事项;
5. 清查公学款产及筹集学校基金事项;
6. 实施生产教育事项;
7. 改进各级学校教学及训导事项;
8. 发展地方文化建设事项;
9. 增进教师进修及提高教师待遇事项;
10. 奖励优良教师事项;
11. 稽核教育经费事项;
12. 组训少年团及童子军事项;
13. 输导学校教育考核工作成绩事项;
14. 职业补习教育事项;
15. 推行国民体育事项;
16. 实施健康教育事项;
17. 实施政教合作事项。

(玖)出席会员由会供给膳食。

(拾)出席会员在会期内务宜遵守时间,参加研讨。

(拾壹)本三十六年上半年度县国民教育研讨会合并举行,各乡镇文化干事应会同中心国校校长将乡镇国民教育研讨会所研讨之历次部颁问题结果,依照规定用表缮正呈核。

18. 万载县三十四年度寒假教育工作讨论会讨论纲要(2-4-330. P1)

一、推行国民教育事项

1. 如何健全乡镇国教机构;

2. 学校文书会计及庶务及庶务之管理应怎样；
3. 如何觅定适当校舍并实行修复；
4. 如何达到部颁初步设备标准。
二、推行社会教育事项
1. 如何充实中心学校及国民学校民教部；
2. 学校兼办社教如何切实办理；
3. 如何推行社会调查；
4. 如何健全乡镇文化室。
三、实行强迫儿童及失学民众入学事项
1. 各乡镇一律组织强迫入学委员会；
2. 由学校协同保甲机关调查失学儿童及民众。
四、清查公学款产及筹集学校基金事项
1. 筹集国教基金未足额者应如何继续进行；
2. 清查公学款产如何继续进行。
五、实施生产教育事项
1. 如何实施学校生产以增学校收入；
2. 实施学校生产教育之有效方法。
六、改进各校教学训导事项
1. 教学如何改进；
2. 训导如何实施。
七、增进教师进修事项
1. 如何研究国教问题；
2. 如何健全国教研究会；
3. 教师日记如何实施。
八、加强教育督导及考核事项
1. 区教育督导员中心国校校长及乡镇文化干事如何实施督导；
2. 督导方法如何；
3. 学校成绩之考核如何实施；
4. 如何实行易地督导。

三、关于教育辅导与示范

1. 江西省政府关于各县乡镇中心学校实施辅导及考核办法之训令(2－4－320. P177－188)

事由：令发江西省各县乡镇中心学校实施辅导及考核办法一份令仰遵照办理由

江西省政府训令　　　教字第〇〇九五九号

民国三十一年一月廿六日发

令万载县政府

本省为各县乡镇中心学校辅导保国民学校籍以改进地方教育起见,依照部颁《国民教育实施纲领》第十条规定,并参酌本省地方实际情形,特订定《江西省各县乡镇中心学校实施辅导及考核办法》随文颁发。除分令外,合行印发是项办法一份,令仰该县长遵照,并转饬所属各乡镇中心学校切实办理,并将办理情形随时报核为要!

此令。

计发本省各县乡镇中心学校辅导及考核办法一份。

附:江西省各县乡(镇)中心学校实施辅导及考核办法

一、本省为各县乡(镇)中心学校实施辅导及考核籍以改进地方教育起见,遵照部颁《国民教育实施纲领》第十条规定,并参酌本省实际情形,订定本办法。

二、乡(镇)中心学校实施辅导以本乡(镇)区域内之保国民学校保立小学及私立初级小学为对象(县政府有案之"改良私塾"在内)。

三、乡镇中心学校实施辅导应遵守下列项目:

1. 以身作则,率先躬行;
2. 重具体建议,少消极批评;
3. 观察务细,指导务祥;
4. 仪容务求端庄,态度务求亲切;
5. 准备务求充分,方法务求变化。

四、乡(镇)中心学校辅导事项如左:

1. 学校行政事项;
2. 校舍修建保管事项;
3. 环境布置事项;
4. 教学法之运用与教材之选择事项;
5. 儿童训练与社会服务事项;
6. 民教班及社会教育之准许事项;
7. 图表簿册之绘制与应用事项;
8. 研究、进修及提供乡土、时事教材事项;
9. 协助推行政令及组训民众事项;
10. 充实设备与保管经费事项;
11. 新生活之推行与国民精神总动员之实施事项;
12. 协助保国教协进会及保学委员会校董会之筹集经费与与强迫征学事项;
13. 其他有关学校行政及技术指导事项。

五、乡(镇)中心学校辅导采下列方式:

1. 实地视导——分赴各校实地视导;

2. 参观——由乡(镇)中心学校率领各校教职员轮流参观本区域内各校,共同批评讨论,遇必要时,得参观本区域以外之学校(须事先通知对方,并得其同意);

3. 教学演示——由乡(镇)中心学校教职员分赴各校举行教学演示,并召集各校教职员参加共同批评、交换意见;

4. 集会——由乡(镇)中心学校召集各校教职员举行座谈会或工作检讨会(或研究会辅导会),以讨论办学实际问题,交换新知识;

5. 其他。

以上各项方式由乡(镇)中心学校校长斟酌轮流采用,并将办理经过报告县政府(报告表式另订)。

六、乡(镇)中心学校每学期开始一个月内,应将辅导计划呈送县政府备案(计划格式另订)。

七、乡(镇)中心学校每月至少应普遍辅导本区域内学校一次,每学期至少普遍辅导四次,并须将辅导情形按次呈报县政府(报告表式另订)。

八、乡镇中心学校实施辅导应由主管县政府切实考核。如不按期工作或不实不尽、饰词虚报者,由县政府斟酌情节,于每学期结束后分别奖惩。

九、乡(镇)中心学校辅导旅费在县教育经费项下,每校每月得列支五元至十元。

十、县政府于每学期结束一个月内,应即将全县辅导概况汇报省政府。

十一、各级视导人员(包括省教育视导人员县长教育科长县督学)应随时督促各乡(镇)中心学校实行辅导并严加考核。

十二、乡(镇)中心学校教职员赴各校辅导时,不得受各校公务以外之一切供应。

十三、本办法由江西省政府公布施行,并咨教育部备案。

2. 万载县立实验学校关于举行教学演示的呈文(2 -4 -719. P51)

事由:为举行教学演示恳请通饬城镇各校教师来校参加并请县府派员莅临视导由

呈　　　国字第四六号

中华民国三十五年五月十六日发

窃本校为谋教学上之相互观摩研讨、以期集体改进、籍增教学效率起见,经定本年五月十九日(星期日)上午八时至十二时举行本学期第一次教学演示,演示完毕并即举行讨论会。除已敦请江西省第二师范辅导区指导员张烈先生担任指导外,谨特将编定教学演示课目、时间分配表备文一并报请鉴核,恳请通饬城镇各小学教师届时来校参加,并乞钧府派员莅临视导。

谨呈

万载县县长　刘

附呈教学演示课目时间分配表。

万载县立实验学校校长　汪国材

万载县立实验学校教学演示课目时间分配表

活动时间	活动项目
八时至八时四十分	复四　国常
演示教师	张国维
八时五十分之九时三十分	复四　图画
演示教师	郭增辉
九时四十分之十时廿分	六下　算术
演示教师	巢思鑫
十时卅分至十二时	讨论会

3. 江西省巡回教育电影团特约放映电影规则(2－4－721. P164)

一、本团以在省会或巡回各县公开放映教育影片为主,由本团自定日期巡回放映。此外,凡一机关学校或团体特约本团前往放映者,均适用本办法。

二、特约放映应先期函知本团,约定放映日期及地点。

三、特约放映以不妨碍本团原定工作为限。

四、特约放映用公司电者,应付汽油、机油及消耗费十元;用本团自备马达发电者,应付汽油、机油、电费及消耗费拾伍元,先期缴纳。

五、特约放映影片由本团自行配置。如另租影片,一切接洽手续及租费均由特约机关自理。

六、特约放映以不收票价为原则。如发入场券,至少请送本团十张,俾便派员照料。

七、特约放映如在外地,汽车所耗油料应由特约机关担负,按程计算;职员膳宿,亦由特约机关担任。

八、特约放映应请特约机关至少派定职员一人工友一人协同照料。

四、关于小学

1. 民国二十七年度上学期万载县各区保学概况一览表(2-4-44. P1-25)

万载县第一区保学概况一览表 二十七年度上学期

保联别	保别	校名	校址	校长兼教员姓名	教员姓名	等级	年支经费数	备考
第一保联	1	代用保学	后街辛六房祠	辛安潮				私立正心小学代用
	2、3、4、5	一区中心小学所在保						
	6、7、8	代用保学	巢家场巢奇公祠	巢思澄				私立凤来小学代用
	9、10	代用保学	九仙塘安泰仓	朱溯昭				二中民校代用
	11	保立小学	九仙塘易大祠	辛素英		乙	一四四	
	12、13	联立保学	东汽车站侧刘宅	冯秉仁		乙	一四四	
	14、15	联立保学	塔下汪宅	王纲		乙	一四四	
	16、17	代用保学	后街汪大祠	汪敷郭				私立平阳小学代用
	18	保立小学	月台山下向会里	陈守正		乙	一四四	
第二保联	19、20	代用保学	小南门宋家坊宋宅	宋继齐				私立青阳小学代用
	21、22	联立保学	黄泥港宋宅	宋志和		乙	一四四	
	23、26	代用保学	西门鲍大祠	鲍干青				私立俊逸小学代用
	24、25	代用保学	田下郭大祠	郭致中				郭氏私立世兴小学代用
	27、28	二保联中心小学所在保						

续表

保联别	保别	校名	校址	校长兼教员姓名	教员姓名	等级	年支经费数	备考
	29、30	代用保学	猪仔墟刘祠	刘巨源				私立墨庄小学代用
第三保联	31、32	联立保学	高车龙王庙	辛巾英	郭鸣是	甲	二四〇	
	33、34	联立保学	竹渡故乡祠	郭恩柱	闻子旺	甲	二四〇	
	35	三保联中心小学所在保						
	36	保立小学	李家冈王祠	王锦旭		乙	一四四	
	37、38	联立保学	南窑	陈文奇		乙	一四四	
	39、40	联立保学	奇布鲁岗祠	张钧泉		乙	一四四	
	41	保立小学	饶田王祠	汪际泰		乙	一四四	
第四保联	42、43	代用保学	南田	王启贵				私立蕃衍小学代用
	44	保立小学		邓世平		乙	一四四	
	45	代用保学	多江龙祠	龙瀛登				私立孟济小学代用
	46	保立小学	夫田	何介人		乙	一四四	
	47	保立小学	栈下	宋晚崧		乙	一四四	
	48	四保联中心小学所在保						
	49	保立小学	杉柱亭	龙鸣鹤		乙	一四四	
	50	保立小学	丁田	韩斌		乙	一四四	
	51	保立小学	岑岩	宋志光		乙	一四四	
	52	保立小学	小江西李宅	张惠霖		乙	一四四	

续表

保联别	保别	校名	校址	校长兼教员姓名	教员姓名	等级	年支经费数	备考
第五保联	53、54	联立保学	灌潭庙	刘一峰		乙	一四四	
	55	保立小学	揭家塅	宋廷伟		乙	一四四	
	56	保立小学	高塘	刘维新		乙	一四四	
	57、59	联立保学	新田	易熙敬		乙	一四四	
	58	保立小学	年坑易家庙	郭青云		乙	一四四	
	60、61	五保联中心小学所在保						
	62	保立小学	麻田	龙汉南		乙	一四四	
	63	保立小学	东岐	谢丹诚		乙	一四四	
	64	保立小学	十字布汪祠	张德儒		乙	一四四	
第六保联	65、66	六保联中心小学						
	67、69	联立保学	郭村老城墉下	辛长延	王灿辉	甲	二四〇	
	68	保立小学	布场里	李宗河	王琋媛	甲	二四〇	
	70	代用保学	马步	郭怀准				私立养正小学代用
	71	保立小学	寨下	辛作新		乙	一四四	
第七保联	72	保立小学	濠湖龙祠	郭炳成		乙	一四四	
	73、74	七保联中心小学所在保						
	75	保立小学	白洋湖	郭晟光		乙	一四四	

续表

保联别	保别	校名	校址	校长兼教员姓名	教员姓名	等级	年支经费数	备考
	76	保立小学	泉口郭宅	欧阳光	郭盈庭	甲	二四〇	
	77	保立小学	田北龙伦祠	辛师权		乙	一四四	
	78	保立小学	下里山堨下黄祠	鲍超		乙	一四四	
	79	保立小学	谷源	郭祥开		乙	一四四	
	80	保立小学	谷源高桥刘祠	张汉屏		乙	一四四	
合计	80 保	保立小学 联立保学 代用保学	二十六校 十校 十一校	四十七人	五人			区中心小学及保联中心小学所在保未列入统计

说明：

1. 保学分保立、联立、代用、分校四种。凡一保单独设立者为保立小学，二保以上联立者为联立保学，以私立小学、族学或改良私塾代用者为代用保学，一保设有二校以上者为分校。

2. 保学分甲乙两等。甲等设校长兼教员一人，教员一人，年支经费二百四十元；乙等设校长兼教员一人，年支经费一百四十四元，分校设主任兼教员一人，年支经费九十六元。

3. 甲等保学应设四十人以上儿童班一班，每学期应办成人班或妇女班二期乙等保学及保学分校应设三十人以上儿童班一班每学期至少应办成人班或妇女班一期。

4. 代用保学不另支经费，经教育视导员视察认为办理成绩优良者，得由区酌予补助，每学期至少应办成人班或妇女班一期。

万载县第二区保学概况一览表　二十七年度上学期

保联别	保别	校名	校址	校长兼教员姓名	教员姓名	等级	年支经费数	备考
第一保联	1、2	二区中心小学所在保						
	3	保立小学	枫林头仰山庙	徐拱平		乙	一四四	
	4	保立小学	陂田彭祠	彭瑞琳		乙	一四四	
	5	保立小学	塅源官冲	黄绍忠		乙	一四四	
	6	保立小学	昌集冲店进	谢文漪	黄华	甲	二四〇	
	7	代用保学						私立古江小学代用
	8	保立小学	心田	卢有光		乙	一四四	
第二保联	9	保立小学	皂下陈祠	陈炳书	陈培基	甲	二四〇	
	10	二保联中心小学所在保						
	11	保立小学	洼里山天张祠	张璟	张钟美	甲	二四〇	
	12	保立小学	花桥	陈晓旸		乙	一四四	
	13	保立小学	花桥	辛坤贤		乙	一四四	
	14							
	15							
第三保联	16							

续表

保联别	保别	校名	校址	校长兼教员姓名	教员姓名	等级	年支经费数	备考
	17	三保联中心小学所在保						
	18	保立小学	水南昌田庙	吴上进		乙	一四四	
	18	保学分校	浩公晏公庙		易生祥	乙	九六	
	19	保立小学	苏溪	龙如圭		乙	一四四	
	19	保学分校	荷岑大陂桥		巢克齐	乙	九六	
	20	保立小学	蓝田辛祠	辛晋贤		乙	一四四	
	20	保学分校	黾峡里		辛汉贤	乙	九六	
	21	保立小学	楼陬	龙赓尧		乙	一四四	
	21	保学分校	柴田		汪觉正	乙	九六	
	22	保立小学	田心	孙显荣	孙冠英	甲	二四〇	
	22	保学分校			萧基康	乙	九六	
	22	保学分校			郭守诚	乙	九六	
	23	保立小学	小关岭大庙	周柏桃		乙	一四四	
	23	保学分校	铁炉背		陈德裕	乙	九六	
第四保联	24	代用保学	白水新店王祠	许翊群				私立乐育小学代用
	24	代用保学	罗家桥	许子芬				私立振华小学代用
	25	保立小学	车头	刘嘉猷		乙	一四四	

续表

保联别	保别	校名	校址	校长兼教员姓名	教员姓名	等级	年支经费数	备考
	26	四保联中心小学所在保						
	27	保立小学	冷板桥	陈德霖		乙	一四四	
	27	保学分校	老山下		谢宗德	乙	九六	
	28	保立小学	枫梓里张宅	张慕纲		乙	一四四	
	28	保学分校	草岭林祠		陈国兴	乙	九六	
第五保联	29	代用保学	火田易宅	易明书				私立凌霄小学代用
	30	五保联中心小学所在保						
	31	保立小学	上石庙	黄宗宪		乙	一四四	
	32	代用保学	龙田	刘恒文				私立(——)小学代用
	33	保立小学	龙田梁祠	谢雨苍	梁建高	甲	二四〇	
	34	保立小学	铃田朱祠	朱增南		乙	一四四	
	35	保立小学	深塘钟祠	钟啸天	钟宏业	甲	二四〇	
	36	保立小学	蛇形岗	李英华	陈元芳	甲	二四〇	
合计	36 保	保立小学 保学分校 代用保学	二十六校 九校 五校	三十一人	十六人			

说明：

1. 保学分保立、联立代用、分校四种。凡一保单独设立者为保立小学，二保以上联立者为联立保学，以私立小学族学或改良私塾代用者为代用保学，一保设有二校以上者为分校。

2. 保学分甲乙两等。甲等设校长兼教员一人，教员一人，年支经费二百四十元；乙等设校长兼教员一人，年支经费一百四十四元，分校设主任兼教员一人，年支经费九十六元。

3. 甲等保学应设四十人以上儿童班一班，每学期应办成人班或妇女班二期；乙等保学及保学分校应设三十人以上儿童班一班，每学期至少应办成人班或妇女班一期。

4. 代用保学不另支经费，经教育视导员视察认为办理成绩优良者，得由区酌予补助，每学期至少应办成人班或妇女班一期。

万载县第三区保学概况一览表　二十七年度上学期

保联别	保别	校名	校址	校长兼教员姓名	教员姓名	等级	年支经费数	备考
第一保联	1、2、3、4	三区中心小学所在保						
	5	保立小学		高汉鼎		乙	一四四	
	6	代用保学	岭布前	唐瑞来	李悦			私立懋积小学代用
	7	代用保学	桐柱江	高耀辉	高垂蔚			私立养正小学代用
	8	代用保学	简家	辛思善				私立英山小学代用
	9	代用保学	城溪高祠	高朝杰				私立城溪小学代用
	10	代用保学	车陂头	李学钧				私立思贤小学代用
	10	保立小学		欧阳复		乙	一四四	
	11、12、13、14	代用保学	石塘龙祠	龙元藩	龙步衢 龙沐赢 龙家修			私立仁山小学代用
	15	代用保学		汤广孙				改良私塾代用
第二保联	16	代用保学	罗家山	辛建中	龙安民			私立义方小学代用
	17	代用保学	南岭	周竣德	朱师道			私立育英小学代用
	18	代用保学	王家布	刘徽猷	刘其迪 刘长民			私立刘氏族学代用
	19	代用保学	下罗	汤克赞				私立竹轩小学代用
	20	代用保学	柑子坑	黄胜材	钟德贤			私立黄氏族学代用
	21	保立小学	黄茅老屋场	蓝庆云		乙	一四四	

续表

保联别	保别	校名	校址	校长兼教员姓名	教员姓名	等级	年支经费数	备考
	22	代用保学	观音岩	陈霁光	黄新华			私立陈氏族学代用
	23	保立小学	南江	钟新猷		乙	一四四	
	24	保立小学	改江	谢柱中		乙	一四四	
	25	保立小学	龙家湾	谢庭兰		乙	一四四	
	26	保立小学	葫芦地	彭碎猷		乙	一四四	
	27	代用保学	蓝家佈	刘少英	曹德荣			私立开智小学代用
	28	代用保学	北岸	欧阳执中	欧阳育			私立永振小学代用
	29	代用保学	王家场	王道履				私立成元小学代用
	29	代用保学	侨厦	张惠畴				私立育正小学代用
	30、31	二保联中心小学所在保						
	32	代用保学	北江桥	周文龙	周天衢			私立彝德小学代用
	33	保立小学		吴宗蕃		乙	一四四	
第三保联	34、35、36	三保联中心小学所在保						
	37	代用保学	酒壶形	汪师琬	汪师伦			私立汪氏族学代用
	38	代用保学	砂江桥	丁辉庭	丁师吕			私立丁氏族学代用
	39	保立小学	池下丁宅	丁首乾		乙	一四四	
	40	保立小学	乌石塘	罗祖照		乙	一四四	

续表

保联别	保别	校名	校址	校长兼教员姓名	教员姓名	等级	年支经费数	备考
	41	保立小学	天符庙	翟凌霄		乙	一四四	
	42	代用保学	小溪张祠	张智龙	叶振家			私立张氏族学代用
	43	代用保学	大富头邹祠	邹柱勋	邹明芬			私立邹氏族学代用
	44	保立小学	杨塘	郭成生		乙	一四四	
	45	保立小学	布上	高金福		乙	一四四	
	46	代用保学	芳木山	张绍载	汤思贺			私立张氏族学代用
	47	保立小学	何家源	郑达		乙	一四四	
第四保联	48	代用保学	株潭南市街	黄纶辉				私立洙山小学代用
	49	代用保学	株潭南市街	王朝瑞	龙翼执			私立洙山小学代用
	50	代用保学	后槎霞山	陈惠端	韩酉成 王荫庭			私立毓秀小学代用
	51	四保联中心小学所在保						
	52	代用保学	获富花台山	刘汉杰				私立启智小学代用
	53	代用保学	花麦岭	周之德	周选阶			私立周氏族学代用
	58	保立小学	花麦岭	龙协南		乙	一四四	
	54	代用保学	叶家塅	叶邦彦				私立叶氏族学代用
	54	代用保学	井陂下	张效巡	黄中和			私立维新小学代用
	55	保立小学		龙骞衢		乙	一四四	

续表

保联别	保别	校名	校址	校长兼教员姓名	教员姓名	等级	年支经费数	备考
	56	代用保学		邓竟成				私立邓氏族学代用
	合计	保立小学 代用保学	十六校 卅一校	四十七人	二十四人			区中心小学及保联中心小学所在保未列入统计

说明：
1. 保学分保立联立代用分校四种。凡一保单独设立者为保立小学，二保以上联立者为联立，保学以私立小学族学或改良私塾代用，者为代用保学一保设有二校以上者为分校。
2. 保学分甲乙两等。甲等设校长兼教员一人，教员一人年支经费二百四十元，乙等设校长兼教员一人，年支经费一百四十四元，分校设主任兼教员一人，年支经费九十六元。
3. 甲等保学应设四十人以上儿童班一班，每学期应办成人班或妇女班二期，乙等保学及保学分校应设三十人以上儿童班一班，每学期至少应办成人班或妇女班一期。
4. 代用保学不另支经费经教育视导员视察认为办理成绩优良者，得由区酌予补助，每学期至少应办成人班或妇女班一期。

万载县第四区保学概况一览表　二十七年度上学期

保联别	保别	校名	校址	校长兼教员姓名	教员姓名	等级	年支经费数	备考
第一保联	1	保立小学	浙桥	杨成德		乙	一四四	
	2	保立小学	心田塅邱宅	龙象宗		乙	一四四	
	3、4、5、6	四区中心小学所在保						
	7	保立小学	大桥河东辛祠	辛海兴		乙	一四四	
	8	保立小学	石板桥	辛植楷		乙	一四四	
	9	保立小学	小江边河祠	涂丙乾		乙	一四四	
	10	保立小学	横街头陈宅	陈秉彝		乙	一四四	

续表

保联别	保别	校名	校址	校长兼教员姓名	教员姓名	等级	年支经费数	备考
	11、12	联立保学	虎塘	辛福生		乙	一四四	
第二保联	13	保立小学	石陂头	汪邦怀		乙	一四四	
	14	保立小学	廖巷喻祠	喻敷寿		乙	一四四	
	15	保立小学	廖巷喻祠	曾占魁		乙	一四四	
	18	代用保学	下碓	喻福海				私立文联小学代用
	16	保立小学	范塘	辛和林		乙	一四四	
	17	保立小学	范塘	廖濂溪		乙	一四四	
	19、20	联立保学	小坑	黎民望		乙	一四四	
	21	保立小学	白良东岳庙	敖致中		乙	一四四	
	22	二保联中心小学所在保						
	23	保立小学	阳溪塘义塾里	袁松泉		乙	一四四	
	24	保立小学	前楼里袁祠	袁继牧		乙	一四四	
	25	代用保学	白良下塅	李云从				私立养正小学代用
	26、27	联立保学	钱家钱祠	钱志和		乙	一四四	
第三保联	28、29、30	三保联中心小学所在保						
	31	代用保学	万岁桥	鲍振寰				私立龙桥小学代用
	32	保立小学	谌家谌祠	谌秉彝		乙	一四四	

续表

保联别	保别	校名	校址	校长兼教员姓名	教员姓名	等级	年支经费数	备考
	33	保立小学	武家坊	韩金生		乙	一四四	
	34	保立小学	赤陂	高际云		乙	一四四	
	35	保立小学	三百兴	徐步朝		乙	一四四	
	36、37	联立保学	湖源	潘光泽		乙	一四四	
	38	保立小学	闹城上	杨友生		乙	一四四	
	39	保立小学	坪山头	张卓茂		乙	一四四	
	40	保立小学	风头里	张洪材		乙	一四四	
第四保联	41、42	四保联中心小学所在保						
	43	保立小学		张权俊		乙	一四四	
	44	保立小学	小水坳	钟国琏		乙	一四四	
	45	保立小学	清水塘	魏振华		乙	一四四	
	46	保立小学	株木桥	萧复元		乙	一四四	
	47	保立小学	株木桥	吴宝泉		乙	一四四	
第五保联	48	保立小学	箬坪	陈克明		乙	一四四	
	49	代用保学		黎国桢				私立小学代用
	50	保立小学	双料	黎大业		乙	一四四	
	51	保立小学	东江	李德绥		乙	一四四	

续表

保联别	保别	校名	校址	校长兼教员姓名	教员姓名	等级	年支经费数	备考
	53	五保联中心小学所在保						
第六保联	54、55	联立保学	淖源	周炳年			乙	一四四
	56	六保联中心小学所在保						
	57、58	联立保学	下社	钟镜明		乙	一四四	
	59	保立小学	上坪	江俊才		乙	一四四	
	60	保立小学	西源	邱国瑜		乙	一四四	
合计	60	保立小学 联立保学 代用保学	三十九校 七校 四校	四十人				区中心小学及保联中心小学所在保未列入统计

说明：

1. 保学分保立、联立、代用、分校四种。凡一保单独设立者为保立小学，二保以上联立者为联立保学，以私立小学族学或改良私塾代用者为代用保学，一保设有二校以上者为分校。

2. 保学分甲乙两等。甲等设校长兼教员一人，教员一人，年支经费二百四十元；乙等设校长兼教员一人，年支经费一百四十四元，分校设主任兼教员一人，年支经费九十六元。

3. 甲等保学应设四十人以上儿童班一班，每学期应办成人班或妇女班二期；乙等保学及保学分校应设三十人以上儿童班一班，每学期至少应办成人班或妇女班一期。

4. 代用保学不另支经费，经教育视导员视察认为办理成绩优良者，得由区酌予补助，每学期至少应办成人班或妇女班一期。

万载县第五区保学概况一览表　二十七年度上学期

保联别	保别	校名	校址	校长兼教员姓名	教员姓名	等级	年支经费数	备考
第一保联	1	保立小学	污泥塘	卢英		乙	一四四	
	2、3、4、5	五区中心小学所在保						

续表

保联别	保别	校名	校址	校长兼教员姓名	教员姓名	等级	年支经费数	备考
	6	保立小学	小浒	彭子彬		乙	一四四	
	7	保立小学	桥头	卢耀		乙	一四四	
	8	保立小学	岐山	李光		乙	一四四	
	9	保立小学	棠园里	胥汝霖		乙	一四四	
第二保联	10	保立小学	麻田	李南箕		乙	一四四	
	11	保立小学	游溪	王柱臣		乙	一四四	
	12	保立小学	拓桑	卢琏		乙	一四四	
	13	二保联中心小学所在保						
	14	保立小学	罗城	潘宅揆		乙	一四四	
	15	保立小学	湖溪	李绍元		乙	一四四	
	16	代用保学	中溪	郭庆书				私立范氏族学代用
	17	保立小学	南垣	李定华		乙	一四四	
	18	保立小学	藏溪	喻思陶		乙	一四四	
	19	保立小学	布溪	龙松鹤		乙	一四四	
第三保联	20	三保联中心小学所在保						
	21	保立小学	岐源	杨征文		乙	一四四	
	22	保立小学	桃源洞	廖挺华		乙	一四四	

续表

保联别	保别	校名	校址	校长兼教员姓名	教员姓名	等级	年支经费数	备考
	22	保学分校		钟先璜		乙	一四四	
	23	保立小学	燕竹	韩国玺		乙	一四四	
	23	保学分校	燕竹	罗日升		乙	一四四	
	24	保立小学	上高村	张履仁		乙	一四四	
	24	保学分校	大坳	张应畴		乙	一四四	
	25	保立小学	严田	白岚光		乙	一四四	
	26	保立小学	上坪	刘自超		乙	一四四	
第四保联	27	四保联中心小学所在保						
	28、29	联立保学	桃坪	蓝厚棠		乙	一四四	
	30	保立小学	庙湾里	蓝有为		乙	一四四	
	31、32	代用保学	西坑					私立清泉小学代用
	33	保立小学	窗前	华柱祥		乙	一四四	
	34	保立小学	陶家	钟体乾		乙	一四四	
	35	保立小学	白水	曾光斐		乙	一四四	
合计	35 保	保立小学 保学分校 联立保学 代用保学	二十三校 三校 一校 二校					区中心小学及保联中心小学所在保未列入统计

说明：

1. 保学分保立、联立、代用、分校四种。凡一保单独设立者为保立小学，二保以上联立者为联立保学，以私立小学族学或改良私塾代用者为代用保学，一保设有二校以上者为分校。

2. 保学分甲乙两等。甲等设校长兼教员一人，教员一人年，支经费二百四十元，乙等设校长兼教员一人，年支经费一百四十四元，分校设主任兼教员一人，年支经费九十六元。

3. 甲等保学应设四十人以上儿童班一班，每学期应办成人班或妇女班二期，乙等保学及保学分校应设三十人以上儿童班一班，每学期至少应办成人班或妇女班一期。

4. 代用保学不另支经费，经教育视导员视察认为办理成绩优良者，得由区酌予补助，每学期至少应办成人班或妇女班一期。

2. 万载县第一区保立小学调查表(2-4-782. P67-71)

万载县第一区保立小学调查表

校别	校长姓名	班级	学生数	出席人数	附注
第十、十一保保立小学	辛棪魁	初级复式一班	六十三名	五十二名	
第卅九保保立小学	刘日宣	初级复式一班	三十二名	三十一名	
第八、九保保立小学	宋廷伟	初级复式一班	四十六名	四十一名	
第一保保立小学	辛钧成	初级复式一班	四十五名	二十九名	
第十四保保立小学	王纲	初级复式一班	五十名	三十二名	
第廿九、卅保保立小学	辛师权	初级复式一班	五十六名	四十一名	
第五十保保立小学	韩斌	初级复式一班	四十六名	三十一名	
第七二保保立小学	郭炳成	初级复式一班	三十六名	二十八名	
第七五保保立小学	王桂生	初级复式一班	三十六名	三十名	
第七六保保立小学	欧阳光	初级复式一班	三十七名	二十九名	
第卅八保保立小学	陈文奇	初级复式一班	三十二名	二十四名	
第卅七保保立小学	陈拨	初级复式一班	三十二名	二十二名	
第卅二保保立小学	郭鸣是	初级复式一班	三十六名	二十八名	
第五四保保立小学	刘一峰	初级复式一班	三十四名	二十七名	
第六三保保立小学	谢丹诚	初级复式一班	三十八名	二十五名	
第四三保保立小学	王灿辉	初级复式一班	四十名	二十四名	
第四六保保立小学	宋志光	初级复式一班	三十名	二十二名	
第四九保保立小学	鲍超	初级复式一班	二十八名	二十一名	
第廿二保保立小学	戴润山	初级复式一班	四十三名	二十六名	
第四五保保立小学	龙江梅	初级复式一班	三十六名	二十二名	
第卅三、卅四保保立小学	闻朝杰	初级复式一班	三十四名	二十一名	
第四十保保立小学	张钧泉	初级复式一班	三十名	二十一名	
第六四保保立小学	辛源照	初级复式一班	二十九名	二十二名	
第五九保保立小学	易熙敬	初级复式一班	三十二名	二十名	

续表

校别	校长姓名	班级	学生数	出席人数	附注
第七一保保立小学	王思瑞	初级复式一班	三十八名	二十名	
第六八保保立小学	李绍白	初级复式一班	二十八名	二十名	
第五五保保立小学	辛渭滨	初级复式一班	三十名	二十一名	
第四七保保立小学	宋晚崧	初级复式一班	二十九名	二十名	
第十五保保立小学	郭怀冰	初级复式一班	三十九名	二十名	
第十三保保立小学	冯秉仁	初级复式一班	二十八名	二十名	
第卅一保保立小学	辛黻文	初级复式一班	二十七名	二十一名	
第卅五保保立小学	郭去病	初级复式一班	二十八名	十九名	
第五二保保立小学	张惠霖	初级复式一班	三十六名	二十名	
第五六保保立小学	胥福厚	初级复式一班	二十四名	十八名	
第五七保保立小学	辛委霞	初级复式一班	二十二名	十八名	
第五八保保立小学	易柱臣	初级复式一班	二十一名	十六名	
第六七保保立小学	辛长延	初级复式一班	二十名	十五名	
第六九保保立小学	郭道远	初级复式一班	二十名	十五名	
第四二保保立小学	周时敏	初级复式一班	二十六名	十八名	
第八十保保立小学	张汉屏	初级复式一班	三十名	十五名	
第七九保保立小学	施成章	初级复式一班	二十四名	十五名	
第七八保保立小学	龙鸣鹤	初级复式一班	二十名	十三名	
第五三保保立小学	杨人瑞	初级复式一班	三十二名		教员学生均不在校
第四八保保立小学	龙德蕃	初级复式一班	二十四名	十五名	
第五一保保立小学	刘秉乾	初级复式一班	二十一名	十六名	
第四四保保立小学	邓世平	初级复式一班	十七名	十三名	
第廿七、廿八保保立小学	宋桂芳	初级复式一班	三十九名	二十二名	
第七七保保立小学	龙汉南	初级复式一班	二十四名	十二名	

3. 第四区中正初级小学校董代办保学的呈文及县政府的指令(2－4－939. P31－34)

为呈明代办保学备案由

呈为呈明代办保学,并请准予备案事。窃民等保内先年起立之中正初小学校,停顿数载。自民廿三年恢复,地方日益安宁。爰于民廿四年,再召集士绅会议,复呈明钧府,叨蒙核准,乃将该校恢复。现该校旧岁已开办一载,但是查该校原有的基金,除旧开支外,所余无几。而属保保学旧冬所收一切无益租息亦系微小。由是中正欲再单独接续开办固属困难万分,而保学欲单独起立亦系在在棘手。所以中正与保学非互相合并,断断乎难以开办。因此情形,民等复于本年二月间已召集各甲甲长及士绅会议,讨论善后办法。其到会人员俱谓将旧冬保学收入、神会等款微租与原有中正租息互相并理,代办保学一所。在会议中已复组织中正学校校董暨保学辅导委员会,委员共计九人,推定校长一名,教员一名,择定本月廿四日开学。为此特将代办理由详述呈报,伏乞钧府俯赐察核,准予备案,恳求指示,实为德便。谨呈

万载县县长　张

中正初级小学　校董　李师德　李化南　黄炳炎左开殿　梁兴财

五二保保学辅导委员会委员　刘有亮　邹炳辉　彭集辉　胡焕星

中华民国廿五年二月

事由:呈明代办保学请备案等情指令遵办由

万载县政府指令　　　教字第744号

中华民国廿五年三月十四日

令中正初级小学校董会董事左开殿等二十五年二月呈一件:呈明代办保学请准予备案由。

呈悉。该保既收有神会租谷,自应创办保学,所请拨归中正小学办理一节,尚属可行,但应更名为"第四区第五十二保保立小学",不得沿称中正小学,以符名实。乃仰填具保学概况表,呈由该爰区署核转为要!

此令

县长　张

4.民国二十六年万载县各区保联中心小学概况表(2-4-1408.P117-119)

万载县各区保联中心小学概况表(二十六年一月制,县长张)

区别	校别(县立)	原核定班数及教职员数		实际班数及教职员数		核定年支经费与实支数比		经费来源			备考
		班数	教职员数	班数	教职员数	原核定数(元)	实支数(元)	书院款产(元)	所在地二保保学经费(元)	区教补助费(元)	
第一区	第一区第三保联中心小学	一	二	二	三	六三〇	六三〇	三〇〇	二八八	四二	该校系原龙章小学改办,校长兼任保联主任,兼办高级一班
	第一区第四保联中心小学	一	二	二	二	六三〇	六三〇	三〇〇	二八八	四二	该校系原蕃衍小学改办,兼办高级一班
	第一区第五保联中心小学	一	二	二	三	六三〇	六三〇	一五〇	二八八	一九二	该校系原竟成小学改办,校长兼任保联主任,兼办高级一班
	第一区第六保联中心小学	一	二	一	二	六三〇	三三〇	无	二八八	四二	该校由原第二中山民校兼办,年支经费三三元
	第一区第七保联中心小学	一	二	二	二	六三〇	六三〇	无	二八八	三四二	
第二区	第二区第二保联中心小学	一	二	二	二	六三〇	六三〇	无	二八八	三四二	
	第二区第三保联中心小学	一	二	二	三	六三〇	六三〇	无	二八八	三四二	校长兼任保联主任
	第二区第四保联中心小学	一	二	二	二	六三〇	三三〇	无	二八八	四二	该校系由第一中山民校兼办,故年之经费较少
	第二区第五保联中心小学	一	二	一	二	六三〇	六三〇	无	二八八	三四二	校长兼保联主任

续表

区别	校别（县立）	原核定班数及教职员数		实际班数及教职员数		核定年支经费与实支数比		经费来源			备考
		班数	教职员数	班数	教职员数	原核定数(元)	实支数（元）	书院款产(元)	所在地二保保学经费(元)	区教补助费（元）	
第三区	第三区第二保联中心小学	一	二	一	二	六三〇	三三〇	无	二八八	四二	该校系由第三中山民校兼办
	第三区第三保联中心小学	一	二	二	二	六三〇	六三〇	无	二八八	三四二	
	第三区第四保联中心小学	一	二	二	三	六三〇	六三〇	无	二八八	三四二	该校教职员中内有一人系兼任保联办公室书记
第四区	第四区第二保联中心小学	一	二	三	三	六三〇	六三〇	三〇〇	二八八	四二	该校系由原贻哲小学改办，兼办高级班
	第四区第三保联中心小学	一	二	二	三	六三〇	六三〇	无	二八八	三四二	该校系由原三十五保保立小学改办
	第四区第四保联小学	一	二	二	三	六三〇	六三〇	无	二八八	三四二	该校系由原作英小学改办
	第四区第五保联中心小学	一	二	一	二	六三〇	六三〇	无	二八八	三四二	校长兼任保联主任
	第四区第六保联中心小学	一	二	二	三	六三〇	六三〇	无	二八八	三四二	

续表

区别	校别（县立）	原核定班数及教职员数		实际班数及教职员数		核定年支经费与实支数比		经费来源			备考
		班数	教职员数	班数	教职员数	原核定数（元）	实支数（元）	书院款产（元）	所在地二保保学经费（元）	区教补助费（元）	
第五区	第五区第二保联中心小学	一	二	二	三	六三〇	六三〇	无	二八八	三四二	
	第五区第三保联中心小学	一	二	二	三	六三〇	六三〇	三五〇	二〇〇	八〇	该校系原高魁小学改办，所在地过去匪化特重，故应筹之保学经费酌量减少
	第五区第四保联中心小学	一	二	二	三	六三〇	六三〇	三五〇	二〇〇	八〇	该校系原正源小学改办，所在地过去亦匪化特重，故应筹之保学经费酌量减少

附记：1. 本县小学教师待遇向来非低，经斟酌地方情形，将原核定薪俸酌量减低，另增聘教员，但原预算总数仍不变更。其有未增加教员之学校，则将遗下经费拨作添购设备之用。

2. 校长一律月支十六元，教员月支十四元，助教月支十二元，已较普通私立学校教员待遇，约高六、七元左右。

3. 校长兼保联主任者，月支津贴六元，但由中山民校兼办者，校长薪俸较高，不另支津贴。

5. 万载县第一区保联中心小学调查表（2－4－782. P72）

万载县第一区保联中心小学调查表

校别	校长姓名	班级	学生数	出席人数	附注
高城镇中心小学	辛文焕	高级一班 初级一班	七十二人	六十四人	学生济济，教授认真可称上乘
城南乡中心小学	龙敷德	高级一班 初级一班	六十九人	四十八人	校舍整洁教法尚合

续表

校别	校长姓名	班级	学生数	出席人数	附注
第二镇中心小学	朱溯昭	高级一班 初级一班	五十九人	四十五人	教授亦颇认真
民权乡中心小学	郭怀刚	高级一班 初级一班	六十八人	四十二人	
涂泉乡中心小学	辛蕴书	高初级各一班	四十六人	二十九人	
丁田乡中心小学	张忠厚	高初级各一班	四十二人	三十二人	

6. 万载县保联中心小学概况表(2－4－579. P37－39)

万载县保联中心小学概况表　二十七年三月制

区别	校名	校址	校长	教员	学级数			学生数			经费	保联等级	辅导学校	备注
					高级	初级	合计	男	女	合计				
一	第二保联中心小学	城内	宋步桃	张毓英 王香慧		一	一	11	15	26	630	乙		妇女班一班,学生28人
	第三保联中心小学	高城	辛文焕	狄任芳 王先觉 辛茂材	一	一	二	80	7	87	630	乙		
	第四保联中心小学	江口	王振汉	王一之 王伟鹤	一	一	二	68	8	76	630	乙		成人班一班,学生21人
	第五保联中心小学	涂泉	辛经书	狄中照 辛柏传 树蕃	一	一	二	72	4	76	630	乙		
	第六保联中心小学	张家塘	龙明道	王英才 郭继湖	一	一	二	74	11	85	542	丙		第四民校兼办,成人班一班,学生18人
	第七保联中心小学	黄村	龙敷德	郭怀刚 陈文海	一	一	二	61	10	71	630	丙		

续表

区别	校名	校址	校长	教员	学级数			学生数			经费	保联等级	辅导学校	备注
					高级	初级	合计	男	女	合计				
二	第二保联中心小学	白杨店	张据德	刘家驹 辛焕华		二	二	46		46	630	丙		
	第三保联中心小学	岭东	孙轶华	郭道生 龙秉中	一	一	二	77	9	86	630	丙		成人班一班，学生30人
	第四保联中心小学	白水	欧阳丹	李士杰 黄濬哲		二	二	56	8	64	630	丙		
	第五保联中心小学	北水街	黄晋	彭汝骥 戴文华		一	一	12		12	630	丙		
三	第二保联中心小学	黄茅	欧阳暹	汤光亮 周观华	一	一	二	60	12	72	542	甲		第三民校兼办
	第三保联中心小学	潭埠	龙近顽	丁耀南 汤德荣	一	一	二	58	15	73	630	乙		
	第四保联中心小学	获富	龙振家	叶希仁 周克勤		二	二	50	14	64	630	丙		

续表

区别	校名	校址	校长	教员	学级数			学生数			经费	保联等级	辅导学校	备注
					高级	初级	合计	男	女	合计				
	第二保联中心小学	白良	袁炳宸	黄振汉 凌敬生	一	一	二	62	18	80	630	乙		
	第三保联中心小学	范塘	龙效彬	龙兴贤 徐步階		二	二	70	12	82	630	乙		
四	第四保联中心小学	仙源	王建业	朱德贵 袁心浩 王仁涛	一	一	二	66	14	80	630	丙		
	第五保联中心小学	槽头	李德章	黎国桢 李荣		一	一	26	10	36	630	丙		成人班一班，学生30人
	第六保联中心小学	茭湖	江美才	卢琏 龙象宗		一	一	30	8	38	630	丙		成人班一班，学生30人
	第二保联中心小学	罗城	李宗裕	卢藩士 喻秉衷		二	二	57	33	90	630	丙		成人班一班，学生30人
五	第三保联中心小学	高村	杨星恒	钟照珠 廖宝贤	一	一	二	72	8	80	630	丙		
	第四保联中心小学	西坑	喻锦标	林岱青 邓信芳		一	一	34	8	42	630	丙		
总计	二十一校		二十一人	四十七人	一一	二六	三七	1142	224	1366	11790			成人班六班，159人，妇女班一班，28人

7. 民国二十六年万载县各区中心小学概况(2－4－1408. P123－124)

万载县各区中心小学概况表(二十六年一月制，县长张)

校别		县立第一区中心小学	县立第二区中心小学	县立第三区中心小学	县立第四区中心小学	县立第五区中心小学
原核定班数及教职员数	班数	六	六	四	三	三
	教职员数	八	八	六	五	五
实际班数及教职员数	班数	六	六	四	三	四
	教职员数	九	一〇	七	六	六
核定经费与实支比较	原核定数(元)	二七二四	二七二四	二一四八	一七二八	一七二八
	实支数(元)	二八三二	二八三二	二一三二	一八三二	一九三二
经费来源	教育附加(元)	六〇〇	六〇〇	四〇〇	四〇〇	四〇〇
	宾兴款产(元)	一二〇〇	一二〇〇	九〇〇	六〇〇	七〇〇
	所在地三保保学经费(元)	四三二	四三二	四三二	四三二	四三二
经费来源	义教补助费(元)	六〇〇	六〇〇	四〇〇	四〇〇	四〇〇
	备考		最新该校核定经费数为一七二八元，嗣因该校学生发达，经本府二十五年十月二十七日呈准追加增至二七二四元			

附记	1. 各区中心小学经费除第三区中心小学因特殊情形外，其余各校实际略有增加，其增加数目各校多少有差，但各校所增加之经费仍留作预备费之用，其增加之教员薪俸仍在原核定各校总预算内匀拨支给。 2. 各校就近筹集之经费，原奉颁调整办法，经略与变更书院款产列收数字不确，改为预备收入。各校实支经费，改在可靠实收款产项下拨充。 3. 区中心小学所在地三保保学经费每年四三二元，上半年度未能一律筹足，经指定改由各区公款公产保管委员会经管之神庙会款产收入项下不足。下年度可如数筹足。 4. 各校附设之成人班及短期小学班，未列入实际班数之列。

8. 民国二十六年万载县城区各级学校概况一览表(2-4-1408. P170-177)

万载县城区各级学校状况一览表(二十六年三月)

校名	校长姓名	教职员姓名	学生人数		全年经费		性质组织系统	校址
			男	女	来源	数目(元)		
县立龙河初级中学	张芗甫	卢奋孙、汪文辉、曾定吉、杨如竹、郭鸿长、刘殿虎、文世模、辛安潮、卢澈贡	103	无	县教育经费	五〇一四	校长之下设校务主任一人，协助校长综理全校一切行政事务，下再分设教务、训育、事务，各部各置主任一人。另于各年级设年级主任一人。此外另组后有师生劳动服务团及学生自治会组织。	大北门
县立第一区中心小学	陈蕴岚	龙兆升、刘国琥、张琦、辛豫光、郑光远、张立道、郭宝沂、王翠英	166	75	县教育经费及所在地三保之学经费	二八三二	校长之下分教导、总务两部各置主任一人。教导部专司教。	康乐镇

续表

校名	校长姓名	教职员姓名	学生人数		全年经费		性质组织系统	校址
			男	女	来源	数目(元)		
私立龙山小学	龙赓尧	龙沐陶、龙江培、龙在田、龙翔	94	24	龙集贤义井二大祠及各支祠私人认捐五千元为基金	六三〇	学成绩测验调查训育及计划辅导学区内各级小学等事项。	城西龙忠孝祠
私立俊逸小学	鲍干青	鲍钦文、鲍味颜、鲍启光	62	9	鲍氏各祠会认捐	五二〇	总务部则专司事务、会计、文书等事项,除设上列各部外并设。	城西鲍氏祠
私立平阳小学	汪敷郭	郭柏生、汪丙炎、汪金林、汪绍薪	73	36	汪氏族人募集捐款	九〇〇	小学教育研究会、同学会、师生劳动服务团,童子	城内后街汪大祠
私立育传小学	郭祥光	郭安、何维藩	56	9	郭安私人认捐及征收学杂费	二五〇	军团本部等组织。	大南门月台山下
私立朝宗小学	宋志和	宋廷伟、宋绍康、宋名伟	73	17	宋氏祠会捐款	八〇〇		司背宋大祠
私立南阳小学	邓世平	邓泽春、邓起文、邓济汉	88	13	邓氏祠会捐款	四九〇		东门邓氏祠
私立正心小学	辛赞猷	鲍震寰、辛启仁、高巩磐、刘保安、辛士奎	57	13	私人捐款	三二五		县商会侧辛六房祠

续表

校名	校长姓名	教职员姓名	学生人数		全年经费		性质组织系统	校址
			男	女	来源	数目(元)		
私立青阳小学	宋锡章	宋维屏、宋礼昌	108	16	宋氏祠会捐款	五三一		宋家坊宋大祠
私立植基小学	龙植基	辛济南、龙植贤、龙崇高	70	7	龙植基捐款及缴收学费	四六〇		九仙塘肖氏祠
私立兰溪小学	王秉风	王志沂、闻济时、王伟鹤、陈清芬、王纲、王启贵、王承平	103	23	王氏祠会捐款	一八六四		王氏宗祠
私立世兴小学	郭去病	郭采繁、郭志中、郭维城	59	31	郭氏义塾提款	五七五		田下郭大祠
第二中山民众学校本校	朱溯昭	王莲英	48	32	省政府特教经费	八四〇		
私立商民小学	辛振汉	陈守正、辛植善	48	26	商会原有财神会秤等手续费	五〇〇		附设县商会
公立鹅峰小学	辛赞猷	龙亚英、张国维、辛邦达	44	20	鹅峰书院学租	八〇〇		城南三元寺
公立作新小学	辛守恒	辛赞猷、郭笃生、辛作新、辛邦达、辛应年	67	20	各书院提抽	八七六		乌溪门两以书院

附注:1. 表内各小学,除中山民校外,均系办理高初两级完全小学。

2. 表内各校之各项统计为教职员学生等,均系二十五年底之统计,本学期开学不久,所有各项统计各校尚在呈报中。

9. 万载县区中心小学概况表(2－4－579. P36－37)

万载县区中心小学概况表　二十七年三月制(附幼稚园)

校名		第一区中心小学	第二区中心小学	第三区中心小学	第四区中心小学	第五区中心小学	总计	幼稚园
校址		城内	潭埠	株潭	大桥	卢家洲	五校	城内
校长		辛焕镃	李诶贤	龙元辅	辛国乔	卢济光	五人	辛豫光
教员		张立道 刘国琥 龙兆昇 郑光远 郭宗沂 郭誉曾 郑泉赓 龙芃蔺	李文信 黄保权 谢庚兰 刘世昌 黄上游 叶天驹 李锦秀 辛济南	龙江培 罗克庸 龙章 杜葆真 刘佩琳 王光照 吴韶 龙步瀛	辛敏孙 欧阳赠 张国维 辛时茂 王道义 郭鸿长 辛沛云 朱文琰	卢士模 卢辅德 王俊卿 杨英杰 卢璧 彭开元 汤文光 吴仁坤	四十人	胥玲 曾寅育
学级数	高级	四	二	三	二	三	一四	甲 一
	初级	三	四	二	四	三	一六	乙 一
	合计	七	六	五	六	六	三〇	二
学生数	男	243	188	165	170	172	938	21
	女	101	35	17	46	40	239	11
	合计	344	223	182	216	212	1177	32
经费		二七二四	二七二四	二七二四	二七二四	二七二四	一三六二〇	一六八四
辅导学校	保联	七	五	四	六	四	二六	
	保联中小	六	四	三	五	三	二一	
	保立学校	八一	三五	五六	六〇	三五	二六七	
	保学	七〇	二八	四九	四八	一九	214	
	幼小	一四	九	一三	一二	〇	48	
备注		成人班一班学生四十人人	——职不另委人接充	成人班一班学生三十二人			成人班二班学生七十二人	

10. 黄茅乡三十五学年度第二学期各保国校校长请委名册(2－4－582. P7)

万载县黄茅乡三十五学年度第二学期各保国校校长请委名册

(三十六年三月　乡长王勤勉)

校别	校址	校长姓名	年龄	性别	籍贯	学历	教育界经历	小学教员登记证字号	原任或新任	备考
第二、十三保联立国校	桥头	周轶群	四七	男	万载	旧制中学毕业	曾任南公小学及本校校长教员等职		原任	
第三保国校	罗家山	辛有章	三四	男	万载	万载龙河中学毕业	曾任黄茅中心国校主任教员及本校校长		原任	
第五保国校	南岭	汤式贻	三一	男	万载	万载县立中学毕业	历任黄茅中心国校教员及本校校长		原任	
第六保国校	源头	刘文藻	四二	男	万载	旧制中学毕业	历任小学教员		原任	
第十保国校	茅布上	陈自平	二六	男	万载	匡庐中学高中毕业	曾任实验小学及黄茅中心国校教员		原任	
第十一保国校	棉土坳	郭子汾	三〇	男	万载	中学毕业	历任本保国校校长教员等职		原任	
第十二保国校	源头冲	李增荣	二一	男	万载	铜鼓县立中学毕业	曾任小学教员及本校校长		原任	

续表

校别	校址	校长姓名	年龄	性别	籍贯	学历	教育界经历	小学教员登记证字号	原任或新任	备考
第十四保国校	硚厦	张树楠	二五	男	万载	省立宜春乡师简师毕业	曾任龙冈小学及黄茅中心国校教员		原任	
第十六保国校	改江	张豪	二七	男	万载	中学毕业	曾任保国民学校教员		原任	
第十七保国校	南家布	刘佩琳	五一	男	万载	旧制东洲中学毕业	历任康西小学校长教员及本校校长		原任	
第十八保国校	北岸	欧阳执中	四三	男	万载	旧制中学毕业	历任小学教员及本校校长		原任	
第十九保国校	峡山硚	彭惠元	五一	男	万载	旧制中学毕业	曾任兴义小学及本校校长		原任	
第二十保国校	铁山界	王勉之	二九	男	万载	力行中学毕业	曾任小学教员及本校校长		原任	
第二十二保国校	王家场	王湧泉	二七	男	万载	力行中学毕业	曾任黄茅中心国校教员及本校校长		原任	

11. 民国三十五年度一学期万载县黎高乡第六保国民学校(2 - 4 - 456. P1 - 7)

江西省万载县黎高乡第六保国民学校概况表　(民国三十五年度一学期)

名称	万载县黎高乡第六保国民学校	校址	柞林村之庙里
沿革	于民二六年开办,为第五区三十保保立小学,三十二年度改名为万载县黎高乡第六保国民学校,于今不改。		
校舍	性质		旧式民房修理。
校舍	校舍面积		1000方尺。
校舍	体育场		每生所占面积3方公尺。
校舍	布置		教室、办公室、礼堂、校长室、教员室、膳堂、厨房、厕所各一。
校舍	环境		邻近有无小学私塾　无居民主要职业:农。
行政组织	组织系统		校长主持全校行政事宜。教学方面设小学、民教二部,民教部由校长负专责,小学部由教员负专责。儿童成人班各置班长一人,每天值日生一人。
行政组织	各种规程		行事历、教室公约、教师服务、学生自治组织及各种生活规约(此种规约期在实行新生活)。
行政组织	常用表册		课程表、作息时间表、点名册、学籍簿、学生一览表、成绩记分簿、校务日志、收发文簿、各种比较表等。
行政组织	各种会议次数及重要决议案		国民月会每月一次,校务谈话会每周一次,总理纪念周均按时举行,重要决议案有推行社会教育及修整校舍等事宜。
经费	岁入	公款	由保自筹谷57.2石。
经费	岁入	资产年息	无。
经费	岁入	学费	无。
经费	岁入	杂费	无。
经费	岁入	补助费	无。
经费	岁入	其他特款	无。
经费	岁入	总计	谷57.2石。
经费	岁出	俸给	谷51.4石。
经费	岁出	工资	无另均在俸给内。
经费	岁出	购置	谷5石(在设备费项下支给。
经费	岁出	杂用	谷1.8石(在办公费项下支给)。
经费	岁出	消耗	校长自垫。
经费	岁出	其他	校长自垫。
经费	岁出	总计	57.2石。

续表

名称	万载县黎高乡第六保国民学校	校址	柞林村之庙里
教学概况	学级编制	儿童班一、二、三年级合为一班,用复式编制,成人班采用单式编制。	
	课目	除遵照部颁课程标准外儿童班中年级加童军,低年级加普通常识,成人班加生产科目等。	
	教本	各科均采用本省教育厅编印。	
	补充材料	汇集地方教育及报章所载而适合儿童身心不失时效者。	
	课外读物	大众日报及本县政讯和各种杂志。	
	课外作业	种大豆菜、油等类,因时制宜。	
	教法	用启发式和研究式。	
	各班每周授课分数	儿童班低年级1000分,中年级1290分,民教部720分。	
	考试种类及其次数	平时测验未定时间,月考每月一次,期考每学期举行一次。	
	计分方法	采用均衡分数记分法。	
	上学期实际上课日数	未详。	
	本学期何日上课及预定何日完课	九月十日上课,翌年元月十日完课。	
	教师缺席	每周每人至多两节,平均一节弱。	
	学生缺席	每周每人至多四节,平均二节强。	
教育概况	方针	以锻炼体格、培养道德、灌输生产知能、陶冶爱国思想为训育方针。	
	实施	组织公民训练委员会,以积极训练为主,消极训练为辅。除团体训练外,并注重个别训练,以为实施。	
	请假手续	分普通和特别两种。不满一日为普通,用挂号记之;一天以上者为特别,须先缮请假条,呈由校长核准。	
	自修室管理		
	宿舍管理		
	操行考查	分平时与月终考查两种,随时注意学生之操记以优劣点。	

续表

名称	万载县黎高乡第六保国民学校				校址	柞林村之庙里				
设备类别	学生用图书	项目及数量	各科课本及各种参考书。							
	教师用图书		各科教材洎有关教育之参考书。							
	理化仪器		缺。							
	博物标本		实物标本由自己随时采集。							
	各种挂图		孔圣及总理遗像与各种地图各一幅。							
	办公用具		桌椅(借用)文具悉备。							
	教学用具		讲桌、课桌、坐凳、黑板、摇铃、教鞭等。							
学生	年龄。	最大		最小		平均				
		12		6		9				
	家庭。	职业	农	工	商	学	军警	政	其他	
		百分比	80%	10%	4%	3%	3%			
	校内生活。	课内占65%课外作业15%游戏20%。								
	寄宿或通学。	通学。								
	一年级学生数。	25 名　实到25 名　班数　一二合班					男	女		
	二年级学生数。	12 名　实到12 名　班数					27 人	10 人		
	三年级学生数。						共37 人			
	四年级学生数。									
	五年级学生数。									
	六年级学生数。									
	升降。									
	毕业生	总数		升学		就业	无业	死亡		
健康设施	健康设施	设有各种劳作用器。								
	体育状况	除课间操外,每天运动一小时,并定期举行体育各项比赛。								
	卫生状况	每日举行清洁检查一次,并列表记述之。								
	体格检查	于每学期开始时检查一次。								
童子军训练概况		待办。								
课外活用		组织社会教育推行委员会,于课外或假期领导学生深入农村,作生产建国宣传及施民众识字,此外跳高、跳远、游戏等科目。								
扩充事业		1. 推行社会工作,教导群众识字,宣传民众当兵;2. 指导农人努力耕种及农村建设。								
研究工作		研究《教学做》的道理,以併改进教学法,研究天才儿童与低能儿童之教法. 研究本地风土及物产,以便扩充生产。								
改进计划		力谋学校社会化,扩充生产事业,加紧社教工作。								
备考										

民国三十五年度第一学期江西省万载县黎高乡第六保国民学校概况统计报告表

项目				总计	幼稚园	初级小学	小学		简易小学	短期小学
							初级部	高级部		
学级数	合计					1				
	单式									
	复式			1		1				
	单级									
	二部									
儿童数	年级及性别	合计	计	37						
			男	27						
			女	10						
		幼稚园	男							
			女							
		一年级	男	19						
			女	6						
		二年级	男	8						
			女	4						
		三年级	男							
			女							
		四年级	男							
			女							
		五年级	男							
			女							
		六年级	男							
			女							
毕业儿童数	总计									
	高级									
	初级									
教职员数			计	2						
			男	2						
			女							
本学期经费数			入数	28.6石						
			出数	28.6石						
备注										

江西省万载县黎高乡第六保国民学校教职员一览表民国三十五年度一学期

职别	校长	教员
姓名	蓝少儒	陶馨
别号	学声	斯咏
性别	男	男
年龄	二六	二五
籍贯	万载	万载
资格及略历	铜鼓县高小毕业，曾任铜鼓县窑铺乡中心小学教员，窑铺乡第一保及五保国校校长	万载县黎高乡中心小学毕业，曾充保国民学校教员
任职年月	三五年八月	三五年八月
月支薪额（并注实支）	实支薪谷贰石贰斗	实支薪谷贰石
专任或兼任及分掌教务	兼任	兼任
每周教学科目及时数	公训　常识　美术　劳作30小时	国语　算术　体育　音乐36小时
住址	黎高乡三保	黎高乡三保
亲自签名盖章	蓝少儒	陶馨
到校月日	九月五日到校	九月十日到校

12. 民国三十四年万载县各乡镇中心国民学校及民众教育馆名称地点表（2－4－1017. P23－25）

万载县各乡镇中心国民学校及民众教育馆名称地点表　卅四年十二月　日

名称	地点	备考
县立实验小学校	万载	
高城乡中心国民学校	高城	
城南乡中心国民学校	城南	万载西门稻香饭店转
民权乡中心国民学校	马步	万载南门信义夏布行转
涂泉乡中心国民学校	涂泉	万载县政府第三科转
丁田乡中心国民学校	丁田	万载县政府第三科转

续表

名称	地点	备考
中正乡中心国民学校	潭埠	
中正乡中心国民学校分校	砂江桥	
蓝田乡中心国民学校	蓝田	万载三民街裕记转
柏树乡中心国民学校	柏树街	万载大桥邮政代办所转
白杨乡中心国民学校	白杨	万载大桥邮政代办所转
白水乡中心国民学校	白水	
株潭镇中心国民学校	株潭	
黄茅乡中心国民学校	黄茅	
获富乡中心国民学校	获富	万载株潭祥云斋转
大桥乡中心国民学校	大桥	
仙源乡中心国民学校	仙源	
槽头乡中心国民学校	槽头	万载大桥邮政代办所转
白良乡中心国民学校	白良	
三兴乡中心国民学校	三兴	
卢洲乡中心国民学校	卢家洲	
罗城乡中心国民学校	罗城	
高村乡中心国民学校	高村	
黎高乡中心国民学校	黎高	万载高村邮政代办所转
茭湖乡中心国民学校	茭湖	
万载县三民中心教育馆	万载	

13. 万载县获富乡中心国校教职员户籍调查表(2－1－47. P125)

万载县获富乡中心国校教职员户籍调查表　三十五年元月十五日

职别	姓名	户籍所在地				村街名称	备考
		乡镇	第保	第甲	第户		
校长	龙鸿业		第一保	第三甲	第五户	株潭镇	28
教导主任	叶鸿钧		第六保	第九甲	第十户	鄱官山	无
教员	刘士瞻		第一保	第八甲	第十户	花台村	139
教员	丁萱		第四保	第三甲	第四户	筀溪村	549
教员	龙江培		第八保	第二甲	第六户	枣溪村	1052

14. 民国三十五年度第一学期万载县柏树乡中心国民学校(2－4－477. P124－127)

江西省万载县柏树乡中心国民学校小学概况表 民国三十五年度第一学期

名称	万载县柏树乡中心国民学校	校址	设昌田廟
沿革	本校由第二区第五保转中心小学奉令改编,新乡镇制更名为万载县柏树乡中心国民学校,此乃经过之大概情形也		
校舍	性质	庙宇	
	校舍面积	289 方丈	
	体育场	每生所占面积 1.2 方丈	
	布置	悬挂总理遗像、蒋主席肖像和礼义廉耻匾、三民主义系统表解、教室二、礼堂一、浴室一、寝室三、厕所一、膳堂一	
	环境	邻近有无小学及私塾;无居民主要职业:农	
行政组织	组织系统	校长以下设校务及研究会议,设小学民教两部,置总务、教导、研究、社会四股,各级另设主任主持一切事宜	
	各种规程	《教职员务股规程》《教学室授课规程》《学生自治会章程》《膳堂规则学生请假章程》《学生寝室规则》《课外作业细则》《教职员请假规程》《学生自修室规程》	
	常用表册	点名册、校务日志、收发文簿、学生操行簿、家庭访问记载簿、学生功过簿、校具教具登记簿、学生学籍簿、团体训导簿、代笔登记簿、民众问事记载簿、学生奖惩记载簿	
	各种会议次数及重要决议案	开校务会议三次,决议筹款办法;开教导会议三次,决议由教导主任召集各老师,共同研究复式教学法,以利教学;开事务会议二次,决议劳作生产等	
经费	岁入	公款	由地方公款公产项下提给稻谷一百一十市石零四斗
		资产年息	
		学费	
		杂费	
		补助费	
		其他特款	
		总计	稻谷一百一十市石零四斗
	岁出	俸给	稻谷捌拾六市石四斗
		工资	稻谷十二市石
		购置	稻谷二市石五斗
		杂用	稻谷二市石八斗
		消耗	稻谷三市石五斗
		其他	稻谷三市石二斗
		总计	稻谷一百一十市石零四斗

续表

名称	万载县柏树乡中心国民学校		校址	设昌田庙
教学概况	学级编制	复式编制		
	课目	国语、算术、常识、自然、公民、体育、劳作、图书、童军工作、历史、地理		
	教本	国语教本、算术教本、自然教本、史地教本		
	补充材料	江西地方教育、战时特刊教材		
	课外读物	儿童丛书及民族英雄传记		
	课外作业	劳作、园圃、拔草、捉虫、施肥、培养蔬菜		
	教法	采取问答辅导式		
	各班每周授课分数	高年级1450分钟，低年级1285分钟		
	考试种类及其次数	国语测验二次，史地各测验二次，算术自然各测验三次，公民测验一次外分月考及寒考两种		
	计分方法	用百分法计分，以六十分为及格，不满六十分为不及格		
	上学期实际上课日数	120天		
	本学期何日上课及预定何日完课	自本年八月十四日上课，至三十六年一月十日完课		
	教师缺席	共计12次		
	学生缺席	不缺席者四十五人，缺一天者十人，缺五天者四人，缺三天者七人，缺六天者十人，缺八天者十人		
教育概况	方针	遵照中华民国教育宗旨，以启发儿童身心并培养国民道德基础及生活必须之技能学识为教育之方针		
	实施	本三民主义之教育实施生产劳动教育，并予以童子军训练		
	请假手续	学生请假须向管教员述明理由，然后至教导处截取假条，方可离校		
	自修室管理	采用学生互相监督法		
	宿舍管理	由教导主任检查内务，晚上检查人数		
	操行考查	注意平时之言行，随时记载于操行考查簿		

续表

名称	万载县柏树乡中心国民学校				校址	设昌田廟			
设备类别	学生用图书	项目及数量	儿童丛书民族英雄传记						
	教师用图书								
	理化仪器								
	博物标本		动物标本及植物标本						
	各种挂图		现代小学训育表解、本国地图、本省及本县地图、自然挂图						
	办公用具		印刷、砚池、摇铃、时钟、桌、凳、美术尺等						
	教学用具		粉笔、教学桌凳、黑板、地图						
学生	年龄	最大			最小		平均		
		14			8		11		
	家庭	职业	农	工	商	学	军警	政	其他
		百分比	75%	4%	13%	3%	11%	2%	2%
	校内生活								
	寄宿或通学	高中年级寄宿 低年级通学							
	一年级学生数	24 人 实到 24 人 班数						男	女
	二年级学生数	19 人 实到 19 人 班数						78 人	8 人
	三年级学生数	9 人 实到 9 人 班数						共 86 人	
	四年级学生数	10 人 实到 10 人 班数							
	五年级学生数	17 人 实到 17 人 班数							
	六年级学生数	7 人 实到 7 人 班数							
	升降	百分之九十升级百分之十降级							
	毕业生	总数		升学		就业		无业	死亡
健康设施	健康设施	购置药品以应急用							
	体育状况	田径运动、软体运动、徒手操等							
	卫生状况	注意地基燥爽、空气流通，并置备卫用具							
	体格检查								
童子军训练概况		正在积极组织训练，本校各生对于结绳、旗语、誓词、规律棍术虽属幼稚，稍能了解							
课外活用		跳高、跳远、跳绳、赛跑及拔河等							
扩充事业		拟于第二学期扩充广大操场，增设球栏及校园等							
研究工作		每逢寒假后，召集本乡各保国校校长及老师开教学研究会，以便增进教学起见							
改进计划		协同乡镇公所查调公款公产，以增加本校经费，才能达到扩充计划							
备考									

江西省万载县柏树乡中心国民学校小学教职员一览表

民国三十五年度第一学期

职别	姓名	别号	性别	年龄	籍贯	资格及略历	任职年月	月支薪额（并注实支）	专任或兼任及分掌校务	每周教学科目或时数	住址	亲自签名盖章并注明各学期	到校月日
校长	彭汝骥	腾万	男	三八	万载	东洲中学旧制毕业，曾任第二区中心小学教员、第二区五保联中心小学校长兼教导主任等职	三十五年二月	稻谷贰市石	专任	高级：地理，劳作。初级：工作等。共计二百四十五分钟	牛车上	彭汝骥	八月十二日
教导主任兼教员	吴修平		男	三七	万载	龙河中学旧制毕业，曾任私立育材小学校长、本乡乡长及本校校长等职	三十五年二月	稻谷壹市石八斗	专任	高级：国语、公民。初级：常识等。共计六百十五分钟	水南	吴修平	八月十二日
事务主任兼教员	谢仁章	迈勇	男	二七	万载	省立宜春乡村师范高中部毕业，曾任实验小学教员及私立体仁小学教员兼教导主任	三十五年八月	稻谷壹市石八斗	专任	高级：历史、体育、童军。初级：体育、国语、童军。共计九百卅分钟	龙田	谢仁章	八月十二日
教员	辛祥茂	国祯	男	二七	万载	省立武宁乡村师范毕业，曾任民权白良等乡中心国民学校教员等职	三十五年八月	稻谷壹市石六斗	专任	高级：算术、自然、图画、音乐。初级：算术、图画、音乐。共计九百四十五分钟	县城	辛祥茂	八月十五日

民国三十五年度第一学期万载县柏树乡中心国民学校幼稚园

小学概况统计报告表

		总计	幼稚园	初级小学	小学		简易小学	短期小学
					初级部	高级部		
学级数	合计	2			1	1		
	单式							
	复式	2			1	1		
	单级							
	二部							

续表

				总计	幼稚园	初级小学	小学		简易小学	短期小学
							初级部	高级部		
儿童数	年级及性别	合计	计	86						
			男	78						
			女	28						
		幼稚园	男							
			女							
		一年级	男	21						
			女	3						
		二年级	男	19						
			女							
		三年级	男	8						
			女	1						
		四年级	男	8						
			女	2						
		五年级	男	15						
			女	2						
		六年级	男	7						
			女							
毕业儿童数		总计								
		高级								
		初级								
教职员数			计	4						
			男	4						
			女							
本学期经费数			入数	55.2石						
			出数	55.2石						
备注										

15. 江西省万载县白良乡取缔不良私塾报告表(2－4－1019. P14)

江西省万载县白良乡取缔不良私塾报告表

私塾设在地村名	砚陂墩							合计
塾师姓名	袁勋学							一
在塾儿童数	一二							一二
取缔原因	妨碍当地保学学额之充实							
取缔月日	三月二十三日							
备考								

16. 江西省政府教育厅关于调查私塾概况的代电(2－4－1019. P15)

事由:为调查该县市私塾概况随令颁发表式一种仰即遵照填报由

江西省政府教育厅代电　　　　育号字第11814号

民国三十七年六月　日

各县县政府:本厅为明瞭各县私塾概况,兹制订调查表式一种,随令颁发,仰即依式查填二份,限文到廿日内呈厅(即将附表填报),以凭核办,毋延为要。江西省政府教育厅育号( )( )即附发《江西省各县私塾调查表》三份

江西省万载县私塾概况调查表　民国三十七年二月至七月

私塾数	私塾儿童数			私塾塾师数		
	计	男	女	计	男	女
9	106	85	21	9	7	2

县长　郝

统计主任　郭

填表员　龙

17. 万载第一区私立小学代用保学及一区中小所在保一览表(2－4－782. P48－49)

万载县第一区私立小学代用保学及一区中小所在保一览表
(自1936年5月至1939年5月)

保别	代用保学之私立小学名称	校长姓名	设立地点	附记
2、3、4、5	一区中小所在保	陈蕴岚	大北关宾兴堂	现因避敌机轰炸迁天陂上宋宅
7	鹅峰小学代用	巢杰	小北关张魁公祠	
1、6、1、7	平阳小学代用	汪敷郭	后街汪大祠	
1、9	青阳小学代用	宋继齐	小南门宋大祠	
2、3	龙山小学代用	龙锐庵	西门龙忠孝祠	
2、5	世兴小学代用	郭致中	田下郭大祠	
2、6	俊逸小学代用	鲍翰青	西门鲍大祠	
4、2	蕃衍小学代用	王子受	江口土稷塅	
五、十保	作新小学代用	辛守恒	乌溪关	
	明体小学			
	私立启蒙小学		高城乡	
	私立商民小学			

18. 万载县第一区私立小学调查表(2－4－782. P73)

万载县第一区私立小学调查表

校别	校长姓名	班级	学生数	出席人数	附注
私立平阳小学	汪敷郭	高初级复式各一班	一百二十一人	九十二人	
私立龙山小学	龙蜕庵	高级二班初级一班	一百零五人	八十六人	
私立世兴小学	郭致中	高初级复式各一班	七十九人	六十二人	
私立明体小学	王秉中	高级二班初级一班	七十三人	六十八人	
私立青阳小学	宋继齐	高初级各一班	七十四人	六十九人	
私立俊逸小学	鲍翰青	高初级各一班	七十二人	六十五人	
私立作新小学	辛守恒	高初级各一班	七十一人	六十四人	
私立蕃衍小学	王子受	高初级各一班	六十八人	五十九人	

19. 万载县私立小学概况表(2－4－579. P41－45)

万载县私立小学概况表　二十七年三月制

区别	校名	校址	校长	教员	学级数			学生数			经费	备注
					高级	初级	合计	男	女	合计		
第一区	平阳小学	城内汪祠	汪敷郭	汪丙炎、汪俊逸、汪绍蕲、郭柏生	二	二	四	87	21	108	900	
	正心小学	城内辛祠	辛安潮	辛郁文、辛赞猷、辛劭德、辛佳卿	二	二	四	102	9	111	950	
	兰溪小学	城内王祠	王乘风	王拯苍、张雨农、王承平	一	一	二	30	15	45	400	本学期已停办
	凤来小学	城东巢祠	巢思澄	巢慎修、巢文选、巢安、巢振龙	一	二	三	77	18	95	720	
	俊逸小学	城西鲍祠	鲍翰青	鲍起光、鲍味颜	一	一	二	70	6	76	520	
	龙山小学	城西龙祠	龙蜕庵	龙瀛、龙翔、龙怡美	二	二	四	80	30	110	630	
	朝宗小学	城内宋祠	宋光汉	宋廷伟、龙从高、宋晚松	二	一	三	76	6	82	500	本学期已停办
	青阳小学	城南宋祠	宋锡章		一	一	二	82	13	95	600	
	世兴小学	田下郭祠	郭智	郭勇、郭淑、平郭仁、郭去病、郭德廷	一	一	二	61	10	71	400	
	墨庄小学	城内刘祠	刘巨源	刘士稼、刘克立、刘保安	一	二	三	55	7	62	320	
	商民小学	城内商会	辛振汉	易斯正、辛省生		一	一	41	10	51	400	
	养正小学	马佈	郭怀准	周绍箕、郭崇基	一	二	三	60	13	73	550	
	孟齐小学	多江	龙赢登	龙光迪		一	一	30	3	33	180	
	舄化小学					一	一	28	2	30	160	

续表

区别	校名	校址	校长	教员	学级数			学生数			经费	备注
					高级	初级	合计	男	女	合计		
第二区	乐育小学	桥头	欧阳沂	邹良才		一	一	25	5	30	250	
	万垂小学	镜山	陈玉山			一	一	25	5	30	100	
	育材小学	半岭	刘子祁	刘和源		一	一	34	6	40	180	
	兴文小学	陂田	彭莅庄	彭瑞麟		一	一	38	2	40	180	
	高志小学	北水街	钟照球	钟集凰		一	一	26	6	32	180	
	启民小学	南田	龙业达			一	一	20	5	25	145	
	经国小学	铃田	朱文彦	辛情顺		二	二	60	5	65	180	
	修凤小学	龙田	谢裘成			一	一	29	2	31	166	
	达道小学	深塘	钟鸿业	钟宏业		一	一	35	7	42	180	

续表

区别	校名	校址	校长	教员	学级数			学生数			经费	备注
					高级	初级	合计	男	女	合计		
第三区	存敬小学	株潭	龙协楠			一	一	28	6	34	100	
	承顺小学	株潭	吴韶	吴宗藩		一	一	48	5	53	250	
	正谊小学	株潭	杨景颐	钟希奇、黄效曾、刘济民	二		二	72	0	72	460	已令停办
	龙冈小学	株潭	刘洛刚	汤克斌、辛作霖、龙云翰	二	一	三	96	0	96	750	已令停办
	四知小学	株潭	杨心传	杨锐		一	一	24	8	32	160	
	正蒙小学	株潭	黄宗宪			一	一	24	6	30	150	
	康西小学	黄茅	谢荣向	黄振坤、张志敏	三		三	74	0	74	600	
	启智小学	获富	刘济民	陈其耀		一	一	50	6	56	200	
	辅仁小学	获富	凌协和	凌砥中		一	一	30	2	32	130	
	南公小学	黄茅	周德庸	周发言、周惠民		二	二	40	3	43	240	
	懋德小学	大水源	吴德兴	欧阳铎		一	一	32	8	40	200	
	开智小学	蓝家	刘佩琳			一	一	26	4	30	120	
	育正小学	乔厦	张惠畴			一	一	34	6	40	120	

续表

区别	校名	校址	校长	教员	学级数			学生数			经费	备注
					高级	初级	合计	男	女	合计		
第四区	全五小学	虎塘	黎民望	黄厥中	一	一	二	46	0	46	180	已令停办
	聚云小学	白良	何玉树			一	一	30	0	30	100	
	龙桥小学	万岁桥	张容真	辛师曾	一	一	二	46	4	50	200	已令停办
	功文小学	茭湖	包人瑞			一	一	20	5	25	100	
	文联小学	坑口	喻清海	曾基、喻富春	一	一	二	48	6	54	300	
	贻哲小学	白良	李拱治	李苾、袁克荣	一	一	二	56	0	56	300	已令停办
	养正小学	白良	李云从			一	一	46	4	50	100	已令停办
	绍沂小学	潭背	曹超	邹炳辉		一	一	30	5	35	100	
	基德小学	双料	邓玉财	曾达成		一	一	30	0	30	100	
	希贤小学	王前	戴希贤	戴德坤		一	一	26	4	30	100	
	绍琼小学	横岭下	邱思茂	黎国熙		一	一	23	2	25	100	
	龙湾小学	东江	李翰	张旦初		一	一	34	6	40	100	
合计	四十八校		四十八人	七十四人	二六	五四	八	2184	269	2453	14051	

五、关于中学

1. 关于建筑县立中学的教育类提案(1-8-17. P59-60)

案由:建筑县政府县立中学以肃观瞻而资造就案

教育类第一案提议人:龙济海。连署人:郭恒准、谢树珊、李德毅、胡成章。

理由:县府前以战时不能建筑,利用学宫办公,房舍既不适用,精神复不能集中。县中离城太远,校舍过窄,不适宜于现代教育,均有建筑之必要。

办法:1. 地址:县府仍以建筑老衙场为宜,县中就龙河旧址改造,由县府建设科设计绘图。

2. 费用:一、公有店房或空基地招标拍卖。二、劝募。三、夏布阔幅每尺酌收建筑捐贰拾元,狭幅酌收拾元整,花炮□(编者按:前一漏字或符号为左"×"右"才")花色每箱或每篓壹佰元,□(编者按:前一漏字或符号为左"文"右"才")花色一百五十元,表芯每担三十元。征收时间暂以一年为限。

3. 机构:组织建筑委员会、推定专人负责。

审查结果:办法第二点第三款拟由大会决定,并请酌定数目,或限定抽收时间,其余均拟照原办法办理。

决议:1. 照原办法修正通过。

2. 建筑委员会以县长、县党部书记长、县中校长、本会议长、为当然委员、并推定卢奋孙、彭子衡、郭恒准、辛安潮、胡成章、辛增美、刘济民为委员。

2. 万载县立中学公教人员户籍调查表(2-1-47. P32-34)

万载县立中学公教人员户籍调查表中华民国三十五年十二月二十八日

职别	姓名	户籍所在地				村街名称	备考
		乡镇	第保	第甲	第户		
校长	欧阳光汉	中正乡	十九保	三甲	四户	石脑背	2357
教务主任	汪文辉	康乐镇	13保	3甲	12户	大北门王海公祠	寄寓王海公祠1884
训育主任	陈蕴岚	康乐镇	6保	2甲	13户	大北门18号	879

续表

职别	姓名	户籍所在地				村街名称	备考
		乡镇	第保	第甲	第户		
事务主任	邹向荣	城南乡	六保			谷源大安里	现寄居康乐镇西门郭家屋
军训教官	欧阳凝深	白水乡	一保			阳澄市	无
教员	包立言	大桥乡				河西街	无
教员	陈庚三	黄茅乡				茅布上	无
教员	李祖谦	槽头乡	三保	三甲	六户	东江中堡	627
教员	叶天驷	宜春县春台镇					
教员	杨柱流	罗城乡	十一保	五甲	八户	黄州村 15 号	1383
教员	彭鼎	中正乡	三保			陂田村	无
教员	郭鸿长	民权乡	六保			马步	现寄居康乐镇龙家场郭观堂公祠内
教员	胥嘉谋	卢洲乡	八保	二甲	三户	桥头八号	898
教员	龙邦彦	获富乡				枣木桥	无
教员	龙瑗枝	康乐镇	十八保	五甲	一户	西门外黄泥巷口	2650
教员	高其景	株潭镇	五保			上坊	无
教员	郑光远	中正乡	十三保	四甲	三户	何家源	无　1619
书记	卢简	卢洲乡	四保	四甲	十一户	卢家洲	因现三四保合并门牌尚未颁下，故甲户未填
书记	郑光远	中正乡	十三保	四甲	三户	何家源	无　1619
书记	卢简	卢洲乡	四保	四甲	十一户	卢家洲	因现三四保合并门牌尚未颁下，故甲户未填
书记	王据经	获富乡	三保	七甲	三户	枫树村 31 号	403
校医	巫宗咸	株潭镇	一保	六甲	十一户	布仔上巫祠 18	63
会计	柳尧熙	大桥乡	三保	六甲	二一户	河东塅 3 号	1888
事务员	黄照阳	黄茅乡	二保			柑子坑 9 号	1234
	欧阳光					文昌阁 3 号	2119

3. 专员公署核委万载县长兼该县立初级中学校长之训令(2－4－322. P358－360)

事由:奉令以核委万载县长张芗甫兼该县立初级中学校长,并仰转发委任状等因仰知照由

江西省第二区行政督察专员公署训令,教字第3159号

令万载县县长张芗甫

案奉江西省政府教字第四零七二号指令本署本年七月十九日呈一件,据万载县长呈据县立初级中学筹备委员会公推该县长为校长,乞转呈核委等情,请鉴核由内开"呈悉。准予加给委任状,仰即转发,并令行知照!此令。计发委任状一件"等因;奉此,令行核发原委任状一件。令仰该县长知照。此令,计核发委任状一件。

中华民国廿六年八月廿八日发

专员危宿钟

4. 万载县立初中改办完全中学之呈文及县政府之训令(2－4－731. P2－8)

案由:呈为三十二年度第一学期改办完全中学拟具计划书呈请察核转准由

查本校创办于民国二十五年。当设立之初,江西省政府教育厅长程莅县主持,将龙河东洲两私立中学裁并所有财产校具等,均由本校接收,延聘地方学验丰富深明大义之士,为之管教。自成立以来迄今日为时七载,学校基础日益巩固,因校务大见发展,而地方人士由衷推诚相见,更为友善,全县青年荟萃一堂,亲爱精诚,尤历来所未有,于国家育材施教之功,地方移风易俗之效,至为重大。卢前校长暨在校同仁鉴于创办县中收效甚宏,更因环境推移、时代需要,曾作最大之努力,计划改办完全中学,于民国二十九年呈请江西省政府核示,并奉指示,原则饬令迅速改进在案。兹本校经数年之整理改进,确已大有进展,毕业学生程度提高,升入省内外专科或高中者为数颇多,学校经费已筹足,每年收田租等稻谷四千三百余市石,以现时价格估计,达八九十万元之多。三十二年县行政会议,更一致通过本校三十二年度第一学期改办完全中学之提案,对学校经费尤为明确规定,切实保障。至师资方面,现在校教职员多数毕业国内外专门大学,及宿有教学经验者,以之改办完全中学,殊无师资不足之虞。在本校改办完全中学实已具备条件,适应需要又欣逢钧长整理与扩充本县教育无遗余力之际,校长等自应依据已往成规,力求教育事业之发展,为此缕呈缘由,连同理由计划书,赍呈钧座察核转呈江西省第二区行政督察专员危核转江西省政府核夺实为公便

谨呈

乡镇何

计呈送

《万载县立初级中学改办完全中学理由及计划书》三份

万载县立中学校长刘〇〇
大中华民国三十二年六月二十三日

附:万载县立初级中学改办完全中学理由及计划书

查教育之良窳,关系民族国家之兴替;文化水准之高下,影响社会人生之荣枯。本校秉承政府意旨与父老督促,已由规模粗具,达到基础巩固。校务发展,近年事势推移,时代需要,本校更具备改办完全中学条件,而且有绝对改办完全中学之必要,谨分述如左:

一、地方特殊情形:本县原办私立龙河、东洲两中学,虽其成绩有足称述,政府当局为谋融化数十年来所谓土客仇视,及充实学校内容,齐一地方人士意志,坚强令两校合并为万载县立初级中学。当时人士胶执成见,不肯同情,经过波折,殊难罄述。但以政府告诫明达倡导,且一致认定分辨虽著成绩,合一易谋发展,始得由形式之合并而成为意志齐一。兹以办理七载之经验,深感仅办初中,不足融化特殊情形而收宏大效果。盖县立初中虽以培养干部人才为主旨,而地方行政教育之良好干部类,皆具有高中资格程度才可胜任。故初中毕业学生多力图升学,然后置身社会。且初中短促时间与幼小年龄,所同窗之情,感殊不足普遍保持其永久性。本校为适应环境需要与时代要求,改办完全中学,荟萃全县青年于一堂,由初中而高中,然后共同置身社会服务,地方必能本悠久之历史关系,浓厚情感,共信互信,同赴事功。故本校改办完全中学,实有充分之理由与绝对之必要。

二、救济初中毕业学生:查本校初中毕业学生逐年增加,为数甚多。自各县遵令创办县立初中后,各上高、高安、宜丰、铜鼓、分宜、新余均邻近本校,而各该县均无高中,每年初中毕业学生数甚多。至本校私立初中二三校,与萍乡、宜春等私立初中林立,毕业学生尤为众多。除宜春、萍乡各有高中能容纳极少数学生外,其余则无良好高中足资造就。故赣西数县青年怀额满见遗之憾,国家叹育材难周之困。本校既目睹优秀青年因向隅失学损失堪虞,而地方父老更吁请本校开办高中,自应不惮劳瘁,适应环境需要,改办完全中学,以资救济。

三、经费充足:查本校接收前私立龙河、东洲两校款产及县考棚、育婴堂等款产,每年收得租谷三千五百市石。三十二年县行政会议,又一致通过本校提议增办完全中学提案,对增添经费尤有明确规定,每年又确定增收八百市石稻谷。统计本校岁入稻谷为四千三百余市石。此项学校款产完全独立。不受任何政治环境影响。凡稻谷收集保管等事项,由县政府聘定公正绅士组织本校款产保管委员会经常驻校主持办理。总之,以全县之力量及全县人士一致之愿望改办一完全中学,经费决无短绌之虞。

四、师资优良:查本县人士之高中教师人才在县在省或省外各校服务者大有其选。即如现任本校训育主任龙蕴化、教导主任欧阳光汉、专任教员汪文辉诸先生或系北大出身,或系国立武昌高等师范毕业,均曾在省立各中学任重要教职有年,声誉极著,以之任本校高中教师,自属优良。本校具有相当待遇,较之省立中等学校殊少逊色,原籍或外县良好教师亦不难罗致以俱来,且员额不多,绝无延聘艰难之苦。

五、校舍宽宏:本校现以县西大桥前东洲中学旧址为校舍,屋宇宽宏,足容千人以上。各种布置均够敷用。加以校外余基广阔,举凡运动场农场等设备,均易整理改造。至学校环境,四山环绕,绿水中流,尤足称读书佳境,设立完全中学于此最为适宜。

根据上述之事实理由本校实具备改办完全中学条件而有绝对举办必要兹预定进行程序如左:

三十二年度——高中一班简易师范科一班初中八班(初中现有八班拟暂不扩充)

三十三年度——高中二班简易师范科一班初中九班

三十四年度——高中三班简易师范科一班初中九班

事由:该校准予试办高中奉令转饬知照由

江西省万载县政府训令　　　心教字第8950号

中华民国三十二年九月30日

令县立中学校长刘庸常

案奉江西省第二区行政督察专员兼保安司令公署教字第五三五六号训令开:

案奉江西省政府教字第〇六八二六号指令开,卅二年七月呈一件,据万载县长呈请将该县立初级中学增办高中,以应地方需要,转请俯准备案由,呈件均悉。据称该万载县立初级中学确有增设高中之必要,并附具理由及计划书,请予核准等情。前来,经核尚属事实,姑准试办。惟该校长叠被各方控告,应予注意,仰即遵照,并转饬知照等因。奉此,合行令仰知照,并转饬知照! 此令。

等因。奉此,合行令仰该校长知照!

此令。

县长何心穀

5. 龙河中学造送民国二十五年度二、三、四、五月经常费及添置修缮费预算书恳乞察核之呈文[2-4-151(一).P183-187]

事由:为造送本校本年二、三、四、五月经常费及添置修缮费预算书,恳乞察核讯予将前拨去之款设法拨还俾资领用由

拟办:分示为次:1. 该校全年度预算原列三千六百三十六元。除上学期六个月支付经常费一千三百一十四元外,当存二千三百二十二元。本学期四月份应按所存数分送预算,以资适合。据称不敷之三十三元应按月匀配缩减,以免虚悬。2. 该校上学期缮费一百一十一元,着饬咨前代校长另案造具预计算查,准在总预备费项下动支。3. 前政教学院挪用该校经费六十元,该校已经呈准续办,自应维持原预算案,不能从中提拨,准由姜府设法拨还归垫。4. 师资讲习会经费五十一元准在溢收教育附加项下支给,归入二十八年度决算办理可已。以上各项,除令知财委会外,仰即遵照。此令。六月十日。

案查本校经费,业经二十四年度代编预算核定,年支银三千六百三十六元,在案,自应

遵照领支。惟学期添招新生一班，功课与钟点既多，经费亦当然加增，所余经费不足以资开支，前经本校编订半年度本学期经临各费，计需银二千九百一十五元，概算书呈请设法发款，以资领用。嗣蒙钧府提交第六次县政会议，得阅奉发是次会议录讨论事项第二案，据“龙河中学呈以本年添置修缮费计需五百六十元，请求拨款以资领用等情，拟由地方漏列公款公产项下核实支拨，如何请公决案。经决议：前袁州府四邑公社，两年来拨分余息，本县分得四百元，原为办理教育之用，准全数拨给领用，不敷一百六十元，准在二十三年度余款项下发足”等语，查本校本学期计需经常费二千三百五十五元，除上半期李代校长支去六个月经费一千三百一十四元外，尚不敷三十三元，拟在添置修缮费内列支补足，业将本年二、三、四、五等月经常费预算及添置修缮费预算书分别编造，连同请欵凭单送请财委会签核在案。本月一日准该会函开“查贵校经费，本年度预算列支银三千六百三十六元，除上半期领支经费一千三百一十四元，并拨与政教学院银六十元，师资讲习会银五十一元，又修缮费银一百二十二元，实尚存银二千零八十元，与所送预算请领之数，不敷甚巨，事关经费支出，溢出数目，本会未便拨发。又添置修缮费预算列支五百六十元，案经决议，另有的款，惟须遵照请领临时费程序之规定，仍希呈县转付审查。藉符法令，准函前由，相应检还原附件，即请查照办理！为荷”等由；准此，窃本校经费现遵照预算数目领用，尚不敷支，前政教学院及师资讲习会，在本校经常费内拨支一百一十一元，又修缮费一百二十二元，均经钧座面谕设法拨还，以资挹注，如何拨还之处，仍乞批示祇遵，其添置修缮费五百六十元，除四邑公社本县分得四百元，由本校径向提用，另填解款证报解外，不敷一百六十元，乞转令财委会遵照决议案履行拨给，准呈前由，理合检同本年二、三、四、五月经常费及添置修缮预算书各二份，并请款凭单二纸，备文呈请钧长察核，凡将前政教学院师资讲习会及修缮各费拨支之款共银二百三十三元，设法指拨的款归还，俾资领用，实为公便！

谨呈

万载县政府县长张

计附呈《二十五年二、三、四、五等月经常费预算书》各二份，《请款凭单》二纸。

《添置修缮费预算书》二份。

万载县立龙河初级中学校校长辛佐治

中华民国二十五年六月八日

6. 要求龙河中学继续招生之呈文（2－4－322. P2－11）

事由：呈请龙河中学继续招生由

窃以措国家于磐石，端赖贤豪冶人士于炉锤，全资教育。本县自前清办学以还，中学师范，同时并立有三，小校推行，为数不下二百，虽往年匪来学辍，不无影响于当时，而近日匪清民和，已复弦歌于各地，族学保学，渐已建满，乡村毕业儿童，自然日增繁盛，欲使寒儒得展深造之志，必有中学以为晋修之阶。伏思龙河中校，创自清末，雄踞县城，绾京黔赣湘之通衢，毗上宜铜浏之县境，校址既居冲要，教学自易推行，不惟节省学生之金钱，兼足灌输现代之文化，辅以本学年县长兼理校务，李君仰由代理职权，形势精神，极端淬历，学科操行，尽法磨砻，风声所播，舆论翕然。按诸省令停办情由，不禁感深。时移事易，所有龙河中学必须续招新生缘由，为特具文呈请钧长俯赐察核呈准，以宏教育而作人才，谨呈。

万载县政府县长张

具呈人县党部干事汪敷郭
县商会主席郭鸿祺
县立康乐小学校长辛涣镒
第五区区长彭振亚　押
中华民国二十五年十日

事由：呈据本县县党部干事汪敷郭等请求准予龙河初中招生续办等情转请核示由

案据本县县党部干事兼平阳小学校长汪敷郭，县商会主席郭鸿祺，县立康乐小学校长陈蕴岚，第一区长辛焕镒，第五区区长彭振亚等联名呈称“窃以措国家于磐石……云云叙以宏教育而作人才”等情，据此，查县立龙河中学在二十三度以前，确应主持人员不力，师资缺乏，故办理极形敷衍。曾经本府于上年六月据情呈请钧府核准停办。嗣以该校原有一二年级学生人数过多，因移转宜春乡师不能尽量容纳，复经呈请。准予继续办至该两级毕业为止，不再招生。经先后奉令核准各在案。兹查该校自县长兼长校务，委派李仰由代理职务以来，对于管理与教育各方面，均能整理有绪，比较往昔，颇形起色。且该校款产租息，自归财务委员会统筹收支整理后，亦较增加，果能办理得宜，当有显著成效。该汪敷郭等所呈各节，系属实情。据呈前情，理合转请钧府察核，可否准予，招生继续办理之处？仍乞训示祗遵！

谨呈

江西省政府主席熊

万载县县长张××

奉钧长面谕：饬即编订县立龙河中学校下学期经费预算书，送府核夺，等因：奉此，遵即精确编订，半年度共需经费银三千两百三十五元，理合检同预算，送呈钧长察核！

谨呈

万载县县长张

附呈《龙河中学校经费预算书》一份

委员长辛佐治
二十五年二月六日

万载县立龙河中学校民国二十四年度下学期支付预算书

科目	半年度预算数	备考
第一款　县立龙河中学校下学期经费	三,二三五.〇〇	原列全年度预算数三千六百三十六元,除已支过六个月经费银一千三百一十四元,又支过修理费一百二十一元六角五分,又拨支师资讲习会经费银五十一元,又拨政教学院银六十元外,实余预算内银二千〇八十九元三角五分但以上
第一项　薪饷	二,四一五.〇〇	列半年度需要抵支尚不敷银一千一百四十五元六角五分,拟请在本年度地丁教育附加及屠宰附加超额项下拨補,合并陈明
第一目　薪俸	二,一六三.〇〇	
第一节　校长薪俸	三〇〇.〇〇	校长一月支薪俸五十元,半年度如上数
第二节　主任薪俸	五四〇.〇〇	教导主任一员月支薪银三十元,级主任三员月各支薪二十元,本年合支如上数
第三节　教员薪俸	一,一五五.〇〇	全校学生三班(内职业一班)每班每周授课三十五小时计二十周,三班合共二千一百小时,平均每小时以五角五分,合支如上数
第四节　职员薪俸	一六八.〇〇	事务员一月支十四元,书记一月支十四元,合支如上数
第二目　校丁工资	二五二.〇〇	
第一节　校丁工资	二五二.〇〇	摇铃守门工役一名,煮饭挑水工役二名,厨役二名。杂役一名,共计六名,月各支银七元,合支如上数
第二项　办公费	一八〇.〇〇	
第一目　办公费	一八〇.〇〇	
第一节　文具	六〇.〇〇	纸张笔墨簿册等件月支银十元,半年合支如上数
第二节　消耗	九〇.〇〇	洋油茶叶薪炭等项月支十五元,半年合支如上数
第三节　邮电报章	三〇.〇〇	邮电月刊报章公报等月支银五元,半年合支如上数

续表

科目	半年度预算数	备考
第三项　农场设备实习	三〇〇.〇〇	
第一目　农场设备费	二四〇.〇〇	
第一节　设备费	二四〇.〇〇	开办农场各项设备处银如上数。
第二目　农场实习费	六〇.〇〇	
第一节　实习费	六〇.〇〇	每月支实习需要费银十元,半年支银如上数。
第四项　添置修理费	三四〇.〇〇	
第一目　添置费	一六〇.〇〇	
第一节　添置费	一六〇.〇〇	
第二目　修理费	一八〇.〇〇	添制讲桌二十张,需银四十元,饭桌九张,需银三十元,木床二十张,需银二十元,板凳四十条,需银二十元,厨房铁锅木盆饭甑碗盏及各项用具,需银五十元,合约如上数
第一节　修理校舍	一八〇.〇〇	新设职业班一于徐家塘约需修理校舍材料工资如上数

7. 要求在本县超额附税项下拨充县立龙河中学本学期办理经费不敷之数的呈文(2-4-322. P14-16)

事由:为本县县立龙河中学本学期拨充办理尚不敷经费一千八百二十一元,拟在本县超额附税项下据呈是否可行,理合缮具本学期预算书呈请察核示遵由

查本县龙河中学向系私立,而经费来源则属地方公有教育款产,县长以公有教育款产办理之学校,名为私立,于名实两方面均有未合!且流弊横生,侵吞学款之事,时有所闻!曾于去年提交本府第三次县政会议讨论决议将龙河中学原有学款(产)概拨归县有,由财民委员会统筹收支,等语,记录在案。惟该校经费既经由县统筹收支,自属与县立学校无异,复于上学期结束时提交本府第五次县政会议讨论决议:自二十四年度下学期起,将核校改为县立,业经呈奉江西省政府教字第一九四号指令核准在案。伏查该据于本年度开始时,因奉令停止招生,仅就原有班次继续办毕为止,故在二十四年度该校经费预算数仅

列二千六百二十八元。今该校既改为县立,拟就地方实际需要情形再行扩充办理,除原有班次外,本学期并当添招农业职业班一班,该校教员亦经酌量更调改聘,校长教员待遇亦稍提高。所有继续招生办理的情形,前据地方绅董呈请到府,业经转请省政府核示在案。但本学期依照扩充计划办理,曾经数度精密预算,计本学期须三千二百三十五元,除原预算余下本学期列支之一千三百十四元外,尚不敷一千八百二十一元。此项不敷之数,拟在本县超额附税项下拨支,是否可行?理合缮具预算书,备文呈请钧署核示遵!

谨呈

江西省第二区行政督察专员危

计附呈送《万载县立龙河中学二十四年度下学期支付预算书》一份

万载县县长张

8. 省政府关于龙河初中招生续办请示的回复指令(2-4-322. P17-20)

事由:据呈据县党部干事汪敷郭等请求准予龙河初中招生续办请核示一案仰分别遵照

拟办:1. 该校在廿五年上学期为廿四年度预算所限,未便变更。增办职业一班及遴聘合格教员暨提高教职员待遇超过原预算列支之教,拟在本年度溢额附税拨支(计溢收教育附税六百余元,屠宰附税四百余元),此为本县充实该校下一步计划,下学期以该校既改称县立,拟在廿五年度预算案内列支一万元,以土籍龙河原有租息六千元,客籍东洲着划拨四千元,凑足此数,经费是不成问题。

2. 本县公私立完全小学三十五校,每校平均毕业学生能升中学者以三人计,每年在一百余名之多。

3. 该校既改称县立,廿五年度土客双方既可凑资兴办,学生及教职人员自可土客并收,但须订定章则,另案呈报核备以杜纷争。

4. 廿五年度起,如能依照计划扩充,自可符合部领标准,逐步购置仪器及图表教具。

5. 本学期已酌量递增,廿五年度起,自应选聘曾经核定合格教师,其薪俸拟达到省立中学教职员最底二分一以上。

江西省政府指令　教字第343号

令万载县县长张芗甫,二十五年一月二十二日呈一件:呈据本县县党部干事汪敷郭等请求准予龙河初中招生续办等情转请核示由。

呈悉。据呈请续办龙河初级中学一节,须先查照是否切合地方需要,及能否逐照下列各点办理:

一、该校既改称县立,在县教育经费内岁拨若干,有无规定办法,须列表呈核。

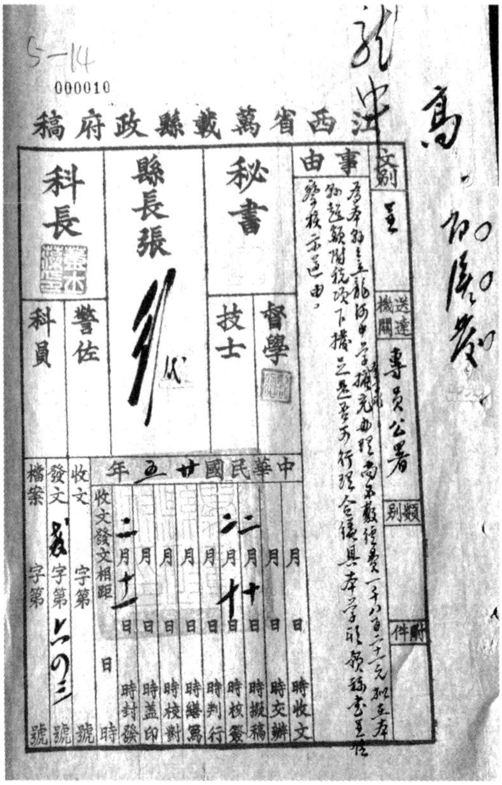
5-14
000010
江西省萬載縣政府稿
文別 呈
送達機關 專員公署
事由
類別
附件
秘書
縣長張
科長
督學
技士
警佐
科員
中華民國廿五年
月 日 時收文
月 日 時交辦
月 日 時擬稿
月 日 時核簽
月 日 時判行
月 日 時繕寫
月 日 時校對
月 日 時蓋印
月 日 時封發
收文發文相距 日 時
收文 字第 號
發文 字第 二〇三 號
檔案 字第 號

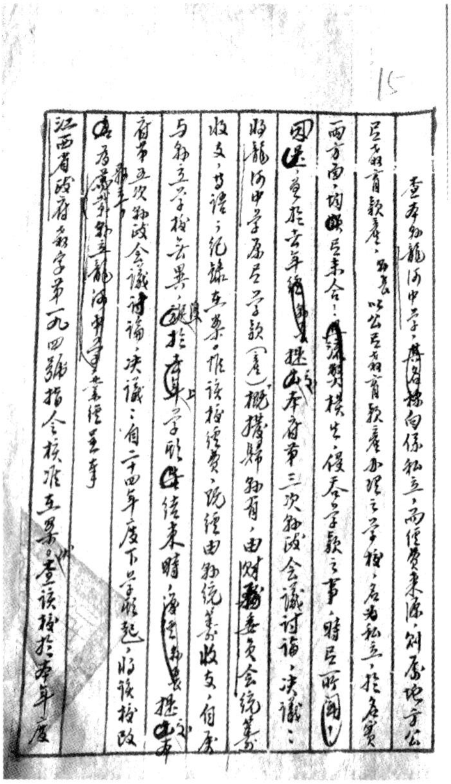
15
查本縣龍河中學，原係私立，
江西省政府
字第一九四號

二、该县公私立高级小学共有若干所，每年高小毕业生约计若干，能升初级中学者约计若干。

三、该县原有土客籍之分，最为恶习。该龙河中学既改称县立，关于聘任教职员及招收学生，能否一视同仁，绝对不再分界限？

四、关于设备方面，如仪器、药品、标本、模型能否确切符合部颁标准，以及各项教学用具，图书及体育童军等设备，有无相当购置足敷应用？

五、关于教职员的选聘及待遇，须聘请曾经检定合格教师，其薪俸不得少于省立中学教职员俸额二分之一，能否办到？

上指各点，均关重要，仰即分别查明，据实呈报，再凭审核！此令。

中华民国二十五年二月四日

主席熊式辉

9. 请求改私立龙河中学为县立暨招生续办职业教育的呈文及省政府之指令(2－4－322. P21－31)

事由：呈复龙河中学改归县立暨招生续办职业情形乞核示由

案奉钧府教字第三四三号指令，本府呈一件：据呈本县县党部干事汪敷郭等请求准予龙河中学招生续办等情，转请核示由。奉令开“呈悉……一、二、三、四、五……此令”等因，奉此，自应遵办。查本县私立龙河初中办理有年，颇有基础。惟近年来，因匪后教育，元气初复，升学者寥寥，兼之未得适当人才整理，致形腐败，曾经县长缕陈事实，于上年六月间呈请准予勒令停办在案。兹查本县匪患初平，农村经济，亟谋恢复，关于本县夏布、表芯、花爆三大出产，为复兴农村生产事业之中心，亟应加以改良，而臻发展。故本县热心职业教育人士，佥以中学教育虽不合本县需求，而职业教育实为目前切要之举，迭经呈请准予先行续招职业一班，以便徐图改进，所有原有中学两班，仍以办至各级毕业为止，并递次续招职业班，借资补充，以为初级职业学校之基。该汪敷郭等原呈漏叙此项事实，致成中学招生续办之误。兹查该校现已招收农业组一班，业已实行开课。奉令前因，除饬该校新任校长辛佐治，拟具改办职业学校实施计划，另案呈报外。谨将核示各点，分别答呈如左：

一、查本县龙河中学，系土籍龙河学宫公款所创办，在事实上无异县有，其不同者，限别于客籍方面而已！县长为欲调和土客，使无分籍界，拟从该校着手，以县教育经费补充，仍以该校原款为基础，由客籍东洲书院划出一部分补助，土客兼收，毋分畛域，此即改为县立之本意也。惟查该校在二十五年上学期为廿四年度预算所限，未便变更，所有本学期增办之职业班，及遴选合格教员，增加教员待遇等，超过原预算列支之数，拟在本年度溢收田赋附税项下拨支(计拨教育附税六百余元，屠宰附税四百余元)，为充实该校经费第一步计划。下学期以该校既改归县立，拟在廿五年度预算案内列支该校经费一万元，以土籍原有龙河租息六千元、客籍东洲款产着划四千元凑足此数，此为确定经费之办法也。

二、本县公私立完全小学三十五校，每校平均毕业学生能升中学者，以三人计算，每年在一百余名之多。

三、该校改归县立,在廿五年度土客双方既可集资办理,学生及教职人员自可土客收用,但须订定章则,另案呈核,以杜纠纷。

四、二十五年度起,如能依照计划扩充,自可符合部领标准,逐步添购仪器及图表教具。

五、本学期教职员略有变更增减。自廿五年度起,自应选聘有技术之合格教师,薪俸拟达县省立中等学校教师最低二分之一以上。

以上各点,理合备文,据实呈复,钧府鉴核示遵!

谨呈,

江西省政府主席熊

万载县县长张××

事由:据呈复龙河中学改归县立,暨招生续办职业情形一案仰遵照由

拟办:转饬龙河中学遵照。三.五.

江西省政府指令

令万载县县长张芗甫,二十五年二月十三日呈一件,呈复龙河中学改归县立暨续办职业情形乞核示由。

呈悉。查该校改归县立,招生续办各节,前经核示在案,仍应依照原定计划,办理初级中学,特别注重劳动科目,并于三年级课程,加授职业科目,俾应需要。所请办理农业各节,在事实诸多困难,应从缓议。仰即遵照,并转饬遵照!此令。

中华民国廿五年三月三日

主席熊式辉

10. 县立龙河中学主办农村实验区办法大纲与岁出经费概算书(2-4-322. P80-98)

事由:为案奉发交《万载县立龙河中学主办农村实验区办法大纲》一份等因,遵即参照原发大纲原则,拟具《龙河实验区工作计划大纲草案》及《岁出经费概算书》请察核存转由

拟办:准予转呈省政府核示饬遵并指令知照。

案奉,钧长发交《万载县立龙河中学主办农村实验区办法大纲》一份,等因;遵即参照原发办法大纲原则,另行拟具《龙河实验区工作计划大纲草案》及《岁出经费概算书》二份,理合备文呈送钧长察核存转!谨呈万载县政府县长张附呈《龙河实验区工作计划大纲》二份,附《组织系统表》一纸,《岁出经费概算书》二份。

万载县立龙河初级中学校校长辛佐治

中华民国二十五年五月六日

万载县龙河实验区二十五年度支付概算书

科目	本年度支付概算数	备考
第一款　万载县龙河实验区经费	一,〇二〇.〇〇	
第一项　薪俸		
第一目　薪俸		
第一节　总干事薪俸		暂不支薪
第二节　副总干事薪俸		暂不支薪
第三节　各部主任薪俸		总务部设计部推广部各设主任一员,暂不支薪
第四节　文书事务薪俸	一八〇.〇〇	文书事务暂由一人兼理支助理干事,薪俸月支银十五元,全年合计如上数
第五节　各场主任薪俸		农场林场牧场渔场各设主任一员,暂不支薪
第六节　生产指导员薪俸		此员请农业院选派充任
第七节　合作指导员薪俸		此员请本县合作指导员兼任
第八节　妇孺指导员薪俸		
第九节　乡教指导员薪俸		此员呈请省教育厅派员担任
第十节　卫生指导员薪俸		此员由县诊疗所派员担任
第十一节　民训及调查干事薪俸	三〇〇.〇〇	民训及调查干事暂聘一人,月支干事薪俸银二十五元,全年合计如上数
第十二节　助理干事薪俸	一八〇.〇〇	设助理干事一人,月支银十五元,全年合计如上数
第二项　办公费	二四〇.〇〇	
第一目　办公费	二四〇.〇〇	
第一节　办公费	二四〇.〇〇	办公宣传各费月支银二十元,全年合计如上数
第三项　活动费	一二〇.〇〇	
第一目　活动费	一二〇.〇〇	
第一节　活动费	一二〇.〇〇	活动费月支十元,全年合计如上数

万载县龙河实验区编民国二十五年五月

万载县立龙河初级中学校校长辛佐治　编造

附:万载县龙河实验区工作计划大纲草案

一、工作地点:在万载龙河中学附近,呈由县府转呈省府准予,暂划七保为实验区范围。

二、工作目标:依照省府完成农村改进工作计划,及全省农村实验事业计划纲要,以管教养卫为范围,先完成农村实验区组织,然后按照计划施行,以政治经济文化为实施工作之最高原则。

三、工作方法：推进农村事业尽量利用当地人才物力及固有组织，并与地方政治力求联系，力避抵触重复以收相辅而行之效，利用地方荒山荒地以求经济的建设，利用保甲组织以求政治的建设，利用保学以求文化水准之提高。

四、工作年限：自组织成立之日起，工作以三年为限。

五、实施步骤：先以管教养卫为范围，决定工作实施步骤。

甲　关于管的方面

1. 加紧训练区内保甲长以加紧工作效能。

2. 规定区内各保之保甲规约并能切实履行之。

3. 切实禁绝烟赌及乞丐游食。

4. 实行区内人事登记。

5. 区内各保组织农村改进会。

6. 调解人事纠纷。

7. 整理村容。

8. 区内每保组织青年励志团妇女会壮丁会消防队等。

9. 组织区内各业之职业团体。

10. 修筑村道。

乙　关于教的方面

1. 扫除文盲，凡区内十八岁以上年在四十五岁以下之成年男女，凡区内年在十二岁以上十八岁以下之青年男女，应受完初级民众学校课程，年在七岁以上十二岁以下之儿童一律施行强迫教育。

2. 确定保学经费及合格教员保学教员并施以严格训练。

3. 举行通俗演讲，启发全区民众之民族意识及灌输以普通常识。

4. 革除迷信及改良风俗。

5. 严禁早婚及妇女缠足。

6. 组织各村村民俱乐部

7. 组织各村村民武术会。

8. 发行壁报（实验区印发）。

丙　关于养的方面

1. 利用全区荒山荒地厉行生产建设。

2. 改良种子，提倡生产技术。

3. 组织合作社。

4. 提倡农家副业，如养鸡养蜂等。

5. 区内各保应有保林保塘保仓等之建设。

6. 按照环境之需要开辟水利。

7. 婚丧喜庆不得靡费。

丁　关于卫的方面

1. 加紧全区壮丁自卫训练。

2. 区内各民屋多开窗户，保持住屋之清洁。
3. 疏通沟渠。
4. 扑灭蚊蝇。
5. 区内所有儿童均应种牛痘。
6. 灌输村民以卫生常识。
7. 举行儿童健康比赛。
8. 每保开辟运动场及公园一所。
9. 公共浴室及厕所之建筑。
10. 保健员及产婆之选定。
11 切实预防牲畜病疫。
12. 预防及治疗各种传染病。
13. 举行运动会。

11. 县立龙河中学更正校名并要求追加预算的呈文(2－4－322. P164－167)

事由：为遵令呈报更正校名日期请予备案并拟将追加预算数于八九两月份另行补造再自十月份起一同原预算合编乞鉴核示遵由

拟办：一、改正校名日期，准予备案。

二、七月份至九月份上半月经费，因会计手续关系未便准予动支，但如有特别用途，准予另编预算专案呈报核定。

三、九月份下半月追加预算，准另行编造，自七月份起按月份造追加预算，连同原编预算两份送请审核，无庸合并，以清款目。

案奉钧府教字第一五七七号训令开"案查，前据该校呈请准予追加预算招生续办一节，当经本府检同原预算书，据情转呈，核办在卷。兹奉江西省政府教字第三四九四号训令内开：'呈及预算，均悉所请追加预算书、招生续办一节，应予照准，据情转呈，核办在卷。所需经费一千三百七十八元，准在该县本年度教育预备费项下拨支。又该校续招新生，姑以《修正中学规程》规定。之至少二十五人计，应追加列收学费，每人八元，共二百元，统俟年度终了并入决算案办理。后复查该校称县立龙河中学，应改称万载县立初级中学，毋庸加龙河二字。又龙河校地校舍均不合用，应另选适当地点，集合全县之力共同建筑新校舍，以化除土客意见而维久远。仰并知照！此令。预算存。'等因，奉此，除呈复并分令财委会，暨公款保管出纳处知照外，合行令仰该校长遵照，着自本年度九月份下半月起，依照核准追加预算数，连同核定该校原预算数，并入重编预算，迳送财委会审核，并将该校名称立即更正，仍将更正日期专案呈报江西省政府教育厅暨本府备查，所有该校钤记，听候本府呈请颁发领用可也，并仰遵照，此令"等因；奉此，遵于本月二十六日改正校名为万载县立初级中学，理合备文呈请备案。惟查核准追加预算数一千三百七十八元，着自本年度九月份下半月起，连同原预算并入重编。似本年度八月份暨九月份上半月，对于追加经费，不能补领，但此一个半月所需经费，计算共有一百七十二元二角四分，如不能补领，势必发生困难，无以应付，且八九两月份预算，业经先后告送，如自九月份下半月起依照核准预算数，连同原预算数，并入重编，殊费周折。拟将追加预算数于八九两月份另行补造，再自十月份起，一同原预算合编，是否有当，统乞钧长鉴核示遵，实为学便！

谨呈

万载县县长张

万载县立初级中学校代校长汪文辉

中华民国二十五年九月二十八日

12. 东洲书院宾兴堂记（道光十三年编印）

国家崇重学校，培植人材，百有余年，重熙累洽，固已家邹鲁而户章逢矣。而义学之立，尤所以优养寒畯，故其地常取于適中，昭其便也。万邑大桥镇距县治四十余里，自各乡计之道里，适得其均，又居山水之隩，诸绅耆谓于建学为宜，于是卜基于河潘之东洲，而与阖乡之好义者踊跃捐租，构学舍，置田产，堂室、门庑、仓廪、庖湢、器用毕具。经始于道光六年，迄期年而告竣。每岁冬月，具词呈请于邑侯，集诸生童于县庭，而扃试之，取正附课如额，以俟来春开馆延师而训课焉。大抵所以奖励之者，法无不周。所以培养之者，费有不惜，其用意可不谓精详慎重矣乎！古者取士，专在乡举里选，自闾胥族师党正州长，皆以德行道艺及孝弟睦姻任恤为教，而又月吉有书，岁终有会，而后书升论秀，由司徒司马以次达诸朝廷，良以野处之秀质性淳朴，其教易入而其材易成，而国家亦常收养士之效也。且夫一乡之人材每随乎风会，而风会之升降又视乎人心之向背以为转移。今以数万金之工程，漫无丝粟之凭借，一旦数十人唱之，而翕然相应，欣然乐从，出之不劳，而成之甚速，此皆扶舆磅礴郁积之气，与乡党淳庞聚顺之风，蓄而欲泄，有以鼓其机于不自觉者。此方之士，其联翩鹊起，德为龙光，声化鹤鸣，足令旁观者咨嗟欣羡。因以表盛扬休，号为冠盖，里当无疑也。吾见由家而进于学，则为之歌在泮焉，由学而举于乡，则为之赋鹿鸣焉，由乡而贡于礼部策于殿廷，则题雁塔宴瑗林焉，从此回翔丹地，栖息禁林，登金龙玉栋之巅，以瞻仰瀛台之盛，回忆大桥东洲之地，不信有如天上人间者乎！然而君子之入仕也，原以行其所学也，故虽尊崇赫奕，要不改夫韦布之初心，而后能淬厉其操守，发挥其事业。昔谢大傅功高百辟心在一邱，范文正公经略西夏，而惓匕于圭峰旧隐，则多士他日其必不忘斯地也，明矣。独愧予以邻县经生，当落成之始即主讲于是，迄今五载，于道素未有闻，不敢侈陈道德性命之旨，所兢匕自励者，惟是严课程，明赏罚，择其资禀优异者，取经学史学治术诸书与之讲贯，而以其余功兼及诗、古文、辞之学，至按旬会课，仍以制艺为主，论策表判，酌量试之，皆以遵功命，育全材，以仰副圣天子崇儒重士之心于万一焉。至于捐资之姓字，田产店房之号亩基址，与夫先生修脯、生徒膏伙、奖赏、小试卷价、乡会试程仪、庆贺之定数，均将梓而遍致之，俾昭然不惑。而捐助之多者，又为设牌位而奉祀之，此皆首事诸公悉心筹画，可以经久兴远者也。予居西席久，知之甚悉，因并书之，以为后法，是焉记。

乡进士拣选知乡眷愚弟刘嘉树　顿首拜撰

13. 万载县立初级中学东洲分校概况(2－4－322. P325－338)

万载县立初级中学东洲分校教职员表，民国廿六年第二学期

职别	姓名	性别	年龄	籍贯	学历及经历	到职年月	月俸或年薪	专任或兼任	每周教学科目及时数	备考
校长	张芗甫	男						兼任		将来添加学生班次，应添聘专任教员三人，此系现实人数
校务主任	李祖谦	男	五三	万载	袁州师范本科毕业，历充江西省议会议员三年，东洲中学教务主任八年，教育厅委充东洲中学校长兼县教育会长三年，万载县东洲教育局局长三年，铨叙部甄审登记	廿五年八月	月薪四十元	专任	动物四时，劳作四时，植物四时，卫生二时，地理四时，图书二时	
教导主任	杨劭盦	男	三六	万载	江西豫章法政毕业，曾充江西省立第十三中学训育主任	廿五年八月	月薪四十元	专任	公民二时，国语十二时	
年级主任	叶天驹	男	二七	万载	江西省立宜春乡村师范高中乡师科毕业，曾充正谊小学教员三年	廿五年九月	月薪四十元	专任	动物四时，劳作四时，植物四时，卫生二时，地理四时，图书二时	
教员	邓志傑	男	二四	宜春	江西省立宜春乡村师范高中普通科毕业	廿五年九月	月薪四十元	专任	月薪四十元，专任或兼任：专任，每周教学科目及时数：体育四时，英语八时，音乐二时，算术五时，童军六时	
事务员	谢国屏	男	二九	万载	万载私立东洲中学校毕业	廿五年八月	月薪二十元	专任		

万载县立初级中学东洲分校概况表(一)　民国廿五年度第二学期

<table>
<tr><th>教育目标</th><th colspan="3">经费</th><th colspan="7">校舍分配</th><th>计划</th></tr>
<tr><td rowspan="3">1. 养成刻苦耐劳之健全身体；2. 培养科学的知能；3. 培养高尚的人格及优美的兴趣；4. 预备升学并培养职业能力；5. 养成党治下之健全公民；6. 培养社会服务之能力与知识；7. 培养军国民精神；8. 养成善用馀暇之习惯</td><td>来源</td><td colspan="2">东洲教育款产会及县府拨款</td><td>类别</td><td>大礼堂</td><td>办公室</td><td>会议室</td><td>教室</td><td>自修室</td><td>教职员室</td><td rowspan="11">本学年因初行恢复，而大乱之后田园荒芜，公私交困，加以修筑校舍费用浩繁，本年下期金融始有稍活希望，所以一切事业不得不采用渐进办法。拟订计划如左：(1)分年招生。为升降便利起见，招收新生拟分年办理，廿六年下期添招一班，廿七年招收一班以后逐渐进展。每班以五十名为限，使升级留级不致感受困难。(2)本校匪乱而后，仪器、药品、图书、用具尚未恢复在廿五年一年生，此项设备缺而不全，下学期不得不力谋扩充至低限度，实敷实验之用。(3)修理原有房屋，添置应用物品及各种标本、图书，以自采自制为原则，不能采制者向外购办。(4)本校后面购有广阔地皮，为扩充校舍及体育场所之用，拟分期筑造，期于三年建置完善。(5)各项规则及教学方法，原则不求过高，以适合现代潮流而能实际施行者为准，力戒因循敷衍、铺张表面之弊。(6)大乱而后，农村凋敝。为力谋普及起见，学生缴费特别减少，待遇特别从优，俾聪颖子弟、贫寒青年均有就学机会。(7)每学年遴员出外考查，灌输学识，以求进步</td></tr>
<tr><td rowspan="7">本学期预算数</td><td>薪工</td><td>3664元</td><td>数量</td><td>一</td><td>一</td><td>一</td><td>三</td><td>四</td><td>六</td></tr>
<tr><td>办公费</td><td>265元</td><td>类别</td><td>图书室</td><td>储藏室</td><td>阅览室</td><td>仪器室</td><td>成绩室</td><td>游艺室</td></tr>
<tr><td>沿革</td><td>设备费</td><td>637元</td><td>数量</td><td>一</td><td>一</td><td>一</td><td>一</td><td>一</td><td>一</td></tr>
<tr><td rowspan="7">本校于光绪三十四年由各地方绅民集资兴办，名曰万载私立东洲中学校，谢济沂、杨守洛、钟照离继续担任监督与校长。民国成立，谢济沂复任校长，呈准立案，继之者为李有甲、张耀辰等。民国十五年，国民政府成立，李祖谦担任校长，添办三班，增加设备，积极整理，重行立案，图书仪器价值万余元。十七年，教育厅拨给丙等补助。十八年，拨给乙等补助。嗣由陈益新刘俊民继任校长。遭逢乱，校舍、用具、图书、仪器掠毁尽净。廿四年，地方敉平，修筑校舍，购置用具，恢复开学，改办初级职业。廿五年，遵照省令，恢复中学，改称县立中学分校</td><td>修缮</td><td>612元</td><td rowspan="2">类别</td><td rowspan="2">课外作业室</td><td rowspan="2">学生寝室</td><td rowspan="2">体育器械室</td><td rowspan="2">运动场</td><td rowspan="2">应接室</td><td rowspan="2">会食厅</td></tr>
<tr><td>杂支</td><td>160元</td></tr>
<tr><td>其他</td><td>185元</td><td>数量</td><td>一</td><td>廿</td><td>一</td><td>三</td><td>一</td><td>一</td></tr>
<tr><td>总计</td><td>5523元</td><td>类别</td><td>厨房</td><td>工友室</td><td>调养室</td><td>理发室</td><td>浴室</td><td>传达室</td></tr>
<tr><td colspan="3">学生每期纳费</td><td rowspan="2">数量</td><td rowspan="2">一</td><td rowspan="2">一</td><td rowspan="2">一</td><td rowspan="2">三</td><td rowspan="2">四</td><td rowspan="2">六</td></tr>
<tr><td colspan="3">学费三元图书一元体育一元膳费拾叁元有余发还厨役工资薪炭灯烛杂用俱由校支给</td></tr>
<tr><td colspan="3"></td><td colspan="3">全校面积</td><td colspan="4">三千六百方丈</td></tr>
</table>

万载县立初级中学东洲分校概况表(二) 民国廿五年度第二学期

学级编排及学生人数

一年生七十八名,分甲乙二组,每组三十九名									
籍贯	万载			宜春			萍乡		
人数	七十五人			二人			一人		
年龄	十三	十四	十五	十六	十七	十八	十九	二十	廿二
人数	2	1	13	15	15	15	15	1	1
百分比	2.4%	1.2%	16%	19.5%	19.5%	19.5%	19.5%	1.2%	1.2%
平均数	十五岁								

历年毕业人数	教职员及校工人数	
卷帙散失尚未查明	校长	一人 县长兼
	校务主任	一人
	教导主任	一人
	年级主任	一人
	教员	一人
	事务员	一人
	校工	六人

教务训育

课程	成绩考查	教学法	训育
遵照廿五年修正课程标准参酌本校特殊情形加课国语一小时	考查种类分平时练习、临时试验（－）（－）试验三种。平时练习又分口试、笔述、实习实验及文字测检五种，试验采用问答法、认识法、填字法、是非法 记分用百分法。授课一小时为一积点，每学科分数以积点乘之为学科得分。各科总分以各科总积点除之为平均分数。平时成绩占临时成绩三分之二，临时成绩占学期成绩三分之二	采用自学辅导原则及学科研究精神	训育标准： 1. 革命化 2. 平民化 3. 科学化 4. 纪律化 5. 艺术化 训育原则： 1. 不重抑制而尚指导 2. 不采放任而主严肃 3. 注重人格感化 训育方法： 1. 个别训话 2. 团体训话 3. 团体生活规则 4. 操行考查 5. 奖惩

组织大纲		各学科研究会简章	
学则	校务会议规程	奖惩条例	新生运动促进会简章
教务会议规程	训育会议规程	学生公约	阅览室规则
事务会议规程	学科会议规程	图书室规则	储藏室规则
学业成绩考查规程	操行考查规程	自修室规则	教室规则
体育规程	教育界公约	寝室规则	膳厅规则
办公厅规则	推广委员会规程	游艺规则	
训育实施方法	请假条例		

万载县立初级中学东洲分校概况表(三) 民国廿五年度第二学期

设备状况			集会
图书	军事类	六种	1. 校务会议
	经史子集	廿六种	2. 教务会议
	普通类	廿一种	3. 训育会议
	教育科学类	六种	4. 事务会议
	社会科学类	廿一种	5. 学科会议
	美术类	八种	6. 考试委员会
	诗词学类	十种	7. 健康委员会
	文艺类	廿六种	8. 经济委员会
	自然科学类	八种	9. 课外作业指导委员会
	应用科学类	五种	10. 学生升学指导委员会
	万有文库	一种	课外作业
	史地类	十二种	1. 国学研究会
仪器标本	化学器具	六种	2. 英文研究会
	化学药品	十一种	3. 自然科学研究会
	物理器具	二种	4. 党义研究会
	植物标本	三种	5. 史地研究会
	动物标本	三种	课外活动
	1. 博物挂图	二种	田赛组
校具	坐凳类	八种	2. 径赛组
	床铺类	二种	3. 足球队
	椅几类	三种	4. 排球队
	桌案类	八种	5. 篮球队
	橱架类	四种	6. 网球组
	盆桶类	六种	7. 国乐组
	磁器类	三种	8. 国术组
	钟类	二种	9. 乒乓组
	文具	四种	10. 弈棋组
	其他	四种	

续表

设备状况			集会
体育器具	田赛器具	三种	
	径赛器具	五种	
	球类	五种	
	童军器具	五种	
	器械运动器具	二种	
	图画板	一种	
	写生架	一种	
	棋类	四种	
	国乐	二种	
	西乐	三种	
	篆工	十种	

14. 东洲教育款产委员会就应缴学谷分摊不公的呈文(2-4-465. P3-6)

事由:为违反原议恳准分办以重教育而息纠纷由

批示:为化除土客籍界限而合办中学,即系应从教育着手,收效必宏,且已有成效,所请分办确难准行,惟负担如确有不平。应该再召开会议商讨,务使公允,稗学校得以维持久远,土客籍得以水乳交融,敦目前之乡谊,造善因于后昆,胥在于此批示知照。十五。

中华民国廿七年十月四日

窃查本县籍分土客,界限綦严,二百余年迄未融化,前此程教育厅长于二十五年间签呈融化土客办法四点。经省府饬前县长张通令遵照并先从合办中学入手,借资测验。惟合办中学,固属融化土客界限之一端,而厅长签呈之城居、通婚、修志诸问题,亦为目前当务之急,乃二三年来未见丝毫进展,而合办中学,对于收款缴款更属弊端百出,不平则鸣,此职等难安缄默者也。查张前县长进行合办中学时,为审慎将事起见,曾由双方遴选富有声誉士绅各八人,以县长为主席,组成合办中学筹备委员会,缜密研讨其校务计划,均由该会拟定。关于经费预算收入方面,龙河计收实租九百石,应缴谷价一千八百元;东洲计收实租一千九百石,应缴谷价三千八百元;考棚计收实租二百石,应缴谷价四百元;学宫计收租八百石,应缴谷价一千六百元;学费即可收千八百元;又地方教育附加,拨补二千六百元,共计一万二千元,早经呈明教厅,核准施行有案。

近查龙河等应缴谷款,短收甚巨,县预算仅编二千八百八十元,所有田赋全部在内完纳统计,短缴在一千七百元左右。而于东洲方面,派缴之数,则照数收取,田赋仍系私自负责,实与原议不符,揆诸事理岂得谓平。似此呈准之案可以藐玩不遵,规定预算可以任意更改,将来纠纷自无待言。吾恐借此以融化界限者,反因此而界限越深。故自二十五年冬,东洲捐户代表对于合办中学力持异议,曾经提起诉愿,再诉愿,按悬教部,尚待解决。

如以现实情况观之，则实合不如分之矣。

钧长秦镜高悬，当能明察，理合将不平之点，缕呈鉴核，恳请令饬龙河等欠缴之款，如数补足，并肯准将东洲所派部分租谷赋税，统由公家负担，教育前途曷胜利赖！

谨呈

万载县县长卢

万载东洲教育欵产委员会主席　谢济沂

常务委员蓝文彪　冯澄

15. 志成中学学生自治会申请成立与县政府批文(2－4－70. P20－23)

事由：为成立学生自治会呈请备案由

江西私立志成中学校学生自治会呈，民国三十年十一月二十日

本校学生自治会业于本月三日改组成立，并将各股职员选定，理合造具名册，报请察核备查。

谨呈

万载县政府县长谭

江西私立志成中学学生自治会常务股长左仁厚

事由：据呈报改组请核备等情指令知照由

江西省万载县政府指令　咏教一字第7662号

令私立志成学校学生自治会呈一件：呈报改组，检同职员名册，请核备由。呈及附件均悉。查该会组织，未按呈报正式成立，据报改组，请予备案一节，未便照准，仍仰遵照《学生自治会组织大纲实施细则》第三、第四、第五、第六各条之规定办理，具报为要。

此令。名单发还。

县长谭

16. 志成中学军事助教陈钧陈述谢济苍事件(2－4－70. P31－32)

事由：为呈报谢济苍等夜里纠众唆使学生将绳捆吊毒打并将行李劫抢一空，恳请依法究办拘顽拿徒缴还原物以符法令由

窃钧奉令服务志中尽忠职守，不敢有丝毫苟且。岂奈谢济苍等蓄意不良，狼心狗胆，意图侵夺校长职权，叠次向俛威胁助彼为恶。俛虽年幼无知，稍明大义，违法越轨，实不敢作也。彼虽诡计多端，再三利诱，俛始终未为所惑。因此种种，谢等怀恨在心，阴行毒计，欺压异乡人氏，单人独马，落于鱼肉，竟于本月四日晚上，率领学生巫式文、聂在顺、左仁厚、周文会等，持带枪支，将俛即行捆缚毒打，拳足交加，如狼似虎。其时教务主任杨伊良扶病出来调解，彼竟明言要杀杨主任。异地生疏，无有敢出而解救者，只有饱受抢棒而已，呼天不灵，叩地不应，生命几为所毙。复将俛之行李什物劫抢一空，藐视法令，诬俛持小把杀人。然所杀何人？有何证明？似此教育机关持枪逞蛮，蔑视法纪，于斯已极。现俛之冤

苦，非笔墨可以详述，欲在钧长台前面呈万一，恳请钧长俯赐詧核，依法重惩凶顽恶徒，追缴原物，实为恩便。

谨呈

万载县长谭

具呈志成中学军事助教陈钧

17. 志成中学万载久敬学友会申报成立的呈文(2-4-70. P38-39)

事由：为造具章程草案一份呈请察核备案由

江西志中万载久敬学友会筹备会呈

窃江西志中万载久敬学友会之发起，纯为联络本县同学感情，共同服务社会，互相研究学科，展开后方抗战宣传之工作，业于十一月二十八日具备理由，呈请县党部察核，沐批"呈悉，准予组织，许可证书，随文附发"等因，并蒙发给万字第六七号许可证书。奉此，学生等旋依法组织筹会，拟定章程草案，除分呈县党部察核外，理合造具章程草案一份，呈请钧长俯赐察核，并请准予备案，以便依法进行成立。

谨呈

万载县政府县长谭

江西志中万载久敬学友会筹备会筹备员：巫式文

周文会

曾祥祺

邹良才

辛翠云

谢光道

18. 私立龙云初级农业职业学校校董会向省政府申述免交保甲经费等之呈文及省府的指令(2-4-749. P5-6)

私立龙云初级农业职业学校校董会呈　　龙安字第十号

民国三十二年二月二十二日

窃查属校校产系由龙云书院及兴贤堂暨各创办续捐，业于属会立案时造具财产清册呈请钧府，蒙奉核准在案，理合恳请钧府俯赐鉴核，令饬万载县政府遵奉钧府三十一年九月四日教字第〇七九七四号训令，对于属校校产一律免派保甲经费及配购军米积谷，实为教便！

谨呈

江西省政府主席曹

私立龙云初级农业职业学校校董会董事长欧阳光汉

江西省政府指令

呈具人私立龙云初级农业职业学校校董会三十二年二月二十二日呈一件:呈请令饬万载县府免派保甲经费及配购军米积谷由。呈悉。查私立中等学校之产免派保甲经费及配购军米积谷一案等,奉行政院号一电开,乃应征购粮食,但征购之外之摊派,应予免除,并经教育厅转令各私立中等学校知照有案。据呈各节,准予令行,万载县政府予征购征实以外,免除一切摊派,仰即知照!此批!

主席曹浩森

教育厅厅长　程时煃

19. 龙云农业职业学校训育规则(2-4-749. P11-19)

第一章　总纲

第一条　本校为世事童子军管理,养成学生整洁敏捷勤朴耐劳团结互助振作精神遵守纪律诸美德起见,特订本规则。

第二条　本校训育除法令别有规定外,悉依照本规则办理之。

第三条　本校训育标准如左:

一、绝对服从中国国民党之主义策略及指挥。

二、养成清洁整齐确实敏捷之美德、劳动服务之习惯。

三、锻炼强健体格

四、充实农业职业知能。

五、增进农业职业道德。

六、启发创业精神。

七、力戒自私自利之观念。

八、组织自治团体。

九、励行各项运动及国术。

十、励行节约严禁浪费。

十一、陶融忠孝仁爱信义和平之美德。

十二、培养亲爱团结之精神。

十三、禁绝一切不良嗜好。

十四、养成严守秩序与严守时间的习惯。

十五、增进为公重服务之精神。

第二章　规约

第四条　学生应遵守卫生规约如左:

一、不得随地涕吐。

二、饮食用毕不得作激烈运动。

三、须遵守学校规定作息时间。

四、暑天不得饮食生冷食物。

五、患皮肤病者,一切行动均应注意避免传染。

六、不得吸烟饮酒。

七、沐浴宜勤被褥宜常洗。

八、患传染病者须隔离居住或

九、指甲头发宜常剪。

十、脸巾茶杯莫共用。

第五条 学生应遵守规约如左：

一、寝室须整齐、清洁、简单、朴素，合乎新生活要求。

二、在学校规定就寝时间内不得自由他走。

三、每日起床后即将内务按照规定格式整理完善。

四、寝室内不得随地涕吐及抛掷零星物品，尤不得任意污损墙壁敲钉挂物与在窗上晒衣物等。

五、一切用品均须依照规定妥置，不得擅自变更，随意置放，如小说画片及其他非应用物品，概不准带入。

六、各各床位已编定后，不得私自调换。

七、白昼除病假外，不得在寝室内展开被毯及随意卧。

八、在寝室内不得唱歌喧扰、私置灯火。

九、寝室值日生每日须按规定时间展开窗户，打扫清洁。

十、如有学生临时生病，不能起床者，须于点名前由值日报告请假。

十一、寝室门之启闭须遵照规定时间。

十二、寝兴须遵照规定时间，不得迟早任意。

十三、遇检查或教师入室时，由室长或先见者发“立正”号令，即各就原位置立正；非有命令，不得稍息。教师出室时同。

十四、进入他人之室时，须先敲门而后入内。如入教师之室，则须先在门外喊“报告”，俟得许可方得入内。

第六条 学生应遵守教师规则如左：

一、上课下课均以铃声为号。

二、座位须按照编定次序，不得自由易动。

三、教师入席时，由值日生发“立正”口令，全体即行起立致敬，俟教师答礼毕，再发“坐下”口令，全体乃坐。

四、上课时不得迟到早退。如有特别事故，须报告，教师许可后，始得入座或离开。

五、下课时仍由值日生发“立正”口令，即行起立致敬，俟教师出室后，乃依次解散休息，不得争先恐后，纷扰喧哗。

六、上课时须预带应用课本、笔记及服装整齐，惟不戴帽。

七、上课时不得阅看课外书籍及谈笑顾盼。

八、上课时必须端正严肃、振作精神、专心听讲。

九、上课时须绝对服从教师之训导。

十、如遇教师点名垂询时，须立即起立词答。如有质疑时，须候教师讲毕后始可起立询问。

十一、教室内一切教室用具须共同爱护，不得任意污损。

十二、不得随意涕吐或随地抛弃纸屑。

十三、教室清洁由全体轮值扫除。

十四、不得涂写教室四壁及黑板。

十五、各级级长及值日生应协助教员管理教室一切事宜。

十六、教室内置有教室日志,由学生轮值填送教导处核阅。

第七条　学生应遵守膳食规则如左：

一、学生开用膳铃声,即到点定集合地点站队,由级长轮值依次带入食堂,不得争先及喧扰。

二、职员到食堂时,由值日生发“立正”口令,全体肃立候师长答礼后,由值日生再发“坐下”口令,方得就坐。后闻“开动”口令时,方得就食。

三、进膳堂后按各人规定位置就坐,不得紊乱秩序。

四、入膳堂时不得袒裼拖鞋。

五、食时须闭口细嚼,勿作声勿大快,并不得敲碗争闹。

六、饭菜如有不适宜之处,各学生不得哄动烦啧,应有值日生报告事务处理之。

七、学生不得自备私菜,开饭过后不得补餐。

八、用膳完毕,由值日生发“立正”口令,然后顺序解散。

九、食完,碗筷应放置整齐,不得搬移及损坏,如有缺少或损坏时,即问该席人赔偿。

第八条　学生遵守储藏室规则如左：

一、储藏室为学生寄存各种行李箱筐之处,由事务处管理之。

二、储藏室应借生物登记簿一本,随时登记物件之寄存及取出事宜。

三、寄存储藏室内行李或箱筐等,均须自加封锁,粘贴本人姓名。

四、储藏室每日下午　时由管理人一次,其余时间非遇特别要事得管理人之许可者,不得启钥。

五、储藏室开放时,各生取放物品均须管理人之监督指挥。

六、不能储藏之物品或违禁物品及非学校用品,不得存储藏室。

七、银钱及重要物件须检交会计室代为保存,不得存储藏室。

第九条　学生应遵守会客规则如左：

一、凡宾客来校访问时,须由传达报本人并令客室接见。

二、学生会客除星期日外,以下午四时至五时为限,余时非经教导处特别许可,不得接见。

三、上课时间及晚间不得接见宾客。

四、学生不得强行引宾客入自修室或寝室等处。

五、学生接待宾客概不留餐宿,但有特别情形经许可者不在此限。

六、学生与宾客谈话不得高声哗笑。

七、学生不得以烟酒待客。

第十条　学生应遵守沐浴规则如左：

一、学生沐浴均须于沐浴室内行之。

二、学生沐浴完毕须将用品各自收拾,不得任意放置。

三、用过后之水必须倾干浴盆,亦须洗涤干净。

四、沐浴已先后为序,不得争兢。但有皮肤病者,须另盆行浴,以防传染。

五、沐浴以滤过冷水为原则，但有疾病经证明确实者亦得用温水。
六、裸体不得出浴室。
七、上课时间不准沐浴。
第十一条　学生应遵守整容规则如左：
一、学生整容须于整容处行之。
二、整容者不得在上课时间内行之。
三、整容者须按照前后次序，不得争竞。
四、不准挖耳淘眼。
五、学生头发一律以翦光头为限，藉期一级。
六、理发价资按照规定，由校代收付给，一予划一。
第十二条　学生应遵守游艺规则如左：
一、本校游艺室由级长轮值管理之。
二、游艺室备借各种游艺品专供本校学生娱乐之用，非经许可，不可引外人入内。
三、须用游艺品须按照先后次序，不得争兢。
四、游艺室除星期日外，每日下午五时至六时半为止。
五、游艺品用后仍放置原处，如有损坏，照价赔偿。
六、游艺室所有物品每学期终应由管理者造册报告学校接收结束。
第十三条　学生应遵守盥洗室规则如左：
一、寄宿生之盥洗均与盥洗室行之。
二、学生之脸盆、脸巾均须置于脸盆架上。
三、学生只能用自备之盥洗器具，不得向他人取用。
四、盥洗室须注意清洁，用过污水不得乱倾。
五、盥洗室上午五时半开放至六时，上午十一时开放至一时，下午五时半开放至六时。
六、盥洗器具须按时洗濯清洁。
七、盥洗以用冷水为原则。

20. 私立龙云初级农业职业学校聘请教职员规约(2－4－749. P21)

1. 本校教职员皆须加入中国国民党，信仰三民主义，热心教育，协助校长以谋校务之发展。

2. 总理纪念周及各种集会，教职员均须参加，兼任教员在他机关参与者听。

3. 升旗、降旗，教职员除患病外均须一律参加。

4. 凡教职员无论职务之繁简与待遇之多寡，概为专任，非经校长之同意不得兼任校外职务或中途辞职就其他职务。

5. 凡专任教师视校内情形须兼任一二项职务。

6. 教员如不得已而缺课，须与其他教员商看对调或择相当时间补授。如请假满一周以上者，须商得校长同意，请人代理。除亲丧疾病外，请假逾一月以上者，得由校长聘人接充。

7. 教员请假未经补设功课，由教务处登记应按重点扣薪，职员在一聘期内缺席数如超过七日者，按日扣薪，此次扣款以归校内，但因公缺席者不在此例。

8. 专任教员以住校为原则，此外担任重要职务之职员，一律住校。校中借宿不借膳。

9. 体育主任体育教师应担负早课及课外活动之责。

10. 专任教员及职员虽在校假期内，亦有到校服务之责。

11. 教职员应遵守本校所订与自身有关之各项职务，如值日等。

12. 新聘教职员如系开学到校者，自到校之日起薪。

13. 教职员于上课后到校者，自上课之日起至到校之前一日止，所有薪俸学米均扣归校用。

14. 教职员经校长同意中途退职者，其薪俸学米于停止职务之日为止。

15. 教职员应于接到聘书后二日内寄回应聘书，否则以不应聘论。

聘书及应聘书式样另附规程办法卷。

21. 创办私立龙冈初级中学之呈文(2－4－940. P1－2)

为创办初级中学呈请核备由

窃龙冈书院系于逊清道光年间合三区地方各姓，为培育乡村人才，捐资创建，屋舍宏敞，地位适中，历办至今，虽学制累更，而百余年间迄未停顿。过去办理高等小学堂，实为三区各乡镇族学学生之升级场所，深为本区学生所利赖，所以本区虽僻处边陲，文化得不致较他处低落，虽近年学制再更，乡镇保中心国校普遍设立，龙冈办理小学已失其重要功能，且自抗战以还，生活高涨。农村子弟于小学毕业后，欲更求深造，限于经济困窘，多未能还道就学，致失学数量日渐加多，无由博得普通中学之知识，殊为可惜。本校当事诸君有见及此，爰经决议，就本校原有之全部基金改办初级中学，集资补救而宏实效。谨先遵章成立校董会，拟定校董会章程及立案呈报事项表各一份呈请

钧长准予核备教育幸甚

谨呈

万载县县长刘

附呈　校董会章程及立案呈报事项表各四份

江西私立龙冈初级中学校董会董事长龙元辅

江西私立龙冈初级中学校董会立案呈报事项表

名称	私立龙冈初级中学校。
目的	依照中华民国教育宗旨及其实施方案方针，继续小学基础训练，增进学生智能培养地方人才以应建国需要。
事务所在地	株谭镇十二保址坪。
资产资金或其他收详细项目	全部资产为自建校舍全栋百余间，田产租额三千石，约合现值法币二亿四千万元租息二千石，约合现值法币一亿六千万元。均系道光年间本区各姓所捐助，永作教育基金并古修校册备细载明，反呈县府备案。

江西私立龙冈初级中学校董履历表

名称		私立龙冈初级中学校。												
校董	姓名	龙元辅	刘济刚	龙震东	周庭玉	龙学余	高棣华	汤克勋	丁耀庭	龙凤瑞	王明德	周振兴	高世杰	王光照
	性别	男	男	男	男	男	男	男	男	男	男	男	男	男
	年龄	58	48	48	75	65	52	46	49	52	51	47	45	34
	籍贯	万载	万载	万载	万载	万载	万载	万载	万载	万载	万载	万载	万载	万载
	职业	学	学	学	学	学	学	学	学	学	学	学	学	学
	经历	龙河中学旧制毕业，曾任三区及梅溪区长，现任株谭警察所长县秘书	旧制龙河中学毕业，曾任龙岗小学校长，及三区区员，现任黄茅仓库主任	龙河中学旧制毕业曾任泰和区长现任获富代表主席株谭中小校长	清优附生古办地方公益事务	清优附生古办地方公益事务	北京大学预科毕业曾任小学校长区员等职	旧制小学毕业曾任陆军第五师少校军法官现任县参议员	龙河中学旧制毕业曾任科员及中学教员现任中正小学校长	龙河中学旧制毕业曾任县党部执委及三区区长	龙河中学旧制毕业曾任区长及上尉书记田粮办事处主任	龙河中学旧制毕业古任小学教员	江西公立法政毕业历任广东高院书记官	省立七中高师科举小学劳作师范班毕业古充小学教员
	住址	株谭下石塘	黄茅源头	获富南市街	黄茅中街	获富下湾	株谭上坊	黄茅李家坊	中正乡池下	株谭横江陂	黄茅庙湾	黄茅中街	株谭后街	获富后槎
	职位	董事长	董事	董事	董事	董事	董事	董事	董事	董事	董事	董事	董事	董事
备考														
说明		1. 此表照《修正私立学校规程》十五条之规定，凡校董会呈请立案时，用之并三页连同校董会章程呈报。 2. 第四栏收录一项包括学费，政府辅助费及个人捐赠等，无论常年临时均应列入，但临时者应并声明。												

22. 呈请开办江西私立龙冈初级中学之请示(2-4-356. P9-15)

事由：呈为呈请开办江西私立龙冈初级中学乞核准指遵由

江西私立龙冈初级中学筹备委员会呈　　　筠字第壹号

中华民国三十六年七月　日发

窃龙冈书院清末改办龙冈小学，原为本区（万载县旧三区范围，即现在之株潭、黄茅、获富、中正四乡镇）地方各姓于清道光中叶捐资所创建，集中力量以培育乡村文化而辅助政府之不及，历办至今百有余年，继续为本区一最高之文化领导机关。良以经费稳定、校舍宽宏、设备充实、地点适中之优越条件，故能形成此领导地位历久不逾、远近数十百里，学生素以此为合理选择、因而学额常较他校为充实。惟自抗战以还。乡镇保中心国民学校普遍设立，单位日多，学生数量日益分散。且每一乡镇中心国校之设立地点，必择于每一乡镇之中心地区，儿童既行集中，通学尤为便利。在此农村不景气声中学生家长之送子弟读书，为减少消费起见，何能舍近求远增加负担而属校非学龄儿童集中之地，入学必须住校，受此不景气之影响，渐失其争取学生之功能。所以近年来，学生数量渐形减少。假令属校今后仍办小学，即使招生不感困难，事实上已失其重要性。此为属校呈请改办初级中学理由之一。且株潭镇之市区距石塘村仅五华里，属校适居两点距离之中心。株潭镇市区之中心国民学校，石塘村之株潭镇十一、二、三保联立保国民学校皆规模甚大之完全小学，与属校鼎足而三，分布范围已嫌大。窃过去且不免有互争学童，同感空虚之虑。属校今一旦舍小学而改办初级中学，则该两校分布适合，可以免除学童分散而益充实其内容/故属校之改制，于国民教育之发展殊多便利。此为属校呈请改办初级中学理由之二。况自抗战以来，生活日高。本区小学毕业之儿童，颇多窘于经济，未能远迈升学。查本县境内之中学，类皆收费太重，即以收费最低之县立中学而言，亦每学生每学期收学米捌斗，折合稻谷壹石六斗，已较属校决定之学谷数额多收六斗，其他私立中学之收费实概，谅在钧长洞察之中，似此情形，彼一般困于财力而有志升学之小学毕业生抱憾何似。属校当事诸君为国惜材，群谋补救，爰经决议，就原有之全部资产，呈请改办初级中学，以应需要，俾失学青年以最低之负担而得受同等之教育，此外别无希冀，视一般商店性之私立中学，殊有天渊之隔。敢请派员来校彻查，以征实在。此为属校呈请改办初级中学理由之三。又教育之首要，在有充足稳定之经费与适合之场所。属校全部资产约值现时法币三亿四千万，元每年租息所入亦可值法币贰亿六千万元，以之改办初级中学殊属绰有余裕。全部校舍百余间，足可容纳学生贰百人左右。预计到开办之第三年完成学生四班可以不事添建准诸以上各节则改办初级中学之举诚属事关必要力有必能业于七月十五日召开捐主代表大会决议尽先组成江西私立龙冈初级中学筹备委员会公推龙筠等十七人为筹备委员并由筹备委员会议推选校董龙沐仁等十五人着手进行改办初级中学事宜理合将经过事实备文连同校董会立案呈报事项表校董会章程等表各四份龙冈书院志三本呈请钧长转呈层峰核准开办指令祇遵地方教育幸甚。

谨呈

万载县县长郝

江西私立龙冈初级中学筹备委员会主任委员　龙筠

附：江西私立龙冈初级中学校董会章程

第一条　本章程依《修正私立学校规程》第十一条订定之，并定名为江西私立龙冈初级中学校董会（以下简称本会）。

第二条　本会以创办私立龙冈初级中学筹集基金发展教育为目的。

第三条　本会事务所设在万载株潭镇十二保龙冈初级中学内。

第四条　本会以创办人为当然校董。

第五条　本会校董名额定为十三人。

第六条　本会第一任校董由当然校董聘请热心教育赞助本校人士组织之。

第七条　本会由校董互推一人为董事长。

第八条　本会董事长校董任期均为三年。

第九条　本会第一任校董任满后由董事长召集大会另行选举继任校董但原任校董连选得连任之。

第十条　本会于每学期开始前三日及终结后三日举行常会各一次如有重要事务或校董三分之一人数请求得由董事长召集临时会议。

第十一条　本会开会以董事长为主席董事长请假时应委托一人为临时主席。

第十二条　本会开会以过半数之校董出席为法定人数不足法定人数时改谈话会其决议事项延俟法定会议追认生效。

第十三条　本会会议事项取决多数可否同数时取决于董事长或临时主席。

第十四条　本校董事长校董均为无给职惟会中雇用之办事员得酌给薪津。

第十五条　本会职权如左。

1. 经费之筹划。

2. 预算及决算之审核。

3. 财务之监察。

4. 财务之保管。

5. 其他财务事项。

6. 选任校长。

第十六条　关于学校行政，由校长负完全责任. 如校长失职校董会得随时改选之。

第十七条　本会于每学年终结后，应行呈报事项悉遵部规办理。

第十八条　本章程自呈请万载县政府转呈上级政府核准备案后施行。

第十九条　本章程如有应行增删事宜，得随时呈准修正之.

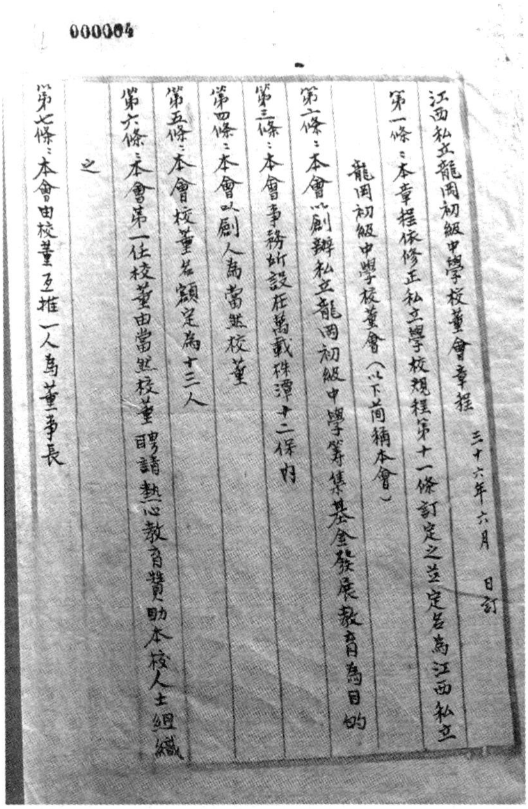

000004

江西私立龍岡初級中學校董會章程　三十六年六月　日訂

第一條：本章程依修正私立學校規程第十一條訂定之並定名為江西私立龍岡初級中學校董會（以下簡稱本會）

第二條：本會以創辦私立龍岡初級中學籌集基金發展教育為目的

第三條：本會事務所設在萬載株潭十二保內

第四條：本會以創人為當然校董

第五條：本會校董名額定為十三人

第六條：本會第一任校董由當然校董聘請熱心教育贊助本校人士組織之

第七條：本會由校董互推一人為董事長

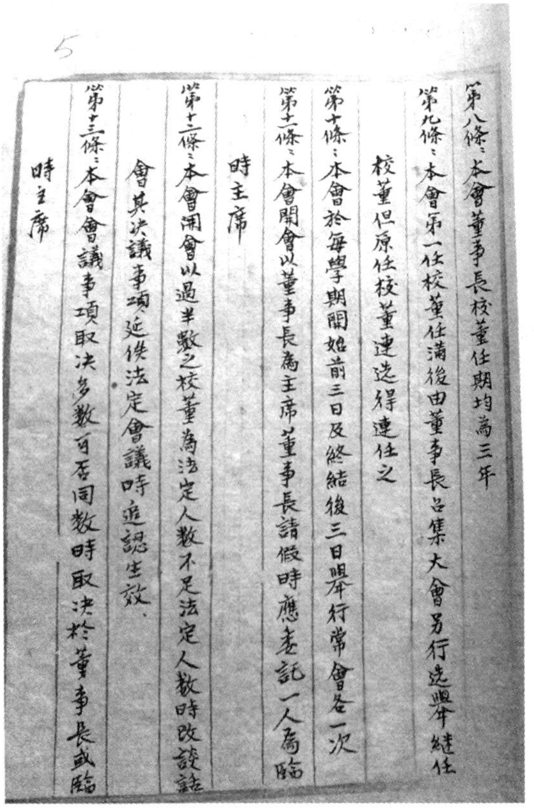

5

第八條：本會董事長校董任期均為三年

第九條：本會第一任校董任滿後由董事長召集大會另行選舉繼任校董但原任校董連選得連任之

第十條：本會於每學期開始前三日及終結後三日舉行常會各一次

第十一條：本會開會以董事長為主席董事長請假時應委託一人為臨時主席

第十二條：本會開會以過半數之校董為法定人數不足法定人數時改談話會其決議事項延俟法定會議時追認生效

第十三條：本會會議事項取決多數可否同數時取決於董事長或臨時主席

江西私立龙冈初级中学校董会立案呈报事项表

名称	江西私立龙冈初级中学
目的	依照中华民国教育宗旨及其实施方针，继续小学基础训练，增进学生智能，培养地方人才，以应建国需要。
事务所所在地	株潭镇十二保址坪。
资产资金或其他收入详细项目	全部为自建校舍，全栋百余间。田产资额三千担，约合现值法币三亿四千万元，年租息贰千担，约合现值法币贰亿六千万元，均系道光年间本区各姓所捐助，永作教育基金，并历修校册备细载明及呈县府备案。

江西私立龙冈初级中学校董会成员履历表

	姓名	性别	年龄	籍贯	职业	经历	担任职务	住址
校董	龙沐仁	男	五三	万载	学	北京大学文学士，历任省立一中、七中、八中、私立章贡青年、省立体专等校专任教员	董事长	株潭十二保
	龙际云	男	五六	万载	学	北京大学理学士，历任北大讲师、教授及西北临大教授	校董	获富乡五保
	龙成章	男	五六	万载	学	北京大学理学士，历任省立二中、工专、私立青年、心远等校专任教员	校董	株潭十四保
	龙蕴化	男	五六	万载	学	北京大学文学士，历任省立八中、赣中专任教员，万载县中校长	校董	株潭十四保
	汤思道	男	三五	万载	学	武汉大学文学士，历任私立袁山、匡庐、青年等校专任教员	校董	黄茅乡八保
	汤志道	男	三二	万载	学	武汉大学理学士，历任私立袁山、匡庐及宜春县中学校专任教员	校董	黄茅乡八保
	龙惠溪	男	三一	万载	工程	中央大学理学士，现任经济部植物颜料厂、衡阳厂长	校董	株潭一保
	龙济藩	男	三二	万载	政	中央政治大学毕业，现任国防部科员	校董	获富乡五保
	丁耀华	男	四八	万载	政	私立北京中华大学毕业，历任分宜、萍乡等县政府教育长科长等职	校董	中正乡五保
	陈庚三	男	三一	万载	工程	浙江大学理学士，历任万载县中教员，现任植物颜料厂工程师	校董	黄茅十六保
	高棣华	男	五三	万载	学	北京大学预科毕业	校董	株潭五保
	汪岳云	男	五六	万载	正	上海新华艺术大学毕业，现任教育部文化委员会职员	校董	中正乡五保
	周德光	男	四八	万载	学	省立法政专门学校毕业，历任分宜师范及私立志成等校教员	校董	黄茅乡十保

续表

备考	
说明	一、此表照《修正私立学校规程》十五条之规定，凡校董会呈请立案时用之，并须连同校董会章程此表。 二、第四栏收入一项包括学费、政府补助费及个人捐购等，无论常年、临时，均应列入，但临时者应并声明。

23. 省教育厅对龙冈申办初中的电文回复(2－4－356. P22－24)

事由：据呈送私立龙冈初级中学董事会立案章表暨资产证件请查核等情电复知照由

代电　　育中字第3354号

中华民国卅七年三月一日发

万载县政府安教字第〇一九六三号呈暨私立龙冈初级中学董事会立案章表及《龙冈书院志》三本. 均悉。查该县已有公私立中等学校数所，无增设私立中学必要，迭经本厅以育中字第一三九〇八及一五五六一号代电饬知有案。该县未遵办理，殊有未合。该私立龙冈初级中学，应不准办理，所请董事会立案一节，应毋庸议，并仰转饬仍改办小学，以期发展国民教育为要。教育厅丑印计发还原呈章表各三份《龙冈书院志》三本。

事由：奉省教育厅代电以据呈送龙冈初级中学董事会立案章表等件电复知照等因令仰遵照由

训令　　教〇三二四五

民国　三十七年三月十二日

令私立龙冈初级中学筹备委员会

案查前据该会呈送立案章表《龙冈书院志》请核转一案，经转呈核示。去后，兹奉江西省教育厅(317)育中字第三三五四号代电，以《查该县已有公私立中等学校数所，直抄至以期发展国民教育为要》。等因，计发还原呈章表各三份、《龙冈书院志》三本，奉此，合亟检同原件，令仰该会遵照，仍改办小学，具报为要！

此令

计发还原呈章表各三份龙冈书院志三本

县长　郝

24. 获富创设赣西初级中学之呈文(2－4－74. P1－21)

事由：呈报本县获富创设赣西初级中学缘由乞鉴核俯准备案由

呈　　呈字第一号

民国三十三年三月十八日

窃本县获富乡位于邑西边陲，地瘠民贫，与萍宜刘万四县接壤，距各该县城均一百数十里不等，环绕村落，不胜枚举，人烟稠密，学子众多，纵横数百年，广大青年毕业高小后，多因家贫不能外出求学，而近处又苦无相当学校足资造就，致文化极为落后，风气尤为闭塞。树珊等深知教育足以启发国家文明，学校可资培养地方人才，以应国家社会之需要，值兹抗战建国之际，发展地方教育，尤为急不容缓之图，爰集基金五百万元，创办初级中学一所，定名曰赣西初级中学，所有一切筹备事宜，业经次第就绪，拟于本年秋季开始招生，除校董会组织规程及各项书表另行呈报外，理合先将创办中学缘由，备文呈请钧长鉴核俯准备案！

谨呈

万载县政府县长　何

创办人　谢树珊

巫宗咸

叶荣耀

刘汉杰

事由：为呈送赣西初级中学校董会章程暨设立呈报事项表与立案呈报事项表请鉴核准予分别存转并乞转请颁发校董会钤记以资信守由

呈　　　呈字第贰号

民国三十三年五月五日

窃树珊等为创设赣西初级中学于万载邑西获富乡，籍以启发国家文明、培植地方人才，详情业于本年三月二十八日呈请核备在案。兹依照《修正私立学校规程》之规定，由设立者聘请热心教育、赞助本校人士成立校董会。理合拟具校董会章程，造具设立呈报事项表，立案呈报事项表各四份，一并备文呈请鉴核准予，分别存转，伏乞转请教厅颁发校董会钤记，以资信守，不胜迫切待命之至。

谨呈

万载县政府县长　何

附呈　《江西私立赣西初级中学校董会章程》暨设立呈报事项表、立案呈报事项表各四份。

创办人　谢树珊

叶荣耀

刘汉杰

巫宗咸

江西私立赣西初级中学校董会章程

第一条　本章程依《修正私立学校规程》第十一条订定之，并定名为江西私立赣西初级中学校董会（以下简称本会）。

第二条　本会以创办私立赣西初级中学筹集基金、发展校务为目的。

第三条　本会事务所设万载获富乡本校内。

第四条　本会创办人为当然校董。

第五条　本会校董名额定为十五人。

第六条　本会第一任校董由当然校董聘请热心教育赞助本校人士组织之。

第七条　本会由校董互推一人为董事长。

第八条　本会董事长校董任期均为三年。

第九条　本会第一任校董任期满后，由董事长召集大会另行选举继任校董，但原任校董得连选连任之。

第十条　本会于每学期开始前三日及终结后三日举行常会各一次。如有重要事务或校董三分之一人数之请求，得由董事长召集临时会议。

第十一条　本会开会以董事长为主席。董事长请假时，应委托一人为临时主席。

第十二条　本会开会以过半数之校董出席为法定人数。不足法定人数不得正式开会。

第十三条　本会决议事项取决于多数可否。同数时，取决于董事长或临时主席。

第十四条　本会董事长校董均为无给职，惟会中雇用之办事员得酌支薪津。

第十五条　本会职权如左：

1. 经费之筹划。2. 预算及决算之审核。3. 财务之保管。

4. 财务之监察。5. 其他财务事项。6. 选任校长。

第十六条　关于学校行政，由校长负完全责任。如校长失职，校董会得随时改选之。

第十七条　本会于每学年终结后，应行呈报事项悉遵部定法规办理。

第十八条　本章程自呈请核准备案后施行。

第十九条　本章程如有未尽事宜，得随时呈请修改之。

江西私立赣西初级中学校董会立案呈报事项表　中华民国三十三年五月五日

<table>
<tr><td colspan="2">名称</td><td colspan="7">江西私立赣西初级中学校董会</td></tr>
<tr><td colspan="2">事务所所在地</td><td colspan="7">万载获富乡伍家洪本校内</td></tr>
<tr><td colspan="2">批准设立年月日</td><td colspan="7"></td></tr>
<tr><td colspan="2">资产资金或其他收入详细数目</td><td colspan="7">本校基金资产部分由学文堂捐稻田壹佰伍拾，亩时值法币壹佰贰拾万元；资源堂捐稻田五拾亩，时值法币肆拾万元；崇义捐稻田壹佰一拾亩，时值法币八十八万元；正谊捐校舍一所，计百零四间，时值法币八十五万元，均订有字约，因道远寄递困难，故未呈验。资金一部份由创办人刘汉杰捐谷壹佰石，巫宗咸捐谷壹佰石，韩用禧捐谷壹佰伍拾石，叶荣耀捐谷壹佰石，刘如玉捐谷壹佰石，谢光彩捐谷壹佰壹拾石，巫云芝捐谷柒拾石，黄其祥捐谷壹佰六十石，郭元星捐谷壹佰石，漆纯礼捐谷壹佰石，徐基四捐谷五十石，田德上捐谷六拾石，卓世臣捐谷五拾石，杨斌元捐谷八十石，张麒途捐谷壹佰石，王元辅捐谷壹佰石，钟春魁捐谷柒拾石，谢焕成捐谷五拾石，共捐谷壹仟六百五十石，每石以八百元计，时值法币壹佰叁拾贰万元。又谢光前捐法币五万元，吴福开捐法币五万元，李仍洲捐法币叁万元，凌志渊捐法币贰万元，谢树珊捐法币贰拾万元，订有簿册扫数收集存校合计法币五百万元。基金稳固，绰有余裕。年收租息等费，可以支付，经临各费无虞。</td></tr>
<tr><td>董事长</td><td>谢树珊</td><td>四六</td><td>万载</td><td>北平朝阳大学法科毕业，曾任万载私立东洲中学国文教员及江西私立志成中学事务主任兼史地公民教员</td><td>仙源</td><td></td><td></td><td></td></tr>
<tr><td>董事</td><td>叶荣耀</td><td>四八</td><td>万载</td><td>北京中国大学法学系毕业，历充江西省立第七中学及宜春乡村师范国文、历史、公民教员兼训育主任共十八年</td><td>获富</td><td></td><td></td><td></td></tr>
<tr><td>董事</td><td>谢超</td><td>四三</td><td>万载</td><td>北平朝阳大学法科毕业，历任中央军校及电雷学校秘书，现任军事委员会政治部第一科科长</td><td>黄茅</td><td></td><td></td><td></td></tr>
<tr><td>董事</td><td>巫宗咸</td><td>五〇</td><td>万载</td><td>袁洲中学毕业，曾任江西匡庐中学及私立力行中学校医，现任万载临参会参议员</td><td>株潭</td><td></td><td></td><td></td></tr>
<tr><td>董事</td><td>刘汉杰</td><td>三八</td><td>万载</td><td>江西省立工业专门毕业，历任万载获富乡乡长及乡中心学校校长</td><td>获富</td><td></td><td></td><td></td></tr>
<tr><td>董事</td><td>黄保权</td><td>四〇</td><td>万载</td><td>万载私立东洲旧制中学毕业，历任万载县立第二中心小学教员</td><td>黄茅</td><td></td><td></td><td></td></tr>
</table>

续表

董事	杨祚昌	四一	万载	江西私立启新中学毕业，曾任万载私立承顺小学教员，现任湖南绥宁县经征处主任	获富		
董事	韩邦怀	五〇	万载	万载私立东洲旧制中学毕业，曾任万载私立正谊及明道小学教员共十年	获富		
董事	钟奇澜	三九	万载	万载私立东洲旧制中学毕业，曾任私立康西及正谊小学教员	黄茅		
董事	卓仁杰	三五	万载	万载私立东洲中学毕业，历任万载县政府会计主任	黄茅		
董事	刘济民	三四	万载	章江法政专门毕业，曾任万载私立正谊小学教员，现任万载大桥登瀛津贴联合会常务董事。	获富		
董事	吴如章	三五	万载	万载私立东洲中学毕业，曾任正谊小学常务校董。	获富		
董事	叶邦彦	四五	万载	江西私立章江法政专门毕业，历任私立正谊高小校长教员共十年。	获富		
董事	巫式文	二七	万载	江西私立志成中学高中肄业二年，曾任私立正谊小学教员，现任万载县训所股长。	株潭		
董事	谢旂章	六〇	万载	北平民国大学毕业，曾任萍乡县长、湖南攸县及绥宁县县长，现任甘肃省政府民政厅秘书。	获富		

江西私立赣西初级中学校董会设立呈报事项表　中华民国三十三年五月五日

名称	江西私立赣西初级中学校董会
目的	依照中华民国教育宗旨，实施三民主义教育，继续小学基础训练，增进学生智能，启发国家文明，培养地方人才，以应抗建需要为目的。
事务所所在地	万载获富乡伍家洪本校内
校董会之组织及其职权之规定	校董以十五人组织之，互推董事长一人。其职权如次：1. 经费之筹划；2. 预算及决算之审核；3. 财务之保管；4. 财务之监察；5. 其他财务事项；6. 选任校长；7. 对于主管教育行政机关呈报事项。

续表

设立者全体大会及校董会议之规定	设立者全体大会于每年七月一日开会一次，校董会于每学期开始前三日及终结后三日举行常会各一次，如有重要事项或校董三分之一人数之请求得由董事长召集临时会议。
资产资金或其他收入之规定	资产方面：年收稻田租谷四百六十五石，每石以八百元计，值法币叁拾柒万贰仟元。资金方面：年收谷息叁百叁拾石，每石以八百元计，值法币贰拾六万四千元。又年收现金息柒万元。合计年收法币柒拾万零陆仟元。
备考	
说明	

25. 省政府对赣西初级中学校董会呈报立案的指令与训令(2－4－74. P25－29)

事由：据转呈赣西初级中学校董会呈报立案表及章程应查照五月廿七日训令办理仰转饬知照由

江西省政府指令　　　教字第4097号

中华民国三十三年六月十九日

令万载县县长

卅三年五月呈一件：呈为转呈赣西初级中学校董会章程暨立案事项表乞鉴核由。

呈件均悉。查所送该校董会立案章表不合规定，仍应查照本府五月廿七日教字第四〇〇八号令发《私立中学立案程序及其必要条件》规定办理，仰即遵照，并转饬遵照！

此令。原件发还。

主席　曹浩森

教育厅厅长　程时煃

事由：据该县谢树珊等呈为创办赣西初级中学附送校董会立案章表，究竟实在情形如何，应由该县依照《私立中学立案程序及其必要条件》，切实查明办理具报由

江西省政府训令　　　教字第4008号

中华民国三十三年五月廿七日

令万载县县长

教育厅案呈，以据万载县民谢树珊等呈报创办赣西初级中学附送校董会章程暨立案事项表等。查该县已有县立中学、私立志成、力行、正志等中学四校，暨龙云职业一校，是否仍有再行增设私立初中之必要，似应由该县长依照附发之《私立中学立案程序》及其必要条件与《私立中等学校呈报开办应具备经常费数额表》分别切实查明，核办具报。在校董会未经呈准立案以前，应严禁招生开办。上述各节，拟请令县遵照。等情，应准照办，合行检同原附件，令仰该县切实遵照，并转饬知照为要！此令。

附发《私立中学立案程序及其必要条件》一份，及呈报开《办经常费数额表》一份暨发

还原件三件。

江西省私立中等学校呈报开办应具备经费数额表

三十二年八月订定　奉部令中字第三七三一四号修正公布

校别	开办费	经常费	备注
初级中学	建筑费　十六万元 设备费　十万元	每班至少七千元	一、开办费及第一年经常费，均须以现款存储银行，并须检同存款根据备验。 二、经常费须有固定收入，如资产、资金并息金，均须事先检同根据呈验。 三、征收学生学杂各费应确实遵照本厅规定数额，于规定名目外不得任意征收其他用费。 四、学生学费可列入经常费内计算。 五、已核准立案之私立中等学校，其经常费未达到上项标准者，应迅即设法筹足报核。 六、凡新呈报开办之学校，其开办经常费未达到上项标准者，不准开办。
完全中学	建筑费　三十万元 设备费　二十万元	高中每班至少八千元 初中每班至少七千元	
高级农职	建筑费　二十五万元 农场及其设备费　卌五万元 其他设备费　四万元	每班至少一万元	
高级工职	建筑费　卌五万元 工厂及其设备费　卌五万元 其他设备费　八万元	同上	
高级商职	建筑费　二十五万元 设备费　十五万元	同上	
初级职业	建筑费　十六万元 农场或工厂设备费　十二万元	每班至少八千元	
家事学校	建筑费　十六万元 设备费　十万元	同上	

26. 赣西初级中学校董会关于满足创办私立中学必具条件的呈文(2-4-74. P35-38)

事由:奉发私立中学立案程序及其必要条件应备金额表通知遵照等因声复缘由检具基金资产资金凭证赍请鉴核由

江西私立赣西初级中学校董会　呈

案奉钧府心教字第一五四四三号通知书开“案奉江西省政府教字第四〇八号训令开，教育厅案呈以据万载县民谢树珊等呈报创办赣西初级中学附送校董会章程暨立案事项表等。查该县已有县立中学、私立志成、力、行、正志等中学四校，暨龙云职业一校，是否仍有再行增设私立初中之必要，似应由该县长依照附发之《私立中学立案程序》及其必要条件与《私立中等学校呈报开办应具备经常费数额表》，分别切实查明，核办具报。在校董会未经呈准立案以前，应严禁招生开办。上述各节，拟请令县遵照等情，应准照办。合行检同原附件，令仰该县切实遵照，并转饬遵照等因。附发《私立中学立案程序》及其必要条件一份，及《呈报开办经常费数额表》一份，暨发还原件三份，奉此。合行抄发《私立中学立案程序》及其必要条件一份，并检同原件，通知该民遵照”等因：附发《私立中学立案程序》及其必要条件、《呈报开办经常费数额表》各一份，发还原件三份，奉此。遵查树珊等创设赣西初级中学，籍以启发社会文明，培植地方人才，详情业经本年三月十八日呈报有案：盖本县虽有中等学校数校，均偏于东北一隅，相距获富地方（本校）各百数十里，县立中学为最近者，亦五十余里，尤与萍乡、宜春、浏阳接壤，学子众多。为适应国家社会需要，爰筹集基金，兴办中学，以期发展教育。经遵照《修正私立学校规程》之规定，由设立者聘请热心教育赞助本校人士成立校董会，拟具校董会章程，造具设立与立案呈报事项表，于本年五月五日呈请核转各在卷，考与附颁《私立中学立案程序》及其必要条件多相符合，惟资产业权移转与资金收入凭证，在赶办期内，未及检呈.际此开学期近，自应补具呈验，以符定章.所需设备费及第一年经常费，已照规定数目存放江西裕民银行万载办事处，储备待用.其建筑费现在无须另筹，因正谊捐助校舍一所，计壹佰零四间，约值时价法币八十五万余元，屋宇宽敞，环境优良，稍加修葺，即堪利用。资产租息及学费收入年约柒拾万元，支付经临各费，绰有余裕，基金稳固，永远无虞。兹奉前因，除预算另编续报外，理合先将开办各费存储银行存折，资金资产凭证及各缘由，备文赍呈鉴核，俯赐验印，准予详转立案，以利进行，不胜迫切待命之至。

谨呈

万载县政府县长　何

附呈　本校基金资产助约四纸，资金认捐姓名数额清册一本，现金存折一本，计金额壹拾贰万壹仟元正（江西裕行万载办事处）。

江西私立赣西初级中学校董会董事长　谢树珊

27. 江西私立力行初级中学公函(2－4－612. P23－35)

江西私立力行初级中学公函　　　民国三十一年十一月廿五日

顷准贵府通告开：“省府行政检阅团约于本月底莅县检阅，对于兵役、粮食、保甲、卫生、教育、精神动员诸要政极为重视，尤注重实际成绩之表现与统计数字之确实、各类表册之完备。除分别通告外，相应通告贵校查照，事先妥为准备，以备资询，并请具备简单扼要工作报告，检阅团到达时呈阅。兹抄发职员名册贰样一纸，祈于本月廿五日以前填送过府，以便汇编为荷”等由；准此，理合造具职员名册及工作报告各一份，函请贵府查照汇转为荷。

此致

万载县政府

附职教员名册及工作报告各一份。

校长王乘风

私立力行初级中学职教员名册　三十一年十一月　日制

职别	姓名	年龄	籍贯	承办事项	到职年月	备考
校长	王乘风	五〇	万载	主持全校;对外代表本校	廿八年八月	
教导主任兼教务组长	辛源照	四三	万载	综理全校教导事宜及生物、理化教授	同上	
事务主任兼庶务组长	胡成章	四三	万载	综理全校事务事宜	同上	
训导组长兼教员	杨先导	三五	浙江宁海	掌理全校训导事项及英文、地理教授	卅一年八月	
体育卫生组长兼导师及教员	辛洪福	三〇	万载	掌理全校体育卫生事项及体育、音乐教授	廿八年八月	
文书组长兼文牍及导师教员	王拯苍	三三	万载	掌理全校文书撰拟,并分掌训导及地理、劳作教授	同上	
导师兼教员	宋青和	四六	万载	分掌训导事项及算学、劳作教授	同上	
同上	袁继安	三八	高安	分掌训导事项及英文、地理、生理卫生教授	卅一年八月	
同上	郭祥光	三九	万载	分掌训导事项及公民、图画教授	廿九年二月	
同上	闻济时	六〇	万载	分掌训导事项及国文、历史教授	廿八年八月	
同上	郭日增	五八	万载	同上	卅一年二月	
同上	黄树	三八	万载	同上	卅一年八月	

续表

职别	姓名	年龄	籍贯	承办事项	到职年月	备考
同上	王俊卿	二五	万载	分掌训导事项及国文、地理教授	三十年八月	
同上	闻清彝	五〇	万载	分掌训导事项及算学、公民教授	卅一年八月	
同上	罗克庸	四八	万载	分掌训导事项及算学教授	同上	
同上	彭子衡	四四	万载	分掌训导事项及国文教授	同上	
军事助教	张元士	四〇	万载	在校长领导下助理全校军事训练及管理暨童军、兵役教授	同上	
女生指导员	陈菁华	二八	修水	掌理女生训导事项	同上	
书记	刘克立	三二	万载	公文缮写保管事项	同上	
会计	涂鹏飞	五三	高安	预算决算之编造及簿账记载事项	廿九年二月	
事务员	巢鸣隆	二六	万载	金融之出纳及保管事项	同上	
事务员	汪外林	二一	万载	膳食之管理及杂务事项	卅一年二月	
校医	张绍嘉	四四	万载	全校卫生及疾病之治疗事项	三十年二月	
校医	巫宗咸	四〇	万载	同上	廿九年八月	
助理员	汪河润	二〇	万载	校物之保管及杂务事项	三十年八月	

江西私立力行初级中学卅一年度第一学期工作报告

江西私立力行初级中学卅一年度第一学期工作报告　民国卅一年十一月　校长王乘风			
项目	名称	工作情形摘要	备考
学校名称沿革及校址校舍	名称	江西私立力行初级中学	
	沿革	本校创办于民国廿八年八月，择定万载城西廿里之禾佈王三公祠为校舍，廿九年春乃全部迁移城西北郊之南田村，廿九年六月奉江西省教育厅令核准立案，并奉部令准予备案，现已毕业五班。	
	校址	万载县南田村。	
	校舍	自建一栋，长期借用王姓祠宇五全栋，关帝庙一栋。	
行政	组织	设校长一人，主持全校，对外代表本校。校长以下分设教导、事务两处，教导处分设教务、训导、体育卫生三组，事务处分设庶务、文书二组。	
	会议	校务会议为本校最高议事机关，教导会议为教务训导体育卫生议事机关，事务会议为事务议事机关，此外如教务、训导、体育卫生各组及各特种委员会各设会议讨论各该组会事务。	
职教员	职教员	职教员共二十五员（详职教员名册）	
学生	毕业生	已毕业学生计五班共一百三十五名。	
	肄业生	现有春三学生四十一名，秋三学生九十九名，春二学生一百一拾名，秋二学生一百一拾一名，春一学生一百四十名，秋一学生一百七十九名，共计六百八十名。	
经费	岁入	不动产息金一万四千五百元（每年由王姓各祠经常捐赠谷二千九百石，当时即规定每石折价五元，合计如上数）。	
	岁出	动产息金三万五千元（每生每学期收学费二十五元，以六百八十名计算，每年可收三万四千元；又私人捐赠一千元，合计如上数）。	

续表

教务及教材	教务组织	设教务组长主持全校教务行政事项。	
	国文教材	采用商务印书馆傅东华著之"国文"，每班每周教授四小时，习作一小时。	
	公民教材	采用商务印书馆朱之鸥著之"公民"，每班每周教授一小时。	
	童子军教材	依照童子军三级课程，每班每周教学二小时。	
	英文教材	采用商务印书馆王云五李泽珍合编之"综合英语"，每班每周教授三小时。	
	算学教材	一年级采用商务印书馆骆师曾著之"算术"，每班每周教授四小时；二、三年级采用商务印书馆虞明礼著之"代数"、余介石徐子豪著之"几何"、周元瑞周元谷著之"三角"，每班每周教授五小时。	
	生理卫生教材	采用商务印书馆程翰章著之"生理卫生"，每班每周教授一小时。	
	动植物教材	一年级采用商务印书馆周建人著之"动物"及"植物"，每班每周教授四小时。	
	物理教材	二年级采用商务印书馆周颂允著之"物理学"，每班每周教授三小时。	
	化学教材	三年级采用商务印书馆韦镜权周大纲著之"化学"，每班每周教授三小时。	
	历史教材	一、二年级采用商务印书馆吕思勉著之"本国历史"，每班每周教授二小时；三年级采用商务印书馆何炳松著之"外国历史"，每班每周教授二小时。	
	地理教材	一、二年级采用商务印书馆傅角今著之"本国地理"，每班每周教授二小时；三年级采用商务印书馆余俊生著之"外国地理"，每班每周教授二小时。	
	劳作教材	采用园艺劳作及农业劳作，每班每周教授一小时，实习一小时。	
	图画教材	采用抗战漫画及生物书、几何书，每班每周教授一小时。	
	音乐教材	选用抗战歌曲，每班每周教授一小时。	
	兵役教材	每班每周讲述《兵役浅说》一小时。	

续表

训导组织及方法	组织	设训导组长主持全校训导行政事项，导师十三人，女生指导员一人，分掌训导事项	
	方法	一、分组训导：以各住校导师分住各校舍，管理各该校舍学生。二、共同训导：凡兼导师之教职员皆有训导全校学生之权。三、个别训导。四、集团训话。五、优良学生以“言语”“加分”“记功”“奖物”“奖金”“奖旗”等分别奖励之。六、低劣学生以“警告”“扣分”“记过”“罚工”“罚金”“禁假”“留级”“退学”“开除学籍”等分别惩戒之。	
体育	组织	设体育卫生组长，主持全校体育卫生行政事项。	
	设备	大操场一个，篮球场一个，篮球架一个，高栏中栏低栏共三个，跳坑二个，铁饼一个，铁球二个，标枪一枚，单杠二个，跳高架一个。	
	正课	每班每周二小时。	
	早操	每日廿分钟。	
	课外运动	每日卅分钟。	
	各项比赛	本学期已举行爬山比赛一次，每日由各班及自由组织篮球比赛。	
卫生	组织	详体育组织。	
	清洁	一、膳食：由膳食值日生监督厨司，检查清洁。二、校舍每日由导师督率学生清扫，每周由校工大扫除一次或二次。	
	疾病预防	上学期曾全校种痘一次，本学期已配制防疫急救良药五百元。	
	疾病治疗	每周由校医诊视二次。	
军事	组织	组织战时军事训练团分设五中队、十五区队、四十五小队。	
	训练	每日训练一小时。	
	管理	凡课室、寝室、膳堂校外，悉依军事管理。	
生产	农业	已植桐二万余株。	
	园艺	利用劳作实习时间已种菜二十余亩。	
宣传	组织	组织兵役征实征购等宣传队	
	时间	一、利用课余时间及假期日。二、参加各种纪念会。	

六、关于其他学校与教育机构

1. 万载县中山民众学校概况表(2－4－579. P46)

万载县中山民众学校概况表　(二十七年三月制)

校名			第一中山民众学校	第二中山民众学校	第三中山民众学校	第四中山民众学校	第五中山民众学校	总计
校址			三百兴	县城	黄茅	张家塘	高村	五校
校长			龚远绸	朱溯昭	欧阳暹	龙明道	罗光明	五人
教员			姚云程 何振球	郭蕴璧	王其昌	周文讚		五人
学级数	儿童班		二	三	二	一	一	九
	成人班		一	一	一	一	一	五
	妇女班		一	一	一			三
	合计		四	五	四	二	二	一七
学生数	儿童班	男						
		女						
		合计	九六	一二二	八九	五〇	三五	三九二
	成人班		五四	四三	四〇	三六	一七	一九〇
	妇女班		四七	三二	三六			一一五
	合计		一九七	一九七	一六五	八六	五二	六九七
经费			一二二〇	八四〇	八六〇	五一六	四九二	四〇三二
备注				高级儿童班一班	高级儿童班一班			

2. 万载县第一中山民众学校概况表(2－4－667. P11)

万载县第一中山民众学校概况表 （民国二十五年七月一日填）

<table>
<tr><td>校长</td><td colspan="2">李汤铭</td><td rowspan="3">年龄</td><td>二四</td><td>籍贯</td><td>万载</td><td rowspan="3">略历</td><td colspan="4">饶州七县公立芝阳高级师范学校暨江西特种教育处研究班毕业，现任本省第二特种教育辅导区指导员兼本校校长。</td></tr>
<tr><td rowspan="2">教员</td><td colspan="2">李拱治</td><td>四六</td><td>籍贯</td><td>万载</td><td colspan="4">龙河旧制中学毕业，曾任贻哲高级小学校校长七载、龙桥高级小学校教员一年、李养正初小学校校长四年。</td></tr>
<tr><td colspan="2">李子铎</td><td>四六</td><td>籍贯</td><td>万载</td><td colspan="4">龙河旧制中学毕业，曾任上高志高小学教员。</td></tr>
<tr><td rowspan="4">在校学生</td><td>高级班</td><td>一班计四十二人</td><td rowspan="4">合计人数</td><td rowspan="4">二百二十三</td><td rowspan="4">毕业学生</td><td>高级班</td><td></td><td rowspan="4">合计人数</td><td rowspan="4">一百八十一人</td><td rowspan="2">校址</td><td rowspan="2">万载白水阳澄市</td></tr>
<tr><td>儿童班</td><td>一班计五十人</td><td>儿童班</td><td></td></tr>
<tr><td>成人班</td><td>二班计九十八人</td><td>成人班</td><td>三班计一百三十二人</td><td rowspan="2">通讯处</td><td rowspan="2">万载白水本校</td></tr>
<tr><td>妇女班</td><td>一班计四十一人</td><td>妇女班</td><td>二班计四十九人</td></tr>
<tr><td>学校沿革</td><td colspan="5">本校于民国二十三年六月奉令筹，设原名万载第三区中山民众学校。校长为刘昭氏，二十四年七月奉令调升万载县督学。对于该校校长一职，教厅乃派本省第二特种教育辅导区指导员李汤铭兼任，并更校名为万载县第一中山民众学校。</td><td>学校环境</td><td colspan="5">本校设于万载西北，距城九十余里之白水。该地毗邻浏平，崇山峻岭，时有残匪出没，交通既感不便，行动尤为艰苦。白水人口尚无切实统计，大约近七千多人，多以工农为生，商业自匪乱后一蹶不振，殊形萧条。此处特产甚多，如百合粉、粗碗、表芯等，惜匪乱而后，均已一落千丈矣。</td></tr>
</table>

续表

<table>
<tr><td rowspan="3">常年经费</td><td>来源</td><td>教厅十分之九，县府十分之一。</td><td rowspan="3">行政组织</td><td colspan="3" rowspan="3">本校设校长一人，负行政总责。下设教师二人，襄助校长处理一切教导事件。为商讨校务进行事宜，设置校务会议，每月举行会议一次。</td><td colspan="2" rowspan="3">课程与编制</td><td colspan="2" rowspan="3">本校各班课程，悉依前特教处颁发标准办理；至编制方面，本校采用分团编制及复式编制二种。</td></tr>
<tr><td>数目</td><td>法币一百十元。</td></tr>
<tr><td>支配</td><td>薪俸七十六元，办公费二十元，学用品十四元。</td></tr>
<tr><td rowspan="3">教导设施</td><td colspan="3" rowspan="3">本校采用教学训育合一制，将教学与训育打成一片。对学生训导均遵照本校训导方案，分别实施。</td><td rowspan="3">成绩考查</td><td>时间</td><td>学月零时等二种</td><td rowspan="3">将来计划</td><td rowspan="3">拟办成人职业补习班</td><td rowspan="3">进修情形</td><td rowspan="3">除遵照特教处进修办法切实进修外，其于报章、杂志尤为留心阅览。</td></tr>
<tr><td>方法</td><td>问答是非填充等</td></tr>
<tr><td>计分法</td><td>百分法常态分配法</td></tr>
<tr><td>社会活动</td><td colspan="10">管：协办保甲训练班；整理村容；办理息讼事件；协推其他一切区政；推行新生活运动等。
教：办理问事代笔事件；举行通俗讲演；编贴壁报；推行识字运动等。
养：协助组织百合粉合作社；鼓励民众努力春耕；提倡农家副业等。
卫：组织反匪别动队；督饬成人班及别动队协剿残匪；训练壮丁；率领学生防守碉堡工事；举行夏令卫生运动；布种牛痘等。</td></tr>
<tr><td>备考</td><td colspan="10"></td></tr>
</table>

兼万载第一中山民众学校校长李汤铭呈

3. 万载县第五中山民众学校概况调查表（2－4－667. P7－8）

万载县第五中山民众学校概况调查表

（校址　高村；二十三年六月六日填报者校长黄水镜）

名目	
学校名称	万载县第五中山民众学校
组织	本校组有辅导委员会，协助校长进行一切校务；学生方面已组织劳动服务团、同学会，力求发展社会教育
岁入经临费	六百元（校长兼教师薪俸全年三百三十六元，办公费全年一〇八元，学用品全年七十二元，临时费全年八十四元，补助教师薪俸）。
岁出经临费	六百元（同右）（编者：因原表为竖排，故为右，现应改“同上”）。
教职员姓名及性别	校长黄水镜，教师彭彬彦，俱男性。

续表

教职员学历及月薪	校长兼教师黄水镜，系江西省特种教育师资训练所第一期毕业，月支薪俸二十八元；教师彭彬彦，系模范小学毕业，月薪七元。
学生人数及性别	本校学生共计七九名，男生四二，女生三七人。
学生学级及年级	儿童班两班，妇女班一班。
学生年龄及资格	学生平均年龄占十四岁多。
学校设备	本校有教室二间，礼堂一间，会议厅一间，教职员寝室二间，办公室一间，阅览室一间，厨房一间，厕所一间，讲台课桌具备，总理遗像、党国旗、新生活挂图、标本挂图、新闻日报及各项农具齐全。
其他	本校除努力教学训导改进外，并注重社会事业，如举行通俗讲演，召集举行各种纪念及编写壁报，协助区政推行倡办公益事业。

4. 万载县立平民夜校(2-4-721. P69)

一、名称　万载县立平民夜校
一、宗旨　为秋收有望、农隙多暇，实施民教普及教育为宗旨
一、时期　自民国二十五年十一月二十日起，至二十六年二月二十日止
一、费用　不收分文
一、上课时间　午后五时至六时
一、课目　识单、字造句、社会新闻、军事常识、防空常识
一、班次　普通一班
一、校址　暂借东门东站卢宅内

5. 设平民夜校恳请予备案并核给补助费的呈文(2-4-721. P70-72)

事由：呈为拟设平民夜校一所恳请予备案并核给补助费而利进行乞饬遵由
中华民国廿五年十一月七日

窃以国势垂危，人民多梦沉而未醒，巷穷何退青年应磨砺以就需，坐亡固不若图存，前进尤贵于后盾。事属国运，朝野关心。最近政府有征兵之制，全民应遵服役之法，事实全美，诚救时之良药。察民智未开，诸多梗阻，虽三令五申，尚不能按期投效，耻蒙东亚，堂燕何觉？民愤时感身，责尽匹夫。秉兹农隙之际，拟假东站卢宅，设立平民夜学一所，授以普通军识，讲演国情时事，谅平微而易行，籍补民训指臂之效。惟所需灯油诸费，尚有待于补助。一俟核准，即便着手进行。民随军多年，囊无多蓄，其费用预算，并草拟简章，均另表

附呈，理合行呈请钧长俯赐察核，恳予备案，并核给补助而利进行。可否之处，仍乞指令饬遵，实为德便。

谨呈

万载县县长　张

民　卢南勋

附呈履历简章预算书各一份

姓名	卢南勋
年龄	二十八岁
籍贯	江西万载
出身	赣省中学初中毕业　江西第二中学师范科毕业。
曾任职务	曾任保安第四团第三大队第八中队队长　江西保安第三团新兵队队长　江西保安处教导大队图书馆管理员。

6. 万载县立第一女子小学职员名册(2-4-612. P34)

万载县立第一女子小学职员名册　(三十一年十一月制)

职别	姓名	年龄	籍贯	承办事项	到职年月	备考
校长	王翠英	廿七	万载	主持校务兼五、六年级自然三、四年级美术。	三十一年八月	
教务主任	何兴珍	十八	广东	主持教务兼高年级国语。	三十一年九月	
总务主任	宋步桃	廿五	万载	主持庶务兼一年级国语、三年级常识。	三十一年八月	
幼稚园主任	宋近生	廿一	万载	幼稚园音乐、研究、故事、游戏主持园务。	三十一年八月	
教员	张绮	四七	万载	五、六年级算术，四年级常识	三十一年九月	
	龙芃兰	廿九	万载	三年级算术，四年级国语，全校劳作。	三十一年九月	
	辛沛云	二五	万载	五、六年级社会，四年级算术，全校体育。	三十一年八月	
	辛淑娟	十九	万载	三年级国语，一年级算术，五、六年级美术。	三十一年九月	

续表

职别	姓名	年龄	籍贯	承办事项	到职年月	备考
	郭芝英	十九	万载	二年级国语常识，一、二年级唱游。	三十一年九月	
	汪秋云	二〇	万载	一年级常识，二年级算术。	三十一年九月	
	郭怀玉	二〇	万载	幼稚园研究工作：故事、游戏、读法、算法。	三十一年八月	

7. 万载县立女子学校二十三年度临时费支出计算书(2-4-155. P11-12)

二十三年度临时费支出计算书 （万载县立女子小学校编造）

万载县立女子小学校 中华民国二十三年度临时费支出计算书							
支出临时经费门							
科目	本年度支付预算数(元)		本年度支出计算数(元)		比较		备考
					增	减	
第一款 万载县立女子小学校临时经费	六九	二九	六九	二九			
第一项 购置	三八	〇九	三八	〇九			
第一目 添置	三八	〇九	三八	〇九			
第一节 书籍	一六	六四	一六	六四			单据第一号至第四号
第二节 物品	一四	二五	一四	二五			单据第五号至第十八号
第三节 器具	七	二〇	七	二〇			单据第十九号至二十号
第二项 修理	一五	二四	一五	二四			
第一目 修整	一五	二四	一五	二四			
第一节 工资	一〇	八〇	一〇	八〇			单据第二十一号至二十二号
第二节 材料	四	四四	四	四四			单据第二十三号至二十四、五号
第三项 活支	一五	九六	一五	九六			单据第二十六号至三十一号
第一目 活支	一五	九六	一五	九六			
第一节 活支	一五	九六	一五	九六			单据第二十六号至三十一号
万载县立女子小学校校长朱匡世							

8. 万载县第一女子小学暨幼稚园开办费预算书(2-4-137.P1-4)

签呈 中华民国三十一年九月 日于本校

窃本校自奉令开办遵节择定校舍包工修理及各项校具添置,除一面分别积极进行外,理合将本校经常费及添置设备费造具概算书各一份,备文呈请钧长鉴核,指令祇遵,实为公便

谨呈

万载县政府县长何

附呈经常费、添置设备费概算表各一份

万载县立第一女子中心小学校长王翠英

万载县第一女子小学暨幼稚园开办费预算书

支出临时门						
科目					支出预算数	备考
款	项	目	节	名称		
1				开办费	五四八〇.〇〇	
	1			女子小学添制设备费	三五二〇.〇〇	
		1		添制费	二三二〇.〇〇	
			1	教学用具	一九七二.〇〇	课桌四十张每张,约需法币廿五元,合计一千元;黑板二块,每块约需法币六十元,计一百廿元;办公桌七张,每张卅六元,计二百五十二元;床廿张,每张约三十元,计六百元。合计如上数。
			2	炊事用具	三四八.〇〇	碗四十只,每只五毛,约计法币贰拾元;冲壶一把,约廿元;锅一只并盖二个,约计四十元;饭铲一把,约五元;畚箕一只约三元;饭桌四张并凳,约二百元;其他约六十元。合如上数。
		2		设备费	七〇〇.〇〇	
			1	各种挂图	七〇〇.〇〇	添制各种图表约如上数。
		3		修理费	五〇〇.〇〇	
			1	修理费	五〇〇.〇〇	修理校舍约如上数。
	2			幼稚园添制设备费	一九六〇.〇〇	
		1		添制费	一九六〇.〇〇	
			1	各种器具	一六八〇.〇〇	秋千、滑梯、跷跷板,共约千元;清洁用具,约一百廿元;办公桌并凳,约九十元;圆牌一块,约七十元;书籍、玩具,约需四百元。合如上数。

续表

			2	图表	二八〇.〇〇	添制各种图表约如上数
校长王翠英						
总务主任宋步桃						
中华民国三十一年十月一日						

9. 万载县立第一女子小学岁出预算数(2-4-137. P7)

万载县立第一女子小学岁出预算

编制机关万载县立第一女子小学三十一年七月一日起至三十一年十二月三十日止

科目					预算数								
款	项	目	节	名称	十	万	千	百	十	元	角	分	
1				万载县立第一女子小学暨幼稚园经费			7	0	2	0	0	0	
	1			女子小学经费			5	3	6	4	0	0	
		1		薪饷			3	9	2	4	0	0	
			1	教员薪俸			2	8	8	0	0	0	校长一员,月支四十元;教员兼教导、总务主任各一员,各月支三十六元;教员四员,各支三十二元。合如上数。
			2	工役饷项			1	0	4	4	0	0	工役三人,月各支二十九元。合如上数。
		2		办公费			1	4	4	0	0	0	
			1	办公费			1	4	4	0	0	0	每班月支二十元,共计六班合如上数。
	2			幼稚园经费			1	6	5	6	0	0	
		1		薪俸			1	1	7	6	0	0	主任一员,月支三十六元;教师一员月,支三十二元;保姆一人,月支三十元。合如上数。

续表

科目					预算数								
款	项	目	节	名称	十	万	千	百	十	元	角	分	
			1	薪俸			1	1	7	6	0	0	
		2		办公费				4	8	0	0	0	
			1	办公费				4	8	0	0	0	计一班，月支四十元，合如上数

编制日期　中华民国三十一年十月一日　编制机关长官校长王翠英　主办会计人员宋步桃

10. 万载县立简易师范学校公教人员户籍调查表(2－1－47)

万载县立简易师范学校公教人员户籍调查表　（中华民国三十五年十二月二十九日）

职别	姓名	户籍所在地				村街名称	备考
		乡镇	第保	第甲	第户		
校务主任	郭而刚	康乐镇	第十二保	第六甲	第九户	小北门外	
专任教员	郭而毅	康乐镇	第十二保	第六甲	第十一户	小北门外	
庶务员	张维书	丁田乡	第六保	第八甲	第三户	厂塘竹山里	702

万载县立简易师范学校校长欧阳光汉

11. 师范学校毕业生免试保送升学办法(2－4－338. P2－8)

事由：师范学校毕业生免试保送升学办法仰知照由

江西省政府教育厅代电　　　育中字第8033号

民国三十六年五月　日发

省立各师范学校/各县县政府：查师范学校毕业生免试保送升学办法，曾奉教育部令颁行，当经转饬遵办在案。兹为鼓励服务期满成绩优良之师范毕业生升学起见，特再重申前令，应即转饬该（校）县师范毕业生，凡经服务期满，现仍在中心国民学校或国民学校服务，有志升学者，依照原《保送升学办法》之规定，检具各项证件，呈由该（管县政府）县审核，于本年六月十日以前保送到厅，俾凭审查汇报教育部核办，逾期以自动弃拟论。除分令外，合行抄发是项免试保送升学办法一份，电仰知照。教育厅辰（　）育中印，附抄发《师范学校毕业生免试保送升学办法》一份。

附:各省(市)师范学校毕业生免试保送升学办法

教育部三十二年八月十七日中字第13632号代电公布

一、本办法根据《修正师范学校毕业生服务规程》第三十八条之规定订定之。

二、各省(市)保送免试升学之师范学校毕业,生暂以保送师范学校或师范学院肄业为限。

三、各省(市)每年免试保送人数如下:

甲、简易师范学校毕业生升学师范学校者,每省五人至十五人,每市三人至五人,由各省(市)教育厅局备案核定,并呈报教育部备案。

乙、师范学校毕业生升省师范学院者,每省市三人至五人,由各省(市)教育厅局核予转呈教育部核定之。

四、师范学校毕业生申请保送者须具左列各项条件:

1. 师范学校学生毕业后经省(市)或县(市)教育行政机关分发服务届满三年以上者;

2. 师范学校毕业生其毕业成绩平均分数在七十五分以上操行体育均列乙等以上者;

3. 服务期间受有成绩优良之奖励并取得证明文件者;

4. 在服务期间曾入教育行政机关或师范学校主办之教员假期训练班得有结业证件者;

5. 申请升学时仍在国民学校中心国民学校或小学服务者;

6. 申请保送时如入师范学校年龄未过二十五岁,如入师范学院年龄未过三十岁者;

7. 体格健全、思想纯正者。

五、师范学校毕业生申请保送时须缴验左列各项证件:

1. 申请人最近二寸半身相片二张(背面写明写明);

2. 申请表(格式见附表);

3. 服务证件;

4. 毕业证书及毕业成绩单(包括毕业成绩平均分数及操行体育等);

5. 服务成绩优良证件;

6. 假期训练结业证件;

7. 体格检查表。

六、师范学校毕业生申请免试保送时,检缴上项各件,呈由服务学校所属之教育行政机关审核,得呈省(市)教育厅(局)核定,由教育厅(局)核予转呈教育部核定之,所有申请审查核定事宜,应于每年六月底以前办理完竣,俾奖各院校招考新生之时间行程。

七、各省市教育厅(局)每年免试保送师范毕业生升学时应公开办理严格审查并公布其姓名俾众周知。

八、本办法经教育部颁发施行。

江西省万载县师范学校毕业生免试保送升学申请表

<table>
<tr><td>姓名</td><td></td><td>性别</td><td></td><td>年龄</td><td></td><td>籍贯</td><td></td><td rowspan="2">通讯地点</td><td>现在</td></tr>
<tr><td>学历</td><td colspan="4">师范学校毕业</td><td colspan="3">毕业　年　月</td><td>永久</td></tr>
<tr><td rowspan="8">履历</td><td colspan="3">服务学校(机关)名称</td><td>职务</td><td>待遇</td><td colspan="3">起讫年月</td><td rowspan="7"></td></tr>
<tr><td colspan="3"></td><td></td><td></td><td colspan="3">年　月至　年　月</td></tr>
<tr><td colspan="3"></td><td></td><td></td><td colspan="3">年　月至　年　月</td></tr>
<tr><td colspan="3"></td><td></td><td></td><td colspan="3">年　月至　年　月</td></tr>
<tr><td colspan="3"></td><td></td><td></td><td colspan="3">年　月至　年　月</td></tr>
<tr><td colspan="3"></td><td></td><td></td><td colspan="3">年　月至　年　月</td></tr>
<tr><td colspan="3"></td><td></td><td></td><td colspan="3">年　月至　年　月</td></tr>
<tr><td colspan="3"></td><td></td><td></td><td colspan="3">年　月至　年　月</td><td>备注</td></tr>
<tr><td>服务期间曾受何种训练</td><td colspan="4"></td><td rowspan="2">呈缴各种证件</td><td colspan="3" rowspan="2"></td><td rowspan="9"></td></tr>
<tr><td>服务期间曾受何种奖励</td><td colspan="4"></td></tr>
<tr><td>现在服务之学校</td><td colspan="8"></td></tr>
<tr><td rowspan="3">志愿升入之校院</td><td colspan="8">第一志愿　　校(院)　　科</td></tr>
<tr><td colspan="8">第二志愿　　校(院)　　科</td></tr>
<tr><td colspan="8">第三志愿　　校(院)　　科</td></tr>
<tr><td rowspan="2">审核意见</td><td colspan="4">县(市)政府审核意见</td><td colspan="4">省(市)教育厅(局)审核意见</td></tr>
<tr><td colspan="4"></td><td colspan="4"></td></tr>
<tr><td>保送机关</td><td colspan="8"></td></tr>
</table>

江西省万载县师范学校毕业生免试保送升学申请表　三十六年六月　日填

<table>
<tr><td>姓名</td><td>龙舒云</td><td>性别</td><td>男</td><td>年龄</td><td>三十一</td><td>籍贯</td><td>江西万载</td><td rowspan="2">通讯地点</td><td>现在:万载县立简易师范学校</td></tr>
<tr><td>学历</td><td colspan="4">江西省立宜春乡村师范学校毕业</td><td colspan="3">毕业:民二十八年七月</td><td>永久:万载县三兴市宏昇泰转交</td></tr>
<tr><td rowspan="9">履历</td><td colspan="3">服务学校(机关)名称</td><td>职务</td><td>待遇</td><td colspan="3">起讫年月</td><td rowspan="8">贴相片处</td></tr>
<tr><td colspan="3">万载县第四区中心小学</td><td>教员
校长</td><td>月薪
32元</td><td colspan="3">二十八年八月至三十一年一月</td></tr>
<tr><td colspan="3">万载县第一区中心小学</td><td>教员</td><td>月薪
90元</td><td colspan="3">三十一年二月至三十二年一月</td></tr>
<tr><td colspan="3">上高县立中学</td><td>教员</td><td>月薪
120元</td><td colspan="3">三十二年三月至三十二年七月</td></tr>
<tr><td colspan="3">万载私立鹅峰小学</td><td>教员</td><td>月薪
90元</td><td colspan="3">三十二年八月至三十三年一月</td></tr>
<tr><td colspan="3">万载私立世兴小学</td><td>教员</td><td>月薪
260元</td><td colspan="3">三十三年二月至三十四年八月</td></tr>
<tr><td colspan="3">万载县政府</td><td>督学</td><td>月薪
110元</td><td colspan="3">三十五年三月至三十六年二月</td></tr>
<tr><td colspan="3" rowspan="2">万载县立简易师范学校</td><td rowspan="2">教员</td><td rowspan="2">月薪
175元</td><td colspan="3" rowspan="2">三十六年三月至三十六年七月</td></tr>
<tr><td>备注</td></tr>
</table>

续表

<table>
<tr><td>服务期间曾受何种训练</td><td colspan="2">江西省地方行政干部训练团国民教育师资训练班第二期校长组受训期满</td><td rowspan="2">呈缴各种证件</td><td rowspan="2">1. 江西省立宜春乡村师范学校毕业证书一件。
2. 江西省地方行政干部训练团毕业证书一件。
3. 万载县政府委任令七件。
4. 上高县立中学聘书一件。
5. 万载私立世兴小学聘书四件。
6. 万载私立世兴小学通知书一件。
7. 万载县政府证明书一件。
8. 江西省政府委任令一件。</td><td rowspan="9"></td></tr>
<tr><td>服务期间曾受何种奖励</td><td colspan="2">江西省政府教育厅传令嘉奖</td></tr>
<tr><td>现在服务之学校</td><td colspan="4">万载县立简易师范学校</td></tr>
<tr><td rowspan="3">志愿升入之校院</td><td colspan="4">第一志愿　国立师范学院(湖南)校(院)　科</td></tr>
<tr><td colspan="4">第二志愿　中正大学教育系校(院)　科</td></tr>
<tr><td colspan="4">第三志愿　国立师范学校(桂林)校(院)　科</td></tr>
<tr><td rowspan="2">审核意见</td><td>县(市)政府审核意见</td><td colspan="3">省(市)教育厅(局)审核意见</td></tr>
<tr><td>专心研究服务勤谨成绩优良允许深造</td><td colspan="3"></td></tr>
<tr><td>保送机关</td><td colspan="4">江西省万载县政府</td></tr>
</table>

12. 设立励进补习学校恳请备案的呈文(2－4－719. P149)

事由:为呈请准予设立励进补习学校俾资改进学业恳请备案并乞指复由

民国三十六年二月十六日　　字第　　号

窃查三兴乡地势辽阔,人烟稠密,道路崎岖。惟各保设有国校,只能施教儿童初步之智识,致有中等程度之青年,无从求师,或于家境限制不能升学,尚属不少,如任耕作,有畏苦也,如任商场,自觉学术浅陋,以致无业可栖。兹今设法救济,设立"励进补习学校一所"。校址择定邹家塅邹家宅内,定于二月廿五日正式开学。惟本校宗旨,是增进各种课程,启发现代之智识,讲述总理之遗教,并不得违背法令。兹惟救济失学青年起见,为此备文呈请钧长察核,恳乞备案,准予设立励进补习学校,为民幸甚!为国亦幸甚!并请就速指复祗遵!

谨呈

县长　刘

三兴乡第五保公民徐步朝

13. 江西省政府关于发行并要求遵照《非常时期管理补习学校暂行办法》之训令(2－4－320. P159－162)

事由:令发非常时期管理补习学校暂行办法仰遵照由

江西省政府训令　　　泰教字第一二四二四号

民国三十年十月十五日发

令万载县县长

案据本府教育厅呈以奉教育部本年九月九日社字第三四二〇二号训令内开"查《补习学校规程》业经本部制定公布在案,兹续订《非常时期管理补习学校暂行办法》一种公布施行。除公布并分令外合行,抄发该办法,令仰遵照,并转饬遵照"请饬遵照等情,并附《非常时期管理补习学校暂行办法》一份,据此:除分令外,合行令仰该县遵照,并转饬遵照为要。

此令。

抄发《非常时期管理补习学校暂行办法》一份。

附:非常时期管理补习学校暂行办法

第一条　非常时期补习学校之设置及管理,除依照《补习学校规程》办理,应照本办法之规定。

第二条　补习学校不得有违及三民主义及抵触国策之言行。

第三条　在抗战时期,私立补习学校应暂行限制增设。

第四条　各机关学校团体附设补习学校及在本办法公布前已核设立之私立补习学校,应由主管教育行政机关予以严密考核,并随时抽查其教材。如有办理不善或宗旨不纯正者,应勒令停办,并呈报上级教育行政机关备案。

第五条　补习学校于每期或每学科开始时,应造具《学校教职员表》一份,祥载姓名、性别、年岁、籍贯、学历、经历、待遇、住址、是否党员等各项,呈报主管教育行政机关审核。

第六条　各级教育行政机关应于每半年将辖境内补习学校制成概况表,详载名称、设立人、设立地点、开办年月、设置学科、教职员数、学生人数、经费数及经费来源等各项,呈报教育部备案。

第七条　本办法由教育部公布施行。

14. 关于将吴方济捐学田产房屋转为县立实验学校所有的请示及万载县田赋粮食管理处公函回复(2－4－747. P4－6)

签呈　八月十二日

查吴方济先生捐助县立女子小学田产四拾余亩庄屋一栋。现女子小学改为康乐镇中心学校,原第一中心学校(即康乐镇中心学校行政)改为县立实验学校,此项受捐田产屋宇应归康乐镇中心学校所有，抑归实验学校所有，请予核示。同时上项捐产粮户尚未过割，俟确定所属后，即经由府转函田粮管理处查照过，除如何，理合签请鉴核。

谨呈

县长 何

职 辛植柏

拨交实验小学。

事由 为准函将吴方济户田赋过为县立实验学校基金保委会户名等由函复查照由

万载县田赋粮食管理处公函

案准贵府心教字第16311号函开，以查吴根祥（即方济）捐拨女子小学旱田二庄，业经决定，拨为县立实验学校基金，函请将二都二图七甲吴方济户旱田二庄，计捌百壹拾四把田赋，尽行过为万载县立实验学校基金保管委员会等由。准此，查本处本"卅三"年度田赋册串，业经编造完竣，除饬本处推收宝登记，俟办理卅四年度田赋征册时，将吴方济户田赋过为万载县立实验学校基金保管委员会户名，承粮外上项产业应完本年田赋稻谷，仍请以吴方济户名完纳，准函，前由相应函复贵府查照并希转饬万载县立实验学校基金保管委员会将本年应完田赋稻谷提前缴纳以资倡导为荷。

此致

万载县政府

兼处长何心毅

15. 万载县立实验学校成立基金保管委员会之呈文(2-4-747. P12-14)

事由：为将本校基金保管委员会成立情形并抄录规程一份连同本校基金保管委员履历表一并报请核备由

万载县立实验学校呈

案奉钧府心教字第16308号训令，饬拟具该校基金保管委员会组织办法连同保管细则呈府凭核等因。奉此，遵即聘请地方公正士绅辛继贤先生等七人为本校基金保管委员会委员，经于本月二十五日下午一时开基金保管委员会成立会，公推辛继贤先生为主任委员，并将拟具之基金保管委员会规程提请大会通过。理合抄录规程一份，连同校基金保管委员会委员履历表一并呈请钧长核备。

谨呈

万载县县长何

附呈规程一份履历表一份

万载县立实验学校校长杨百源

万载县立实验学校基金保管委员会委员履历表

姓名	籍贯	经历	备考
辛继贤	万载	曾任万载县行政会主任委员	
龙济海	万载	曾任万载县财务委员会主任委员	
宋余階	万载	现任万载县参议会议长	
汪敷郭	万载	现任万载县党部书记长	
张仰道	万载	曾任万载县行政会驻会委员	
胡成章	万载	万载县参议会参议兼县商会理事长	
郭如奎	万载	现任万载县政府社会科科长	

16. 万载县实验学校增补吴方济等为基金保管委员会委员及完善组织规程的呈文(2-4-747.P17-20)

事由:为遵令加聘吴方济先生为本校基金保管委员会当然委员并缮正组织规程一份呈请核备由

万载县立实验学校呈

案奉钧府心教字第17547号指令,以据呈送该校基金保管委员会组织规程及委员履历表,乞核示等情,指令知照等因,附发还组织规程一份。奉此自应遵办,除遵照优待吴方济先生在校求学子弟,并加聘吴方济先生为本校基金保管委员会当然委员、辛先生贯三为委员外,合理将钧府修正发还之本校基金保管委员会组织规程缮正一份,报请钧长核备。

谨呈

万载县县长何

附呈本校基金保管委员会组织规程一份

万载县立实验学校校长　杨百源

附:万载县立实验学校基金保管委员会组织规程

第一条　本校遵照县府心教字第一六三〇八号训令,指拨吴方济捐助前县立女子小学田产为本校基金为切实保管起见,特组织万载县立实验学校基金。保管委员会并制定本规程。

第二条　本校基金保管委员会(以下简称本会)设委员七八至九人,由本校聘请地方热心教育人员及公正士绅充任之,并呈报县府备案。

第三条　本会委员互推主任委员一人办理会内一切经常收支及报核事宜,委员主任委员均为义务职。

第四条　本会每届学期开始及完毕召开委员会一次临时会议,由主任委员随时召集之。

第五条　本会每遇年度开始，应会同学校造具年度收支预算书呈报县府核备。

第六条　本会会址设于万载县立实验学校。

第七条　本规程如有未尽事宜，本会委员会随时修改之。

第八条　本规程经本会委员会通过后，呈报县府备案。

17. 万载县境内民教馆图书馆馆长及民众学校校长姓名住址一览表(2 -1 -59. P73)

万载县境内民教馆图书馆馆长及民众学校校长姓名住址一览表

民教馆图书馆及民众学校名称	馆长及校长姓名	永久通讯处
第一中山民众学校	李阳铭	万载白水本校
	曾浴沂	同上
	卢伟	同上
第二中山民众学校	朱溯昭	万载城内本校
	陈和春	同上
	朱匡世	同上
第三中山民众学校	欧阳暹	万载黄茅本校
	龙明道	同上
第四中山民众学校	宋继齐	万载白良本校
第五中山民众学校	邢恢光	万载高村本校

18. 县立民众教育馆请领员工俸薪预算书清册(2 -4 -332. P3)

县立民众教育馆请领员工俸薪预算书清册

万载县三民众教育馆三十八年度四月份请领员工薪饷清册							
职别	姓名	在职日期	原支底薪法币数	折合银元数	折合金圆券数	请领人盖章	备考
馆长	张伯龙	全月	160.00	5.00	400000.00		
总务主任	龙凤楼	全月	90.00	4.30	344000.00		
	汤文美	全月	90.00	4.30	344000.00		
	姜志兴	全月	80.00	4.10	328000.00		
小计	四员			17.70	1416000.00		
公役	龙友生	全月		1.60	128000.00		
公役	鲍之祥	全月		1.60	128000.00		
小计	二名			3.20	256000.00		
合计	四员 二名			20.90	1672000.00		
万载县三民众教育馆馆长　张伯龙							
总务主任　龙凤楼							

19. 万载县立民众教育馆三十二年度书报费预算书(2 -4 -154. P46 -47)

万载县立民众教育馆三十二年度书报费预算书(三十二年七月二十五日，馆长辛贯三)

项	目	节	名称	全年度预算数(元)		说明
			万载民教馆书报费	五〇〇	〇〇	
一			书报费	五〇〇	〇〇	
	一		杂志	二九六	〇〇	
		一	杂志	二九六	〇〇	
	二		报章	一五六	〇〇	
		一	报章	一五六	〇〇	
	三		标本	四八	〇〇	
		一	标本	四八	〇〇	

20. 万载县卅六度设置乡镇民教馆及图书阅览室概况报告表(2 -4 -1035. P17)

万载县卅六年度设置乡镇民教馆及图书阅览室概况报告表

馆室别		民教馆及图书阅览室
名称		白杨乡民教馆附设阅览室
所在地		白杨店辛公祠
主管人	职别	乡长兼任馆长
	姓名	辛焕章
教职员		四人
图书册数		
报纸份数		民国日报力行日报前进报等三份
全年各项经费总数		无有
成立年月		民国卅六年七月
备考		全年各项经费正在进行劝募中，其报纸三份之经费暂在乡所节费项开支，其员由本所文化干事及二保国校长暨乡中公正士绅任理之

21. 省政府关于填报县市立民教馆图书馆体育场暨乡镇民教馆及图书阅览室本年度概况报告表的训令(2-4-1035. P25)

事由:令仰填报县市立民教馆图书馆体育场暨乡镇民教馆及图书阅览室本年度概况报告表由

江西省政府训令　　　教文字第02567号

中华民国三十七年元月

令万载县政府

本府为明瞭各县市办理社会教育情形,以资考核起见,曾于三十六年以教字第三九八八号训令颁发各种表式,饬将县市设立之民间馆图书馆、体育场暨乡镇民教馆及图书阅览室等设施情形分别填报在案。本年度仍应继续调查,除分令外,合亟令仰该县(市)长查遵前令及颁发表式,各填具两份,呈府以凭查考。倘该项社教机构尚有未经设置者,亦应将未能设置原由详细呈复,勿延为要。

此令。

第六编　民国教育师资设置及运行

一、关于师资培训机构

1. 万载县立简易师范学校呈送毕业生志愿服务名册(2－4－323. P63－66)

事由:呈送本校毕业生志愿服务名册祈鉴核由

万载县立简易师范学校呈　　　励字第七六号

中华民国三十六年七月十日

查本校第一班学生毕业考试奉令由本校举行,并呈请钧府派员莅场监试在案。经于七月二十一日至二十二日举行考试,计毕业生郭怀洁等二十四人各科成绩均经评定及格,应予毕业,理合填具各生志愿服务地址名册一份,备文呈请鉴核,恳准予转令各乡镇中心国校及各乡镇公所尽先录用,俾资服务,实为公便!

谨呈

万载县县长刘

附本校毕业生志愿服务地址名册一份

万载县立简易师范学校兼校长刘励忠

万载县立简易师范学校第一班毕业生志愿服务表

姓名	年龄	所在乡镇	性别	擅长学科	志愿服务地址	备考
郭怀洁	二〇	民权乡	女	音乐、国文	1. 民权乡中心国校	
李柏龄	一九	励进乡	男	数学、国文、体育	1. 励进乡第二中心国校 2. 励进乡第三保国校	
李振明	一九	励进乡	男	国文、体育、音乐	1. 励进乡第一中心国校 2. 励进乡第三保国校	
郑德贵	二二	高城乡	男	算术、史地	1. 康乐镇各保国校 2. 仙源乡中心国校 3. 高城乡第七保国校	
龙成林	二二	株潭镇	男	体育、美术、国文、数学、音乐	1. 株潭镇中心国校 2. 获富乡中心国校 3. 株潭镇第十一二三保国校	
张均生	一九	励进乡	男	美术、数学、国文	1. 康乐镇中心国校 2. 励进乡第五保国校	
龙起鹏	二二	蓝田乡	男	国文、音乐、数学、美术	1. 蓝田乡中心国校 2. 蓝田乡第五保国校	
林贻美	二〇	大桥乡	男	体育、国文、数学、史地	1. 大桥乡中心国校 2. 大桥乡第三保国校	
欧阳才	二四	白水乡	男	体育、史地、数学	1. 白水乡中心国校 2. 白水乡第六保国校	
谢光浩	二〇	柏柱乡	男	体育、历史、数学	1. 柏柱乡中心国校 2. 柏柱乡第六保国校	
刁神照	二五	大桥乡	男	美术、体育、国文、数学	1. 黎高乡中心国校	曾服务教界三载有余

续表

姓名	年龄	所在乡镇	性别	擅长学科	志愿服务地址	备考
黎文新	二六	茭湖乡	男	国文、史地、体育、美术、自然	1. 茭湖乡中心国校 2. 茭湖乡第二保国校	
叶民世	二六	白杨乡	男	国文、数学	1. 仙源乡中心国校 2. 白杨乡第六保国校	
陈永魁	二〇	高城乡	男	音乐、体育、国文、数学	1. 高城乡中心国校 2. 高城乡第五保国校	
鲍育贤	二〇	获富乡	男	体育、音乐、国文、数学、美术	1. 获富乡中心国校 2. 获富乡第九保国校	
辛全坤	二三	城南乡	男	体育、音乐、自然	1. 城南乡中心国校	
袁水珠	二二	白良乡	男	国文、体育、美术、音乐	1. 白良乡中心国校 2. 三兴乡中心国校 3. 白良乡第二保国校	
谢有泉	二五	中正乡	男	音乐、国文、数学、史地	1. 中正乡中心国校 2. 中正乡第十九保国校	
郭洪寿	一九	城南乡	男	数学、国文、自然	1. 城南乡中心国校 2. 城南乡第六保国校	
闻资治	二〇	高城乡	男	数学、国文、自然	1. 高城乡中心国校 2. 高城乡第七保国校	
刘啓烈	二〇	罗城乡	男	国文、自然	1. 罗城乡中心国校 2. 罗城乡第十二保国校	
张清才	二二	罗城乡	男	国文、体育、自然、算术	1. 罗城乡中心国校 2. 罗城乡第六保国校	
张业宏	二〇	三兴乡	男	数学、国文、自然、美术	1. 励进乡第二中心国校 2. 三兴乡中心国校	
张业才	二二	三兴乡	男	国文、体育、自然、算术	1. 三兴乡中心国校 2. 三兴乡第三保国校	

2. 江西省政府教育厅关于师范毕业生服务手册管理办法的电文(2－4－323. P18－20)

事由:抄发师范毕业生服务手册管理办法仰知照由

江西省政府教育厅代电　　　育中字第六五五七号

民国卅五年四月　日

万载县政府鉴:案奉教育部三十四年十月五日中字第五〇六一三号代电署开:“查本部于三十三年九月十八日,以中字第四四七一号训令,颁发《师范毕业生服务手册》样本及《师范毕业生服务手册管理办法》一种,通令于三十四年八月实施在案,兹补发《师范毕业生服务手册》样本及管理办法各一份,仰迅遵办具报”等因,附件如文。奉此,自应遵办。查该项服务手册原规定自三十四年八月实施,本省因奉令过迟,展自三十五年八月实行,凡属本学期师范毕业生,一律使用服务手册。除将原件交中国兴业出版公司翻印销售暨分别呈令外,合行抄发《师范毕业生服务手册管理办法》一份电仰知照教育厅卯(　)育中印。

附发《师范毕业生服务手册管理办法》一份。

附:师范学校毕业生服务手册管理办法

一、《师范学校毕业生服务手册》(以下简称本手册)由各省市教育行政机关依式印制,发交各师范学校转发各应届毕业生。《国立师范学校毕业生服务手册》由所在地省市教育厅局比照发给,省市立师范学校毕业生服务手册之规定办理并报教育部备查。

二、本手册由各省市教育厅局编定号码,每年按照应届毕业之师范、简易师范学校生分别编列,并于手册封面注明之,如〇〇省省立〇〇师范(33 年师字第　号)或〇〇省〇〇县县立简易师范学校(33 年简字第　号)或国立〇〇师范学校(33 年师(简)字第　号)。

三、各师范学校应于学生应届毕业之学期开始时,将应届毕业生人数呈报教育厅局请发手册。手册领到后,粘贴各生照片及印花办理应有手续,并加盖校钤,再呈教育厅局验印编号。于各生离校之前,发给每一毕业生服务时,均须携带,善为保存,依照手册使用说明办理。

四、凡新毕业初次到职服务、及呈准更调转移服务处所、及重新分配服务或回复服务之各类师范毕业生,均应于到职后一个月内,将此手册报请县市教育行政机关登记。如不依限申请登记,即以拒绝或中断服务论。

五、师范学校毕业生在规定服务期间,未经教育厅局核发正式毕业证书以前,如有必须证明学历者,依照使用手册说明第八、九两条之规定办理。

六、师范学校毕业生服务满三年,并无过失者,得依照使用手册说明第五条之规定,请发毕业证书。

七、师范学校毕业生申请升学或展缓服务时,得依照使用手册说明第七条之规定办理。

八、手册内服务成绩考查表,应由视导人员视察时切实填写,在服务期间曾受何种奖惩者,应于备注栏内注明受奖或受惩年月文号及奖惩机关。

九、师范毕业生请领第二本手册时，应将第一本手册连同本人相片及印花呈由原毕业学校核予，转呈教育厅局发给，再由学校加盖钤记发交毕业生具领。

十、本办法由教育部颁布施行。

3. 江西省立分宜乡村师范学校三十四年度第二学期乡师科/简师班毕业学生成绩表(2-4-323. P21-22)

江西省立分宜乡村师范学校三十四年度第二学期乡师科/简师班毕业学生成绩表

科(班)别	姓名	性别	年龄	籍贯	毕业年月	毕业成绩	通讯处	备考
乡师科	王亚杰	男	二二	万载	三十五年七月	76.6	万载黄茅铭新记	
	周志豪	男	二一	万载	三十五年七月	76.7	万载黄茅邮代所	
	刘春盛	男	二三	万载	三十五年七月	76.6	万载株潭祥生茂号	
	鲍慈卿	男	一九	万载	三十五年七月	72.7	万载城内西门元聚号	
	卢彦卿	男	二一	万载	三十五年七月	74.7	万载卢家洲邮代所	
	卢球士	男	二五	万载	三十五年七月	77.8	同上	
	彭兆麟	男	二一	万载	三十五年七月	73.7	万载卢家洲立道生转	
	王存振	男	二一	万载	三十五年七月	71.3	宜春鹧鸪路九号	
简师班	郭友信	男	一八	万载	三十五年七月	71.3	万载大北门外张家祠	
	周气田	男	二〇	万载	三十五年七月	70.5	万载株潭聚园酒号	

续表

科(班)别	姓名	性别	年龄	籍贯	毕业年月	毕业成绩	通讯处	备考
	龙新云	女	二〇	万载	三十五年七月	72.5	万载株潭中街元盛昌号	
	李和轩	男	一八	万载	三十五年七月	70.9	万载株潭德康太号	
	欧阳麟	男	一八	万载	三十五年七月	70.2	万载株潭富业衣号	
	汪秋云	女	一九	万载	三十五年七月	69.1	万载后街九十一号	

4. 省政府关于分发卅四年度第二学期师范学校毕业生并要求给予分派服务住所的训令(2－4－323. P37－38)

事由:分发卅四年度第二学期师范学校毕业生前来——仰即遵照分派服务住所列表具报由

江西省政府训令

令万载县政府

教育厅案呈,以据本省各师范学校呈送三十四年度第二学期毕业生服务志愿报告表,请予分发服务等情,请予统筹分发,并饬遵行前来应准照办。盖今后建设工作,首重教育。而国民教育为一切教育之基础,自应严加整顿,积极发展,并健全师资,以利推行。所有各县各级国民学校教师,尤应尽先任用师范毕业生,以符规定。迭经本府通饬遵办在案。现该生等经受多年师范专业训练,自应照章予以分发服务。据呈前情,除往教育厅验发各师范毕业生服务手册并饬迳向分发服务,各县政府报到外,合行抄发分发各县服务之师范毕业生名单及分派服务处所报告表式各一份,令仰遵照,迅予分派服务处所并切实考核服务成绩,仍将分派情形填具报表二份,径送教育厅核办为要

此令。

附发:分发该县(市)服务之师范毕业生名单及分派服务处所报告表式各一份。

主席王陵基

教育厅厅长周邦道

分发万载县服务之师范毕业生名单(计廿三名) (卅五年七月)

学号	姓名	性别	年龄	籍贯	毕业学校及科(班)别	毕业年月	手册字号	志愿工作	备注
3127	曾抚贞	女	18	万载	省立奉新乡师简师班	卅五年七月	34年简字15	乡镇中心国民学校及保国民学校校长教员	
919	袁松青	男	23	万载	省立宜春乡师乡师科	卅五年七月	34年师字62	同上	
936	龙城云	男	21	万载	同上	卅五年七月	34年师字63	同上	
946	黄希忠	男	20	万载	同上	卅五年七月	34年师字64	同上	
592	龙植林	男	23	万载	同上	卅五年七月	34年师字65	同上	
630	李汉初	男	19	万载	省立宜春乡师简师班	卅五年七月	34年简字76	同上	
652	辛成生	男	18	万载	同上	卅五年七月	34年简字77	同上	
468	喻建勋	男	23	万载	省立浮梁乡师乡师科	卅五年七月	34年师字79	同上	
473	吴家驹	男	22	万载	省立武宁乡师简师班	卅五年七月	34年简字147	同上	
241	王亚杰	男	22	万载	省立分宜乡师乡师科	卅五年七月	34年师字380	同上	
377	周志豪	男	21	万载	同上	卅五年七月	34年师字386	同上	
380	刘春盛	男	22	万载	同上	卅五年七月	34年师字387	同上	
477	鲍慈卿	男	19	万载	同上	卅五年七月	34年师字390	同上	
478	卢彦卿	男	21	万载	同上	卅五年七月	34年师字391	同上	

续表

学号	姓名	性别	年龄	籍贯	毕业学校及科(班)别	毕业年月	手册字号	志愿工作	备注
535	卢球士	男	25	万载	同上	卅五年七月	34年师字392	同上	
649	彭兆麟	男	20	万载	同上	卅五年七月	34年师字393	同上	
768	王春振	男	21	万载	同上	卅五年七月	34年师字399	同上	
142	郭友信	男	18	万载	省立分宜乡师简师班	卅五年七月	34年简字422	同上	
151	周气田	男	21	万载	同上	卅五年七月	34年简字423	同上	
409	李和轩	男	18	万载	同上	卅五年七月	34年简字432	同上	
441	欧阳麟	男	18	万载	同上	卅五年七月	34年简字433	同上	
657	汪秋云	女	19	万载	同上	卅五年七月	34年简字435	同上	
215	龙新云	女	20	万载	同上	卅五年七月	34年简字428	同上	

5. 江西省立分宜师范学校发送民国三十六年上学期万载师范毕业生名册并要求分配工作的公函(2－4－323. P73－74)

事由:函送本学期师范毕业生名册请查照分派服务并见复由

江西省立分宜师范学校　公函　　　广字第二七八号

民国三十六年六月十九日

查本校本学期师范毕业生业经举行毕业考试,呈奉教育厅核发服务手册分配各县服务,除将是项手册转发各生收执外,相应抄同贵县籍毕业生名册一份,函请查照,并希分派服务处所，另盼见复为荷！

此致

万载县政府

附本学期师范毕业生名册一份。

校长　曾广烈

万载县三十六年上学期毕业生名册

姓名	来自乡镇	性别	毕业科别	姓名	性别	毕业科别	来自乡镇
周忠良	黄茅	男	高师科	王存振	男	高师科	中正
郑苞寿	中正	男	同上	郭友仁	男	简师科	康乐
王士益	仙源	男	同上	郭考明	男	同上	蓝田
汤赞昇	黄茅	男	同上	龙友生	男	同上	获富
汤桂清	黄茅	男	同上	辛书钦	男	同上	康乐
蓝康生	高村	男	同上	周惠光	男	同上	高村
卢树垣	卢洲	男	同上	黄学莘	男	同上	获富
周杰士	黄茅	男	同上	易炳荣	男	同上	蓝田
龙怀英	株潭	男	同上	欧阳诚	男	同上	株潭
李芝馨	卢洲	男	同上	辛增昌	男	同上	株潭

6. 万载县政府印发万载籍三十五学年度第二学期师范毕业生名册之通令
(2－4－323. P79－81)

事由：印发万载籍三十五学年度第二学期师范毕业生名册令仰遵照由

江西省万载县政府通令　　　忠教一字第一三四二四号

中华民国三十六年七月十四日

令　各乡镇中心国民学校

各乡镇公所

查三十五学年度第二学期万载籍师范毕业学生服务一案，业经江西省立宜春、分宜、武宁师范学校及万载、奉新简易师范学校先后抄送毕业学生名册前来本府。为遵照尽先任用师范毕业生规定起见，特汇印名册一份，并摘抄省颁《师范生服务细则》条文，除分令外，合行令仰该校（所）于调整下学年度学校人事时，切实遵照规定，尽先遴选任用，不得托故拒绝致于未便为要。

此令。

印发名册一份连同摘抄条文。

县长刘

三十五学年度万载籍各师范学校毕业生名册

姓名	居住乡镇	毕业学校	毕业科别	姓名	居住乡镇	毕业学校	毕业科别
龙婉娥	株潭	宜春乡师	高师	龙怀英	株潭	分宜师范	高师
龙遗英	株潭	宜春乡师	高师	李芝馨	卢洲	分宜师范	高师
龙鸿汉	城南	宜春乡师	高师	王存振	中正	分宜师范	高师
辛谘猷	民权	宜春乡师	高师	郭友仁	康乐	分宜师范	简师
曾启云	中正	宜春乡师	高师	郭考明	蓝田	分宜师范	简师
周明辉	高城	宜春乡师	高师	龙友生	获富	分宜师范	简师
喻德贵	罗城	宜春乡师	高师	辛书钦	康乐	分宜师范	简师
李成林	获富	宜春乡师	高师	周惠光	高城	分宜师范	简师
罗鹏搏	中正	宜春乡师	高师	黄学莘	获富	分宜师范	简师
龙宜昌	获富	宜春乡师	高师	易炳荣	蓝田	分宜师范	简师
辛植南	蓝田	宜春乡师	简师	欧阳诚	株潭	分宜师范	简师
周忠良	黄茅	分宜师范	高师	辛增昌	株潭	分宜师范	简师
郑包寿	中正	分宜师范	高师	郭怀洁	民权	县立简师	简师
王士益	仙源	分宜师范	高师	李柏龄	励进	县立简师	简师
汤赞昇	黄茅	分宜师范	高师	李振明	励进	县立简师	简师
汤桂清	黄茅	分宜师范	高师	郑德贵	高城	县立简师	简师
蓝康生	高村	分宜师范	高师	龙成林	株潭	县立简师	简师
卢树垣	卢洲	分宜师范	高师	张均生	励进	县立简师	简师
周杰士	黄茅	分宜师范	高师	龙起鹏	蓝田	县立简师	简师
林贻美	大桥	县立简师	简师	谢有泉	中正	县立简师	简师
欧阳才	白水	县立简师	简师	郭洪寿	城南	县立简师	简师
谢光浩	柏树	县立简师	简师	闻资治	高城	县立简师	简师
刁神照	大桥	县立简师	简师	刘啓烈	罗城	县立简师	简师
黎文新	茭湖	县立简师	简师	张清才	罗城	县立简师	简师
叶民世	白杨	县立简师	简师	张业宏	三兴	县立简师	简师
陈永魁	高城	县立简师	简师	张业才	三兴	县立简师	简师
鲍育贤	获富	县立简师	简师	卢柏梓	卢洲	武宁师范	高师
辛全坤	城南	县立简师	简师	彭聖之	卢洲	武宁师范	高师
袁水珠	白良	县立简师	简师	王镇山	黄茅	武宁师范	高师
李子豪	槽头	奉新简师	简师				

摘抄《江西省师学校毕业生服务规程实施细则》条文第二十三条第一项“被分派人员所习科别应与所分派职务相称(例如师范学校高师毕业生派充中心国民学校教员,简易师范学校毕业生派充国民学校教员)”。

7. 江西省各行政区小学师资训练所毕业学员任用及考核办法(2 - 4 - 381. P27 - 29)

一、本办法根据《江西省各行政区小学师资训练所办法》第十五条规定订定之。

二、各县保立小学教师除任用正规师范毕业生外,应尽先任用师训所毕业学员。

三、被任用各员具有左列各款情形之一者应予保障:

1. 努力校务清查公款公产有成绩者;
2. 教学训导具有方法而成效可见者;
3. 努力进修能发表有价值之作品者;
4. 对地方公共事业能热心协助者;
5. 对抗敌宣传能努力工作者;
6. 能组训民众作抗敌工作者;
7. 办理成人班或妇女班有成绩者;
8. 与地方人士感情融洽并孚众望者。

四、被任用各员如有下列各款情形之一者应予撤职:

1. 办事不力或教学怠惰者;
2. 教学毫无成绩者;
3. 对地方公共事业有意破坏者;
4. 对抗敌工作不努力者;
5. 一学期中请假超过十四天者(婚丧疾病例外);
6. 当地人士对之不发生信仰者;
7. 精神萎靡不努力进修者;
8. 有不良嗜好及品行不端者。

五、各师训所毕业学员应具刻苦耐劳之服务精神,分赴各县经县长指定学校后,不得托故不就。但各县对于学员分派服务时,应力求人地相宜,俾事业得易进展。

六、本办法由省政府核定通令施行。

8. 万载县政府关于小学师资训练所毕业学员任用及考核之训令(2 - 4 - 371. P99 - 100)

万载县政府训令　　　万字第 578 号

令第一区区长

案奉江西省政府教字第一九二一号训令开“查各行政区小学师资训练所毕业学员任用及考核,业经于《江西省各行政区小学师资训练办法》第十五条予以规定在案。兹为保障服务及考核成绩起见，特订定《江西省各行政区小学师资训练所毕业学员任用及考核办法》，令发各县切实遵照办理。除分令外，合行检发该项办法一份，仰该县长遵照，并转饬所属一体遵照。此令”等因；计检发《江西省各行政区小学师资训练所毕业学员任用及考核办法》一份。奉此，自应遵办。除分令外，合行附发原办法一份，令仰该区长即便遵照！

此令。

计检发《江西省各行政区小学师资训练所毕业学员任用及考核办法》一份。

中华民国二十七年三月卅一日

县长　卢奕农

9. 万载县政府抄发调师训所学员简则之训令(2－4－371. P106－107)

万载县政府训令　　万字第1258号

令第一区区长

案准江西省第二行政区小学师资训练所公函开“查本所第二期调训学员简则，经呈请第二行政区专员公署转饬遵行在卷。现第一期毕业考试业于本月廿四日竣事，特缮送各学员分发服务履历成绩表请：1. 查照省政府本年三月教字第一七五九号训令第四项之规定，将被征调之现任保学教师所遗职务尽先分派本所受训期满学员前往代理，并饬依照简则，代理学员务于五月五日以前到达指定学校，调训学员务于五月九日以前到达本所。2. 本所关于考查受训学员成绩主张从严，惟录用方面，值兹保学师资缺乏供不应求之时，又似乎不可不变通办理，故对于操行成绩尚优而学业成绩较差之学员，拟暂予试用，请将此项试用学员分派职务后，严加考核，俟一年届满，如学业确有进步，服务成绩亦能及格者，并请报由专署核转本所补发毕业证书。3. 本所本期毕业证书拟于本年七月间，请由专署印发。各学员经分发服务后，请将其服务学校名称、所任职别及到校日期函复本所。除有特殊情形经核准者外，如有托故延不到校供职者，拟一律扣发前项证书。4. 各学员在代理职务期间应领之半薪，调训简则内已规定由县府发给，此项薪额拟至少每个月每人给予六元(调训学员亦同)。5. 各毕业学员服务一年后，其成绩及格者请依照《江西省各行政区小学师资训练所办法》第十五条之规定，开具考语报由专署转请省府颁发证书，并予以地位上之保障。以上各点除分呈外，相应先行函达，即希查照办理，至纫公宜”等由；附分发《服务学员履历成绩表》一份；准此，自应照办。查分发本县服务学员为李光等十二名，本县第二期征调受训之现任保学教师至少应为十二名，以资将其所遗职务，分派第一期毕业学员代理。兹规定第一区征调现任保学教师四名前往受训，其余各区各征调现任保学教师二名前往受训。每名应收用费十九元五角及往返旅费三元二角，由各该区署将调训保学教师过去应得薪金及五、六月份半薪缴解本府，以资汇解。各区署应于五月五日以前将征调受训保学教师姓名及任职学校造册呈报，以便分派毕业学员代理其职务，并饬被征调受训之保学教师于五月七日以前携带行李用费到达本府，以便转送该所受训，不得延误！除分令外，合行令仰该区长即便遵照！

此令。

附抄发调训学员简则一份。

中华民国二十七年五月一日

校长　卢奕农

附:江西省第二行政区小学师资训练所第二期调训学员简则

一、本简则根据《江西省各行政区小学师资训练所办法》廿六年度《江西省各行政区小学师资训练应行改进事项》及本年三月省府令颁《调整小学师资办法》第八条订定之。

二、本期学员以调训现任保立小学教师身心健全、文理清通、年在四十岁以下、并经小学教员登记合格者为原则。如未经登记合格者,须依照《江西省各行政区小学师资训练所办法》第八条规定科目(国文、算术、常识、体格检查及口试),由县政府严加考试,其成绩及格者始能保送。所有保送各学员经本所复试及格后,方准入所受训。

三、每县调受训学员名额以十名至十五名为限,至少须有十名,至多不得逾十五名。

四、学员每人全期须缴膳费十贰元,制服(两套)、被单、面巾及草席等费七元,茶水费五角,共十九元五角,由各县政府汇收于学员到所。前汇所前项膳费及制服费,依照规定必要时,得由各县政府津贴半数。

五、学员往返旅费由县政府津贴,得专案呈请在地方教育预备费项下开支。前项津贴用来所考径行发给各学员具领外,其回程旅费由县府汇所代为保管。

六、本年度受训期满之学员前往代理被征调现任保学教师之职务,其应得半薪由县府直接扣发。

七、本期定于五月十日开学受训期满之学员前往代理职务,须于五月五日以前到校,被征调之现任保学教师须于五月九日以前到所。

八、学员来所应用物品除下列规定外,不得携带其他物件:

1. 薄棉被一床;

2. 洗换褂裤两套;

3. 青色鞋或皮鞋两双;

4. 青色袜两双;

5. 面盆牙刷各一个;

6. 简单书籍文具;

7. 小箱一个。

九、本所简则由江西省第二区行政督察专员公署呈报江西省政府备案施行。

10. 江西省二十八年度义教师资训练所(班)招考学员简则(2-4-46. P81-85)

一、本简则依据本省义教师资训练办法第六条订定之。

二、招考学员分县举行，得视实际情形由省府派员为主试委员，所在县县长为试务主任。未派主试委员之县其主试委员由县长兼任之。

三、主试委员及试务主任职掌之分配如左：

甲、属于主试委员者：

(1)审查应考人员之资格及证件；(2)评阅试卷；

(3)核算成绩；(4)决定去取并榜示录取人员姓名；

(5)其他有关考试事项。

乙、属于试务主任者：

(1)印贴广告；(2)布置试场；

(3)制备试卷；(4)监察试场。

(5)其他有关试务事项。

前项所列工作得分别调派县政府干部、职员、中心小学校长、教员或聘请所在地中学校长教员襄助办理之。

四、报考人员应具下列资格之一：

1. 初中或同等程度之职业学校毕业者；

2. 初中肄业曾服务小学二年以上者；

3. 高小毕业或有同等程度曾服务小学三年以上者。

五、考试方法分下列三种：

1. 体格检查——由县府饬卫生院于考试前举行之；

2. 笔试科目——国文、算术、常识；

3. 口试。

六、招考学员广告由县政府照制定格式(附后)翻印，于考试前一个月广贴通衢，事前并应作充分之宣传。

七、试题由主试委员拟定，试卷(可采用十行稿纸)及其他必需用品由县政府于考试前准备妥当。

八、录取标准规定如下：

1. 体格健全；

2. 思想纯正、言语清晰；

3. 书法端正、能作通顺白话或文言文三百字以上者；

4. 考试科目用百分法计算，以平均六十分为及格。

九、各县录取名额除照规定数额外(另令饬知)，并须加取备取若干名，以资补充。

十、各县招考费用以五十元为限，在县教育预备费或总预备费项下开支。

十一、各县考试日期由各县政府决定，先期呈报，以便委派主试委员前往主试。但试期最迟不得过七月二十日。

十二、各县考试完毕后，应由主试委员会同试务主任将考试结果造具名册(附格式)，检同录取学员成绩表(附格式)，呈送省府备核。

十三、各县县政府对于录取学员应具保证书(附格式),函送指导训练机关汇呈省府教育厅备查。

十四、各县录取学员来往旅费,由县政府在教育预备费项下或总预备费项下酌予津贴。

十五、本简则自公布之日施行。

附招考学员广告格式(一)、录取学员名册(二)、学员成绩表(三)、学员保证书(四)。

附:江西省义教师资训练万载县招考学员广告

学额——本县40—80人

应考资格——甲、初中或同等程度之职业学校毕业者;

乙、初中肄业曾服务小学二年以上者;

丙、高小毕业或有同等程度曾服务小学三年以上者。

报名手续——甲、两寸半身相片两张;

乙、毕业证书或服务证件。

考期及科目—— 月 日体格检查;

月 日上午 时至 时考试国文; 时至 时考常识;下午 时至 时考算术(日期及时间由县长决定填入)。

报名及考试地点——报名地点:县政府。

考试地点:○○○(由县长决定填入)。

待遇——学费全免(制服自备);

书籍及膳费由省政府供给(旅费由县政府津贴)。

训练机关——录取后,由省府就交通之便利分发行政区师训所或省立师范及中学附设师训班受训。

毕业期间——一年毕业。

任用及保障——毕业后,分发原县任小学教师。如考查成绩优良,酌加待遇并予以职务上之保障。

二、关于教师任命与免职

1. 江西省万载县二十五年度各级中心小学校长教职员资历一览表(2－1－59. P75－89)

江西省万载县二十五年度各级中心小学校长教职员资历一览表

校别	职别	姓名	性别	年龄	籍贯	资历	通讯处
县立第一区中心小学	校长	陈蕴岚	男	四〇	万载	江西公立农业专门学校林学本科毕业，曾充本县教育局局长、第一区区长、万载县私立龙河初级中学校长、县立康乐小学校长等职	万载县城内本校
	教员	龙兆昇	男	五二	万载	万载县立宏文师范学校本科毕业，曾充县立宾兴、私立鹅峯等小学校长，龙河初级中学教员龙山龙桥等小学校长教员等职	同上
	教员	刘国琥	男	四〇	万载	江西省立第八中学旧制毕业，曾任西泉高小县立康乐小学等校教员等职	同上
	教员	郑光远	男	三二	万载	万载私立龙河中学旧制毕业，曾任私立养正小学教导主任，县立康乐小学教员等职	同上
	教员	张立道	男		万载	万载私立龙河初级中学毕业，曾任县立第一初小校长、县立康乐小学教员等职	同上
	教员	郭宇新	男	二二	万载	江西省立宜春乡村师范高中师范毕业	同上
	教员	张绮	女	四〇	万载	江西省立第一女子师范学校旧制毕业，曾充县立女子小学校长、高安县立女子小学、宜春县立女子小学、本县私立养正小学、分宜县立杨桥小学等校教员	同上
	教员	辛豫光	女	一九	万载	江西省立女子职业学校高中艺术科毕业	同上
	教员	王翠英	女	二一	万载	江西省立九江女子师范学校初中部毕业	同上
县立第二区中心小学	校长	杨劭龠	男	三三	万载	曾充江西省立第十三中学训育主任兼教员	万载潭埠本校

续表

校别	职别	姓名	性别	年龄	籍贯	资历	通讯处
	教员	李竢实	男	三〇	万载	万载私立东洲中学旧制毕业，曾充成德承顺各小学教员、潭埠中山民校教员	同上
	教员	黄保权	男	三二	万载	万载私立东洲中学旧制毕业，曾充步云初小校长、尚智初小及康西高小等校教员	同上
	教员	李士杰	男	三九	万载	万载私立东洲中学旧制毕业，曾充崇德、盈科、德昌各初小教员，新育初小校长	同上
	教员	李文信	男	二八	万载	江西省立工业专门学校应用化学科毕业，曾充德昌小学教员	同上
	教员	谢轶群	男	二八	万载	万载私立东洲中学暨江西省特种教育处第二期训练班毕业，曾充昌明小学、资溪县第四中山民校校长	同上
	教员	黄濬哲	男	三九	万载	万载私立东洲中学旧制毕业，曾充体仁高小教员、县立新民义务学校校长、万兴小学教员校长	同上
	教员	黄晋	男	三九	万载	万载私立东洲旧制中学毕业，曾充、育英明智初小教员，万兴小学校长等职	同上
	教员	冯昊	男	四〇	万载	历充万载、宜春等县小学教员等职十年	同上
	教员	谢庭兰	男	四八	万载	袁州旧制中学师范班毕业	同上
县立第三区中心小学	校长	龙元辅	男	四六	万载	万载私立龙河中学旧制毕业曾充本县第三区区长私立龙冈小学校长	万载株潭本校
	教导主任	龙章	男	四八	万载	万载县立宏文师范本科毕业，江西省各县县立小学教师训练班第一期毕业，曾充县立模范高小教员、私立东山高小校长、县立第二第十小学及私立成元、初小萃、群高小、龙山高小等校教员	同上

续表

校别	职别	姓名	性别	年龄	籍贯	资历	通讯处
	总务主任	杜葆真	男	二四	万载	万载私立东洲中学毕业，江西省民众训练干部人员养成所毕业，曾充私立大和初小校长、辅仁初小教员等职	同上
	教员	王光照	男	二六	万载	江西省立第七中学高中师范科毕业，曾充分宜启明小学教员、本县第三区中山民校教员	同上
	教员	高棣华	男	四一	万载	国立北京大学文科毕业，曾充私立龙冈高小教员	同上
	教员	刘佩林	男	三五	万载	万载私立东洲中学旧制毕业，历充私立康西小学校长教员	同上
	教员	周振兴	男	三五	万载	万载私立龙河中学旧制毕业，历充龙冈小学教员	同上
县立第四区中心小学	校长	辛国乔	男	三八	万载	江西省立第五师范旧制本科毕业，曾充私立龙云、乐育等小学校长及县立第十七初小校长	万载大桥本校
	教导主任	辛时茂	男	三八	万载	江西省立第五师范旧制本科毕业，曾充私立龙云小学校长、县立模范小学教员	同上
	总务主任	辛敏孙	男	三四	万载	万载私立龙河中学旧制毕业，江西省民众训练干部人员养成所公训班毕业，曾充私立龙云小学、龙桥小学及第三区中山民校教员	同上
	教员	欧阳赠	男	三二	万载	江西省立第八中学旧制毕业，江西省县政人员训练所第二期区长班毕业，曾充私立龙云小学教员、宜春县第四区区长	同上
	教员	辛素英	女	二〇	万载	江西省立女子职业学校高中应用化学科毕业，曾充县立康乐小学教员等职	同上
	教员	袁文奎	男	四一	万载	江西省立第五师范本科毕业，曾充县立龙云小学教员校长	同上
县立第五区中心小学	校长	彭清	男	二六	万载	万载私立龙河中学旧制毕业，历充龙洲小学校长教员	万载卢家洲本校

续表

校别	职别	姓名	性别	年龄	籍贯	资历	通讯处
	教导主任	卢辅德	男	三四	万载	江西省第五师范学校旧制毕业曾充县立第十三初小校长第五区区立小学教员	同上
	总务主任	卢士模	男	三四	万载	江西省立第七中学旧制师范本科毕业,曾充私立龙洲小学校长、崇正小学教员	同上
	教员	彭开元	男	三三	万载	江西省立第八中学旧制毕业,曾充县立模范小学、私立龙洲小学等校教员	同上
	教员	卢琇	男	二六	万载	饶州七县共立芝阳师范高级班毕业,曾充第一区中山民校及第五区第一保联中心小学教员校长	同上
	教员	卢志新	男	三六	万载	江西省立第五师范学校肄业,曾充第五区第二、第四、第五保联立小学校长教员	同上
县立第一区第三保联中心小学	校长	辛文焕	男	三三	万载	万载私立龙河中学旧制毕业,曾充私立龙章高小教员及保联主任	万载城内第一区署转
	教员兼教导主任	王一之	男	二二	万载	万载私立龙河中学毕业,曾充蘭溪、蕃衍小学教员	同上
	教员兼总务主任	辛茂材	男	二七	万载	万载私立龙河初中毕业,曾充私立龙章小学教员	同上
县立第一区第四保联中心小学	校长兼总务主任	王根汉	男	三二	万载	江西省立第八中学旧制毕业,曾充私立龙章小学教员	同上
	教员兼教导主任	龙江梅	男	二八	万载	江西省立工业专科学校高中部应用化学科毕业,曾充本县前私立民粹初中化学教员及鹅峯小学教员	同上

续表

校别	职别	姓名	性别	年龄	籍贯	资历	通讯处
县立第一区第五保联中心小学	校长	辛蕴书	男	四一	万载	江西私立豫章法政毕业，曾充私立竟成小学教员及保联主任	同上
	教员兼教导主任	谭树藩	男	四五	万载	万载县立宏文师范学校本科毕业，曾充私立毓英、蕃衍及县立义务、私立作新等小学教员	同上
	教员兼教导主任	辛邦达	男	二五	万载	万载私立龙河初中毕业，本县保学师资讲习会讲习期满，曾充南浦、锦衣等初小教员，作新小学教员	同上
县立第一区第六保联中心小学	校长兼总务主任	朱溯昭	女	二五	万载	江西剑声中学高师毕业，江西省特种教育处第二期毕业，现任本县第二中山民校校长	万载城内第二中山民校转
	教员兼教导主任	郭蕴璧	男	三二	万载	万载私立龙河中学旧制毕业，曾充私立培才初小校长、朝宗小学教员、第二中山民校教员	同上
县立第一区第七保联中心小学	校长兼总务主任	龙敷德	男	二九	万载	万载私立龙河中学旧制毕业，江西省民众训练干部人员养成所公训班毕业，曾充私立龙山小学教员、保联主任	万载城内一区署转
	教员兼教导主任	陈文海	男	三八	万载	万载私立龙河中学旧制毕业，曾充私立龙章高小教员、私立造英、德星等初小及县立义务小学校长	同上
县立第二区第二保联中心小学	校长兼总务主任	张据德	男	三二	万载	江西省立第八中学旧制毕业，曾充县立模范小学教员、第六联学校长	万载潭埠第二区属转
	教员兼教导主任	刘子祁	男	二九	万载	万载私立东洲中学毕业，曾充私立育材、鼎新各初小教员	同上

续表

校别	职别	姓名	性别	年龄	籍贯	资历	通讯处
县立第二区第三保联中心小学	校长	孙轶华	男	三八	万载	万载私立龙河中学旧制毕业，曾充孙氏族立锦华初小教员	同上
	教员兼教导主任	周绍溪	男	四八	万载	万载私立	同上
	教员兼教导主任	辛晋贤	男	三一	万载	万载私立龙河中学旧制毕业，曾充辛氏族立思济初小校长教员	同上
县立第二区第四保联中心小学	校长兼总务主任	李汤铭	男	二六	万载	饶州七县共立芝阳师范特别科毕业，江西特种教育处毕业，现任第一中山民校校长	万载白水本校
	教员兼教导主任	欧阳丹	男	四二	万载	万载县立模范高小毕业，历充私立泉云初小校长教员	同上
县立第二区第五保联中心小学	校长	朱文彦	男	三〇	万载	万载私立龙河中学旧制毕业，曾充前第二区办公处区员，现任第二区第五保联主任	万载潭埠第二区属转
	教员兼教导主任	吴修平	男	三四	万载	万载私立龙河初中毕业，曾充私立笃志、龙章等小学教员，私立育才初小校长	同上
县立第三区第二保联中心小学	校长兼总务主任	欧阳暹	男	三一	万载	万载私立龙河中学旧制毕业，江西省特种教育处第一期毕业，曾充本县私立植基小学教员、县立义务小学校长、现任第三中山民校校长	万载黄茅本校
	教员兼教导主任	汤光亮	男	二四	万载	江西省立宜春乡村师范学校简易师范科毕业，曾充竹轩初小校长	同上

续表

校别	职别	姓名	性别	年龄	籍贯	资历	通讯处
县立第三区第三保联中心小学	校长兼总务主任	邹懋德	男	四一	万载	万载私立龙河中学旧制毕业、曾充私立龙云、乐育高小校长教员	万载潭埠本校
	教员兼教导主任	翟凌霄	男	三四	万载	江西赣省中学毕业，曾充第三区第三联学教员	同上
县立第三区第四保联中心小学	校长	刘汉杰	男	三二	万载	万载私立东洲中学旧制毕业，曾充启智初小校长教员	万载株潭第二区属转
	教员兼教导主任	王极苍	男	三〇	万载	万载私立龙河初中毕业及本县保学师资讲习会讲习期满合格，曾充钟灵初小教员及保立小学校长教员	同上
	教员兼教导主任	叶邦彦	男	三七	万载	万载私立东洲中学旧制毕业，曾充步元初小教员、正谊小学校长教员、三省高小教员	同上
	教员	邓庚尧	男	三四	万载	万载私立龙河旧制中学肄业两年，曾充邓氏族立崇兴初小校长三年及李氏族立仕节初小教员、保学教员	同上
县立第四区第二保联中心小学	校长	袁炳宸	男	五〇	万载	江西高等师范博物部毕业，曾充江西省立第五师范教员、本县私立贻哲小学校长教员	万载白良本校
	教员兼教导主任	袁心浩	男	二七	万载	万载私立龙河初中毕业，曾充私立贻哲、龙桥等小学教员	同上
	教员兼教导主任	喻福海	男	一八	万载	万载私立龙河初中毕业，曾充贻哲小学教员	同上

续表

校别	职别	姓名	性别	年龄	籍贯	资历	通讯处
县立第四区第三保联中心小学	校长兼总务主任	徐步阶	男	三一	万载	万载私立龙河初中毕业，曾充县立第十八初小校长、私立龙桥小学校长等职	万载三百兴本校
	教员兼教导主任	潘际泰	男	二六	万载	万载私立龙河初级中学毕业，曾充私立蕃衍小学、育群初小教员校长	同上
	教员	徐步衡	男	二六	万载	万载私立植基高小毕业，万载县保学师资讲习会毕业，曾充私立培基初小及第四区第三十五保保学校长等职	同上
县立第四区第四保联中心小学	校长兼总务主任	韩金生	男	三二	万载	万载私立东洲中学旧制毕业，曾充私立正源小学教员、道济初小校长及第四区第三十三保保立小学校长	万载大桥第四区署转
	教员兼教导主任	韩德棠	男	二二	万载	万载私立萃升高小毕业，曾充起文初小教员	同上
	教员	韩豫轩	男	二三	万载	万载私立萃升高小毕业，曾充起文初小教员，现任第四区第四保联主任	同上
县立第四区第五保联中心小学	校长兼总务主任	李德章	男	四十	万载	江西省立第一师范学校毕业，曾充私立尊美高小、体仁高小校长教员	同上
	教员兼教导主任	曾振家	男	三六	万载	江西省立第八中学旧制毕业，曾充分宜县立第三小学及上高区立小学教员	同上
县立第四区第六保联中心小学	校长兼教导主任	江缉业	男	二六	万载	万载私立东洲初中毕业，曾充私立济美初小校长、尊美高小教员	同上

续表

校别	职别	姓名	性别	年龄	籍贯	资历	通讯处
	教员兼教导主任	彭国维	男	三二	万载	万载私立龙河中学旧制毕业，曾充私立贻哲高小教员三年	同上
	教员	江美才	男	二六	万载	万载私立东洲初中毕业，曾充私立济美、崇新等初小教员又上高第二区区立小学教员	同上
县立第五区第二保联中心小学	校长兼总务主任	彭师曾	男	二九	万载	上海美术专科学校艺术师范科毕业，曾充本县第五区区立龙洲高小教务主任兼教员三年	万载罗陂头本校
	教员兼教导主任	喻秉衷	男	三八	万载	万载私立龙河中学旧制毕业，曾充高小教员及本区第十八保保立小学校长兼教员	同上
	教员	朱惕	男	二六	万载	江西私立志成中学高中肄业，万载保学师资讲习会毕业，曾充第五区第十保、第十一保联立小学教员	同上
县立第五区第三保联中心小学	校长兼总务主任	杨星恒	男	三二	万载	万载县私立东洲中学旧制毕业，曾充私立正源高小教员	万载高村本校
	教员兼教导主任	潘文波	男	三四	万载	万载私立东洲中学旧制毕业，曾充万载县党部执行委员、万载县第五区中山民校教员	同上
县立第五区第四保联中心小学	校长兼总务主任	王绍槐	男	三〇	万载	万载私立东洲中学毕业，曾充私立正源高小教员	万载高村第五区署转
	教员兼教导主任	林岱青	男	三二	万载	万载私立东洲中学旧制毕业，曾充体仁小学教员	同上
	教员	钟昭瑜	男		万载	万载私立东洲中学旧制毕业，曾充正源体仁及各小学教员	同上

2. 民国二十七年万载县政府第三区各小学教职员资历一览表(2－4－550. P1－8)

万载县政府第三区各小学教职员资历一览表

校别	职别	姓名	性别	年龄	籍贯	资历	已否登记登记证号码	备查
私立龙冈小学	校长	龙沐沂	男	四〇	江西万载	上海中华艺术大学文科毕业，曾任江西省立第六中学国文教员	未	
	教导主任	狄桂芳	男	二二	江苏溧阳	江苏省立无锡师范学校毕业，曾任溧阳县立前马小学教导主任	未	
	六年级级任	汤克斌	男	四五	江西万载	江西省立第八中学旧制毕业，历任万载县立模范小学主任、教员，私立东山、大同各小学教员	未	
	五年级级任	辛作霖	男	四七	同上	万载龙河中学旧制毕业，历任本校及集义高小、国材、南公两初小教员	已登记	
	四年级级任	龙云汉	男	二八	同上	江西省立第七中学高中部师范科肄业，曾任万载县立义务小学校长	同上	
	童军教练	狄咏宜	男	二一	江苏溧阳	江苏省立苏州中学高中部毕业	未	
私立正谊小学	校长	杨景颐	男	五二	江西万载	袁州府立中学毕业，曾任德安县学务科员及本校校长	已登记	
	教员	刘济民	男	二八	同上	章江法政预科毕业，历任本校教员	同上	
	教员	叶鸿钧	男	四七	万载	章江法政毕业		
私立康西小学	校长	谢荣向	男	三六	同上	章江法政毕业曾任小学教员八年		

续表

校别	职别	姓名	性别	年龄	籍贯	资历	已否登记登记证号码	备查
	教员	黄振坤	男	二八	同上	东洲中学毕业曾任小学教员四年	已登记小字第二号	
	教员	钟文豪	男	二七	同上	同上	已登记万字五六号	
私立高五房小学	校长	高正域	男	四八	同上	北京中国大学毕业	未	
	教员	高棣华	男	四六	同上	国立北京大学文科预科毕业，曾充龙冈小学教员	已登记	
	教员	高文蔚	男	三六	同上	龙冈高小毕业，曾充小学教员六年		
私立黄氏正蒙初级小学	校长	黄北辰	男	三五	同上	东洲中学毕业，曾充养材小学教员三年		
	教员	黄赞化	男	三五	同上	东洲中学毕业，曾充养正小学及各保立小学教员	已登记	
私立杨氏四知初级小学	校长	杨阜民	男	二六	同上	东洲中学毕业，曾任民权县政府科员及本校教员	同上	
	教员	杨锐	男	一九	同上	东洲中学肄业二年		
私立周氏南公小学	校长	周德庸	男	六八	同上	清优附生，曾任龙冈小学校长		
	教员	周步青	男	四三	同上	龙冈高小毕业		

续表

校别	职别	姓名	性别	年龄	籍贯	资历	已否登记登记证号码	备查
	教员	周文虎	男	二八	同上	龙河中学毕业		
私立承顺初级小学	校长	吴韶	男	三二	同上	江西省立第八中学毕业，历任本校校长及敬业小学校长	已登记万字第四十四号	
	教员	吴宪	男	三〇	同上	宜春钦明小毕业，曾任宜春瀛洲小学校长	在宜春登记	
第五保保立小学	校长	高文清	男	四〇	同上	龙冈高小毕业		
	教员	高棣萼	男	三〇	同上	龙冈高小毕业，曾充本保教员		
	教员	高汉鼎	男	二八	同上	西泉高小毕业，曾充私立登峯初小校长		
第六保保立小学	校长	唐瑞来	男	五八	同上	东山高小毕业，曾充宜春五区四保联中心小学教员		
	教员	李悦	男	三七	同上	四知高小毕业，曾充启智、三民、平泉小学教员		
第七保保立小学	校长	高耀辉	男	三六	同上	龙河中学毕业		
	教员	高垂裕	男	四六	同上	龙冈高小毕业		
第八保保立小学	校长	丁维光	男	二八	同上	龙河中学毕业		

续表

校别	职别	姓名	性别	年龄	籍贯	资历	已否登记登记证号码	备查
	教员	辛思善	男	四三	同上	龙冈高小毕业		
第九保保立小学	校长兼教员	高朝杰	男	二八	同上	龙冈高小毕业		
第十保保立小学	校长	欧阳履	男	四二	同上	集义高小毕业		
	教员	欧阳映	男	三九	同上	龙冈高小毕业，曾充第九保教员		
第十一保保立小学	校长	龙振华	男	四二	同上	集义高小毕业		
	教员	龙维纲	男	二九	同上	龙河中学毕业		
第十三保保立小学	校长	龙振东	男	三九	同上	龙河中学毕业		
	教员	龙步衢	男	三九	同上	龙河中学毕业	已登记	
	教员	龙沐瀛	男	四四	同上	龙河中学毕业	已登记	
	教员	龙家修	男	二六	同上	龙河中学毕业		
第十五保保立小学	校长	汤安民	男	三一	同上	龙河中学肄业二年		

续表

校别	职别	姓名	性别	年龄	籍贯	资历	已否登记登记证号码	备查
	教员	汤广孙	男	五〇	同上	龙冈高小毕业		
第十六保保立小学	校长	辛建中	男	三一	同上	龙河中学毕业		
	教员	龙安民	男	三五	同上	龙冈高小毕业		
第十七保保立小学	校长	汤贵介	男	二六	同上	龙冈高小毕业		
	教员	周俊德	男	三九	同上	龙河中学毕业		
	教员	宋师道	男	二八	同上	龙冈高小毕业		
第十八保保立小学	校长	刘徽猷	男	二八	同上	龙冈高小毕业		
	教员	刘奇勋	男	三四	同上	龙冈高小毕业		
	教员	刘长民	男	三四	同上	龙冈高小毕业		
第十九保保立小学	校长兼教员	汤克赞	男	三〇	同上	龙冈高小毕业		
第二十保保立小学	校长	黄中和	男	三二	同上	东洲中学毕业		

续表

校别	职别	姓名	性别	年龄	籍贯	资历	已否登记登记证号码	备查
	教员	钟德贤	男	三〇	同上	东洲中学毕业		
第二十一保保立小学	校长	蓝度云	男	五〇	同上	东洲中学毕业		
	教员	汤克永	男	三六	同上	龙冈高小毕业		
第二十二保保立小学	校长兼教员	陈霁光	男	三七	同上	龙冈高小毕业		
第二十三保保立小学	校长	张汉宾	男	四八	同上	章江法政毕业		
	教员	钟新猷	男	二七	同上	东洲中学毕业		
	教员	郭舟池	男	二八	同上	正谊高小毕业		
第二十四保保立小学	校长	谢树中	男	三六	同上	东洲中学毕业	已登记	
	教员	谢昕	男	三〇	同上	正谊高小毕业		
第二十五保保立小学	校长	谢庭兰	男	五〇	同上	东洲中学毕业	已登记	
	教员	张致明	男	三三	同上	东洲中学毕业，曾充步元新智初小教员		

续表

校别	职别	姓名	性别	年龄	籍贯	资历	已否登记登记证号码	备查
第二十六保保立小学	校长兼教员	彭绥猷	男	三九	同上	龙冈高小毕业		
第二十七保保立小学	校长	刘象德	男	四八	同上	东洲中学毕业		
	教员	曹德荣	男	三〇	同上	东洲中学毕业		
第二十八保保立小学	校长兼教员	欧阳育	男	三九	同上	龙冈高小毕业		
第二十九保保立小学	校长兼教员	王道履	男	二八	同上	龙冈高小毕业		
第二十九保保立小学分校	校长兼教员	张惠畴	男	四六	同上	龙河中学毕业		
第三十保保立小学	校长兼教员	王蕴仁	男	三六	同上	龙河中学毕业		
第三十二保保立小学	校长	周文龙	男	三二	同上	龙冈高小毕业		
	教员	周天衢	男	三〇	同上	龙冈高小毕业		
第三十三保保立小学	校长	欧阳健	男	四〇	同上	龙冈高小毕业		
	教员	吴俊坤	男	三六	同上	正谊高小毕业		

续表

校别	职别	姓名	性别	年龄	籍贯	资历	已否登记登记证号码	备查
第三十五保保立小学	校长	龙诚信	男	三二	同上	江西省立第七中学毕业		
	教员	王鸣久	男	五四	同上	萃英高小毕业		
第三十六保保立小学	校长	罗任贤	男	三六	同上	模范高小毕业		
	教员	丁耀宗	男	三二	同上	龙冈高小毕业		
第三十七保保立小学	校长	汪师琬	男	三四	同上	龙河中学毕业		
	教员	汪师伦	男	三一	同上	龙河中学毕业		
第三十八保保立小学	校长	丁耀庭	男	二五	同上	龙河中学毕业曾充济蒙初小校长		
	教员	丁师吕	男	三二	同上	江西甲种农业学校毕业		
第三十九保保立小学	校长	丁首乾	男	二四	同上	龙河中学毕业		业经撤战
	教员	丁远	男	三二	同上	龙章高小毕业		
第四十保保立小学	校长	罗祖照	男	三四	同上	龙冈高小毕业曾充启元小学校长		

续表

校别	职别	姓名	性别	年龄	籍贯	资历	已否登记登记证号码	备查
	教员	罗克明	男	三六	同上	龙冈高小毕业		
第四十一保保立小学	校长	翟凌霄	男	三六	同上	模范高小毕业,曾充本保教员		
	教员	丁金生	男	一九	同上	县立第四区中心小学毕业		
第四十二保保立小学	校长	张智龙	男	三二	同上	成德高小毕业		
	教员	叶振家	男	四四	同上	东洲中学毕业,曾充春泉小学教员		
第四十三保保立小学	校长	邹树勋	男	三六	同上	龙冈高小毕业,曾充養性小学校长		
	教员	邹明芬	男	二六	同上	乐育高小毕业		
第四十四保保立小学	校长	郭成生	男	二七	同上	江西省立第七中学毕业		
	教员	邹惠蘶	男	二〇	同上	植基小学毕业		
第四十五保保立小学	校长	高金福	男	三一	同上	西泉高小毕业		
	教员	李兢春	男	三二	同上	龙云高小毕业		

续表

校别	职别	姓名	性别	年龄	籍贯	资历	已否登记登记证号码	备查
第四十六保保立小学	校长	张绍载	男	三二	同上	龙河中学毕业		
	教员	汤思贺	男	二四	同上	龙冈高小毕业		
第四十七保保立小学	校长	郑达	男	二八	同上	龙河中学毕业		
	教员	李奕芳	男	二八	同上	成德高小毕业		
	教员	温国乔	男	二八	同上	成德高小毕业		
第四十八保保立小学	校长	龙骅	男	二六	同上	龙冈高小毕业		
	教员	黄纶辉	男	二二	同上	龙冈高小毕业		
第四十九保保立小学	校长	黄朝瑞	男	五二	同上	赣省法政专门毕业，曾充私立钟云小学校长		
	教员	龙翼机	男	三二	同上	龙冈高小毕业，曾充存敬小学校长兼教员		
第四十九保保立小学分校	教员兼主任	丁萱	男	三	同上	志成中学高中部肄业曾充务本小学教员		
第五十保保立小学	校长	陈清芬	女	三〇	宜春	湖南女子中学毕业，曾充宜春县女子小学校长及本县私立养正、平阳、兰溪小学教员	已登记	

续表

校别	职别	姓名	性别	年龄	籍贯	资历	已否登记登记证号码	备查
	教员	王荫庭	男	二八	万载	龙河中学毕业		
	教员	韩价卿	男	三〇	同上	正谊高小毕业，曾充宜春县第五区五十保保立小学教员		
第五十二保保立小学	校长兼教员	刘汉杰	男	三八	同上	章江法政专门毕业曾充本区第四保联中小校长		
第五十三保保立小学	校长	周克勤	男	四五	同上	龙河中学毕业，曾任本区第四保联中小教员	已登记	
	教员	周选阶	男	五二	同上	龙河中学毕业		
第五十三保保立小学分校	校长兼教员	龙协楠	男	二六	同上	龙冈高小毕业，曾充存敬小学教员		
第五十四保保立小学	校长兼教员	叶邦彦	男	五〇	同上	东洲中学毕业，曾充正谊小学教员		
第五十四保保立小分校	校长	张校巡	男	三六	同上	正谊高小毕业		
	教员	黄胜才	男	三四	同上	东洲中学毕业	已登记	
第五十五保保立小学	校长	龙骞衢	男	三〇	同上	龙河中学毕业		
	教员	谢尚元	男	二九	同上	明道高小毕业		

续表

校别	职别	姓名	性别	年龄	籍贯	资历	已否登记登记证号码	备查
第五十六保保立小学	校长	鲍瑞光	男	三二	同上	江西省立第七中学毕业		
	教员	邓竟成	男	三二	同上	龙冈高小毕业		

3. 江西省政府奉发国民政府关于各机关任用学校教授限制办法的训令(2-4-320. P58-59)

事由:奉行政院转奉国民政府令各机关任用学校教授限制办法应饬属遵照一案令行遵照由

江西省政府训令　　　秘三字第3987号

中华民国二十九年　月　日

令万载县政府

案奉行政院本年八月三十日阳第一八二八二号训令开:

奉国民政府二十九年八月八日渝文字第七〇〇号训令开:"据考试院二十九年九月三十一日第九五号呈称:现据铨叙部呈称:案奉钧院本年四月十日,第一六五号训令,抄发中央人事行政会议总决议案,并同提案,饬遵照办理等因。查总决议案内载教育部提议各机关任用学校教授应有限制案,经决议,原则通过,其详细办法由本部会同教育部商定,当经咨请教育部开送具体办法,以便商讨。兹准咨复节开,兹拟就本部原提案所列办法,酌予修正如下:一、各机关任用人员如系现任学校教授,除商得学校同意者外,应俟聘约期满后再行任用;二、学校教授如在聘约未满期时离职他就,须于事前商得学校同意并觅相当人员代理,如未经学校同意或未觅相当人员代理者,任用机关经学校之声请应转知其回校服务。除以上所列办法,外希贵部再于铨叙方面酌定限制办法,咨行各机关查照等由。按教育部提案之主旨在限制学校教员于聘期中转任机关职务,以免影响学生学业。此次教育部咨复之两项限制办法,本部以为足资运用,拟予同意,并无庸在铨叙方面另定限制办法。所有本案咨商情形,理合呈请钧院核定,转呈国民政府鉴核通令遵照等情。据此,查核该项办法既经铨叙部咨,由教育部就原提案所列酌予修订,似应准予通令遵照,以示限制。据呈前情,理合备文呈请鉴核,施行等情。据此,应准照办,除指令并分行外,合行行令仰遵照,并转饬所属一体遵照!此令"。等因,除分令外,合行令仰遵照,并转饬所属一体遵照!此令。

等因:奉此。除报告第一三〇五次省务会议:并分令外。合行令仰遵照!

此令。

主席　熊式辉

4. 江西省政府抄发部颁小学教员升任初级中学及其同等学校教员暂行办法(2-4-320. P82-85)

事由:抄发部颁小学教员升任初级中学及其同等学校教员暂行办法仰遵照由

江西省政府训　　　令字第6347号

民国二十九年十月　日

令万载县政府

教育厅案呈:

奉教育部本年八月二十九日规肆5字第二八二一一号训令开:查小学教员升任初级中学及其同等学校教员暂行办法现经本部制定,除公布并分令外,合行抄发该项办法一份,令仰遵照,并转饬所属一体遵照此令。等因。并附《小学教员升任初级中学及其同等学校教员暂行办法》一份,请令饬遵照。

等情。据此,查事关奖进小学教员办法,除分令外,合行抄发上项办法一份。令仰该县长遵照,并转饬所属小学教员一体遵照。

此令。

计抄发《小学教员升任初级中学及其同等学校教员暂行办法》一份。

主席　熊式辉

教育厅厅长　程时煃

附:小学教员升任初级中学及其同等学校教员暂行办法

第一条　为奖进小学教员起见,根据《小学教员待遇规程》第十条之规定,订定本办法。

第二条　小学教员具有左列各款资格之全部者,得被聘为初级中学简易师范学校或初级职业学校教员。

一、在小学担任高年级教学五足年以上。

二、对于所担任科目有相当造诣且教学成绩优异,可于作品或其他表现显示其特长。

三、上两款经各级视导人员视察或查明属实,立经主管或上级教育行政机关奖叙有案。

四、经主管教育行政机关特准参加中等学校教员短期讲习会两次以上考验合格或经指定阅读有关书籍若干册,笔答问题大致无误。

第三条　小学教员具有前条所列各款资格,全部志愿升任初级中学及其同等学校教员或是项学校欲聘是项小学教员为教员者,均应将证明文件送请本省(市)教育行政机关审核之。

第四条　省(市)教育行政机关接到前条请求时,应将证件交由中学教员检定委员会或另行组织之委员会详加拟议,分别予以准驳。其可核准者,依照《初级中学或其同等学校教员无试验检定》办理之，其有疑义者，得酌量准予参加初级中学或其同等学校教员试验检定。

第五条　小学教员升任初级中学及简易师范学校教员时，其所担任之学科以所具有特长之某学科为限，但经省（市）教育行政机关之核准得被任为级任教员、升任为初级职业学校教员时，其所担任之学科以所具有特长之普通学科为限。

第六条　本办法自公布日施行

5. 万载县中正乡三十五年学年度第二学期各保国校校长请委名册(2－4－339. P7－9)

万载县中正乡三十五年学年度第二学期各保国校校长请委名册

三十六年二月　日

乡长　李承绪

校别	校址	校长姓名	年龄	性别	籍贯	学历	教育界经历	小学教员登记证字号	原任或新任	备注
第三保国民学校	陂田	彭渐达	34	男	万载	县立中学毕业	曾充潭埠镇文化干事、民政干事、本校校长等职		原任	
第四保国民学校	风林头	李冲	43	男	万载	旧制中学毕业	曾充小学校长兼教员	登记证未领，故未填字号	原任	五三
第五保国民学校	火田	黄华	40	男	万载	东洲中学毕业	曾充本所文化干事、中心国校教员	同上	原任	五四
第六保国民学校	板陂	王鸣友	58	男	万载	江西省立单级师范毕业	曾充本校校长兼教员多年		原任	

续表

校别	校址	校长姓名	年龄	性别	籍贯	学历	教育界经历	小学教员登记证字号	原任或新任	备注
第七保国民学校	大岭下	罗俊杰	45	男	万载	龙河中学毕业	曾充泉水乡中心小学校长梅溪区署教育指导员	登记证未领故未填字号	原任	五四
第八保国民学校	酒壶形	汪翔	33	男	万载	武宁乡师毕业	曾充本校校长多年	同上	原任	五二
第九保国民学校	乌石塘	罗贤耀	20	男	万载	江西青年中学高中部肄业	曾充本校教员		新任	
第十保国民学校	大富头	邹树勋	46	男	万载	龙河中学毕业	曾充本校校长教员		原任	
第十一保国民学校	萧家坊	黄锡龄	31	男	万载	县立二区中小毕业	曾充本校校长兼教员多年		原任	
第十二保国民学校	天符庙	丁毓奇	41	男	万载	龙河中学及省立宜春师资训练班毕业	曾充中心小学校长	登记证未领故未填字号	原任	五四
第十三保国民学校	河家源	郑远	26	男	万载	县立中学毕业	曾充平阳小学教员及本校校长		原任	
第十四保国民学校	佈上	高德昭	48	男	万载	省立农林专科学校林科毕业	历充本校校长兼教员		原任	
第十五保国民学校	路下	汤思贺	33	男	万载	赣省中学毕业	曾充泉水乡干事及本校校长		原任	五四

续表

校别	校址	校长姓名	年龄	性别	籍贯	学历	教育界经历	小学教员登记证字号	原任或新任	备注
第十六保国民学校	方木山	张洪桂	26	男	万载	志成中学毕业	历充本校校长		原任	
第十七保国民学校	塅源	李和轩	25	男	万载	分宜乡师毕业	曾充本校校长兼教员		原任	五二
第十八保国民学校	昌集坑	谢文漪	44	男	万载	省立七中毕业	历充本校校长兼教员		原任	
第十九保国民学校	茵菓桥	欧阳文松	26	男	万载	龙云职业学校毕业	曾充本校校长		原任	
第二十保国民学校	排江	辛国乔	49	男	万载	龙河中学毕业	历充小学校长兼教员		原任	
第二十一保国民学校	心田	刘振涛	33	男	万载	县立中学毕业	曾充二区区署书记多年		原任	

6. 万载县政府关于乡镇任用保国民学校教职员的训令(2－4－720. P14)

事由：规定各学年度第二学期各乡镇办理任用保国民学校教职员要点令仰遵照具报由

万载县政府训令　　　忠教一字第9234号

中华民国三十六年二月八日

令罗城乡(镇)公所

查本学年度第二学期即将开始，所有各该乡镇保国民学校校长教员如无部颁《国民学校教职员任用待遇保障进修办法》第十二条规定情款之一者，不得任意更易，影响校务推行。兹特规定本学期各乡镇公所办理任用保国民学校教职员要点如次：(一)原任校长或新任校长仍由各该乡镇公所造具《校长请委名册(附格式)》呈府核委;(二)各校教员于校长请委核准后,应即由乡镇公所依据校长拟聘教员姓名,造具《各该乡镇保国民学校教员拟聘汇报表(附格式)》,连同填具聘书(附格式),并呈府核聘加盖县印;(三)各保国民学校校长或教员如有遗缺,务应就检定合格式三十五年小学教员总登记合格人员内补充任用,否则不予检定拟聘,并须尽先用师范毕业学生;(四)各乡镇公所送请核委拟聘表册时,须缴呈各该人员之小学教员,登记合格或检定合格证件凭验;(五)未经本府核准之校长与教员不得支给薪俸及学谷;(六)各该乡镇公所所报遴选之保国民学校校长或教员如有不合格者,得由本府另行直接遴选合格人员委派充任校长,或指定学校聘为教员。以上六点,除分令外,合行令仰该乡镇长迅即遵照办理具报为要!

此令。

附发校长请委名册格式教员拟聘汇报表格式聘书格式各一份。

县长　刘励忠

万载县乡镇卅五学年度第二学期各保国校校长请委名册　　乡镇公所钤记

三十六年二月　日

乡镇长〇〇〇

校别	校址	校长姓名	年龄	性别	籍贯	学历	教育界经历	小学教员登记证字号	原任或新任	备注

万载县××乡镇卅五学年度第二学期各保国校教员拟聘汇报表乡　镇公所钤记

三十六年二月　日

乡镇长〇〇〇

校别	教员姓名	年龄	性别	籍贯	学历	教育界经历	小学教员登记证字号	原任或新任	备注

7.师范毕业生要求安排工作或调整工作的报告(2-4-323.P1-6)

报告　　　三十五年二月十七日于白良乡第二保

窃贻恭于民三三年由万载县立简易师范科毕业后,奉派白良乡第十一保国校校长,因感国难艰危应委座号召,于去年春参加本县青年从军,不幸为疾病捡回,以致失望,而师范毕业生原以服务教界为目的,并限服务三年方,得给发正式毕业证书。惟贻恭自落伍后在家赋闲,因恐有误国家培养之思,欲谋其他业务,则为证件影响所及。为此理合报请钧长鉴核,乞予分派工作,不胜感激待命之至!

谨呈

万载县政府县长刘

万载县白良乡第二保李贻恭
通讯处:县府会计室交李科员

报告(民国三十五年二月十四日)

事由:晚生于三十四年在省立武宁师范毕业,是年下学期任上高县洋田乡中心国校教员。兹因该县环境恶劣,对于工作亦受影响,晚决意返县服务,恳请钧长指派工作,是为德便。

谨呈

万载县县长刘

晚生　陈木生谨呈
通讯处:后街　春风来

报告(中华民国三十五年二月十九日于南大街一〇二号)

事由:窃职去年竣业省立武宁师范高师科,即于是年八月二十四日奉令委派民权乡中心国民学校服务,遵于该日到校就职,对于课务尚感称心,嗣因薪俸绝旷问题,该校长不按政府之规定发给,反整个绝旷一月。按政府之规定,应以到职日起支薪。该校长不遵照法令支薪尤可,兼之经济复不公开,职稍参加意见,该校长遂不满意,因此蓄恨在心,常存芥蒂。今正值开学伊始,各校纷纷开学,职曾亲至校中询问开学事宜,该校长对职之工作表示拒绝。按政府之规定,师范毕业生必须终身服务教育。职系师范毕业生,服务教育乃应尽之天职。现该校长妄逞私见,不用法定合格人员,滥用私人,其藐视政府法令,莫此为甚。职去固不足惜,维思国家培植师资之情殷,教育建国之綦重,似有不得已于言者,窃不胜迫切陨越待命之至。为此恳请钧长垂察,伸张法纪,实为学便!

谨呈

万载县县长刘

职辛祥茂

8. 省立宜春中学高师科毕业生求职申请(2-4-323. P75-78)

签呈　　(民国三十六年六月二十五日)

窃生等本届在省立宜春中学高师科毕业,有志服务桑梓教育,刻均返县待命,拟于明日(二十六)上午九时造府晋谒,请示下期工作分发事宜,恳请钧长赐予进见,得以陈述鄙意,实为德便。

谨呈

教育科长郑　转呈县长刘

江西省立宜春中学高师科毕业学生　辛谘猷　龙鸿汉　喻德贵

罗鹏搏　龙宜昌　李成林
周明辉　曾启云　李流芳
龙遗英　龙娩娥

姓名	性别	年龄	籍贯	毕业学校	志愿服务地点
龙鸿汉	男	二六	万载	省立宜春中学	1. 康乐镇中小 2. 城南乡中小
辛谘猷	男	二十	万载	省立宜春中学	康乐镇中小
喻德贵	男	二二	万载	省立宜春中学	1. 康乐镇中小 2. 罗城乡中小 3. 卢洲乡中小
罗鹏搏	男	二二	万载	省立宜春中学	1. 株潭镇中小 2. 中正乡中小
龙宜昌	男	二二	万载	省立宜春中学	1. 株潭镇中小 2. 获富乡中小 3. 民权乡中小
李成林	男	二三	万载	省立宜春中学	1. 株潭镇中小 2. 获富乡中小
周明辉	男	二二	万载	省立宜春中学	1 大桥乡中小 2. 高城乡中小
曾启云	男	二二	万载	省立宜春中学	1. 大桥乡中小 2. 中正乡中小
李流芳	男	二一	万载	省立宜春中学	1. 康乐镇中小 2. 中正乡中小
龙遗英	女	二〇	万载	省立宜春中学	1. 康乐镇中小 2. 株潭镇中小
龙娩娥	女	二〇	万载	省立宜春中学	1. 康乐镇中小 2. 株潭镇中小
辛植南	男	一八	万载	省立宜春中学	

三、关于教师待遇

1. 万载县乡镇中心国民学校教职员联合会代表要求比照县级公教人员待遇迅予发给生活补助费的呈文(1 - 8 - 29. P214 - 215)

事由:为报请准予转函县府比照县级公教人员待遇迅予发给职等本年一至五月份生活补助费并祈示遵由

窃职等阅悉本年五月四日中国新报登载正大社讯略称"赣教厅奉行政院饬即提高小学教员待遇令后,即订定实施要点三点,业已通饬各县遵照:(1)各县小学教师薪俸,应恪遵《江西省各县小学校长教员薪给暂行办法》办理。(2)中心国民学校教职员公粮及生活补助费,应照县级公务员例发给,不得任意减少"等语在卷。查县府亦曾早经明令规定公教人员待遇:县级月支生活补助费一万四千元,乡级八千元等因在案。复查自实施国民教育以来,全县原有之公立小学校名,概冠以所在地之乡镇名称,即以实验小学而论,报案仍用康乐镇名义,此有案可查。其他如大桥、卢洲、中正、株潭等四校,均为同性质之中心学校,而竟列为县级,且各该校生活补助费多已发给,而闻职等则列为乡级,且均迄未领得分文,似此厚彼薄此,重他轻我,未免有违背中枢普及国民教育之主旨,而造成县以下教育上之特殊阶级,其不底于畸形现象者几希!夫教育为立国之本,小学教育为教育之母,是则立国基于教育,教育基于小学。惟负责小学教育之教员,待遇殊薄,生活殊艰。待遇薄,何能处此物价日高之世;生活艰,自应亟谋解救之方。矧生活问题之解救,乃人生合理之要求。职等于去年所享待遇,县有公粮可领,公学款产有俸谷可发,少则每人月领二石八斗,多则四石,崇俭者尚可度日,今年则仅可领到公学款产少数俸谷,且又粘糯平发,不足维持生活。其他军政各界,时闻加薪,而职等反而减薪。且职等均亦有父母妻子,家中嗷嗷待哺,何以事畜?本身枵腹从公,固无足惜!设令长此以往,职等势必将成饿殍矣。似应请求根据上令改为县级,迅予发给,籍维目前生活。素仰钧会为民意喉舌,能解决社会上一切困难问题,除已备文报请县府,核示外,职等用特联名备文报请钧会鉴核,垂察职等生活殊艰,准予转函县府请予比照县级公教人员待遇例,迅将职等本年一月至五月份生活补助费全部发给,以维生活,而利教育!并祈批示祇遵!

谨呈

万载县参议会

万载县乡镇中心国民学校教职员联合会代表 张兆沄 陈福卿
范晋贤 郑象筠
刘巨源 符敬庭
韩 铣 辛绍兴
宋昭明 辛作民
王裔皇 龙光荣
郭招邦

報告　三十五年五月十四日

事由：為報請准予轉函縣府比照縣級公教人員待遇迅予發給職等本年一至五月份生活補助費並祈示遵由。

竊職等閱悉本年五月四日中國新報登載正大社訊略稱：「贛教廳奉行政院飭即提高小學教員待遇令後，即訂定實施要點三點，業已通飭各縣遵照：⑴各縣小學教師薪俸，應恪遵「江西省各縣小學校長教員薪給暫行辦法」辦理。⑵中心國民學校教職員公粮及生活補助費，應照縣級公務員例發給，不得任意減少」。等語在卷。查縣府亦曾早經明令規定公教人員待遇：縣級月支生活補助費一萬四千元，鄉級八千元等因在案。復查自實施國民教育以來，全縣原有之公立小學校名，概冠

2. 万载县仙源乡中心国民学校要求在本校基金保委会比照支给教职员生活补助津贴之请示(2－4－127. P14－15)

事由:奉令本校教职员生活补助津贴在本校基金保委会比照支给究应如何办理乞核示由

万载县仙源乡中心国民学校呈　　　仙中字第58号

中华民国三十五年四月十三日

查职前与各校联名呈请,将中心国校生活补助津贴预算列为县级支给一案,顷奉钧府本年四月三日忠教一字第一二六一号指令即开"所请增发生活补助一节,俟县财政丰裕时,当即提高签发。在本府未发给生活补助津贴,各校得在各该校基金保管会比照支给,并仰迅即专案报府备核为要"等因。奉此,查本校教职员共七人,工役一人,自本年一月份钧府取消县级公粮起迄,未领到县级生活补助费。兹闻县概算列支县级公教人员每名月支国币一万四千元正,本校教职员每名月支捌千元正。奉令前因,究竟县概算列支之生活补助费是否将来按月有发,如能按月发支,则本校教职员拟自一月份起至七月份止,每人每月由本校基金保管委员会酌予补助生活津贴谷壹市石,工役每月补助生活谷六市斗。设或县概算列支之数无着,则拟于本校教职员每名每月补助粘谷贰市石,工役一市石二市斗(因本市谷价每市石六千二百元),以符比照县级支额。究应如何支给,理合备文呈请钧府核示,并乞另令本校基金保管委员会遵照动支,实为教便。

谨呈

县长　刘

万载县仙源乡中心国民学校县长　王权

3. 万载县城南乡中心国民学校恳请补发生活补助费的呈文(2－4－127. P49)

事由:为本学期结束在即员工生活特殊艰苦恳请补发一月份零六天生活补助费并乞迅即示遵具领转给以维员工生活俾凭结束由

万载县城南乡中心国民学校呈　　　民国三十五年七月四日

查前任县长何心毅任内卅四年度第一学期一月份员工生活补助费分文未发,本年三月廿五日开教育行政会议时,经全体中心国民学校校长联名签请发给。旋奉钧长面示,何任正在移交,各校员工生活补助费陆续发给。闻各校如经费特殊困苦者曾蒙发给。本校员工生活艰苦异常,最低生活不可维持,如一区公学款产委员会七月份及加发四、五、六月之份补发六成数,无现谷可发。又值此青黄不接,延至今日,本校负债甚钜。本年度第二学期现又结束在即,更无法支持。缘上特殊困苦情形,理合备文呈请钧长察核,俯赐发给,并乞早为示遵,具领转给,以维员工生活,俾凭结束。

谨呈

万载县县长　刘

万载县城南乡中心国民学校校长　龙怡美

4. 中正乡第二中心国民学校呈请发给公粮代金(2－4－127. P20－23)

事由:为呈请发给本校本年一、二、卅、四月份公粮代金以充枵腹而利教育由

万载县中正乡第二中心国民学校呈　　池字第一三七号

民国三十五年五月十一日

窃查各级公教人员自本年元月份起,每月应领之公粮概改发代金。但迄今四月有奇,而职校各教职员关于上项代金虽经再三派员具领,一毫未蒙发给,询诸本县各级机构,咸云业经领讫,就同类之各乡镇中心国民学校,亦闻有七校亦已发给矣。兹百物高昂、生活艰困之下,再难枵腹从公,特再派教导主任丁弘毅前去具领,孰意回校报称"职奉命赴县具领本校公粮代金,虽经分别再三向县府各有关科室交涉,结果仍一毫未蒙发给,且承教育科宋科长谕以本校之公粮代金,已饬令向本校基金保管委员会,按经济情形增发津贴,但最低限度每月每员不得少于稻谷四斗。以代公粮代金,本府不另发给。嗣职报以基金保委会,因去年旱魃为灾,早晚欠收,不惟是项增发津贴无谷拨支,即本校本期之薪谷亦仅能支持一二月。说犹未已,而宋科长即云,既该保委会经费如此支绌,而贵校尽可裁减教员。丁斯时也,职本欲再行详报困难,奈科长忙于公务而去矣,职乃怅然空回"等语;据此,查职校之奉令设立为中心国民学校,具有特殊情形,故虽公产不足,亦应勉为其难,且历有年所。举凡政府历年拨发公粮等,概与全县各乡镇中心国民学校无异。今一旦改发代金而职校各教职员竟不能享到同样待遇,仅饬令向职校基金保委会增领津穀,然较诸各乡镇公粮尤为不足之保委会复遭去年岁歉,固定之薪谷尚亏悬甚多而无法清发,安望其增发津贴?至于裁减教员一端,本期时间过半,实属困难,即云强予执行,然过度之五阅月应领者,亦似应发给。尤以职校迩年以还,儿童异常充足(现经常在校学生一百以上,已开四班,将来督学莅校视导,当有报告可稽),原有教员尚感不足支配,乌能减之?当兹建国伊始、政府推行普及教育、不遗余力之际,而职校尚可瞀然裁减教员,以沮教育,而违建国主旨乎?为此缕述艰困情形,呈请钧长鉴核,伏乞准即将职校四月来公粮代金如数动放,以充枵腹而利教育,无任迫切感祷之至!

谨呈

万载县政府县长　刘

万载县中正乡第二中心国民学校校长　丁耀庭

5. 万载县政府筹给各保国民学校/保立小学教师学谷暂行办法的训令(2－4－333. P31－34)

事由:令发本县筹给各保国民学校/保立小学教师学谷暂行办法一份仰遵照由

万载县政府训令　　咏教二民财字第6664号

民国三十年十月廿一日

查本府前为增加保学教师待遇,经遵照江西省政府泰教二字第三八五七号代电,订定

《本县筹给保学教师学谷暂行办法》,令饬遵办在案。兹因物价高涨,各保国民学校及保立小学教师原有待遇过于菲薄,亟应酌予提高薪资,维持最低限度之生活,俾得安心教学。爰特遵照上令,依据本县三十年下半年提高各级小学教职员待遇暂行办法第七条之规定,并按地方实际情形,订定《本县筹给各保国民学校、保立小学教师学谷暂行办法》,除呈报并分令外,合行检发该项办法一份,令仰督促遵照办理,至各区中心小学及各乡镇中心学校(小学)教师待遇之提高,另有规定,应不予筹给学谷,并着知照

此令。

计发《万载县筹给各保国民学校、保立小学教师学谷暂行办法》一份

县长　谭咏秋

附:万载县筹给各保国民学校/保立小学教师学谷暂行办法

一、本办法参照江西省政府泰教字第五八五七号代电及教三字第零三零八六号训令,附发《江西省各县提高保立小学教师待遇筹给学谷暂行办法》及教字第六四五五号训令,抄发部颁《地方津贴小学教员米谷暂行办法》并按地方实际情形订定之。

二、自三十年八月份起,本县保国民学校及保立小学教师每人每月筹给学谷六市斗,年计七石二斗。

三、校长如系兼职不负实际管教责任者,不给学谷;小学校长如系兼职,只负一部分管教责任者,得减半筹给。

四、各保国民学校、保立小学及中山国民学校教师学谷,由各乡镇公所组织筹给,保国民学校、保立小学教师学谷委员会(以下简称筹委会)筹给之。

五、筹委会设委员九人至十三人,均为无给职,负筹集、保管、配发报核之责,并规定左列人员为委员:

1. 乡镇长兼主任委员;2. 文化干事兼副主任委员;3. 副乡镇长;4. 民政干事;5. 经济干事;6. 保长一人至二人;7. 保国民学校代表一人至二人;8. 保立小学代表一人至二人;9. 地方热心教育公正士绅一人至二人。

六、筹委会限三十年十月二十五日以前组织成立,并将成立日期连同委员名单呈报县府备查。

七、学谷每年分两期筹集。第一期自八月至次年一月,限十月底以前筹足;第二期自次年二月至七月,限先年十二月底以前筹足。但为简省手续,亦得一次筹足之。

八、学谷之筹集标准,得比照《本县三十年建仓积谷详细办法》各条之规定办理。

九、筹委会应按实际需要筹足学谷,不得短少。

十、筹委会得按照规定增筹费用谷百分之三,限于印刷收据及补足耗谷之用,事后仍应据实报核。

十一、筹委会收集学谷后应借用民仓或原有乡镇仓储妥慎保管。

十二、筹委会征收学谷应先填就征收学谷收据(格式附后),并按收据列数造具征收学

谷人名、数量清册(册式附后)及支配细数表(表式附后)各二份,呈送区署钤印发还应用,并由区署汇齐上项册表报送县府核备(直辖乡镇筹委会应将上项收据册表呈送县府钤印发还应用)。

十三、筹委会收集学谷后,应即造具征收学谷报告表(表式附后)二份连同征收学谷收据第二联、第三联,呈送区署分别存转(直辖乡镇筹委会应检齐上项收据第二联,连同征收学谷报告表,呈送县府查核),一面开列清单榜示周知。

十四、筹委会发给学谷应按月填具二联支付书(格式附后),以第一联存查,以第二联发交学校。

十五、各校接到支付书后,应即填具四联领谷书(格式附后)向筹委会具领(直辖乡镇境内各校应填具三联领谷书,向筹委会具领)。

十六、筹委会发给学谷后,应于每学期终了(七月与一月)检齐各校领谷书第三联、第四联,并造具收支报告表(表式附后)二份,呈送区署分别存转(直辖乡镇筹委会应检齐各校领谷书第三联,连同收支报告表,呈送县府查核)。

十七、筹委会对于学谷之筹集发放应立专帐,以备随时调阅。

十八、经办筹给学谷人员如有舞弊情事,一经查觉或告发,除责令赔偿外,并依法严惩。

十九、在区署未裁撤区域区长对于上项学谷之筹给应负监督指导之责。

二十、本办法颁行后,所有本府二十九年九月二十五日教字第四六六七号训令附发《万载县筹给保学教师学谷暂行办法》及同年十月三十一日教字第五四六三号训令,附发《各乡镇收支二十九年学年度保学教师学谷办法》一律废止。

二十一、本办法由县政府令颁施行并呈报备案。

6. 万载县政府呈送民国三十六学年度各乡镇保国民学校教师学谷筹给实施细则(2-4-936. P7-11)

事由:为拟就本县卅六学年度各乡镇保国民学校教师学谷筹给实施细则二份赍呈查核示遵由

江西省万载县政府呈　　　忠教一字第一四四六九号

中华民国三十六年八月廿一日

查本县三十六学年度各乡镇保国民学校开学在即,兹为把握时机统筹保国民学校经费以稳定教师生活起见,经遵照钧府《提高保立小学教师筹给学谷暂行办法》,拟订《本县三十六学年度各乡镇保国民学校教师学谷筹给实施细则》,并于八月十六日提交本县第三十二次县政会议通过在卷。理合检具上项实施细则二份,赍呈钧长查核示遵。

谨呈

江西省政府主席　王

第二区行政督察专员　危

附呈《万载县卅六学年度各乡镇保国民学校教师学谷筹给实施细则》贰份。

附:万载县卅六学年度各乡镇保国民学校教师学谷筹给实施细则

(一)本县为统筹各乡镇保国民学校教师学谷、稳定教师生活起见,遵照江西省政府教三字第(4072)号训令及(4901)号指令,暨《江西省各县提高保立小学教师待遇筹给学谷暂行办法》之规定,订定《万载县卅六学年度各乡镇保国民学校教师学谷细则》(以下简称本细则)。

(二)卅六学年度各乡镇保国民学校教师一律由各乡镇公所统筹统付,并由各乡镇按照各该校实际情形,会同乡(镇)民代表会,造具全乡镇保国民学校教师学谷预算书呈府核夺后,由乡镇公所照预算书所列教师学谷数,依照本细则筹集之。

(三)教师学谷各乡镇得依照下列各项规定筹集之。

(1)整理原有学校教育基金款产。

(2)依照居民富力筹募。

(3)就当地祠会派募。

(4)依乡镇保田亩数量多寡分筹募集。

(5)康乐镇即以店房为对象。

(6)其他。

(四)各乡镇公所奉到本府核定预算于三日内,应即比照派募稻谷数额,会同乡镇民代表会召开全体代表大会,各保情形,依照本办法持本派定,造具派谷清册三份,一份存代表会,一份存乡镇公所,一份呈送县政府,连同各花户派谷收据(收据自制)一册(并先行加盖代表会主席暨乡镇长名章)呈府加盖县印。

(五)各乡镇公所奉到县政府发还加盖县印收据,应即通知各花户,限九月底一次清缴归仓。

(六)各乡镇公所收集之教师学谷,应交该乡镇国民教育经费保管委员会保管[未组织之乡镇得查照本府三十二年七月六日心教字第(7318)号训令之规定组织各委员均为无供职]。该会应即借用民仓或原有乡镇仓储存,指派专人保管(不得另支薪俸),并取具该会保管人切结呈报。县府派员查验封仓。

(七)教师学谷以按月发放为原则。如须简省手续,亦得分期发给(每期不得超过三个月)。发谷时,应由乡镇长会同代表会主席中心国民学校长、保管委员会主任委员办理,并呈报县府启封发放。

(八)各乡镇发放教师学谷,应由保国民学校填具领谷书,加盖校钤及校长教师名章,由乡镇公所汇呈县府查核。

(九)各乡镇动用设备谷时,应先由各校造具预算,呈请县府核准后,方得动支,否则不予核销。

（十）学期终了时，各乡镇公所应将教师人数、已领学谷数列表呈报县府，并布告通知。

（十一）各乡镇长对于本年度筹集教师学谷，务须把握时机，按期筹集，颗粒归仓。如有阳奉阴违、因而短收者，除严予惩处外，应由该乡镇长负责赔缴。

（十二）各乡镇长遇有交替时，关于任内经管之学谷应专案移交，新任接收会衔具报县府备查。

（十三）本细则经提交县政会通过后施行，并呈报省政府暨二区专员公署备案。

7. 万载县政府函送《万载县保国民学校学谷捐实施办法》(1－10－8. P53－57)

事由：为函送《万载县保国民学校学谷捐实施办法》请查见复由

江西省万载县政府公函　　　复教06606号

中华民国三十七年八月二十五日

查本府为稳定国教经费，提高教师待遇，经订定《万载县征收保国民学校学谷捐实施办法》。除呈报外，相应检同该办法一份，函请查照审议，见复为荷！

此致

万载县参议会

附《万载县征收保国民学校学谷捐实施办法》一份。

县长　郝谦

附：万载县征收保国民学校学谷捐实施办法

一、本县为规定保国民学校教师生活、增进教学效能起见，特订定本办法。

二、征收保国民学校学谷捐，由县政府提请县参议会议决，再令县田赋粮食管理处照办。

三、该项学谷专作保国民学校教职员补助薪谷及办公费之用，不得移作他项用途。其保管支出，另组织保国民学校学谷管理委员会负责办理（以下简称管委会其组织规程另定之）。

四、县田赋粮食管理处代收该项学谷，在串票上加盖戳记，并填载征收数额。

五、各保国民学校教职员每员每月发给补助薪谷一市石，每校每学期发给办公费谷六市斗。

六、各保国民学校领取该项学谷，应于每学期开学后一个月内造具教职员名册二份，呈由县政府核转管委会发给学谷。

七、各保国民学校合于左列各款之规定经查明属实者，得核发学谷：

1. 教职员具有法定资格、能遵照规定按期开学者。

2. 所任课程能任用教学方法指导学生认真作业，并能适合国民学校课程标准规定之程度与成绩。

000048

萬載縣征收保國民學校學谷捐实施辦法

一、本縣為規定保國民学校教师生活增進教学効能起見特订定本辦法

二、征收保國民学校学谷捐由縣政府提請縣参议会议决再令縣田賦粮食處理處照辦

三、該項学谷专作保國民学校教職員补助薪谷及辦公費之用不得移作他項用途其保管支出另組織保國民学校学谷管理委員会負責辦理（以下簡稱管委會其組織規程另定之）

四、縣田賦粮食管理處代收該項学谷在串票上加蓋戳记并填載征收数額

五、各保國民学校教職員每員每月发给补助薪谷一市石每校每学期发给辦公費谷六市斗

3. 训导学生能运用国民学校训育标准所指示之方法，以养成其优良之习性处事之能力、强健之体魄。

八、管委会核准发给该项学谷应填发支付书（附式一），但在必要时，每学期得分两次核发。各保国民学校得到支付书，应备具四联领据（附式二），依照规定期间向管委会指定之地点领取。

九、该项学谷经确定发给之日起，各保国民学校原有经费及不动产孳息应专作充实学校设备之用，并不得隐瞒减少数额，违者以侵吞公款公产论罪。

十、该项学谷收支实数，每学期终了后一个月内应由管委会列册二份，经全体委员签名盖章，呈由县政府核转县参议会审核公布周知。

十一、如发现挪用侵吞该项学谷情况，应由县政府予以行政处分及责令赔偿外，并移送法院从严惩处。

十二、本办法呈报江西省政府核准施行。

8. 修正江西省各县收支二十七年度中央及省库义教补助费办法（2－4－1020. P82）

1. 各县所得中央及省厅义教补助费（以下简称义教补助费），除本年度增设之保立小学应照规定每校补助开办费三元、十二月份经费五元外，其余应分别补助原有之保立小学或初级班及短期小学或短小班，绝对不能移作他用。

2. 各县奉到支配义教补助费数额，从今后应县政府遵照规定用途，编具年度预算及支配细目表各五份，（预算书表格式前已附发）呈由专员公署转呈备核。

3. 上项预算书表经核定后，各县政府应即油印预算数及支配细数表，分送县财务委员会、县教费稽核委员会、各区署及各学校备查。

4. 义教补助费支付命令及支付通知由本府财政厅按月填发，各县政府奉到通知后，应速连同领款书迳向各县金库或附近县份金库具库。

5. 各县政府领到义教补助费后，应即会同该县义教委员会悉数交由当地银行或其他适当储款机关或殷实商号，以中央及省库义教补助费名义专款存储，并应分月填具领存义教补助费报告单（格式附发）呈教育厅查核。

6. 各县政府领到三个月义教补助费后，应即填具三联支付表（格式附发），以第一联存查，以第二联连同空白四联领款书（格式另发）交各领款学校，以第三联交储款机关照发。各储款机关发款后，应即将第二、三、四各联领款书转送县政府。

7. 各县政府收到第二、三、四各联领款书后，应以第二联存查，以第三联连同收支报告表（格式附发）按期迳呈教育厅查核，以第四联粘存俟年度终了时连同决算书表交该县教费稽核委员会及财务委员会审核。

8. 各县发给义教补助费应按照核定预算数实发，不得扣除任何经费或折扣，违此以侵占公款论处。

9. 以上办法各县须切实遵办。违者即行停发补助费并采取其他必要之处置。

9. 万载县补助保学成人班妇女班灯油费清单(2－4－139. P18－22)

请领二十七年度九、十、十一、十二月份补助保学成人班妇女班灯油费清单

受补助保学之名称	校址	校长姓名	补助数额	备注
第一区第九保保学	九仙塘	高焱魁	三.〇〇	
第一区第十一保保学	水管头	高素英	三.〇〇	妇女班
第一区第十二保保学	水马坑	冯秉仁	三.〇〇	
第一区第十四保保学	马道裡	王纲	三.〇〇	
第一区第三十保保学	青石峡	高钧成	三.〇〇	
第一区第三一保保学	石板塅	高巾英	三.〇〇	妇女班
第一区第三二保保学	高车	郭鸣是	三.〇〇	
第一区第三六保保学	李家园	王锦旭	三.〇〇	
第一区第三七保保学	上南窑	陈文奇	三.〇〇	
第一区第四三保保学	南田	王振汉	三.〇〇	
第一区第四六保保学	天田	何价人	三.〇〇	
第二区第五保保学	栗树菴	黄绍忠	三.〇〇	
第二区第八保保学	心田	卢有光	三.〇〇	
第二区第十二保保学	南源	陈晓旸	三.〇〇	
第二区第十七保保学	里山	易生祥	三.〇〇	
第二区第二〇保保学	蓝田	高晋贤	三.〇〇	
第二区第三二保保学	龙田	刘恒文	三.〇〇	
第二区第三六保保学	蛇形岡	李英华	三.〇〇	

续表

受补助保学之名称	校址	校长姓名	补助数额	备注
第三区第六保保学	冷佈前	唐瑞来	三.〇〇	
第三区第九保保学	城溪	高朝杰	三.〇〇	
第三区第十四保保学	石门楼	龙家修	三.〇〇	
第三区第十九保保学	下罗	汤克赞	三.〇〇	
第三区第二五保保学	高桥	谢庭南	三.〇〇	
第三区第三二保保学	义门	周文龙	三.〇〇	
第三区第三六保保学	大岭下	刘家玉	三.〇〇	
第三区第三八保保学	砂江硚	丁辉庭	三.〇〇	
第三区第四〇保保学	乌石塘	罗祖照	三.〇〇	
第四区第六保保学	大桥河东	辛海兴	三.〇〇	
第四区第九保保学	小江边	涂丙乾	三.〇〇	
第四区第十三保保学	石陂头	汪邦怀	三.〇〇	
第四区第十五保保学	里源坑	曹占魁	三.〇〇	
第四区第十七保保学	范塘	廖濂溪	三.〇〇	
第四区第二一保保学	白良上塅	敖致中	三.〇〇	
第四区第二三保保学	白良杨支上	袁松泉	三.〇〇	
第四区第二六保保学	福塘	钱志和	三.〇〇	
第四区第三一保保学	万岁桥	鲍震裳	三.〇〇	
第四区第三三保保学	武家坊	韩金生	三.〇〇	
第五区第七保保学	小浒	卢耀	三.〇〇	
第五区第八保保学	乌泥塘	卢英	三.〇〇	
第五区第十一保保学	游溪	王柱臣	三.〇〇	
第五区第二一保保学	岐源	杨征文	三.〇〇	
第五区第二三保保学	下庙	韩国玺	三.〇〇	
第五区第三四保保学	陶家塅	钟体乾	三.〇〇	
合计四三校			一二九.〇〇	

10.江西省政府电饬各县区乡镇中心小学应认真办理失学民众补习教育并核实成人班妇女班灯油费之开支(2－4－139.P266)

事由:电饬各县区乡镇中心小学应认真办理失学民众补习教育各该校成人班妇女班灯油费并仰核实开支

江西省政府快邮代电　　　教三字第7491号

民国廿八年十月廿一日发

万载县县长览。查二十八年度各县地方教育经费预算，大多数县份均列有区乡镇中心小学成人班、妇女班灯油费，每校十二元或廿四元，此项经费专为补助各该校附设民校之用，各该县长急应严切督饬办理。据报尚有少数县份未能遵办，而此项灯油费仍照常发给，殊为不合。除分电外，特电仰该县长嗣后应督促所属，切实举办，办理不善者，应停发灯油费，并督促改进。

江西省政府　印

11. 城厢私立小学请补助代办保学灯油用费之请示[2-4-149(一).P56-57]

事由：为据城厢各私立小学校长请补助代办保学灯油用费等情转请核示由

呈　中华民国廿四年十月廿三日

窃本区迭据城厢各私立小学校校长面称"窃校长等奉令兼办保学，迄今月余，除妇女班已编定上课外，所有成人男班上课时间因在晚上，以校内经费枯竭，无法筹垫灯油费用，是以尚未成立。恳请转报县府，准予每月补助灯油银三元，俾便开班上课"等语；前来，查该校等所称，多系实情，除谕饬积极征调学众尅日编班上课外，理合造具各校请补助灯油用费表，备文检同呈报钧长俯赐核准，并乞令饬财委会按月支给，实为公便！

谨呈

万载县长张

附呈各小学请补助灯油用费表一份

第一区兼区长辛焕镒

万载县第一区各私立小学校兼办保学请补助灯油费表

保学名称	原校名称	每月数目(元)	
第七、九保联立小学	植基小学	三	〇〇
第八保保立小学	南阳小学	三	〇〇
第六保保立小学	平阳小学	三	〇〇
第二保保立小学	商民小学	三	〇〇
第一保保立小学	正心小学	三	〇〇
第十七保保立小学	蘭溪小学	三	〇〇
第十八保保立小学	育传小学	三	〇〇
第十九、二〇保联立小学	青阳小学	三	〇〇
第二四、二五保联立小学	世兴小学	三	〇〇
第二三保保立小学	龙山小学	三	〇〇

续表

保学名称	原校名称	每月数目(元)	
第二六保保立小学	俊逸小学	三	〇〇
第二七、二八保联立小学	朝宗小学	三	〇〇
第二九保保立小学	墨庄小学	三	〇〇
第三〇保保立小学	康城小学	三	〇〇

12. 民国万载县政府关于代用教员待遇之规定(2-4-1018. P1-2)

签呈　　　三月十日于本府

(一)查女子小学受捐田亩尚待招佃耕种及整理灌溉设备,拟即令饬丁田乡公所遵照办理具报。

(二)查各级学校代用教员依照规定不得与教员享受同等待遇。兹斟酌本县情形,凡代用教员拟一律以八成发放薪谷津贴,学谷则全数津贴,俾别身份。

右列二项是否可行,理合签呈鉴核。

谨呈

县长　何

职　辛植柏

13. 万载县政府关于提高小学教职员待遇的训令(2-4-148. P9-10)

事由:令发本县三十年度下半年提高各级小学教职员待遇暂行办法仰遵照由

江西省万载县政府训令　　　咏教财字第五九九七号

民国三十年九月廿七日

令四区茭湖乡公所

查本府曾因各级小学教职员待遇菲薄,实难维持生活,经先后核准加发津贴米津,并规定筹给学谷办法,饬遵各在案。兹三十学年度业已开始,物价有增无减,自应从新确定提高待遇具体办法以维教育,业经遵照上令,参酌地方实际情形,拟订《三十年度下半年提高各级小学教职员待遇暂行办法》,提交本县第二十四次县政会议核议通过,纪录在卷。除分别呈报函令外,合行检发原办法,令仰遵照,俟奉到省颁办法,本暂行办法即行废止,并仰知照为要!

此令。

计发《万载县三十年度下半年提高各级小学教职员待遇暂行办法》一份。

县长　谭咏秋

附:万载县三十年度下半年提高各级小学教职员待遇暂行办法

一、本府为增加小学教员待遇籍,以维持最低限度之生活,俾得安心教学起见,特订定本办法

二、区中心小学校长教员之俸给,暂照本年度县编预算支给,其标准如下:

1. 校长月支三十元;2. 教员兼主任月支二十八元;3. 教员月支二十四元。

三、乡镇中心学校中心小学校长教员之俸给,依照《本县三十年度国民教育实施计划》之规定,其分配标准如下:

1. 校长月支二十六元;2. 教员兼主任月支二十四元;3. 教员月支二十二元。

四、保国民学校校长教员之俸给,依照《三十年度国民教育实施计划》之规定,其分配标准如下:

1. 校长月支二十四元;2. 教员兼主任月支二十二元;3. 教员月支二十元。

五、保立小学校长兼教员原月支十四元。应酌予增加,其分配标准如下:

1. 校长月支二十元;2. 教员月支十八元。

六、各级小学校长教员除发给薪谷外,遵照部颁《地方津贴小学教员米谷暂行办法》第三条规定,每月发给学谷六斗,其来源及筹集方法如下:

1. 区中心小学,乡镇中心学校及中心小学校长、教员学谷,以各区公学款产所收租谷按月发给之。

七、保国民学校保立小学校长教员学谷,依照《二十九学年度筹发保学教师学谷暂行办法》仍由各乡镇公所比照积谷源额筹集之。

八、各级小学校长教员薪给之来源及筹集规定如下:

1. 区中心小学校长教员薪给由县库支给。

2. 乡镇中心学校及乡镇中心小学校长教员薪给,在各区公学款产项下支给。

3. 保国民学校保立小学校长、教员薪给,除中央、省库及县筹补助外,其余部分应由各区教育经费管理委员会遵照《江西省保学经费筹集办法》筹集。但保国民学校除由中央、省库、县筹及区筹补助外,不足之数,由保自筹足额。其自筹标准另表定之。

九、私立小学校长教员之薪俸,由各校校董会参照上项标准酌量筹给。

十、本办法公布施行后,以前规定各项津贴一律停文(编者按:原档案为“文”字,疑为“止”之误)。

十一、本办法经县政会议通过施行并呈报备案。

四、关于教师管理与激励

1. 江西省万载县三十三学年度办理国民教育优良成绩事实人员一览表(2-4-45. P129-130)

江西省万载县三十三学年度办理国民教育优良成绩事实人员一览表

乡别	校别	职别	姓名	优良成绩事实
茭湖乡		教员	邱岳初	该员工作勤谨、教导有方、襄助校务均称努力。
康乐镇	第二十一保国校	校长	郭慰曾	该员工作努力，对于该校一切设施均能计划发展，逐步实施。
罗城乡	第九、十联立国民学校	校长	喻芝教	该员处理校务勤谨有方，并能与地方人士取得联络，尤能商得当地喻姓款产建筑校舍、添置设备，勤谨可佳。
三兴乡	中心国校	校长	袁亚东	充实设备尚能依照设备标准，民教部及社教均能如期举办，并能利用种种方法吸收学童，处理校务及辅导国校尤称勤谨。
康乐镇	实验学校	教员	汪国材	该员精神振作，处理教务甚为努力，推行社教及设置民教部均能计划发展、次第实施。
大桥乡	中心国校	教员兼教导主任	吴九渊	该员工作努力，对教导训育及推分辅导工作不遗余力，成绩卓著。
高村乡	中心国民学校	校长	潘文炳	该员处理校务甚为勤谨，对充实学额及推分辅导极为努力，殊堪嘉尚。
黄茅乡	中心国民学校	校长	王其昌	该员清理公学款产甚为得力，民教部及社教工作亦能次第举办、计划发展，辅导保国民学校亦能按时下乡、切实工作、成绩著卓。
黄茅乡	中心国民学校	教导主任	汤赞安	该员能体验时艰，刻苦质朴，对教学训导一切设施均能计划发展、逐步实施。
获富乡	中心国民学校	教导主任	龙江培	该员对训导富有特殊经验，并能身体力行，辅导保国民学校尤为致力，成绩甚佳。
获富乡	中心国民学校	校长	叶希仁	该员工作勤谨，处理校务计划周详，教学研究尤为精干，且能运用灵活，殊堪嘉许。
柏树乡		乡长	陈梅开	该员清理公款公产工作颇为彻底，各保自筹教师学谷亦能宽裕稳定。
株潭镇	中心国校	校长	龙震东	该员能力精干，处理校务极为努力，并能实事求是，又能按时下乡，保国民校成绩甚佳，殊堪嘉尚。

2. 江西省政府核定本省卅三学年度各县国教优良教师等第并通饬传令嘉奖的训令(2－4－45. P140－141)

事由：据教育厅呈奉教育部令核定本省卅三学年度各县国教优良教师等第仰转饬遵办等因请通饬传令嘉奖等情令仰知照并转饬知照由

江西省政府训令　　　教三字第　号

民国三十五年二月

令万载县政府

据教育厅案呈，以奉教育部卅四年十二月十二、三日国字第五一七九四、六二八一〇号指令，以核定本省卅三学年度国教优良教师最优者，新建各县王爱华等六十五名。依照部颁《设置优良中心国民学校国民学校校长教员奖励金办法》第三、四、七各条规定，应准各给奖金五百元，并由省传令嘉；奖次优者，新建各县熊朗飞等一百三十名，依同办法第七条之规定，由省传令嘉奖，以资鼓励等因。奉此，自应遵办，除是项奖金业经本厅另案转发各县具领外，所有应予传令嘉奖各员，特赍送名单一份，请通饬知照等情，应准照办。除分令各县外，合亟抄发应予传令嘉奖名单一份，令仰查遵单内该县国校优良教师姓名，分别传令嘉奖，并通饬各级学校知照为要！

此令。

附抄发名单一份。

传令嘉奖三十三学年度国教优良教师姓名一览表：

王其昌　郭慰曾　卢步衢

主席　曹浩森

3. 万载县关于教师节及纪念孔子的通告(2－4－457. P19)

查本(八)月二十七日为先师孔子诞辰暨教师节，本府定于是日上午八时在学宫大成殿举行礼孔兴礼，并举行教师节纪念大会，届时希全体出席参加，兹附纪念标语请照缮贴，以广宣传为荷。

此致

附纪念标语一份

八、廿五

附：万载县纪念孔子诞辰筹备会启

教师节

一、纪念孔子诞辰要恢复民族固有道德

教师节
二、纪念孔子诞辰要发扬民族固有文化
教师节
三、纪念孔子诞辰要树立优良学风
教师节
四、纪念孔子诞辰要积极提高文化水平
教师节
五、阐扬先师遗教
六、完成国民教育
七、实现三民主义

4. 教师纪念节办法(2－4－457. P23－25)

第一条　教育部为鼓励教师服务精神,融合师生情感,唤起社会尊师观念,特规定每年八月廿七日孔子诞辰为教师节。

第二条　教师节纪念,各级教育行政机关、学校及团体应分别或联合举行仪式。

第三条　各级教育行政机关为纪念教师节,得举办左列事项。

一、表扬著有劳绩之优良教师(教育部以全国为范围,省市县教育行政机关以各该省市县为范围)。

二、提倡改善教师待遇。

三、发表奖学金得奖学生之名单(专科以上学校及国立各中等学校得奖学生由教育部发表,省市县立及私立中等学校暨省市立小学得奖学生分别有省市教育行政机关发表,乡镇中心学校保国民学校及私立小学得奖学生分别由县市教育行政机关发表)。

四、其他。

第四条　各级学校及教育团体为纪念教师节得举办左列事项:

一、讲演孔子及历代师儒之言行或关于教育之学术讲演。

二、恳亲会。

三、教师友谊会。

四、学生慰劳教师游艺会。

五、成绩展览会。

六、其他。

第五条　本办法自公布日施行。

5. 万载县政府关于印发树立社会风气倡导师范教育实施要点之训令(2－4－138. P10－11)

事由:奉令印发树立社会风气倡导师范教育实施要点令仰遵照由

万载县政府训令　　　心教字第13510号

中华民国三十三年四月18日

令罗城乡

案奉江西省政府教字第零一七五七号训令开“查每年三月二十九日至四月四日为中央规定推行师范教育运动周,各县县政府在规定期内应举办各项活动,以资倡导。兹将发教育部颁《树立社会风气倡导师范教育实施要点》一份,应即切实遵照,并查遵本府三十二年三月十七日教字第零二零一四号训令规定各点,一并办理。除分令各专员公署、县政府外,仰即切实遵照办理,并转饬所属中小学,知照仍将办理情形详细具报为要,此令”等因,附发《树立社会风气倡导师范教育实施要点》一份。奉此,自应遵办,除分令外,合行印发上项实施要点一份,令仰该长遵照为要。

此令。

附发《树立社会风气倡导师范教育实施要点》一份。

县长何心毅

附:树立社会风气倡导师范教育实施要点

一、各省市每年举行推进师范教育运动周(三月二十九日至四月四日)期内,应由各级教育行政机关长官邀同地方人士,举行师范教育座谈会,对师范学校教师表示敬意。

二、在举行推进师范教育运动周期内,各级教育行政机关长官应召集所在地师范学校学生致词勖勉。

三、各中小学校于每年举行教师节(八月二十七日)纪念仪式时。应由学生家长代表率同学生代表向教师行谢师礼。

四、各初级中学及中心学校将届毕业学生,应由学校实施教育指导,鼓励其升学师范及简易师范学校。

五、政府应联合各机关团体,于每年师范教育运动周时,发动社会人士募集师范生奖学金。并于师范学校招生时,选送其子女学习师范教育。

第七编　民国教育经费

一、关于常规运行经费

1. 万载县三十七年七月至三十八年六月止配发实物预算名册(1－10－8. P43－47)

万载县三十七年七月至三十八年六月止配发实物预算名称

机关别	员役人数		每月应配稻谷数量	三十七年七月至三十八年六月应配稻谷	备考
	职员	警役			
县政府	五八	二二	二〇七石〇〇〇	二四八四石〇〇〇	职员月支稻谷三市石，警役月支稻谷一石五升。上项配发实物限度，系遵照省府民教建田会财四字第一〇二四五号训令之指示编列。
参议会	八	三	二八石五〇〇	三四二石〇〇〇	
粮食监察委员会	一	一	四石五〇〇	五四石〇〇〇	
县立中学	二六	一〇	九三石〇〇〇	一一一六石〇〇〇	
简易师范	六	四	二四石〇〇〇	二八八石〇〇〇	
康乐镇中小	一九	四	六三石〇〇〇	七五六石〇〇〇	
中正乡第一中小	一〇	二	三三石〇〇〇	三九六石〇〇〇	
株潭镇中小	一三	二	四二石〇〇〇	五〇四石〇〇〇	
幼稚园	三	一	一〇石五〇〇	一二六石〇〇〇	
民教馆	六	三	二二石五〇〇	二七〇石〇〇〇	
县中财产保委会	二	二	九石〇〇〇	一〇八石〇〇〇	
农业推广所	四	六	二一石〇〇〇	二五二石〇〇〇	

续表

机关别	员役人数		每月应配稻谷数量	三十七年七月至三十八年六月应配稻谷	备考
	职员	警役			
电话室	一	一四	二四石〇〇〇	二八八石〇〇〇	
无线电台	三	三	一三石五〇〇	一六二石〇〇〇	
教育会	一		三石〇〇〇	三六石〇〇〇	
卫生院	一一	二	三六石〇〇〇	四三二石〇〇〇	
自卫总队	一九	二四一	四一八石五〇〇	五〇二二石〇〇〇	
防空哨	一	一	四石五〇〇	五四石〇〇〇	
税捐稽征处	二四	一二	九〇石〇〇〇	一〇八〇石〇〇〇	
农会	一		三石〇〇〇	三六石〇〇〇	
工会	一		三石〇〇〇	三六石〇〇〇	
政工队	一二	二	三九石〇〇〇	四六八石〇〇〇	
文献会	二	一	七石五〇〇	九〇石〇〇〇	
党政会报会	一	一	三石〇〇〇	三六石〇〇〇	
兵役协会	二	一	七石五〇〇	九〇石〇〇〇	
堪建会	三	一	一〇石五〇〇	一二六石〇〇〇	
小　计	二五五	四四五	一四三二石五〇〇	一七一九〇石〇〇	
康乐镇公所	一四	一六	四四石〇〇〇	五二八石〇〇〇	(一)职员月支谷二市石，警役月支稻谷一市石。上项限度系遵照省府民教建田会财四字第一〇二四五号训令之指示编列。
株潭镇公所	九	一四	三二石〇〇〇	三八四石〇〇〇	
黄茅乡公所	九	一四	三二石〇〇〇	三八四石〇〇〇	
中正乡公所	九	一四	三二石〇〇〇	三八四石〇〇〇	
民权乡公所	七	一四	二八石〇〇〇	三三六石〇〇〇	
高城乡公所	七	一四	二八石〇〇〇	三三六石〇〇〇	
励进乡公所	七	一四	二八石〇〇〇	三三六石〇〇〇	
大桥乡公所	七	一四	二八石〇〇〇	三三六石〇〇〇	
白良乡公所	七	一四	二八石〇〇〇	三三六石〇〇〇	

续表

机关别	员役人数		每月应配稻谷数量	三十七年七月至三十八年六月应配稻谷	备考
	职员	警役			
三兴乡公所	七	一四	二八石〇〇〇	三三六石〇〇〇	
白杨乡公所	七	一四	二八石〇〇〇	三三六石〇〇〇	
白水乡公所	七	一四	二八石〇〇〇	三三六石〇〇〇	
蓝田乡公所	七	一四	二八石〇〇〇	三三六石〇〇〇	
柏树乡公所	七	一四	二八石〇〇〇	三三六石〇〇〇	
获富乡公所	七	一四	二八石〇〇〇	三三六石〇〇〇	
高村乡公所	七	一四	二八石〇〇〇	三三六石〇〇〇	
罗城乡公所	七	一四	二八石〇〇〇	三三六石〇〇〇	
卢洲乡公所	七	一四	二八石〇〇〇	三三六石〇〇〇	
槽头乡公所	七	一四	二八石〇〇〇	三三六石〇〇〇	
黎高乡公所	七	一四	二八石〇〇〇	三三六石〇〇〇	
城南乡公所	七	一四	二八石〇〇〇	三三六石〇〇〇	
卢洲乡中小	九	二	二〇石〇〇〇	二四〇石〇〇〇	
大桥乡中小	八	二	一八石〇〇〇	二一六石〇〇〇	
民权乡中小	八	二	一八石〇〇〇	二一六石〇〇〇	
黄茅乡中小	七	二	一六石〇〇〇	一九二石〇〇〇	
高城乡中小	四	一	九石〇〇〇	一〇八石〇〇〇	
励进乡中小	五	一	一一石〇〇〇	一三二石〇〇〇	
白良乡中小	六	一	一三石〇〇〇	一五六石〇〇〇	
三兴乡中小	五	一	一一石〇〇〇	一三二石〇〇〇	

续表

机关别	员役人数		每月应配稻谷数量	三十七年七月至三十八年六月应配稻谷	备考
	职员	警役			
茭湖乡中小	五	一	一一石〇〇〇	一三二石〇〇〇	
仙源乡中小	六	一	一三石〇〇〇	一五六石〇〇〇	
黎高乡中小	四	一	九石〇〇〇	一〇八石〇〇〇	
高村乡中小	五	一	一一石〇〇〇	一三二石〇〇〇	
蓝田乡中小	五	一	一一石〇〇〇	一三二石〇〇〇	
获富乡中小	五	一	一一石〇〇〇	一三二石〇〇〇	
白杨乡中小	三	一	七石〇〇〇	八四石〇〇〇	(二)各乡镇除原列所丁外,另编列警卫班十名
白水乡中小	四	一	九石〇〇〇	一〇八石〇〇〇	
柏树乡中小	四	一	九石〇〇〇	一〇八石〇〇〇	
罗城乡中小	七	一	一五石〇〇〇	一八〇石〇〇〇	
槽头乡中小	五	一	一一石〇〇〇	一三二石〇〇〇	
励进乡中小	五	一	一一石〇〇〇	一三二石〇〇〇	
小计	二〇九	三四九	九二九石〇〇〇	一一一四八石〇〇〇	
总计			二三六一石五升〇〇	二八三三八石〇〇〇	

2. 万载县第一区第十二、第十三保联立小学校　二十四年十一月份支付预算书(2－1－110. P58－59)

万载县第一区第十二、第十三保联立小学校　二十四年十一月份支付预算书

支出　经常费　门			
科　目	全年度预算数	本月份预算数	备考
第一款　保学经费	二七六.〇〇	二三.〇〇	
第一项　薪俸	二一六.〇〇	一八.〇〇	
第一目　薪俸	二一六.〇〇	一八.〇〇	

续表

科　目	全年度预算数	本月份预算数	备考
第一节　校长薪俸	一二〇.〇〇	一〇.〇〇	兼教员
第二节　教员薪俸	九六.〇〇	八.〇〇	教员一人
第二项　办公费	六〇.〇〇	五.〇〇	
第一目　文具	二一.〇〇	一.七五	
第一节　笔墨	六.〇〇	〇.五〇	
第二节　纸张	一五.〇〇	一.二五	并报费
第二目　消耗	三九.〇〇	三.二五	
第一节　火油	二八.八〇	二.四〇	
第二节　薪炭	六.〇〇	〇.五〇	
第三节　茶水	四.二〇	〇.三五	

3. 万载县第二中山民众学校兼办万载县第一区第六保联中心小学预算分配表(2 -4 -135. P169)

万载县第二中山民众学校兼办万载县第一区第六保联中心小学预算分配表

中华民国二十六年七月一日起至二十七年六月三十日止

科目	全年预算数										各月份配数								
											七月份								
	千	百	十	万	千	百	十	元	角	分	百	十	万	千	百	十	元	角	分
第一款万载县立第一区第六保联中心小学经费						3	1	2	0	0						2	6	0	0
第一项　俸给						1	6	8	0	0						1	4	0	0
第一目　俸给						1	6	8	0	0						1	4	0	0
第一节　主任兼教师俸给						1	6	8	0	0						1	4	0	0
第二项办公费							4	8	0	0							4	0	0
第一目　文具							1	9	2	0							1	6	0
第一节　纸张							1	2	0	0							1	0	0

续表

科目	全年预算数										各月份配数								
											七月份								
	千	百	十	万	千	百	十	元	角	分	百	十	万	千	百	十	元	角	分
第二节　笔墨								7	2	0								6	0
第二目　消耗							2	8	8	0							2	4	0
第一节　消耗							2	8	8	0							2	4	0
第三项书报费							2	4	0	0							2	0	0
第一目书报费							2	4	0	0							2	0	0
第一节书报费							2	4	0	0							2	0	0
第四项　旅费							2	4	0	0							2	0	0
第一目　旅费							2	4	0	0							2	0	0
第一节校长出差旅费							2	4	0	0							2	0	0
第五项学用品							4	8	0	0							4	0	0
第一目学用品							4	8	0	0							4	0	0
第一节学用品							4	8	0	0							4	0	0

校长　朱溯昭

4. 万载县第一区据第三保联中心小学呈请拨开办费预算书(2－4－135. P1－6)

事由:据第三保联中心小学呈请拨开办费预算书转请核示由

中华民国廿五年十月六日

呈　　　字第

案据本区第三保联中心小学校长辛文焕呈称"呈为呈请拨补开办经费,俾资修理校舍而壮观瞻事。窃职校原名龙章志远,本年度奉令改并为第一区第三保联中心小学校。现以开办伊始,百废待兴,校舍虽属原有,而遭匪破坏,门窗户牖俱被拆毁,几成瓦砾之场。前次虽稍修葺,以校舍宏敞,经费无多,亦不过遮盖住漏,对于校内门户、窗、壁多未修复,若此不但有碍观瞻,且使莘莘学子有在陋巷而不堪其忧之概。经校长精密估计,该项整费共需国币壹百元零五分。除将是项费用编造预算二份,仰祈鉴核外,理合备文呈请钧长俯赐察核,准在教育补助费项下酌量拨补,俾便修理实为学便"等情,附呈预算书二份。据此,查该校校址系原有龙章小学,自经匪乱确属破坏不堪,所请拨给开办费一节是否准予照拨区长未敢擅专,理合备文,检同该校预算书呈送钧府俯赐核示,实为公便。

谨呈

万载县县长　张

附呈《第三保联中心小学请拨开办费预算书》一份。

第一区兼区长黄孟嘉

拟修整校舍材料费并泥水木匠工资费支付预算书

（万载县第一区第三保联中心小学校编造）

万载县第一区第三保联中心小学校修整校舍支付预算书　民国二十五年九月　日 校长　辛文焕		
支出临时门		
科目	支付预算书	备考
第一款　修整校舍材料费并泥水木匠工资费	一〇〇.〇五〇	
第一项　材料费	五八.二五〇	
第一目　材料费	五八.二五〇	
第一节　石灰费	二〇.〇〇〇	约需石灰五千斤,每斤价银四厘,合如上数。
第二节　砖瓦费	一〇.〇〇〇	约需砖一千口,每口价银四厘;又需瓦二千口,每口价银三厘,合如上数。
第三节　杉树费	一五.〇〇〇	约需杉树三十只,每只价银五角,合如上数。
第四节　椽皮费	三.〇〇〇	约需椽皮二十丈,每丈价银一角五分,合如上数。
第五节　纸结费	二.〇〇〇	约需纸结五十斤,每斤价银四分,合如上数。
第六节　铁钉费	一.二五〇	约需铁钉五斤,每斤价银二角五分,合如上数。
第七节　竹费	七.〇〇〇	约需竹七十根,每根价银一角,合如上数。
第二项　工资	四一.八〇〇	
第一目　工资	四一.八〇〇	
第一节　木匠工资	二二.〇〇〇	约需木匠工五十天,每天伙食工银四角四分,合如上数。
第二节　泥水工资	一九.八〇〇	约需泥水工四十五天,每天伙食工银四角四分,合如上数。

5. 万载县政府上呈民国三十年度中央及省库国民教育补助费预算书表(2 - 4 - 148. P1 - 3)

事由:令发卅年度中央及省库国民教育补助费预算书表仰知照由

江西省万载县政府训令　　　咏教一字第5905号

民国三十年九月廿三日

令第四区茭湖乡公所

查本县三十年度应领中央及省库国民教育补助费,前经造具预算书及分配表呈请省府核示在卷,兹奉教字第〇四一三二号指令内开"呈件均悉,据呈书表所列年度不符,应改为三十年度,除代为更正外,仰即更正,余无不合,应准备案。仍仰遵照《江西义务教育经费管理办法》第七条末段规定,分送该管专员公署暨该县各小学及各公法团体备查为要,此令附件存"等因。奉此,除定期发放并分别呈报函令外,合行检发原预算书表各一份,令仰知照,并转饬所属各校知照!

此令。

附发卅年度中央及省库国民教育补助费预算书表各一份。

县长　谭咏秋

万载县三十年度中央及省库补助国民教育经费支付预算书

科目	本年度预算数	备考
第一款　中央及省库补助国民教育经费	一三五〇〇.〇〇	
第一项　中央及省库补助国民教育经费	一三五〇〇.〇〇	
第一目　中央及省库补助国民教育经费	一三五〇〇.〇〇	
第一节　补助保国民学校经费	一三五〇〇.〇〇	本县奉令改办保国民学校四十五校全年每校补助三百元合计如上数

6. 万载县三十年度中央及省库补助国民教育经费分配细数表(2－4－148. P5－8)

万载县三十年度中央及省库补助国民教育经费分配细数表

校名	校长姓名	班数		所在地地名	所在保番号	补助金额					备考
		小学部	民教部			第一期	第二期	第三期	第四期	合计	
第一区城厢一镇第十二保国民学校	易汉初	—		—	中山公园	十二保	75.00	75.00	75.00	75.00	300.00
第一区城厢二镇第三保国民学校	郭炳成	—		—	小南门外	三保	75.00	75.00	75.00	75.00	300.00
第一区高城乡第四保国民学校	陈文奇	—		—	上南窑	四保	75.00	75.00	75.00	75.00	300.00
第一区高城乡第五保国民学校	曾挺松	—		—	北吹藜	五保	75.00	75.00	75.00	75.00	300.00
第一区丁田乡第三保国民学校	刘霖汉	—		—	石笋坑	三保	75.00	75.00	75.00	75.00	300.00
第一区丁田乡第四保国民学校	王灿辉	—		—	江口	四保	75.00	75.00	75.00	75.00	300.00
第一区城南乡第五保国民学校	张德儒	—		—	谷源	五保	75.00	75.00	75.00	75.00	300.00
第一区城南乡第六保国民学校	周德安	—		—	礼山	六保	75.00	75.00	75.00	75.00	300.00
第一区涂泉乡第五保国民学校	易熙敬	—		—	新田	五保	75.00	75.00	75.00	75.00	300.00
第二区潭埠镇第七保国民学校	辛国乔	—		—	麻田	七保	75.00	75.00	75.00	75.00	300.00
第二区白杨乡第一保国民学校	陈梅开	—		—	镜山	一保	75.00	75.00	75.00	75.00	300.00
第二区白杨乡第四保国民学校	陈慕尧	—		—	早禾洲	四保	75.00	75.00	75.00	75.00	300.00
第二区白杨乡第五保国民学校	辛匡世	—		—	下花桥	五保	75.00	75.00	75.00	75.00	300.00
第二区蓝田乡第五保国民学校	龙锡九	—		—	柴田	五保	75.00	75.00	75.00	75.00	300.00
第二区白水乡第一保国民学校	韩全轩	—		—	新店裡	一保	75.00	75.00	75.00	75.00	300.00
第二区柏柱乡第二保国民学校	黄晋	—		—	上石	二保	75.00	75.00	75.00	75.00	300.00

续表

校名	校长姓名	班数		所在地地名	所在保番号	补助金额					备考
		小学部	民教部			第一期	第二期	第三期	第四期	合计	
第三区株潭镇第八保国民学校	丁星翼	一		一	唐家庄	八保	75.00	75.00	75.00	75.00	300.00
第三区株潭镇第十一、二、三保联立国民学校	龙耘翰	四		一	石塘	十二保	75.00	75.00	75.00	75.00	300.00
第三区株潭镇第十五保国民学校	龙元藩	一		一	鲶塘	十五保	75.00	75.00	75.00	75.00	300.00
第三区黄茅乡第四保国民学校	刘其渊	二		一	源头	四保	75.00	75.00	75.00	75.00	300.00
第三区黄茅乡第六保国民学校	黄胜材	一		一	山岭北	六保	75.00	75.00	75.00	75.00	300.00
第三区黄茅乡第十六保国民学校	王蕴仁	一		一	王家场	十六保	75.00	75.00	75.00	75.00	300.00
第三区黄茅乡第十七保国民学校	周克昌	一		一	桥头	十七保	75.00	75.00	75.00	75.00	300.00
第三区泉水乡第七保国民学校	罗克庸	一		一	乌石塘	七保	75.00	75.00	75.00	75.00	300.00
第三区泉水乡第十保国民学校	龙丽珍	一		一	大富头	十保	75.00	75.00	75.00	75.00	300.00
第三区荻富乡第三、四、五保联立国民学校	龙协楠	一		一	后槎	三保	75.00	75.00	75.00	75.00	300.00
第三区荻富乡第八保国民学校	龙稷臣	二		一	枣木桥	八保	75.00	75.00	75.00	75.00	300.00
第四区三兴乡第六保国民学校	徐步衡	一		一	裡源冲	八保	75.00	75.00	75.00	75.00	300.00
第四区白良乡第九保国民学校	喻希贤	一		一	范塘	九保	75.00	75.00	75.00	75.00	300.00
第四区三兴乡第八保国民学校	杨博授	一		一	坪山头	八保	75.00	75.00	75.00	75.00	300.00
第四区仙源乡第四保国民学校	袁锡龄	一		一	前馀岭	四保	75.00	75.00	75.00	75.00	300.00

续表

校名	校长姓名	班数		所在地地名	所在保番号	补助金额					备考
		小学部	民教部			第一期	第二期	第三期	第四期	合计	
第四区仙源乡第五保国民学校	黎国熙	一	一	朱木桥	五保	75.00	75.00	75.00	75.00	300.00	
第四区槽头乡第三保国民学校	刘长生	一	一	东江	三保	75.00	75.00	75.00	75.00	300.00	
第四区茭湖乡第四保国民学校	钟音宏	一	一	箬坪	五保	75.00	75.00	75.00	75.00	300.00	
第四区茭湖乡第一保国民学校	周思齐	一	一	槽下	一保	75.00	75.00	75.00	75.00	300.00	
第四区大桥镇第三保国民学校	辛海兴	一	一	店前	四保	75.00	75.00	75.00	75.00	300.00	
第五区罗城乡第四保国民学校	卢春林	一	一	城上	四保	75.00	75.00	75.00	75.00	300.00	
第五区罗城乡第五保国民学校	李梅初	一	一	湖溪	五保	75.00	75.00	75.00	75.00	300.00	
第五区罗城乡第八保国民学校	喻恒才	一	一	藏溪	八保	75.00	75.00	75.00	75.00	300.00	
第五区高村乡第二保国民学校	王国璋	一	一	严田	二保	75.00	75.00	75.00	75.00	300.00	
第五区高村乡第五保国民学校	廖挺华	二	一	燕竹	五保	75.00	75.00	75.00	75.00	300.00	
第五区高村乡第六保国民学校	杨吴杰	一	一	岐源	六保	75.00	75.00	75.00	75.00	300.00	
第五区黎高乡第二保国民学校	林文运	一	一	桐柱埚	二保	75.00	75.00	75.00	75.00	300.00	
第五区黎高乡第七保国民学校	彭启	四	一	杭桥	七保	75.00	75.00	75.00	75.00	300.00	
第五区黎高乡第八保国民学校	宋艺	二	一	棠园里	八保	75.00	75.00	75.00	75.00	300.00	
合计		五六	四五			3375.00	3375.00	3375.00	3375.00	13500.00	

7. 万载县二十九年度下半年中央及省库义教补助费支付预算书（2－4－148. P16－17）

万载县二十九年度下半年中央及省库义教补助费支付预算书

科目	本年度七月至十二月预算数	备考
第一款　中央及省库补助本县义教经费	八二六九.〇〇	
第一项　补助保立小学及初级班经费	八二五〇.〇〇	本县共有保立小学及义教巡回教导处二百零七校，初级班贰百十七班；各级中心小学二十六校，初级班三十八班；私立小学二十四校，初级班二十四班。除私立小学每班补二十五元，其余各校每班初级补助三十元，共合如上数。
第一目　补助保立小学经费	六五一〇.〇〇	
第一节　补助保立小学经费	六五一〇.〇〇	本县共有保立小学及义教巡回教导处二百零七校，初级班贰百十七班，每班补助三十元，合如上数。
第二目　补助各级中心小学初级班经费	一一四〇.〇〇	
第一节　补助各级中心小学初级班经费	一一四〇.〇〇	本县共有各级中心小学二十六校、初级班三十八班，每班补助三十元，合如上数。
第三目　补助各私立小学初级班经费	六〇〇.〇〇	
第一节　补助各私立小学初级班经费	六〇〇.〇〇	本县共有私立小学二十四校，初级班二十四每班，补助二十五元，合如上数。
第二项　余数	一九.〇〇	
第一目　余数	一九.〇〇	
第一节　余数	一九.〇〇	留并下年度义教补助费开支。
万载县县长　谭咏秋		
万载县政府教育科科长　杨先导		

8. 江西省政府关于本省公私立中等学校每学期征收学生费用及学米限度表的训令（2－4－367. P3－6）

事由：据案奉本省公私立中等学校每学期征收学生费用及学米限度表一种令仰遵照由

江西省政府训令　　　教字第759号

民国三十六年二月　日

令各公私立中等以上学校

查《公私立中等学校每学期征收学生费用及学米限度表》，业经参酌目前物价情形重加修订，报经本府第一千八百六十八次省务会议通过在案。除分令外，合行检发上项收费限度表，令仰该校切实遵照办理，毋得任意增收为要！

此令。

附发“本省公私立中等学校每学期征收学生费用及学米限度表”共三份。

主席　王陵基

教育厅长　周邦道

费别及费类 \ 校别 / 级别		江西省县立及联立中等学校每学期征收学生费用及学米限度表				
		中学		职业		师范
		高级	初级	高级	初级	
学费		免	免	免	免	免
学米		糙米五市斗至八市斗	同左	同左	同左	免
图书费		三〇〇〇	三〇〇〇	二四〇〇	二四〇〇	二〇〇〇
体育费		三〇〇〇	三〇〇〇	二四〇〇	二四〇〇	二〇〇〇
童军训费		三〇〇〇	三〇〇〇	二四〇〇	二四〇〇	二〇〇〇
卫生费		三〇〇〇	三〇〇〇	二四〇〇	二四〇〇	二〇〇〇
实习、材料费		三〇〇〇	三〇〇〇	二四〇〇	二四〇〇	二〇〇〇
共收	费	一五〇〇〇元	一五〇〇〇元	一二〇〇〇元	一二〇〇〇元	一〇〇〇〇元
	米	五市斗至八市斗	同左	同左	同左	免
备考		1. 本表变更及废止，以命令定之； 2. 除表列各费外，不得另行征收任何费用； 3. 经费充裕之县联立中等学校应减收学米，如其教职员待遇提高与省级待遇相等时，应即免收学生学米； 4. 革命功勋与抗战功勋子女及清寒优秀学生除免收学费学米外，应减收应缴各费之一部或全部； 5. 各校应遵照规定设置公费免费名额，其应领膳费应专案呈请县政府核发； 6. 小学教师子女免费办法另照规定办理； 7. 学生制服、灯油、书籍、文具等概归自备； 8. 学生膳费除师范生取得公费待遇者外，其余学生自备膳食； 9. 县立师范学校教职员待遇应比照县中提高百分之二十五； 10. 师范生应缴保证金三千元，于毕业时发还； 11. 职业学校学生实习用品利益应酌提一部份，为奖助学生之用； 12. 表列糙米每市斗以十五市斤计算； 13. 各校上学期征收每生学米数量如未达到现在规定之高额时，如须增加，须事先报厅核准，始能增收； 14. 学生自治会费每生一千五百元，由校代收； 15. 各校招收新生报名费以一千五百元为限； 16. 本表及办法自三十六年二月施行					

费别及费类 \ 级别 \ 校别		江西省私立中等学校每学期征收学生费用及学米限度表			
		中学		职业	
		高级	初级	高级	初级
学费		一二〇〇〇	六〇〇〇	二四〇〇	二四〇〇
学米		糙米十二市斗至十八市斗	同左	同左	同左
图书费		二四〇〇	二四〇〇	二四〇〇	二〇〇〇
体育费		二四〇〇	二四〇〇	二四〇〇	二〇〇〇
童军训费		二四〇〇	二四〇〇	二四〇〇	二〇〇〇
卫生费		二四〇〇	二四〇〇	二四〇〇	二〇〇〇
实习、材料费		二四〇〇	二四〇〇	二四〇〇	二四〇〇
共收	费	二四〇〇	一八〇〇〇	一四四〇〇	一二八〇〇
	米	糙米十二市斗至十八市斗	同左	同左	同左
备考		1. 本表变更及废止以命令定之； 2. 除表列各费外不得征收任何费用； 3. 各校应遵照规定设置公费及免费学额； 4. 革命功勋与抗战功勋之子女及清寒优秀之学生应缴各费得酌免一部或全部； 5. 小学教师子女之免费办法另照规定办理； 6. 学生制服灯油书籍文具概归自备； 7. 职业学校学生实习用品利益应酌提一部份为奖助学生之用； 8. 学生自治会费每生一千五百元由校代收； 9. 表列糙米每市斗以十五市斤计算； 10. 各校上学期征收每生学米数量如未达到现在规定最高额时如须增加应事先呈报教厅核准始能增收； 11. 各校招收新生报名费以一千五百元为限； 12. 私立中等学校得酌收寄宿费但每学期每生最多不得超过一万元； 13. 凡专科学校得比照高中收费标准办理； 14. 本表及办法自三十六年二月份起施行。				

校别 级别 费别及费类	江西省立中等学校每学期征收学生费用限度表				
	中学		职业		师范
	高级	初级	高级	初级	
学费	免	免	免	免	免
学米	免	免	免	免	免
图书费	三〇〇〇	三〇〇〇	二四〇〇	二四〇〇	二〇〇〇
体育费	三〇〇〇	三〇〇〇	二四〇〇	二四〇〇	二〇〇〇
童军训费	三〇〇〇	三〇〇〇	二四〇〇	二四〇〇	二〇〇〇
卫生费	三〇〇〇	三〇〇〇	二四〇〇	二四〇〇	二〇〇〇
实习、材料费	三〇〇〇	三〇〇〇	二四〇〇	二四〇〇	二〇〇〇
共收	一五〇〇〇元	一五〇〇〇元	一二〇〇〇元	一二〇〇〇元	一〇〇〇〇元
备考	1. 本表变更及废止以命令定之； 2. 表列各费外不得征收任何费用； 3. 各校应遵照规定设置公费及免费名额其应领取应另案请发； 4. 革命功勋与抗战功勋子女及清寒优秀学生应缴各费均酌免一部或全部； 5. 小学教师子女之免费办法另照规定办理； 6. 学生制服灯油书籍文具等概归自备； 7. 学生膳食除师范学生全系公膳外其余学生自备膳食； 8. 职业学校学生实习用品利益应酌提一部份为奖助金； 9. 师范学校新生应缴保证金三千元于毕业时发还； 10. 公私立补习学校除初级补习学校应照高级小学征收费用外公私立中级高级补校应分别比照高初中收费标准办理； 11. 学生自治会费每生一千五百元由校代收； 12. 各校招收新生报名费以一千五百元为限； 13. 凡专科学校得比照高中收费标准办理； 14. 本表及办法自三十六年二月份起施行。				

9. 江西省私立中等学校每学期征收学生费用及学米限度表(2－4－320. P275－276)

事由：改定私立中等学校战时征收学生费用及学米限度表令仰严加督察遵照施行由

江西省政府训令　　　　教字第01620号

民国三十二年三月　日发

令万载县县政府

据教育厅案呈，以本省各私立中等学校每学期征收学生各项费用及学米限度表依照前颁《本省公私立中等学校战时每学期征收学生费用及学米限度表》办理，甚有于规定纳费项目之外，妄收其他各费，似此漫无限制，流弊滋谬，兹商划一各校收费标准，爰斟酌本省现时物价情形，重行订定《江西省私立中等学校战时每学期征收学生费用及学米限度表》请予明令公布施行并转令各专署各县区严行督察，以防流弊等情；应准照办。除将上项限度表分别令行外，合行令仰遵照限时严加督察为要。

此令。

附发限度表一份。

主席　曹浩森

教育厅厅长　程时煃

江西省私立中等学校战时每学期征收学生费用及学米限度表　民国三二年二月改订

费别及费类＼校别＼级别	中学		职业	
	高级	初级	高级	初级
学费	五〇元	四〇元	四〇元	三〇元
学米	三〇市斤	同左	同左	同左
	一〇元	同左	同左	同左
体育费	一〇元	同左	同左	同左
卫生费	一〇元	同左	同左	同左
寄宿费	一〇元	同左	同左	同左
实习材料费	〇	〇	一〇元	同左
共收　费米	九〇元	八〇元	九〇元	八〇元
	三〇市斤	同左	同左	同左
备注	一、本表以战时为限，其变更及废止，以命令行之； 二、沦陷区学生应免缴学米，其学杂各费得斟酌情形免缴一部或全部； 三、不得征收学生制服费； 四、学生灯油费、日常用品须归自备； 五、学生膳食除取得公膳津贴者外，其余栏由学生自备或由学校代办； 六、凡取得公膳津贴之学生，学校不得暗中勒缴学费； 七、职业学校学生实习出品利益，应酌量提出一部分，作为奖助学生之用； 八、除表列各费外不得征收任何费用。				

10. 江西省政府教育厅关于公私立学校征收费应予纠正的训令(2－4－367. P7－8)

事由:公私立学校征收费应予纠正各点即遵照由

江西省政府教育厅训令　　　民国三十六年三月　日发

育中字第2919号

令全省公私立中等以上学校

查本学期中等以上学校征收学生费用标准业经改订,并由省厅通饬各校遵行有案。近查有不少学校或巧立名目或话称代收,似此漫无限制,加重学生家长负担,实有不合。姑以目前物价高涨,经审察情形,酌定补充要点如左:

一、学米:应以规定最高标准一石八斗为限,如有超过,亟须发还(如豫章中学收学米二石,超过标准两斗应即发还)。

二、教师米、费:

(一)省立学校规定免收学米,但仍有征收类似学米之敬师米或敬师费者,本有未合,惟念教职员生活清苦,本学期姑准征收五千元。

(二)私立学校除征收学米之外,尚有敬师米、敬师费、补助教职员菜费、教师副食费、供膳费等,均属不合,应一律取消,统称为学米。其征收费用者亦应折成米数,加入学米内计算。合并以后,总加起来不得超过规定最高额一石八斗,超过者应即发还。

三、代办性质之各费:

(一)讲义印刷费——无课本可买,必须由教师编印讲义者,准酌收,但各科讲义费合计不得超过三千元;

(二)校友入会费——除依规定征收自治费外,不得另收校友入会费;

(三)试卷费——不得征收,已收者应即发还;

(四)理发费、沐浴费、簿册费——得由学校特约技工,浴室及商店承办,以便利学生理发、沐浴及购买簿册,不得由校直接征收;

(五)制服费——各校可规定颜色、质料,听学生自由制备,不准由校征费,亦不得强令制备。

四、寄宿费:私校依规定标准征收,省立学校不准征收。

五、茶水、灯油费:由校代办灯油者,准酌收,最多以五千元为限(公私立学校同)。

六、修建费:如修缮费、建筑费及类似修建性质,如电灯装置,建校舍资金等,一律不准征收。

七、预偿费:最多以三千元为限,并应与学期终了时结算发还。其赔偿属实者应悉数发还。

八、学米食米折价:应照缴款时市面糙米价格计算,不得任意提高,以实物缴交者,不得拒绝收受。非实物缴交者,亦不得限令缴交实物。

九、周转费、米:省立师范学校及省立职业学校应以公家发给之公费细数拨给学生,由学生组织膳食。委员会自理膳食，惟公费不足膳食之用，亦系事实。准各校于学生入学时，征收一次周转金，以为弥补，至多以三万元为限，但仍应悉数发交膳委会。至学期结束时，如有盈余，应退还学生。

十、省立师范学校自三十六学年度起，除征收保证金外，不得征收任何费用。

以上各点，乃系斟酌事实，权衡法理，于不违背原定标准之中，仍寓体恤各校困难之意。各校长务须仰体斯意，切实遵行。凡已超过上项规定者，应即自行纠正。倘仍因循我行，一经查实，定即依法议处。除分令各视导人员随时查核外，合行令仰该校遵照。切切此令。

厅长　周邦道

二、关于校园建设与设备添置经费

1. 江西省政府关于校舍建筑的代电(2－4－320. P224)

江西省政府代电　　　教三字第8235号

民国三十一年八月　日

万载县县长：查本省各县修建各级学校校舍一案，前经订颁《江西省各县市乡(镇)中心学校暨保国民学校建筑校舍办法大纲》，并抄同部颁《修建校舍设计图》各一份，通饬遵办在卷。兹查有本省国民教育师资辅导委员会编印《小学标准校舍》一书，经核内容颇为切合，除分令外，合行检发《小学标准校舍》一册，仰参照办理。省政府教三案　印检发《小学标准校舍》一册。

2. 县立龙河初级中学造具修建二年级教室工料费概算书[2－4－151(一). P219－222]

事由：为造具本校修建二年级教室工料费概算书，恳乞转令签核拨发并请派员踏勘，俾资克日修建而免危险由

窃查本校二年级教室三面砖墙开裂，势将倾倒，极形危险。全室各学生睹此墙壁开裂之故，均不安心受课，时起恐惶。当将此案提交本校第二次行政会议，查本校二年级教室三面墙壁开裂，势将倾倒，亟亟堪危，应如何设法修理，请公决案。决议“拟订概算，呈请县政府在教育附加溢收项下支给，并请派员踏勘，从速修理，以免危险。”各等语，记录在案。即经雇匠到校，精密计算，以该原教室上面加建楼室一层，以资利用，除教室需用正扛梁树二只不用购买、以飞机场所剩之樟树二株提用、以免多耗公帑外，共需拆卸及建筑费银八百八十九元九角，编订概算书。此项拆卸与建筑费，拟在去年龙河收存财委会拥租银二百余元内及宜分萍万四邑联合办事处租息内本届分摊银四百元，拟恳一并发作本校建筑费。

其不敷银二百八十九元九角，请在县地方教育附加溢收项下支给。理合检同概算书并填具请款凭单，备文呈请钧府察核，迅予转令财委会签核拨发，并乞派员来校踏勘，俾资克日修建，以免危险，实为公便！

谨呈

万载县县长张

计附呈“修建二年级教室工料费支付概算书”二份、“请款凭单”一纸。

万载县立龙河初级中学校校长辛佐治

中华民国二十五年四月二三日

3. 要求破格补助县立中学建筑费的呈文(2－4－322. P308－309)

事由：为本县受匪害过深，元气未告复苏，请在钧厅教育预备费项下破格补助本县县立中学校舍建筑费六千元并请先行拨给三千元由

窃本县奉令将龙河、东洲两中学合并，改办县立初级中学校，业经择定就原有学宫为中校校址，利用两旁隙地添建必须房舍，并拟具校务计划，从事着手进行。业将下情陈述，呈请拨给建筑补助费六千元。在案。顷沐省政府九六五次省务会议决议“建筑经费统由地方自筹，其余各节准予照办”等因；奉此，复经提交本县初级中学第三次筹备委员会议，签以本县比年以来，惨遭匪祸，现虽次第敉平，元气未告复苏，社会经济枯竭万分，即竭泽而渔，所差之数亦无法筹措，决议：“将前呈拨補之六千元再呈钧厅，分两年补助，并恳本年先行補助建筑费三千元，藉资应用建筑之需，俾得依计进行，早观厥成，庶于民力俱尽之中，得沾政府奖进之惠，化数百年土客相沿之积习，开千百载土客相安之局，造福万民，岂在浅鲜。”伏乞钧厅俯念本县情形特别，破例補助。准予在教育预备费项下酌予匀配，分年拨给，本年先行補助建筑费三千元，以示提倡。钧府匀拨区区无异杯水，在下邑得蒙嘉惠，不胜戴山。当乞逾格成全，不惟翘盼之至。

谨呈

江西省政府教育厅厅长程

万载县县长张芗甫

4. 万载县第一区第三四、三五保联立小学校长呈以拟将财委会漏收之神会款拨补修理校舍用费的呈文(2－1－110. P2－4)

摘由：为据第三四、三五保联立小学校长呈以拟将财委会漏收之神会款拨补修理校舍用费请核准等情呈请核示由

案据第三十四第三十五保联立小学校长郭恩树呈称“窃本校前次开办之始领到财委会之开办费拾元，因校舍破烂过甚，现经用去之修理费二十六元左右。最近感觉男生教室光线不足，宜加明瓦二十余片，需洋三元，女生教室宜开窗二个，需洋六元，又男生教室再

需检屋洋贰元，共计需洋拾元左右，并前次垫出之款，共在二十六元左右。校长最近调查本处有图会一个，除财委会收去之外，尚有谷六担；孟兰会尚有谷数担。理合备文呈请钧长俯赐核准拨作本校修理用费，是为公便”等情。据此，查该校自开办以来颇有可观，所称各节亦委系实情，似应予以照准以利教育。除指令外，理合备文转呈钧长俯赐核准指令饬遵。

谨呈

万载县县长　张

第一区兼区长　辛焕镃

中华民国二十四年十一月五

5. 江西省各县(市)乡镇中心学校暨保国民学校设备经费及工料劝募办法(2-4-136. P2-4)

(三十年一月四日第一千三百二十八次省务会议通过)

一、本办法依据《本省提前实施国民教育办法》 八纲第六条之规定订定之。

二、各县乡镇中心学校暨保国民学校(以下简称学校)之设备，应分别依照本省各乡镇中心学校设备标准暨保国民学校设备标准限期添置完成。

三、各学校设备除前条设备标准之规定外，并包括校舍修建及环境整理，均由地方募集经费或征用工料置备之。

四、各县添置学校设备征募经费及工料范围规定如次：

(一)募集经费：1. 劝导保内殷实各户或商店捐助，并得呈请层峰依法奖励；2. 劝导居民撙节庆吊费用、移款捐助；3. 劝导居民弭息款产讼争，移款捐助；4. 劝导居民撙节迷信费用、移款捐助；5. 其他。

(二)劝导劳动服务：1. 视学校增建校舍及添置设备工作上之需要，由保分别劝导地方成年男子作劳动服务；2. 劳动服务应利用农隙时间举行。

(三)劝募材料：1. 木竹；2. 砖瓦；3. 石灰；4. 成物(指学校必需应用物品如地图挂图书籍文具桌櫈椅等)；5 其他。

征集物料应按户平均摊派。被派之户如无实物，得按时价缴纳代金。

五、各学校设备应依照前条规定范围，自学校成立之年起，以一年内充实置备、达到设备标准为原则。如地方财力困难，得酌予延长，但不得超过三年。

六、各学校设备因征工征料仍不能制就之物品，至少应募足设备费三百元，以资逐渐购置补充。

七、各学校设备上之征募，以由乡镇统一筹划、分保办理为原则。乡镇公所应督同保长、校长先行调查保内富力、人力、物力、酌定征募经费工料数目，造册提交乡镇民代表大会议决后，呈请县政府核定之。

八、各学校设备、经费、材料分别由乡镇公所派员保管查验并制备三联收据，由乡镇公所加盖骑缝图记，发交填用。以一联交被征募经费材料或应征工人（应征工人应在工作完毕后给与），一联汇送县政府存核，一联存查。如需动用，应事先呈准，事后将添置设备情形及用途榜示周知，并造报县政府备案。

九、学校设备之征募经费或工料，应由各县依照本办法、酌量地方情形详拟实施办法，呈报省政府备案。

十、本办法自公布之日起施行。

6. 万载县政府转发《江西省各县（市）保国民学校及乡镇中心学校设备标准》令仰遵照办理（2－4－737. P67－68）

事由：转发江西省各县（市）保国民学校及乡镇中心学校设备标准仰遵照办理由

万载县政府训令　　　咏教字第649号

三十年　月　日

令第二、三、四、五区区署区长\第一区各乡镇长\各乡镇中心小学校长

案奉江西省政府未列字第七二八二号训令开：检发《江西省各县（市）保国民学校设备标准》及《江西省各县（市）乡镇中心学校设备标准》各一种，饬即转发各校分期购置，并切实督促遵照《江西省提前实施国民教育办法大纲》第六条之规定，由各保就地捐募经费或征工征料，置备完成。等因；奉此，除分令外，合行抄发奉颁设备标准，令仰遵照！

此令。

附《江西省各县（市）保国民学校及乡镇中心学校设备标准》各一份（区署）；

《江西省各县（市）保国民学校设备标准》一份（乡镇公所）；

《江西省各县（市）乡镇中心学校设备标准》一份（乡镇中心学校）。

县长　谭××

卅年三月二十九日

7. 万载县政府奉颁《江西省三十年度补助各县乡镇中心\保国民学校设备费办法》令仰遵照（2－4－148. P51－54）

事由：奉颁《江西省三十年度补助各县乡镇中心\保国民学校设备费办法》令仰遵照具缴由

江西省万载县政府训令　　　咏教一字第六四七三号

民国三十年十月十四日发

令四区茭湖乡公所

案奉江西省政府教字第一一四七一号训令开"查各县本年度改办乡镇中心学校及保国民学校，关于设备事项，业经本府以泰教字第3282号及教字第01692号训令，先后制颁《江西省各县（市）乡镇中心\保国民学校设备标准》及《江西省各县（市）乡镇中心学校暨

保国民学校设备经费及工料劝募办法》，饬由各县斟酌当地情形，制订各该县乡镇中心学校暨保国民学校设备经费及工料劝募办法，呈核在案。乃为时已久，各县此项学校之设备尚多未能充实。兹特制定《江西省三十年度补助各县乡镇中心\保国民学校设备费办法》公布施行。除咨教育部备案外，合行检发本办法一份，令仰该县切实遵办，具报为要”等因；附发《江西省三十年度补助各县乡镇中心\保国民学校设备费办法》一份，奉此，除遵照办法第五项之规定组织全县乡镇中心/保国民学校设备委员会并呈报分行外，合行抄发奉颁办法，令仰转饬所属国民学校遵照，妥为增筹充实设备费，并分别填具充实设备物品报告表（表式一、二）于本月廿日以前呈府以凭核转毋延为要！

此令。

计抄发《江西省卅年度补助各县乡镇中心\保国民学校设备费办》法一份。

县长　谭咏秋

附：江西省三十年度补助各县乡镇中心\保国民学校设备费办法

一、本省为改进乡镇中心学校暨保国民学校（以下简称学校）内容充实设备起见，特订定本办法。

二、各县学校设备应分别遵照省颁《江西省各县（市）乡镇中心\保国民学校设备标准》及《江西省各县（市）乡镇中心学校暨保国民学校设备经费及工料劝募办法》逐项添置齐全，以利教学。

三、学校设备费以地方自筹为主。如因地方经济困难各项设备难达到标准时，得由省府拨款补助之。

四、省府补助设备费数额以每校平均补助一百元为原则（分配数额表另定），但须具备下列条件：

（一）学校原有设备已达到省颁标准三分之一以上者；

（二）地方能增筹充实设备费者，数额至少达到省府补助费额者。

五、各县为统筹学校设备，应由县政府组织全县乡镇中心\保国民学校设备委员会统筹，办理并负稽核采办分配之责，设委员七人至九人，干事若干人，均为无给职。除干事由县府调用外，并规定左列人员为委员：

（一）县长兼主任委员；（二）教育科长；（三）县督学一人至二人；（四）财委会主任委员；（五）乡镇中心学校代表一人；（六）保国民学校代表一人；（七）地方公正士绅一人至二人。

六、各县奉到办法后，应即组织学校设备委员会，切实查明各校原有设备、物品，专拟添制物品分别估定价格列表（表式一、二见后），并造具添制物品支出预算书单呈省府核办。

前项拟添制物品应依下列标准：

（一）为学校师生不能自制并不能借用者；

（二）为大多数学校共用缺乏者；

（三）为借用机会多而合于团体应用者；

（四）就国货或本地出产中所能购制者；

（五）不属于办公消耗品者；

（六）每校添制物品者，价格总数在乡镇中心学校以四百元为度，保国民学校以二百元为度。

七、各县学校设备报告表及预算书单经省府核定后，始可发给补助费。

八、各县领到前条补助费后，应即连同第四条第二款规定所筹得的款统筹办理，务须于两个月内将此项设备添制齐全，分配各校领用。

九、各县对于学校设备经费应严行监督，防止中饱舞弊情事。否则一经查出，县长及教育科长均应严予议处。

十、学校设备充实后，所有学校原有及添制设备均应造具清册存案（一份存县府一份存校），交代时应如数点交，不得散失，否则应照数赔偿。

十一、本办法自公布之日起施行并咨教育部备案。

附表式（一）（二）各一份。

附表一

县三十年下半年乡镇中心\保国民学校充实设备费报告表						
学校	校长	学校数	地方自筹设备费来源及是否稳定	地方自筹设备费额	请省府补助数额	备考
合计						

校长〇〇〇

附表二

〇〇县〇〇〇〇〇学校充实设备物品报告表　　三十年〇月　校长〇〇〇造									
请省府补助设备费数额					自筹设备费数				
甲、原有设备									
品名	件数	价值总估计	备注		品名	件数	价值总估计	备注	
原有设备价值总额概数									
乙、拟添制设备									
品名	件数	每单位价格	价格合计	备注	品名	件数	每单位价格	价格合计	备注
合计价格总值									

填表须知：

1. 各校奉令后，遵照规定期限，依表式（一）（二）分别查填呈报；

2. 本表均须填写二份，并用十行紅格纸或六裁毛边纸填写；
3. 表内所列各栏内须填载清楚，不得缺漏；
4. 表式(一)(二)填载学校次序须相同，以便对照审核。

三、关于教育经费筹集与管理

1. 万载县政府关于筹集国民教育基金注意事项的训令(2-4-1036. P19)

事由：令发筹集国民教育基金注意事项仰遵照由

万载县政府训令　　　万教字第一二八九六号

民国三十一年六月二十七日

令罗城乡乡长

查筹集国民教育基金为目前重要工作。本府为便利各乡镇办理此项要政，经订定《万载县各乡镇筹集国民教育基金注意事项》，除分令外，合行检发一份，令仰遵照办理具报。

此令！

附发《万载县各乡镇筹集国民教育基金注意事项》一份。

县长　谭咏秋

附：万载县各乡镇筹集国民教育基金注意事项

一、筹集国民教育基金，应该为乡镇公所中心工作。有关筹集国民教育基金文件，当专卷保存，以备视导人员调阅。

二、保国民学校及乡镇中心学校基金之筹集、保管及运用，均应遵照本府咏教一字第九四〇八号训令颁发《万载县保国民学校及乡镇中心学校基金筹集实施细则》规定办理。

三、提拨当地寺庙、祠会租息为国民教育基金时，务须取具捐约，呈请本府备印后发还保管。

四、寺庙、祠会财产已拨捐为国民教育基金者，绝对禁止盗买变卖。如有此种情事发生，应即制止，并专案呈报核办，违则将承办人员严厉处分。

五、基金利息应并入基金内继续生息，以期迅速达到规定数额。已遵照规定筹集足额者，准将每年利息提充学校经常费供给。经常费有余时，可拨为设备费或基金，不得移作其他用途。

六、基金保管委员会应指导组织健全。文化干事到各保视导时，应召集各该会负责人谈话，并调阅其账簿，如发现挪用侵占等情弊，应即报告县政府，除予以行政处分及责令赔偿外，并将负责人员送请法院，依法从严惩处。

七、各乡镇筹集国民教育基金情形，应于每学期终了后一个月内，依照本府咏教字第七三四号令发报告表式填报一次（截至本年七月三十一日止，筹集基金数目无论已报未报，均限八月底，以月依上项表式填报核备）。

八、各保国民教育基金已照规定筹集足额时，由乡镇公所查照本府咏教字第七三四号训令，抄发奖励办法，呈报本府以凭转请核发奖状奖金。

九、学校教职员、保甲长及地方士绅捐助基金或协助筹集成绩显著者，由乡镇公所开具事实呈报县府，以凭奖励。

2. 万载县政府关于教育专产及其生息奉令不准移作他用的训令(2-4-1036. P28)

事由：令知教育专产及其生息奉令不准移作他用由

万载县政府训令　　　咏教财字第一三三八〇号

民国三十一年七月十七日

令罗城乡公所

案奉江西省政府本年六月十日发泰教一字第〇六四二六号训令开"教育厅案呈，以奉教育部三十一年三月二十七日中字第二三七六号训令开：查中央执行委员八中全会曾决议，对于各省市原有教育经费不能挪用，业经本部通饬在案。兹又奉行政院转奉国防最高委员会交办国民参政会二届二次大会建议，各地方原有教育专产及其生息不得移作他用案，并奉院长蒋谕交教育财政内政三部注意办理等因。奉此，除呈请行政院以院令通饬各省政府恪遵外，合行抄发《国民参政会建议原案》，令饬遵照，切实办理等因。附发原案一份。奉此，拟请通饬遵照，切实办理等情，除分令外，合行抄发原案，令仰该县长遵照，切实办理"等因。计抄发《国民参政会二届二次大会建议各地方原有教育专产及其生息不得移作他用案》原案一份。奉此，除分令外，合行抄发原件，令仰该乡即便遵照！

此令。

计抄发《国民参政会二届二次大会建议各地方原有教育专产及其生息不得移作他用案》原案一份。

县长　谭咏秋

附：各地方原有教育专产及其生息不得移作他用案

（提案第七十八号马参政员宗荣等二十四人提）

理由：普及教育，为抗战建国要政。而欲达到教育普及目的，所需经费甚巨，加以最近物价暴腾，生活高涨，教员待遇不得不提高，事务费用不得不增加，所需经费尤多。所幸各地方多有教育专产，如学田等类尚可因谷价高涨所增加之价额以资填补，虽曰车水杯薪、亦不无小补。近闻各地方当局有藉统收统支为名，不准教育行政机关或学校动用此项增加价额，而将之列入地方总节余者，甚或将此项教育专产移为地方一般公产，实有碍于中小学教育之发达。拟请照左列办法维持此项教育专产之独立性。

办法：一、各地方（包括各省市县市乡镇村）教育专产，仅能用作该地方教育基金，不准移作他用。

二、各地方教育专产之生产品之代价或息金，只能作为办理该地方教育之用，不准移作他用。

三、各地方教育专款专产其原有经理办法（包括保管机构）已显著成效者，在财政统收统支之，原则不应予维持。

提案人马宗荣　连署人王亚明等二十三人

国民参政会决议文:修正通过送请政府切实执行。

3. 万载县民国二十六年度上半年度划归各区中小抵解公学款产及保学经费实收预算表(2-4-964. P69)

万载县廿六年度上半年度划归各区中小抵解公学款产及保学经费实收预算表

款产 \ 校别		第一区中心小学	第二区中心小学	第三区中心小学	第四区中心小学	第五区中心小学
作新款产	原定预算	六〇〇.〇〇				
	减收数	四八〇.〇〇				
龙章款产	原定预算	六〇.〇〇				
	减收数	四八.〇〇				
成德款产	原定预算		一五〇.〇〇			
	减收数		七五.〇〇			
乐育款产	原定预算		三〇〇.〇〇			
	减收数		一〇〇.〇〇			
龙冈乐泮	原定预算			三〇〇.〇〇		
	减收数			二一〇.〇〇		
正谊款产	原定预算			二四〇.〇〇		
	减收数			一六八.〇〇		
龙云款产	原定预算				二〇〇.〇〇	
	减收数				一六〇.〇〇	
龙桥款产	原定预算				三〇〇.〇〇	
	减收数				二四〇.〇〇	
体仁款产	原定预算				一〇〇.〇〇	
	减收数				五〇.〇〇	
龙洲款产	原定预算					一五〇.〇〇
	减收数					一〇五.〇〇
高魁款产	原定预算					二〇〇.〇〇
	减收数					一二〇.〇〇
所在地四保义教费		五七〇.〇〇	四五六.〇〇	四五六.〇〇	四五六.〇〇	四五六.〇〇
实收合计		一〇九八、〇〇(该校因呈准追加经费奉令因增收所在地一保保学经费)	六三一.〇〇	八三四.〇〇	九〇六.〇〇	六八一.〇〇

附注:1. 本预算表系按照各书院款产实际情形分别折扣后订定之;
2. 本预算表系半年度实际预算数务必达到收呈;
3. 鹅峰书院款产未列入本县预算表,仍由经征处负责照预算表收呈。

4. 万载县各区中心小学民国二十六年度十月份起至一月份止经临费支付预算表(2-4-964. P70)

万载县各区中心小学廿六年度十月份起至一月份止经临费支付预算表

校别	十月份至一月份经常费预算数	修建费预算数	添置费预算数	合计	备注
第一区中心小学	一〇七二.〇〇	五七六.七五	无	一六四八.七五	龙章、作新二书院半年度应实收五百廿八元,连学校所在地五保之学经费共一千另九十八元,概据该校坐支抵解不呈,再向县库请领。
第二区中心小学	八八八.〇〇	无	无	八八八.〇〇	成法、乐育二书院半年度应实收百七十五元,连所在地四保之学经费共六百卅一元,概据该校坐支抵解不呈,再向县库请领。
第三区中心小学	八八八.〇〇	二六九.九三	二二八.〇〇	一三八五.九二	龙冈、乐泮、正谊各书院半年度应实收三百七十八元,连所在地四保之学经费共八百卅四元,概据该校坐支抵解不呈,再向县库请领。
第四区中心小学	八八八.〇〇	五四九.八〇	无	一四三七.八〇	龙云、龙桥、体仁各书院本年度应实收四百五十元,连所在地四保之学经费共九百另六元,概据该校坐支抵解不呈,再向县库请领。
第五区中心小学	八八八.〇〇	无	二六〇.〇〇	一一四八.〇〇	龙洲、高魁各书院半年度应实收二百廿五年,连所在地四保之学经费共六百八十一元,概据该校坐支抵解不呈,再向县库请领。

续表

校别	十月份至一月份经常费预算数	修建费预算数	添置费预算数	合计	备注
鹅峰幼稚园	三二一	三八三.一九	无	六〇四.一九	该园十月份经费已领清，故从十一月份共支如上数，又该园六百另四元一角九分，应会同区署在鹅峰书院租谷项下坐支抵解。
合计				六五〇八.五八	

5. 万载县卢洲乡第九、十保联国民学校关于公学款产征用的呈文(2－4－134. P14－15)

事由：呈为呈请鉴核备案指令祗遵由

万载县卢洲乡第九\十保联立国民学校公学款产保管委员会呈，中华民国三十五年四月。

呈为呈请鉴核备案指令祗遵事。窃职校公学款产保管委员会查得第九保所辖境内，历管有白砂桥茶会、关帝会、石下大保会、同善堂及慈溪茶会、漳源关帝会等，历管有田产数处；又查得当图所管新大尉会、老大尉会、新桥上茶会、乡禁会、新塘山大保会、大埚里图会、大树下关帝会，尚共有田产数处。以上各会所管田产均系公有。现职校办理以来，基金莫定，经费无措，其支绌不堪，办理维艰，且校址尚无固定地点，今年东移，明春西迁，其学校如同传社，迁移转徙，尤属艰苦。原学校之设立首重校舍，其校舍奠定，基金稳固，则教育可浡(编者按：应为“勃”)然兴矣。现职校拟将以上所辖境内各会田产归并为学校基金，以资建筑校舍及一切使用。职校曾于民国二十八年六月十二日组织一保管委员会，定名为第九\十保联立国民学校公学款产保管委员会，推定宋艺为当然主任委员，胥文赏、赖瑞仁、宋士谦、宋威、宋宽、彭汉兴等为常务委员。职司出纳保管，以专责成。理合备文呈请钧府鉴核备案，并恳指令祗遵，以维教育，而昭慎，庶几育前途。实利赖之。

谨呈

万载县县长　刘

主任委员　宋艺

委员　赖瑞仁　宋士谦　宋宽

胥文赏　彭汉兴　宋威

6. 罗城乡中心小学关于公学款产经费呈文(2-4-134. P26-29)

事由:兹抄录本乡公学款产保管委员会议案一份,并本校经费困难情形,呈请钧长鉴核分别指示祇遵由

拟办:1. 本学期所筹之谷饬乡公所协助收集。

2. 令龙洲书院拨款补助。

3. 前饬有公产出典者应即取赎具报。

万载县罗城乡中心国民学校呈　　　字第一三号

民国三十五年四月二十九日

查本年二月二十五日本乡公学款产保管委员会第三次会议第一案决议:1. 学校所在地三、七保教师学谷,保长虽已照数筹定,尚未收集,等于画饼。2. 各佃户欠数,业经查出一部份,如藏溪喻姓约欠租谷贰拾石,被当地九、十保国校收归保有,又麻田李姓约欠租谷拾余石,亦被当地一保收归保有。职经数次交涉,总以无谷缴纳为词,其余欠户均硬抗不理,函请乡公所追究,亦无下落。3. 本乡龙洲公团款产原系学产,历办龙洲小学。迩年来创办中心小学,该校停办,乃于本年三月七日,由公学款产管委会主任委员李仰由函请龙洲公团首士宋国华拨谷四拾石补助本校经费,迄今尚未见复。兹抄录公学款产保管委员会议案一份,理合备文呈请钧长鉴察,分别指示,并恳转饬当地保甲长切实负责,如数收缴,以维教育而免本校中途停。办不胜迫切待命之至!

谨呈

县长　刘

附呈《罗城乡公学款产保管委员会议案》一份。

万载县罗城乡中心国民学校校长　王涥兴

附:抄录罗城乡公学款产保管委员会第三次会议

时间——三十五年二月二十五日下午三时　地址:罗中小办公室

出席者:喻少安　李凤栖　彭亮　范懋修　李仰由　宋国华　王涥兴

列席:喻禹范　李俊英　卢汉昌　李俊良　杨子光

主席:李凤栖　纪录:卢世茂

讨论事项

1. 本学期经费无着应如何筹措案。

决议:1. 学校所在地三、七保教师学谷每保叁拾石(上期收数照除)应如数追缴;2. 各佃户欠数尽量追清;3. 不足之数由本会函请龙洲公团补助。

2. 以前各神会出典田亩应如何办理案。

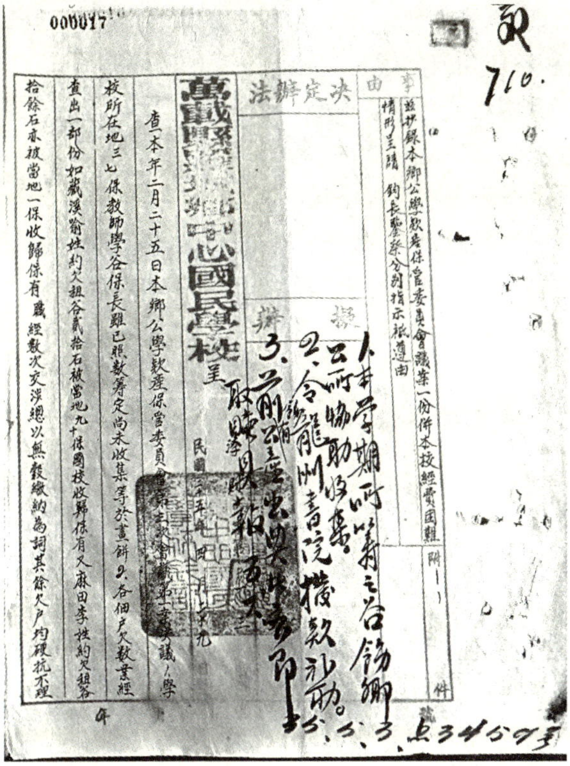
000017

710

事由：兹抄録本鄉公學款産保管委員會議案一份併本校經費困難情形呈請　鈞長鑒核分别指示祗遵由

附件：一

決定辦法：1. 本学期所需之谷飭鄉公所協助收集。2. 令龍洲書院撥款补助。3. 前呈送出……

擬　辦

萬載縣羅城鄉中心國民學校　呈　民國三十五年四月　日

查本年二月二十五日本鄉公學款產保管委員會第一次會議議決學校所在地三七保教師學谷保長雖已照數籌定尚未收集等於畫餅又各佃户欠數業經查出一部份如藏溪喻姓約欠租谷貳拾石被當地九十保國校收歸保有又麻田李姓約欠租谷拾餘石亦被當地一保收歸保有職經數次交涉總以無穀繳納為詞其餘欠户均硬抗不理

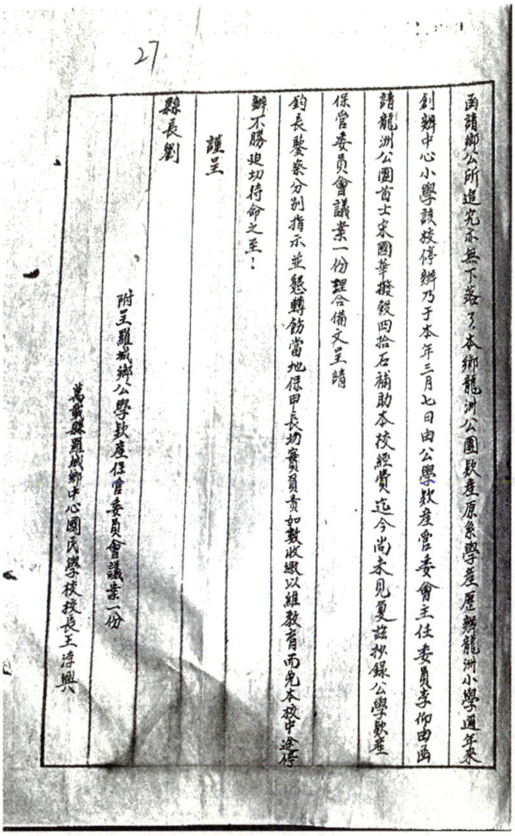
27

函請鄉公所追究亦無下落又本鄉龍洲公園款產原系學產歷辦龍洲小學逾年來創辦中心小學該校停辦乃于本年三月七日由公學款產管委會主任委員李仰曲函請龍洲公園首士宋國華撥穀四拾石補助本校經費迄今尚未見复兹抄録公學款產保管委員會議案一份理合備文呈請　鈞長鑒察分别指示並懇轉飭當地保甲長切實負責如數收繳以維教育而免本校中途停辦不勝迫切待命之至！

謹呈

縣長劉

附呈羅城鄉公學款產保管委員會議案一份

萬載縣羅城鄉中心國民學校校長王淳興

决议:由本会实行取赎。

3. 以前所借乡仓积谷应如何清偿案。

决议:因本学期经费困难从缓偿还。

4. 罗中小本学期支付预算书请公审核案。

决议:经常费应予照支添制费以经济状况而定。

5. 罗中小办公费按照预算数目不敷开支应如何补助案。

决议:每学期除照预算支付外另补助稻谷叁石正。

散会。

7. 万载县公学款产委员会第一分会保管稻谷规则(2－4－134. P64－68)

1. 本会为节省稻谷运费、便利各校领取起见,凡经本会订定之各佃实交谷担后,由就近中心国校代为收存保管。

2. 本会各庄之看禾议租,应会同所在地乡长及中心国校校长前往看明,订定租谷担数,并印制议租单,乡长及校长应在单上签名盖章。

3. 本年各庄之稻谷得视该乡中心国校在一学年内共需经费谷若干,由本会通盘预算,按数拨交保管并由领票人出具领据存会。

4. 中心国校校长领到本会谷票时,必须于短期内前往收清,以防佃户拖欠。如逾期拖延未收,校长应负责催取。

5. 本会所订收各佃之早晚糯谷,由本会匀摊分派。

6. 各校代收之谷收集后,须妥为保管,并报告本会。本会得随时派员查看仓储封存。

7. 各中心国校每届月终应填具领谷书,向本会转票,在保管谷内拨抵。若未经本会拨发先行转发者,如人事有异动时,校长应负追取及赔偿之责。

8. 各中心国校保管稻谷数不得超过该校全年所需数,其余存之稻谷由本会择殷实米栈代收。

9. 各中心国校校长须觅其殷实铺保三家填具保证书后,方可领取谷票收谷。校长如有虚欠,担保店应负完全赔偿责任。

10. 各中心国校所收之谷,一律不得开支耗失谷。

11. 各中心国校出谷车力。上半年度所需之谷,一律不给车力;下半年度所需之谷,不论远近,由该校长自行调处,概以五里价格计算。

12. 各乡长及中心国校校长对学校所在乡镇本会庄佃,应负责清查整理。如有强欠佃户,得商请主任委员退耕改佃。

13. 本规则呈报县府核准后施行。

14. 本规则如有未尽事宜,得由委员三人以上之议提,提交会议修改之。

64 000043

萬載縣公學款產委員會第二分會保管稻谷規則

1. 本會為節省稻谷運費便利各校領取起見凡經本會訂定之各佃實交谷租後由就近中心國校代為收存保管

2. 本會各庄之看禾議租應會同所在地鄉長及中心國校校長前往看明訂定租谷担數并印製表議租單鄉長及校長應在單上簽名蓋章

3. 本年各庄之稻谷得視該鄉中心國校在一學年內共需經費谷若干由本會通盤預算按數撥交保管并由領票人出去領據存會

4. 中心國校校長領到本會谷票時必須于短期內前往收清以

65

防佃户拖欠如逾期拖延未收校長應負責催取

5. 本會所訂收各佃之早晚糯谷由本會匀攤分派

6. 各校代收之谷收集後須妥為保管并報告本會本會得隨時派員查看倉儲封存

7. 各中心國校每届月終應填具領谷書向本會轉票在保管谷内撥抵若未經本會撥發先行轉發者如人事有異動時校長應負追取及賠償之責

8. 各中心國校保管稻谷數不得超過該校全年所需數其餘存之稻谷由本會擇殷實米棧代收倘該米棧有虧欠倒閉等情主任委員應負完全賠償之責

66 000044

9. 各中心國校校長須覓具殷實舖保三家填具保證書後方可領取谷票收谷校長如有虚欠担保店應負完全賠償責任

10. 各中心國校所收之谷每學年度第一學期一律不得開支耗失谷第二學期每石得開支百分之四

11. 各中心國校出谷車力得按學校與庄佃間實際里程列表提交委員會議核實計算由會發給

12. 各鄉長及中心國校校長對學校所在鄉鎮本會庄佃應負責清查整理如有強欠佃户得商請主任委員退耕改佃

13. 本規則如有未盡事宜得由委員三人以上之提議交會決議後呈請縣府核示施行

14. 本規則呈報　縣府核准後施行

8.江西省政府修正江西省捐资兴学褒奖规程的训令(2－4－320. P77－79)

事由:令发修正江西省捐资兴学褒奖规程仰知照由

江西省政府训令　　　泰教一字第　号

民国廿九年十月　日发

令万载县政府:

案查《江西省捐资兴学褒奖规程》业经本府修正后,交第一二九七次省务会议决议通过,并于本年九月九日以德壹4第三五五三号令公布在案。除分令各署县暨省立各教育机关及联立私立中等以上学校外,合行抄发修正规程一份令仰知照!

此令。

计抄发《江西省捐资兴学褒奖规程》一份。

附:修正江西省捐资兴学褒奖规程

廿九年八月二十日第一二九七次省务会议修正通过

第一条　本规程依照教育部第五七七号训令之规定订定之。

第二条　凡以私有财产创立或捐助学校图书馆、美术馆及其他教育机关,其捐资未满五百元者,依照本规程褒奖之;其捐资在五百元以上者,仍照《捐资兴学褒奖条例》办理之。

第三条　个人或私人团体捐资兴学,一律按照其捐资多寡,依下列规定分别授与各等奖状:

一、捐资四百元以上未满五百元者,授与六等奖状;

二、捐资三百元以上未满四百元者,授与七等奖状;

三、捐资二百元以上未满三百元者,授与八等奖状;

四、捐资一百元以上未满二百元者,授与九等奖状。

第四条　前条应授与奖状,由该地方长官造具事实表连同捐款收据,倘系田地房屋,并须绘具详图暨契据摄影,如系书籍、器具,并应开具目录或清册,一并呈请省政府核办。如系捐助省立各教育机关时,应由各该机关迳呈省政府核办。

第五条　凡以教育适用之物品捐助者,由各该地方长官按照所捐酌定价值,呈报办理。

第六条　捐资不及百元者,由各该地方长官表扬之。

第七条　凡已授有奖状者,如续行捐资,得并计先后数目,按等或超等晋授奖状。

第八条　本规程自公布之日施行。

9.关于中央军校学生应与国立大学生共同享受津贴提案(1－10－8. P68)

案由:中央军校学生应与国立大学生共同享受津贴以昭公允提请公决案

(教育类第三案;提案人:李临民　连署人　宋青和　彭汉材　宋以介)

理由:查本县肄业中等学校以上之学生,均享有地方学款及特种税款(百分之五)之津贴,对于军校之肄业生,独负缺。如揆诸情理,不得为公。且国家对于文事武备,同样重视。值此戡乱紧张时期,凡宜多方鼓励,籍以培植尤多军事人才,加强剿匪实力。基此理由,凡今后肄业中央军校者,应有比照国立大学给与各种津贴之必要,俾文武人才同时发展。

办法:一、特种税款津贴部份,由县府订定津贴办法布告实施。

二、地方学款津贴部份,由有关团体订定津贴办法公告周知。

审查意见:交大会讨论

决议:拟订奖给办法时,按照学校等级同样津贴。

10. 万载县立初级中学请领二十八年学生奖助金的呈文(2-4-548. P6-10)

摘由:为补造请领二十八年学生奖助金预算书五份请转呈核发由

万字一〇〇二〇号

十一、七、

本月二日,案奉江西省政府教育厅教二字第一九三号指令,本校呈两件——"以呈送请领二十八年度奖助金学生书表等件乞鉴核由"内开"两呈及附件均悉。查核尚无不合,准并案,给予龙植林一名乙等奖助金三十五元,其余赵淡云等十二名,各给予丙等奖助金二十元,共计二百七十五元。仰即补造预算书四份,呈由该管县政府转呈核发"等因,奉此,自应遵照办理。兹经造就预算书五份,理合检同该书,具文呈请钧府詧核转呈,据凭核发。

谨呈

万载县政府县长姜

附呈请领二十八年度学生奖助金预算书。

万载县立初级中学校长卢奋孙

万载县立初级中学二十八年度请奖学生奖金支出预算书　(民国二十七年十一月四日造)

支出临时门		
科目	支出预算数	备考
第一款请奖学生奖助金	二七五	
第一项请奖学生奖助金	二七五	
第一目请奖学生奖助金	二七五	
第一节请奖学生奖助金乙等	三五	计龙植林一名,给三十五,元合如上数。
第二节请奖学生奖助金丙等	二四〇	计赵淡云、唐天华、刘子云、龙瑗枝、汤克敬、龙凤楼、汤安华、张居仁、吴素清、刘兆贞、刘国祥、甘淑青等十二名,各给二十元,合如上数。

11. 重庆军需学校就第十六期万载籍学生应享受万载县政府助学奖助的公函(2－4－548. P34－49)

事由:为据本校第十六期学生王松柏卢国崇合词呈请行文贵政府请予转饬宾兴堂款产管理委员会照章奖助等情加具证明书,请查照办理见复由

军需学校公函渝校教字第一〇四号

中华民国三十一年二月四日

案据本校第十六期学生王松柏卢国崇合词呈称“窃生等籍隶江西万载县,因县宾兴堂款产管理委员会为奖励所属子弟力学起见,于二十九年召集会中绅耆会议,决议将会中款产提出一部奖励(助)求学国内外大学之子弟,以资救济。生等家境清贫,又系该会所属子弟,于高中毕业后,闻该会有此义举,乃毅然参加二十九年全国国立大学统考,录取分发本校肄业。入校后即遵照该会请领奖助章程,呈蒙发给证明文件,具文请领奖金。岂料该会不明本校真像,竟以不符奖金条例之决议,将生等摈除于奖助之外。生等接到该会议案即经索阅奖金条例,仅载有津贴国内外国立大学生之规定,并无其他特别条文。嗣后交涉,该会嘱即缴验教厅证件,后将教厅所发入校二护照寄交,而又以本校系属公费,拒不奖助。更闻该会为杜绝生等请求権,于本年一月二日召集会中绅耆决议,不奖助公费学校求学之子弟,并扩大奖助范围,在专门学校与高中求学之子弟亦与奖助。似此歧视,殊失先辈兴学本意。查本校系属军事专门学校,本与文大学同等,现今国立大学,对于学生之衣食住均已国家津贴,本校虽系公费亦不外此。且当兹国难严重时期,学习军事,自属当务之急,允宜特别奖助。拟恳再赐文件,并行文万载县政府,请予转饬该会照章奖助,以利学业”等情。据此,查属可行。相应检同证明书二纸,并抄附宾兴堂款产管理委员会址一份函达查照办理,见复为荷。

此致

万载县政府

附证明书二纸,宾兴堂款产管理委员会址一份。

宾兴堂款产管理委员会会址:万载南门南浦区联合作社王恩瑞转

教育长　墨林翰

事由:为据本校第十六期学生王松柏、卢国崇合词呈请再函贵府转饬宾兴堂款产管理委员会照章奖助等情,请查照办理见复由

军需学校公函　　　渝校教字第六〇六号

中华民国三十一年六月六日

案据本校第十六期学生王松柏、卢国崇合词呈称“窃生等籍隶江西万载县,因县宾兴堂公学款产管理委员会对生等在校疑非与文大学同等,未与奖金。后以生等家庭寒微,亟需补助,曾于本年一月廿四日呈请赐给证明书,并行文生等县府转饬该会照章奖助。业蒙

俯准证件公函，并于二月四日发出，闻二月底即已达到。在通常情形书函往返只须一月，故三月间满可望覆。迨至四月，生等仍因未见覆文，乃覆于四月十六日呈恳行文催促，后蒙批示稍待，距今又逾月余，仍音信渺渺。迫不获已，故敢冒渎，再恳钧长行文生等县政府，务请从速公断函复，以解倒悬"等情。据此，查该生等前请行文贵府，转饬宾兴堂款产管理委员会照章奖助一案，经于二月四日以渝校教字第壹零肆号函，并加具证明书，请予查核办理见复在案。兹据前情，相应再行函达，即希查照办理见复，为荷。

此致

万载县政府

教育长　墨林翰

万载县宾兴堂款产管理委员会呈

案奉钧府咏教一字第九九七零号训令署开"案准军需学校渝教字第一〇四号公函略开，案准本校第十六期学生王松柏、卢国崇合词呈请行文到县，请转饬本会照章给奖，检同证明书二纸函达，查照办理见复为荷等由，附证明书二纸。准此，合行检发原证明书二纸，令仰该会即便遵照办理，并将该会给奖章程检呈一份具复，毋延为要"等因，并附发原证明书二纸。奉此，遵将本会津贴国内外各级校生章程抄呈一份，祇请鉴核为感！

谨呈

万载县政府县长谭

附《万载县宾兴堂款产管理委员会津贴国内外各级校生办法》一份。

万载县宾兴堂款产管理委员会主任辛焕镒

附：万载县宾兴堂款产管理委员会津贴国内外各级学校生办法

1. 本办法依照《宾兴堂款产管理委员组织规程》第九条之规定订定。

2. 受津贴之学生以肄业左列学校者为准：

（一）国立各大学；

（二）省立及私立各大学；

（三）国立专科；

（四）省立及私立专科；

（五）国立高中；

（六）省立及私立高中；

（七）欧美各国大学院。

3. 凡属本会捐之后裔，不分性别肄业前条所列各学校而成绩及格者，均得享受本会津贴。

4. 专科学校以三年制以上者为限，方予津贴；以初中毕业资格投考者，前两年给予高中津贴，两年后方给专科津贴。

5. 上列各项津贴，除国立各大学自廿九年度第一学期始（即廿九年下半年在校肄业者）开始发给外，其余均自三十年度第二学期始（即卅年上半年在校肄业者发给）。

6. 本会津贴依左列标准发给：

（一）国内公私立各大学院每学期每人津贴贰百元；

（二）国内公私立各专科学校每学期每人津贴一百五拾元；

（三）国内公私立各高中学校每学期每人津贴拾五元。

7. 左列各生概不给津贴：

（一）各级免费学校学生；

（二）由国家供给之陆军大学肄业生；

（三）于学期终结后学校总成绩不及格（未满六十分）者；

（四）各大学先备班及预科生。

8. 发给津贴时，须由具领人缴交学校成绩报告书及报明祖先捐款姓名，经本会详加审核属实，并由具领人填具领据，取得殷实铺保后，始得发给。

9. 领发上项奖助金如有虚伪或冒充情事，应由发给人负责追回或赔偿之。

10. 各项津贴如不敷发给超过全年收入百分之六十时，得按权平均摊派。

11. 本办法经委员会议决呈请政府核准后实行之。如有未尽事宜，得由大会备改之。

第八编　课程设置与教材图书

一、关于课程标准与设置

1. 江西省政府关于发行初高中各科课程标准的训令(2－4－458. P17－19)

事由:令知初高中各科课程标准已汇印成册由正中书局发售各校可向购用仰遵照由

江西省政府训令　　　教二字第〇〇一七〇号

民国三十二年一月七日发

令公私立各中等学校

教育厅案呈以奉　教育部三十一年十二月训令开"查《修正初高级中学各科课程标准》自二十九年七月起陆续公布,至三十年十二月全部完成,叠经令发饬转所属中学一体知照在案。兹汇印成册,随发二本以备参改,并仰转饬所属中学切实遵照施行为要。再初中英文改为选科,原为便利不再升入高中之学生可以节省时间与精力修习其他学科,至志愿升入高中之学生则必须选习。仰该厅转饬所属中学特加注意为要。又前发油印课程标准间有误缮之处,应照铅印本改正,铅印本误印之处,应照勘误表改正。此项铅印本由正中书局发售各处,可向购买并仰知照"等因一案。请通令各校知照等情。据此,除分令外,合行令仰知照。

此令。

主席　曹浩森

教育厅厅长　程时煃

2. 江西省政府关于实施中等学校体育成绩实施考核暂行办法及纪录表的训令(2－4－320. P86－89)

事由:令发中等学校体育成绩实施考核暂行办法及纪录表仰遵照由

江西省政府训令　　　教二字第　号

民国二十九年十一月　日

令万载县政府

据教育厅案呈:以奉教育部本年九月十七日训令开:查《中等学校体育实施方案》及《各级学校体育设备暂行最低限度标准》业经本部颁发各校遵照办理在案,兹为考核全国各中等学校推行前项方案之成绩起见，特订定《中等学校体育实施成绩考核暂行办法》及《中等学校体育实施成绩考核纪录表》各一种颁布施行，除将暂行办法公布并分令外，合行检发该项办法一份，连同纪录表一份，令仰该厅遵照，转饬所属教育行政机关及各中等学校遵照办理。此令。附发《中等学校体育实施成绩考核暂行办法》一份、《中等学校体育实施成绩考核纪录》表一份。奉此，请转令遵照等情，除分令外，合行核发原办法及纪录表各一份，令仰遵照办理，并转饬所属中等学校遵照为要！

此令。

计发《中等学校体育实施成绩考核暂行办法》及纪录表各一份。

主席　熊式辉

教育厅厅长　程时煃

附：中等学校体育实施成绩考核暂行办法

一、教育部为考核全国各中等学校（包括高初中学师范及职业学校）、推行《中等学校体育实施方案》之成绩起见，特订本办法。

二、各省市县教育行政机关自二十九年度起，每学年至少须派员视察实施各中等学校体育一次，并用部颁《中等学校体育实施成绩考核纪录表》详细纪录其视察结果。

三、各省市县教育行政机关派员视察中等学校体育时，应加以积极之督促与指导，俾体育训练能迅速进步，方案规定得早日完成。

四、各省市县教育行政机关于每学年终了时，应将所属各中等学校体育考核结果按纪录表内各项所得分数及总分制成详细统计，比较各中等学校体育实施成绩，考核其历年进步状况，并得订定办法分别奖惩。

五、各省市县教育行政机关应于每学年终了后两个月内，将上项统计及奖惩情形呈报教育部备案。

六、各中等学校校长应于每学期中依据部颁《中等学校体育实施成绩考核纪录表》考查本校体育实施成绩一次，作详细而忠实之纪录，谋一切设施之改进，并备视察人员之参考。

七、各中等学校应按纪录表内各项所得分数及总分，制成各学期成绩比较表，并与教育行政机关视察员评定之分数互相对照，自行考核其进步状况。

八、各省市县教育行政机关及各中等学校应将所有体育实施成绩考核纪录表及统计比较等图表妥为保存，以备部派视察人员之核查。

九、本办法自公布之日施行。

3. 万载县政府第五区署关于小学体育改进的训令(2－4－328. P21－23)

万载县政府第五区署训令

汉教字第494号

民国三十年五月廿五日

令罗城乡乡长：

案据万载县政府咏教字第二二二四号训令开：

案奉江西省政府教育厅教字第一三八九号代电开："案奉教育部体字第七六五号训令开：查小学体育实施方案，业经本部颁发各校遵照办理在案。惟固各地情形不同，各厅亟应在不违背方案规定之原则下，参酌地方情形，根据附发之小学体育改进要点，订颁适合于地方性之小学体育实施补充办法，使各地方小学体育能有更合理之发展。除分令外，合行检发该项改进要点一份，令仰该厅遵照，并转饬所属教育行政机关及各小学遵照，迅即拟订办法，具报备核，此令。等因。附发小学体育改进要点一份，并经订定《本省中心学校国民学校体育实施补充办法》，除分电外，合行抄发部颁《小学体育改进要点及本省中心学校、国民学校体育实施补充办法》、除分电外，合行抄发部颁《小学体育改进要点及本省中心学校国民学校体育实施补充办法》各一份，希切实遵照办理，并具报备核，以凭汇转为要"等因。奉此，除分令外，合行抄发件令，仰该署即转饬所属校遵照办理具报为要！此令。

等因；附抄发部颁《小学体育改进要点及本省中心学校国民学校体育实施补充办法》一份，奉此，除分令外，合行令仰该长转饬所属各校遵照办理具报为要！

此令。

附抄发部颁办法一份。

区长　卢卫汉

附：小学体育改进要点

一、中心学校应聘任体育专科教员一人，担任全校体育行政及教学事宜。

二、国民学校及中心学校不得征收学生体育费，可有运动消耗及设经费，应列入学校经费预算内。

三、国民学校及中心学校之体育场地设备，应按照《各级学校体育设备暂行最低限度标准制》定计划，分期完成。

四、国民学校及中心学校体育课程时间，以方案所定为最低限度，可能时，应酌予增加。正课教材以韵律游戏为主，并宜讲习游戏、器械之运用方法，使在课余能自动练习。

五、课外运动应切实施行，由全体教员负责指导监护。

六、课间活动可以充分调剂儿童身心。在被家庭放任之儿童，亦可得适当之管教，各校应即实行强迫参加。

七、体育虽可用竞争方法，以资促进，但儿童身心发育之程度，不可不顾。故小学举行运动比赛项目上，须有限制，而方法亦以个人与团体均能用成绩评定优劣者为最宜。

八、体育表演在小学之价值较运动比赛为大，各校务必设计举行，以检阅学生体育训练之成就，以引起民众之兴趣与了解。

九、健康检查应切实举行，以引起儿童对于自身发育之注意，其有缺陷者，应实行□□（编者注：内容有残缺）。

十、体育成绩应严格考核，平时设法指导协助，使每一儿童确能达体格体能之最低标准，并切实执行不及格不得毕业之规定。

附：本省中心学校国民学校体育实施补充办法

一、本办法根据部颁《小学体育实施方案》及《小学体育改进要点》，并参酌本省地方实际情形订定之。

二、中心学校体育教师应聘请曾受体育专业训练者为合格，但在本省体育师资不敷分配时，暂准遴选师范学校毕业对体育有兴趣并担任体育教学二年以上具有经验者充任。

三、国民学校之教师对于儿童之体育训练须认真办理，以引起运动兴趣而增进身心发育之健全。

四、各中心学校国民学校（以下简称各校）体育设备应设法充实，并从本年度起于三年内充实完成，但不得征收学生体育费。

五、每周体育时间及教材除遵照部颁之《小学体育实施方案》及《小学体育教育课目》外可设法增加或补充，但以适应儿童身心需要为原则。

六、游戏运动宜设法删除旧有名词，改用与抗战建国或民族思想有关之词语，于游戏之中培植其爱国观念。

七、各校每学期应分年级拟具体育教学进度表，以备按期训练。

八、各校每学期应举行运动会一次，或每年联合附近各校举行联合运动会，籍以增进运动兴趣。

九、健康检查每学期应举行一次，并须列表统计呈报备查。

十、体育成绩须严加考核，列入甲等者应予以奖励，不及格者应予留级。

十一、在体育设备未充实以前之学校，利用地方环境尽量设备简易器械，或借用他校器具，以备应用。

十二、全县各级小学未改办中心学校或国民学校以前，得参照本办法之规定办理。

十三、在本办法未规定者，可参照部颁《小学体育实施方案》及《小学体育改进要点》。

十四、本办法自公布日施行并分呈教育部、省政府备案。

4. 万载县第三区获富乡中心小学请考毕业课程表(2-4-549. P2)

江西省万载县第三区获富乡中心小学请考毕业课程表民国二九年度第二学期

科目	书名	何人著作	何处发行	审定年月	现授至何处	预计何时授毕	备注
国语	复兴国语教科书	张寄岫 赵欲仁	商务印书馆	二十六年八月	第四册第三十四课林则徐禁鸦片	六月十四日	
算术	复兴算术教科书	顾柟 胡达聪	同上	同上	第四册簿记练习二八	同上	
自然	复兴自然教科书	周建人 周颂九	同上	同上	第四册第十七课疾病和诊疗	六月十三日	
历史	复兴历史教科书	徐映川 傅纬平	同上	同上	第四册第十八课日本对华的进展	六月十二日	
地理	复兴地理教科书	冯达夫 傅纬平 陈镐基	同上	二十六年五月	第四册第十八课发现最晚的大洋洲	六月十四日	
美术	学生书画	朱凤竹	形象艺术社		四之二九骑驴	同上	

5. 保学编制及教材规定表(2-4-939. P145-147)

保学编制及教材规定表

班别	儿童班	成人班	妇女班	短期小学班
受教者规定之年龄	六足岁至十足岁	十五足岁至四十五足岁	同左	十足岁至十五足岁
受教年限	四年	六个月	同左	一年
编制	复级编制	分团编制	同左分团编制	分团教学
教材	部颁商务复兴小学课本	1. 部定中华三民主义课本;特教处特准教育成人课本	同右增家政常识	部颁短期小学课本
学级标准人数	五十名	五十名	三十名	五十名

附:儿童、成人、妇女、短期小学班标准课程表

甲　儿童班(每周教学总时间分记表)

科目 \ 分钟 \ 年级	一年级	二年级	三年级	四年级
国语	390	390	390	390
公民训练	60	60	60	60
卫生	60	60	60	60
体育	150	150	150	150
社会	90	90	120	120
自然	90	90	120	120
算术	60	150	180	240
劳作	90	90	120	120
美术	90	90	90	90
音乐	90	90	90	90
总计	1170	1260	1380	1440

附注:1. 上列分数都可以三除尽,便于以三十分或四十五分一节。

2. 上列分数为各科每周授课时间,至于其他各种集团活动(如朝会、午会、夕会、周会、纪念周、课外活动、课外作业等),列其每周活动时间分配于左:甲,一、二年级一百八十分;乙,三、四年级二百七十分。

乙　成人班妇女班(每周教学总时间分记表)

科目 \ 分钟 \ 学月	第一二学月	第三四学月	第五六学月
国语	420	390	360
体育	180	180	180
算术	90	120	120
职业指导家政常识	150	150	180
总计	840	840	840

附注:1. 上列分数系各科授课时间,至于课外活动、自习均不在内。

2. 上表内所列职业指导系指成人班所习科目,家政常识列为妇女班所习科目。

3. 职业指导即包含农艺、工艺以及农田水利等均属之。

4. 家政常识即应含家庭卫生、缝纫、烹饪等均属之。

5. 每节以六十分计算。

6. 公民训练一科此处未列入,各授可按每日课外以二十分钟举行。

7. 国语包含书信及其他一切应用文。

8. 成人班以晚间上课为原则,妇女班以上午或下午上课为原则。

丙　短期小学班(每周教学总时间分记表)

科目	分钟
国语	300
公民训练	300
算术	240
常识	180
劳作	300
体育	240
音乐	120
总计	1680

附注:1. 上列分数为各科每周授课时间,至于课外活动及自习等均不在内。

2. 用半日一部制或全日二部制成班分团就学。

3. 劳作系指农作、园艺、工艺、畜牧各项作业而言,依照当地环境需要采用一种或二种教授。

6. 江西省政府关于各级学校加授兵役课程的训令(2－4－320. P155)

事由:准军政部代电各级学校自本年度下期起一律加授兵役课程令仰转饬遵照由

江西省政府训令　　　泰教二字第九四六二号

民国三十年八月二十八日发

令万载县政府

案准军政部渝仁役训字第七八九一号马代电开"各级学校加授兵役课程前,经会同教育部通饬遵照,并颁发小学用《兵役浅说》样本各在案,兹规定自本年度下学期起一律开始,以便普及,并希将实施情形报部备查为荷"等由,准此,查上项《兵役常识》《兵役浅说》课本早经本府分别发给,并饬遵各在案。准电前由,除分令外,合行令仰该县长转饬所属各级学校遵照办理,仍将遵办情形具报备查为要。

此令。

主席　熊式辉

教育厅厅长　程时煃

7. 江西省万载县私立育传小学请考毕业课程表(2－4－146. P1－3)

江西省万载县私立育传小学请考毕业课程表　民国二十五年度第一学期

科目	书名	何人著作	何处发行	审定年月	现授至何处	预计何时授毕	备注
国语	复兴国语教科书	赵欲仁 丁瞉音	商务印书馆	民国二十二年八月	授至第四册第二十七课	十二月授毕	
自然	复兴自然教科书	周建人 宗亮寰 沈百英	商务印书馆	民国二十二年九月	授至第四册第十五课	十二月授毕	
卫生	复兴卫生教科书	程瀚章	商务印书馆	民国二十二年八月	授至第四册第十五课	十二月授毕	
社会	复兴历史教科书复兴地理教科书	徐映川 冯达夫	商务印书馆	民国二十二年十二月	授至第四册第十六课	十二月授毕	
算术	复兴算术教科书	顾柟 邹尚熊	商务印书馆	民国二十二年八月	授至第四册练习三十四	十二月授毕	
公民	复兴公民教科书	赵景源 魏志澄	商务印书馆	民国二十三年四月	授至第四册第十四课	十二月授毕	

续表

科目	书名	何人著作	何处发行	审定年月	现授至何处	预计何时授毕	备注
美术		由教员选择教授				十二月授毕	
音乐		由教员选择教授				十二月授毕	
劳作体育		由教员选择实习由教员选择教授			园艺畜牧	十二月授毕	

民国二十四年十一月二十四日填

二、关于课本与教材

1. 江西省政府教育厅关于发放民众教育课本的代电(2－4－703. P4－5)

(泰教四字第二二号,民国二十九年三月　日发)

各县县政府各省立社教机关、各公私立中等以上学校及省立小学览:

案奉教育部训令编捌一字第三〇〇〇七号内开"查民众学校课本甲种(计四册供四个月教学之用)业经本部编就印发在案,兹再由本部继续编就高级民众学校课本一种计四册,以供民众学校学生读完前项课本后,开办高级班继续进修之用。特检发壹仟份另邮寄送,仰即查收转发,并斟酌需要自行翻印应用为要,此令"等因,计发高级民校课本一千份。奉此,查高级民校课本系供民校学生读完甲种课本后开办高级班继续进修之用,奉令前因,特检发该课本一份即希查收,并附发需用该项课本数量调查表一纸,并希斟酌需要据实填报,以凭翻印应用为盼。教育厅条印计发《高级民众学校课本》一份《高级民众学校课本需要数量调查表》一纸。

万载县(填县名或机关名称)需用高级民众学校课本调查表

本学期拟开办高级民众学校			下年度拟开办高级民众学校			备注
校数	班数	需用课本数	校数	班数	需用课本数	
二〇	二〇	八〇〇	三五	三五	一四〇〇	一、本学期除中山民校外,拟指定区乡镇中小兼办高级班,暂以二〇班为限; 二、下年度拟增至三十五班,各区乡镇中小一律兼办,初级班则由保立小学附设,当可实现。

县长　姜　　　　　(签名盖章)

2. 万载县立第一区中心小学关于办理成人班情形请核发课本的呈文(2－4－703.)

摘由:呈复着手办理成人班情形请核发课本应用由

(万字二八〇九号)

案奉钧府教字一六四六号训令内开"查各级学校应兼办成人班,以救济一般失学成人。历奉上令,转饬遵照在案。本学期开学已久,自须积极办理,以收宏效。各学校需用课本数量并应切实查报,以凭核发应用。除分令各区校外,仰即遵照为要此令"等因;奉此,本校业于本月八日张贴开办成人班招生广告,并召集四保所在地保长来校,将本校兼办成人班情形及各保保长应负责挨户劝导并督促所有失学成人一律来校受课郑重说明。本星期现定为失学成人报名期,下星期一(十五日)实行上课,学额暂定为五十名,请按数发给课本,以资应用,实为学便。

谨呈

万载县县长　姜

万载县立第一区中心小学校长　陈蕴岚

3. 江西省政府教育厅选印胜利社丛书分售各教育机关的训令(2－4－458.P10－11)

事由:检发本厅选印胜利社丛书分售各教育机关办法仰备价购买由

江西省政府教育厅训令　　　教四年第八五一　号

民国三十一年十月

令各中等以上学校社教机关

查胜利出版社丛书均系宣传三民主义及纠正奸污思想之作,殊有备阅之价值。兹由本厅及本省图书杂志审查处商定增印办法,优待各教育机关购阅,特签发上项办法一份,仰即遵照购备为要。

此令。

随发《教育厅选印胜利社丛书分售各教育机关办法》一份。

厅长　程时煃

附:教育厅选印胜利社丛书分售各教育机关办法

(一)各书稿由省图审处先期送教育厅选择。其选定者增印五百份,其书价依照印刷成本(包括纸张、油墨、印工、装订等,排工不计)由承购教育机关负担。

(二)各书由省图审处义务代办发行事宜,惟所需邮费、包纸等均由承购教育机关负担。

(三)各书如系在外阜印刷者,另需以纸版寄泰增印者,其纸版费、浇版费由承购教育机关负担。

(四)书价由省图审处核定计算(五折优待),附具发票,函送教育厅特令承购,教育机关送付省图审处特发。邮费、包纸费支付,亦同上一项备据列单,均按月结算一次。

(五)本年度选订之书暂以二十种为限。

(六)承购教育机关地址由教育厅册送省图审处,如有变更由教育厅随时通知。

(七)本办法有效期暂以民国三十一年终为止。

4. 江西省政府教育厅关于教科书目录及《抗建读本》等样书的发行工作的代电(2－4－458. P15)

事由:据正中书局发呈教科书目录及抗建读本等样书准予通饬各校查照采用由

江西省政府教育厅代电　　　教二字第一九三号

民国三十二年一月廿四日发

各级县政府

公私立中等学校、省立各小学:案据正中书局呈称:本局秉承中央意旨,从事党化教育,所编中等学校教科书籍内容精审、科目完备,早蒙全国各校采用。近为响应政府推行国民教育起见,特编著小学教科书《抗建读本》《国防算术》及教学指导书各八册,提前出版运销全国,以备国民学校及中心小学初级之用。高小部份则编有新中国高小国语、算术、自然、公民、历史、地理各四册,均编有教学指导书,已陆续出版,取材适合时代需要,为目前最新颖之小学课本。兹本学期行将结束,贵省中小学下学期用书谅在审选之中,特检奉中小学教科书目录及《抗建读本》、国防、算术样书,并附特点说明,请赐察阅,并恳通令各中小学校一体采用,籍以增进普及教育而利推行等情。前奉;除批示外,希即查照采用为要。

教育厅　印

5. 江西省政府教育厅关于学校教科用书办法及委员会组织简章之代电(2 -4 -458. P24 -28)

事由:据省立图书馆文化服务部呈赍供应各级学校教科用书办法及委员会组织简章请核备并分令知照等情电仰知照

江西省政府教育厅代电　　　教三字第12号

民国三十二年一月十日发

各县县政府/各省立中小学:案据省立图书馆文化服务部联合商务、正中、中华、世界、开明等各书局,组织供应全省各级学校教科用书委员会,拟具供应办法及组织简章,呈请核备,并分令各级学校知照等情,附呈办法及简章各一份。据此,查核所赍办法及简章,系各书局及该文化服务部自动联合组织委员会本服务文化之宗旨,受各级学校之委托,统筹供应各种教科用书籍,谋学校配购接运便利原则,自属可行,应准照办。除将原赍办法及简章修正备案、批示知照、并分行外,合行电仰知照。如需要委托该委员会供应该县/该校各级学校教科用书者。得由该县/该校依照是项办法之规定,迳向该委员会洽购,又该委员会现设泰和省立图书馆文化服务部,内电报挂号为"泰和一三三一"号,并仰知照教育厅三印,附发《供应全省各级学校教科用书暂行办法》及《委员会组织简章》各一份。

附:江西省各书局及省立图书馆文化服务部供应全省各级学校教科用书暂行办法

第一条　全省各书局及省立图书馆文化服务部(以下简称文化服务部)为供应各级学本省校教科用书之便利起见,特订定本办法。

第二条　关于发售各级学校教科用书之供应分配事宜,由各书局及文化服务部配合组织供应,全省各级学校教科用书委员会(以下简称本会)负责办理,其组织简章另定之。

第三条　各书局应于每学期开始前三个月,将所有各级学校教科用书尽可能供应数量切实填报,本会登记。

第四条　各校每学期选用教科书种类及其数量,除由各校迳向各书局采得外,于开学前两个月内填具选购书目,委托本会统筹供应。

第五条　各种教科书根据各书局自定价格,经本会公干复议,并呈请教育厅核定后,通告各级学校采购。

第六条　本会接到各校书目后,即交有关书局照目配发。各承配书局遇有缺乏之教科用书,应立即向本会声明,以便转向其他书局配发。

第七条　各校选购书籍,应于填送选购书目时连同书款半数汇交本会转达各书局,其余半数应于选购教科书到齐时如数付清。如在到齐一个月后未付清者,呈请教育厅催缴付清。

第八条　各书局接到本会转交之选购书目后,应于一星期内照目配发交运,除在各书局附近之各级学校应直接派人领取外，其交通不便之区域得由本会设法运交。

第九条　关于运输及税务问题，由教育厅呈请省政府分别函令各运输及税务机关，尽量予以协助便利。

第十条　本办法如有未尽事宜，经本会半数以上委员之同意，淂提出修正之。

第十一条　本办法经本会会议通过后，呈请教育厅核定施行。

附：江西省各书局及省立图书馆文化服务部供应全省各级学校教科用书委员会组织简章

第一条　本会定名为江西省各书局及省立图书馆文化服务部供应全省各级学校教科用书委员会（以下简称本会）。

第二条　本会受江西省教育厅之监督及各级学校之委托，办理教科用书之供应分配事宜。

第三条　本会由商务印书馆、正中书局、中华书局、世界书局、开明书店及江西省立图书馆文化服务部组织之。

第四条　本会暂设委员五人，由上列书局及服务部负责人担任之，并互推一人为主任委员，均为义务职。

第五条　本会设营业主任会计主任各一人，由委员会聘用之，并酌予津贴。

第六条　主任委员对外代表本会，对内掌理一切会务，营业主任秉承主任委员办理供应、分配、运输等事项，会计主任秉承主任委员办理经费、收支事项。

第七条　本会所需经费由各书局按照销货总额比例摊派之。

第八条　本会每半年开会一次。如遇必要时淂召集临时会议会期，由主任委员决定之。

第九条　本会会址设于泰和江西省立图书馆文化服务部内。

第十条　本会简章如有未尽事宜，经本会半数以上委员之同意，得提出修改之。

第十一条　本简章经本会会议通过后呈请教育厅核定施行。

6. 江西私立赣西初级中学关于教科书之呈表(2-4-74. P275-276)

江西私立赣西初级中学呈请立案表之(四)

教科书目录表								
第几学年用	第一学年	第二学年	第一学年	第二学年	第一二学年	第一学年	第一学年第一学期	第一学年第二学期
某科目用	公民	公民	童军	童军	体育	生理卫生	国文	国文
书名	初级中学公民	初级中学公民	初中童子军初级课程	初中童子军中级课程	中等学校体育实施方案	复兴初中生理卫生学	初中国文	初中国文
著作者	教育部教科用书编辑委员会	教育部教科用书编辑委员会	范晓六	范晓六	教育部	程瀚章	徐书海	徐书海
发行者	国定中小学教科书七家联合供应社	国定中小学教科书七家联合供应社	二二五童子军书馆用品社	二二五童子军书馆用品社	省教育厅	商务书馆	艺文书社	艺文书社
册数	第一册	第二册	第一册	第二册	一册	一册	第一册	第二册
第几学年用	第二学年第二学期	第一学年	第二学年	第一学年第一学期	第一学年第二学期	第二学年第一学期	第一学年第一学期	第一学年第二学期
某科目用	国文	英语	英语	算术	算术	代数	动物	动物
书名	初级中学国文	初中实用英语	初中实用英语	初中算术	初中算术	初中代数	复兴初中动物学	复兴初中动物学
著作者	教育部教科用书编辑委员会	欧阳源	欧阳源	徐谷生	徐谷生	徐谷生	周建人	周建人
发行者	国定中小学教科书七家联合供应社	艺文书社	艺文书社	艺文书社	艺文书社	艺文书社	商务印书馆	商务印书馆
册数	甲编第三册	第一册	第二册	上册	下册	上册	上册	下册

江西私立赣西初级中学呈请立案表之(四)

教科书目录表								
第几学年用	第一学年第一学期	第一学年第二学期	第二学年第一学期	第一学年第一学期	第一学年第二学期	第二学年第一学期	第一学年第一学期	第一学年第二学期
某科目用	植物	植物	化学	历史	历史	历史	地理	地理
书名	复兴初中植物学	复兴初中植物学	初中化学	初中历史	初中历史	中国史	初中本国地理	初中本国地理
著作者	童致棱	童致棱	钟焕邦	彭勋阁	彭勋阁	应功九	陈学英	陈学英
发行者	商务书馆	商务书馆	艺文书社	艺文书社	艺文书社	正中书局	艺文书社	艺文书社
册数	上册	下册	上册	第一册	第二册	第三册	第一册	第二册
第几学年用	第二学年第一学期	第一学年第一学期	第一学年第二学期	第二学年第一学期	第一学年	第二学年		
某科目用	地理	劳作	劳作	劳作	图书	图书		
书名	初中本国地理	初中劳作	初中劳作	初中劳作	水彩写生画	水彩写生画		
著作者	陈学英	王隐秋	王隐秋	王隐秋	程起鹏	程起鹏		
发行者	艺文书社	中华书局	中华书局	中华书局	形象艺术社	形象艺术社		
册数	第三册	第一册	第二册	第三册	第一册	第二册		

7. 江西省政府要求各校学生研读《青年必读文选》的训令(2－4－458. P21－22)

事由:令知各校学生研读《青年必读文选》仰遵照由

江西省政府训令　　　教二年第〇〇一七一号

民国三十二年一月七日发

令公私立各中等以上学校

据教育厅案呈以参教育部三十一年十一月训令开：

本部为增进中等以上学校学生为学与做人之认识起见，特选辑国父遗教、总裁言论、革命文献及有关青年修养之训示，定名为《青年必读文选》以供研读。该书系按初中高中及专科以上学校之等级，分为第一、第二、第三辑。各辑卷首订有研读办法。除分行外，合亟检发第一、二辑各一本（书），由重庆正中书局寄送，令仰该厅遵照采购分发所属中等学校，并转饬遵照办理。

等因：一案，请通令遵照等情。据此，除分令外，合行令仰该采送向正中书局赣县分局采购，以供学生精研为要。

此令

主席　曹浩森

教育厅厅长　程时煃

8. 江西省政府要求采用防空总监部所出版之中小学防空读本的训令（2－4－458. P36）

事由：令饬采用防空总监部所出版之中小学防空读本由

江西省政府训令　　府教二字第03272号

民国三十二年四月　日发

令全省公私中学/师范职业学校及省立各小学校

据教育厅案呈"奉教育部三十二年三月十七日中字第一二七零六号训令开，案准航空委员会防空总监部三十二年二月十六日防民发渝字一零零三号公函开：查本部为普及中小学生及一般国民必要之防空常识起见编有《中学防空读本》《高小防空读本》《国民防空读本》《儿童防空讲演》等书四种，经由贵部审定，并由正中书局印行。以上各书均已出版，相应函请贵部查照，转饬各省市教育厅局通令所属中小学校及国民补习学校普遍采用，以利推行等由。准此，察兹抗战期间各级中小学校对于学生防空常识亟宜普遍灌输，准函前由，除函复并分令外，合行令仰该厅转饬所属中小学校遵照采用"等情，前来，查防空常识在此抗战时期人人亟宜具备，中小学校尤宜对学生作普遍之灌输据呈前由，除分令外，合行令仰该核遵照采用。

此令

主席　曹浩森

教育厅厅长　程时煃

9. 江西省政府抄发《教育部搜集民众读物办法》令仰遵照（2－4－737. P24－27）

事由：抄发教育部搜集民众读物办法令仰遵照办理由

江西省政府训令　　　教字第〇二七六二号

民国三十年三月七日发

本府教育厅案呈，以奉教育部社字第二五六一号训令开"查本部前以民众读物为推行民众教育之重要工具，特编辑民众读物多种印发各省，以资提倡，施行以来颇见成效。兹以旧有民众读物充斥民间，影响甚巨，其优良者固有裨于风俗人心，其不良者则有碍于社会教化。为整理改良起见，特订定《教育部搜集民众读物办法》，通令各省市遵照搜集，除分令外，合行令仰该厅遵照该办法第二、三两项之规定，切实办理为要，此令"等因，计发《教育部搜集民众读物办法》一份，奉此自应遵办。兹抄发原办法一份，请转饬所属遵照原办法第二、三两项之规定，切实办理，并于文到一月内，将所辖区内各种民众读物汇齐造册，径寄本厅等情。前来，除分令外，合行令仰该县遵照办理为要！

此令

计抄发原办法一份。

主席　熊式辉

教育厅厅长程时煃

附：教育部搜集民众读物办法

一、教育部为搜集已出版民众读物以便着手整理起见，特订定本办法办理之。

二、搜集民众读物之种类如左：

甲　各地方流行之乡贤故事（包括近年抗日故事）；

乙　各地方流行之传奇、小说、小调、唱本、戏词等；

丙　各地方流行之歌谣农谚等；

丁　各地方教育机关学校书坊近年出版之各种民众读物；

戊　绝版之稗史、小说、传奇、故事、唱本等。

三、各地方主管教育机关应负责搜集所辖地区内上列各种之民众读物，汇呈本部。汇呈之手续如左：

甲　由省教育厅或市社会局汇齐造册，一并呈部；

乙　有两种以上内容完全相同者，可呈一种；

丙　其须教育部备价购买者，须先开列书名、种别、册数、价格，呈部核准后，再行购置呈部。

四、各地方搜集之民众读物到部后，由部派员随予登记。登记之事项及方法规定如左：

甲　各书书名、种类、体裁、册数、印刷、编者、出版处、搜集省县、内容、性质及其章数或字数；

乙　各书之中心思想及其内容大意；

丙　上列各项均登记于制有一定形式之卡片上，以便汇集整理，俾成《全国民众读物索引》。

五、各书登记完毕后，须加以初步之整理。整理之要点如左：

甲　签出各书每页之应行修改部分；

乙　签出各书全部之优点与劣点。

六、各书初步整理后，可分别支付修改或介绍推销，其不良者则禁止之。

七、本办法自公布之日施行。

三、关于图书与刊物

1. 江西省政府转发《教育部颁建国儿童周报社特约全国小学供给稿件办法大纲》暨《教育部编印儿童周报办法大纲》令仰遵照(2－4－320. P243－249)

事由：转发教育部颁《建国儿童周报社特约全国小学供给稿件办法大纲》暨《教育部编印儿童周报办法大纲》令仰遵照办理由

江西省政府训令　　　教三字第一〇七二八号

民国三十一年十一月十九日发

令万载县政府

教育厅案呈以奉教育部国字第四〇三七五号训令内开"查本部为养成儿童时事阅读与文字写作习惯起见，自本年双十节起编印《建国儿童周报》一种，分发各省市国民学校及中心学校儿童阅读，除分令外，合行检发《教育部编印儿童周报办法大纲》及《建国儿童周报社特约全国小学供给稿件办法大纲》各一份，令仰该厅指定各优良小学为本部建国儿童周报社特约撰述学校，依照供给稿件办法将稿件按月送部并转饬知照。此令"等因；附发《建国儿童周报社特约全国小学供给稿件办法大纲暨编印儿童周报办法大纲》各一份。奉此，自应遵照，请转饬省立小学暨各县县政府指定优良小学或中心学校切实办理等，情合行抄发原颁办法大纲，令仰该县长遵照办理为要！

此令。

附发《建国儿童周报社特约全国小学供给稿件办法大纲》暨《教育部编印儿童周报办法大纲》各一份

主席　曹浩森

教育厅厅长　程时煃

附:教育部编印儿童周报办法大纲

一、刊物定名——本刊定名为《建国儿童周报》。

二、编辑目的——增加儿童课外阅读资料,唤起儿童留心时事兴趣,并养成其阅报习惯。

三、内容要项——内容材料以国民学校三年级以上儿童……(编者:漏缺字被折叠)。

1. 时事新闻——国内外重要时事及全国各地儿童消息。

2. 小论坛——富有教育意义并滑稽有趣的短篇小言。

3. 抗建常识——防空、防毒、避火、急救以及其他战时儿童社会服务的常识。

4. 生活写真——学校家庭及社会上一切儿童生活的素描。

5. 故事——总理、总裁幼年故事及其他中外名人儿童时代的故事。

6. 自然世界——关于动、植、矿、天象、气候、地质等常识的介绍。

7. 科学常识——各种科学常识以及理化戏法数学游戏等。

8. 话剧——含有教育意味并滑稽有趣的独幕剧或短剧。

9. 旅行记——当地本国外国的名胜古迹或儿童生活的写真。

10. 新书介绍——将各级儿童读物指出其优良各点,以引起儿童阅读兴趣。

11. 歌谣——搜集品或创作品。

12. 谜语——搜集品或创作品。

13. 小问答——以富有思想价值的问题能引起数种滑稽有趣的答案为范围。

14. 漫画——有关儿童教育的漫画材料。

四、征稿办法

1. 本刊系儿童读物,以登载儿童作品为原则,各省市中心学校及国民学校三年级以上各级儿童均可投稿。

2. 本刊为集稿便利起见,得指定国内优良小学为本刊特约撰述学校,其特约撰述办法另定之。

3. 本刊文字除儿童作品外,成人来搞须用语体文加标点符号,每稿至多不得超过五百字,并须适合下列原则:

1. 适合儿童阅读心理;

2. 内容富有兴趣并有教育的价值;

3. 文笔生动畅达;

4. 本刊对来稿有删改权,一经刊登,除特约撰述学校儿童外,酌量送薄酬,惟登载与否概不退还;

5. 本刊编辑处暂设重庆青木关教育部国民教育司建国儿童周报社。

附:建国儿童周报社特约全国小学供给稿件办法大纲

一、本部为鼓励全国小学儿童写作练习并唤起其编辑新闻兴趣起见特指定各省市优良小学为本部建国儿童周报社特约撰述学校(以下简称特约校)。

二、凡经本部指定之特约校应在校内组织“建国儿童周报投稿社”(以下简称投稿社),并出版“学校建国儿童壁报”。

三、投稿社之组织,由各校三年以上儿童组织之。其组织系统如左表:

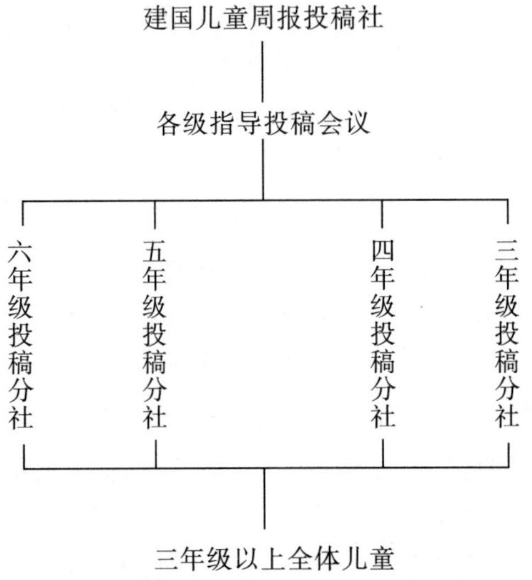

四、特约校设总指导一人,以校长或教导主任充任之。其任务为:(1)指导儿童在校内出版“〇〇学校建国儿童壁报”;(2)整理该校儿童稿件寄送本部建国儿童周报社。

五、特约校三年级以上各级级任为各该级投稿分社之指导,负责指导各该级儿童按照建国儿童周报内容要项练习写作。

六、各该校三年级以上各级儿童写作之稿件,应由各级投稿分社指导整理后,送至投稿社,并在校内出版“〇〇学校建国儿童壁报”。

七、建国儿童周报社每月将特约之稿件统计后呈请本部分别给予奖金或奖状之奖励,细则另定之。

2. 教育厅关于发行征订《中等教育辅导月刊》之公函(2-4-458. P13)

径启者:奉厅长交下国立中山大学师范学院信字第四三三号公函开:

查本院为推行辅导工作,编行《中等教育辅导月刊》一种,创刊号业经于十一月十二日出版。此后当按期刊行拟全年出版十期,每期订价连邮费式元三角,全年贰拾壹元。相应函请查照,通饬各中等学校向本院订阅并赐投稿,以利辅导而广研讨为荷,等由:饬径函知,自应遵照,除分函外,相应函达查照,并希径内该院订阅为荷。

此致

公私立中等学校

教育厅第二科

卅二年一月　日

3.万载县立/龙河初级中学校接收/移交各种书籍清册(2-4-322.P224-232)

万载县立/龙河初级中学校接收/移交各种书籍清册

经史杂类	全部及本数	经史杂类	全部及本数	备考
四书集注	全部六本	续文献通考	全部三十九本	
通鉴纪事本末	全部八十本	前清通典	十二本	
元史纪事本末	全部四本	前清通志	十二本	
宋史纪事本末	全部廿本	续通志	七十二本	
明史纪事本末	全部廿本	马氏文献通考	四十五本	
文献通考集要	九本	马氏文通	三十九本	
前清文献通考集要	全部十本	郑氏文通	五十四本	
钦定续文献通考辑要	全部十本	杜氏通典	十六本	
读史方舆纪要	共十二本	日本国志	二十本	
诗韵类锦	八本	最近支那史	六本	
康熙字典	全部共十二本	普通战纪	九本	
清史揽要	一本	重订法国志略	九本	
考工纪要	四本	新译列国岁计政要	十一本	
富强齐丛书正集	四十九本	万国近政考	四本	
富强齐丛书续集	二十本	各国交涉论	三本	
日本维新卅史	四十九本	东语进阶	四本	
支那通史	四十九本	罗马史要	二本	
东洋史要	五十一本	罗马志略	一本	
东西学书録	二本	策进	十五本	
列国岁计政要	四本	江西教育界	四本	
希腊国志	一本	扫荡	二十五本	
天演论	五本	江西教育	七本	
东语课程	五本	新生命	五本	
欧罗巴通史	九本	县训周刊	十本	
和文汗读法	三本	空军周刊	十四本	
杂志刊物类	全部及本数	江西教育行政周刊	十六本	
教育杂志	四本	教育旬刊	二十五本	
新中华	四本	农村	四本	
科学的中国	六本	科学书报	九本	
科学世界	三本	江西教育行政月报	二十三本	

续表

经史杂类	全部及本数	经史杂类	全部及本数	备考
中国革命	五本	时兆月报	六本	
青年朋友	四本	农村新报	五本	
航空	五本	社光月报	三本	
青年与战争	二本	日本学报	三本	
江西中等以上学校教职员联合会特刊	四本	大清教育新法令	四本	
南昌市教育年刊	二本	速成讲义丛録	十二本	
出版周刊	十四本	民国政府法规	二本	
国衡	二本	现代初中教科书本国史	六本	
新编童子军初级课本	三本	现代初中教科书世界史	三本	
新时代三民主义课本	三本	西洋古代史	二本	
新时代三民主义教科书	四本	中古欧洲史	一本	
复兴中学教科书	三本	复兴初中教科书外国史	三本	
建国教科书初级中学公民	一本	复兴初中教科书本国史	一本	
现代教科书公民	一本	新学制初中历史教科书	一本	
新学制公民教科	三本	新课程标准适用初中本国史	一本	
初级中学公民	一本	师范学校新教科书史	一本	
新撰初级中学教科书世界史	四本	人生哲学	一本	
近代地理发现史	一本	地理辞书	一本	
历代之科书哲学	一本	新学制初中国语教科	六本	
欧洲近古史	一本	现代初中教科书算术	二本	
中国社会发展史	一本	农业教科书类	全部或本数	
复兴初中外国地理	五本	农场管理法	一本	
现代初中教科书世界地理	六本	家畜管理法	一本	
现代初中教科书本国地理	四本	养羊法	二本	

续表

经史杂类	全部及本数	经史杂类	全部及本数	备考
新撰初中教科书本国地理	三本	养兔法	一本	
复兴初中教科书本国地理	一本	养鸭法	二本	
新课程准标适用本国地理	一本	养鸡法	一本	
养牛法	一本	种菊法	一本	
养鱼法	一本	种葡萄法	一本	
养猪法	一本	种兰法	一本	
除菊虫	一本	种稻法	一本	
种豆法	一本	稻作法	一本	
种瓜法	一本	家畜防疫	一本	
种甘蔗法	一本	稻作害虫	一本	
种苎麻法	一本	積谷害虫	一本	
种棉法	一本	特用作物害虫	一本	
种烟法	一本	棉花害虫	一本	
柑橘害虫	一本	特用种树核桃板栗	一本	
蔬菜害虫	一本	森林的利益	一本	
蝗虫	一本	地质学	一本	
螟虫	一本	宜分萍万四县公产产册	一本	
种麦选择法	一本	社会学教科书类	全部及本数	
植树法	一本	中国社会的经济结构	一本	
大豆法	一本	中国古代社会	一本	
桃树法	一本	社会科学大辞典	一本	
柑橘法	一本			
肥料法	一本			

4. 万载县立第五区中心小学附设民众阅览处书报费附属表[2－4－126(二). P53－60]

万载县立第五区中心小学附设民众阅览处书报费附属表　二十五年度六月份

品名	件数	每件价值	实支额	收据号数
江西民国日报	一份	一元二角	一元二角	第一号
赣西日报	一份	四角五分	四角五分	
汗血周刊	一份	一角六分	一角六分	
东方杂志	一份	三角	三角	
儿童世界	一份	一角	一角	
教育杂志	一份	一角五分	一角五分	
少年科学杂志	一份	八分	八分	第二号
中国日报	一份	一元二角	一元二角	
大公报	一份	一元二角	一元二角	
儿童报	一份	二角	二角	
上海新闻报	一份	一元三角五分	一元三角五分	
江西新闻报	一份	一元二角	一元二角	
广播周报	一份	六角四分	六角四分	
儿童画报	一份	二角二分	二角二分	第三号
青年界	一份	二角	二角	
小小画报	一份	一角五分	一角五分	
扶风	一份	五分	五分	
儿童教育	一份	一角五分	一角五分	
民众读物	十本	一角	一元	

万载县立第五区中心小学附设民众阅览处书报费附属表　二十五年度五月份

品名	件数	每件价值	实支额	收据号数
江西新闻报	一份	一元二角	一元二角	第一号
汗血周报	一份	一角六分	一角六分	
东方杂志	一份	三角	三角	
儿童世界	一份	一角	一角	
教育杂志	一份	一角五分	一角五分	

续表

品名	件数	每件价值	实支额	收据号数
儿童画报	一份	二角二分	二角二分	
小小画报	一份	一角五分	一角五分	
少年科学杂志	一份	八分	八分	第二号
青年界	一份	二角	二角	
扶风	一份	五分	五分	
民众通俗画报	八幅	五分	四角	
民众读物	六本	一角	六角	
儿童教育	一份	一角五分	一角五分	
上海新闻报	一份	一元三角五分	一元三角五分	第三号
江西民国日报	一份	一元二角	一元二角	
儿童报	一份	二角	二角	
赣西日报	一份	四角五分	四角五分	
大公报	一份	一元二角	一元二角	
中国日报	一份	一元二角	一元二角	
广播周报	一份	六角四分	六角四分	

5. 江西省政府关于查禁图书的代电(2－4－707)

江西省政府代电

教四字第771号

中华民国三十一年二月二十一日

各机关暨中等以上学校，览据本省图书杂志审查处呈称：查本处前以欧阳德生著上海健国书局发行之《小学生书信模范》、上海益群书社出版黄澄甫选辑之《非常时期模范作文》、上海新生图书公司发行黄澄甫选辑之《非常时期模范作文》、叶敬贤著《处世与教育》等书，均触犯原稿审查办法，经于三十年十月四日呈请中央图书杂志审查委员会核示在案。兹奉三十年十二月十七日公发(二)字第三一零二号指令节开：查《小学生书信模范》《处世与教育》、上海益群书社出版之《非常时期模范作文》及上海新生图书公司发行之《非常时期模范作文》等四书，经分别审核，内容虽属无疑，但该书等不按规定送审，显系希图蒙混过审，殊有未合。尤其《处世与教育》书显系总裁言论，而该书竟揉以华敬贤著字样，实属荒谬已极。均应予以停止发售。至呈报处理《处世与教育》一书翻印案之处分情形，办理甚当。又《知行诗预续集》内容不妥，应予停止发行。《世界知识》第十二卷十一期内容触犯审查标准甲项第三第七及乙项第二第八等条之规定，应予不分期别查禁，已列入十二月上半月查禁表，通行查禁，并令饬广西省图书杂志审查处嗣后应严密审查刊物，慎重给证。又查所呈小调十二种，均系淫词秽语，妨害善良风俗，应予分别严加取缔。各等因。奉此，除分别呈令外，理合备文呈请钧府鉴核，并乞转饬所属一体取缔，实为公便。等情。前来，应准照办，除分电外，仰即遵照江西省政府教四马印。

6. 中央图书杂志审查委员会查禁书刊一览表(2－4－707. P17－18)

中央图书杂志审查委员会查禁书刊一览表　[卅年十一月上半月(密)]

一、图书					
名称	著译人	出版者	送审者	查禁理由	备考
俄语自习	吴清友编	上海珠林书店	浙审处	彭(应为“鼓”之误)吹偏激思想强调阶级意识	
觉世善言		吉安光阳先觉设	赣审处	迷信神怪经久足以懈怠抗战情绪	
张学良的自由问题		香港时代批评社	中宣部转来	内容荒谬诋毁中央　中宣部函请查禁	
二、杂志					
名称	期别	送审机关	发行地址	查禁理由	备考
今日青年	第三期	桂审处	广东遂溪	立论比派系私利为立场不合抗战要求	本期查禁
青年知识			香港	彭(应为“鼓”之误)吹偏激思想迷信反三民主义	不分期别通行查禁
大众生活			香港	立论态度完全以派系私利为立场不合抗战要求	不分期别通行查禁
笔谈			香港	恶意抨击本党诋毁政府	不分期别通行查禁
停止发行图书一览表					
名称	著译人	出版者	送审者	停止发行理由	备考

续表

在抗战中耀进的第二战区	张宪堂	民族革命出版社	陕审处	颂扬边区政府鼓吹民族统一战线	
蒋委员长信札		复兴出版社	陕审处	编辑人自印蒋委员长名义	
新哲学读本	平生	上海珠林书店	桂审处	故作悲观消极论调不合抗战要求	

中央图书杂志审查委员会查禁书刊一览表　卅年十一月下半月（密）

一、图书					
名称	著译人	出版者	送审者	查禁理由	备考
冯在南京	曹弘沂	复兴书店	陕审处	诋毁政府	
世界名歌一千曲	沈士达	新声出版社	赣审处	词义颓唐立论不妥是以阻碍抗战情况	
少年抗战文选	唐文粹	全民出版社	陕审处	宣传偏激思想为八路军张目	
复活	巴玲	天一出版社	陕审处	鼓吹偏激思想强调阶级对立	
停止发行图书一览表					
名称	著译人	出版者	送审者	停止发行理由	备考
北线巡回	万琼风译	生活	渝审处	以派系私利为立场不合抗战要求	
现代社会斗争史第五卷	叶启芳译	言行版社行	陕审处	鼓吹阶级斗争	
宪政实施的认识	王剑琴	政论编译社	陕审处	诋毁政府曲解国父遗教	
二、杂志					
名称	期别	送审机关	发行地址	查禁理由	备考
建国周报	卅四期	宪兵司令部	菲律宾	立论态度完全以派系私利为立场不合抗战要求	不分期别通行查禁

7. 省教育厅关于查禁杨东蓴著《高中本国史》训令(2-4-707. P22)

事由:奉令查禁杨东蓴著高中本国史令仰遵照由

江西省政府教育厅训令　　　教二字第五二三号

民国三十一年二月　日发

令各中等以上学校省立社教机关

案奉教育部史字第一九五一号训令内开"查北新书局出版之杨东蓴著《高中本国史》,事先并未呈送本部审定,殊属不合除令该局迅将该书送部审定,在未完成送审手续以前,自不许在任何地点发售外,合亟令仰该厅转令所属各学校及各教育机关一体遵照,查禁为要"等因;奉此,除分令外,合行令仰遵照查禁为要。

厅长　程时煃

8. 江西省政府删除中小学教科书中所有选用叛逆作品训令(2-4-707)

事由:令知中小学教科书中所有选用叛逆作品应一律删除仰遵照

江西省政府训令　　　教字第02423号

中华民国三十一年三月八日

令各中小学校校长

据教育厅案呈,以奉教育部本年二月五日训令开"案据宁夏省教育厅呈称:'案奉钧部国字第三四二五二号训令,饬将国立编译馆所编之高小实验国语课本第三册三课《故乡的野菜》及第四册第二十七课周作人《与友人论国民文学书》等课文,均系周作人作品以及该逆图像,令饬删除等由,奉此,自应遵照办理,惟本厅复查有正中书局出版之初中国语课本第三册内有逆著《乌篷船》一文,汪逆兆铭著《玩信的人格》及《和平奋斗故中国》两文,第五册内有周逆著《怀念罗光珂君》一文及商务印书馆出版之改编高级复兴国语第三册第四十课《两个扫雪人》亦系周逆作人作品。除由本厅令饬本省各中小学分别遵照删除外,理合呈请钧部适令各省遵照并饬该书局等分别删除。'等情,据此,查以前出版之教科书中所有选用叛逆作品及涉及叛逆之文字,自应一律删除,另选总理遗教或稽除多令外,合行令仰遵照,并转饬所属一律一体遵照为要"等因一案,请通令遵照等情,据此,除分令外,合行令仰照。

此令。

主席　熊式辉

教育厅长　程时煃

9. 江西省教育厅抄发三十年十二月份暨三十一年一月下半月份至二月份查禁暨停止发行书刊一览表的代电(2－4－707. P34－41)

事由:奉令抄发三十年十二月份暨三十一年一月下半月份至二月份查禁暨停止发行书刊一览表令仰知照由

江西省政府教育厅代电　　　教四字第七〇三号

民国三十一年七月　日发

公私立中等以上学校、省立各社教机关暨省立各小学览,案奉教育部战字第一七〇五六号训令,抄发中央图书杂志审查委员会三十年十二月份暨三十一年一月下半月份至二月份查禁暨《停止发行书刊一览表》令仰转饬所属严密查察等因,附《查禁停止发行书刊一览表》一份,除分电外,合亟电仰知照,严密查察为要。附发三十年十二月份暨三十一年一月下半月份至二月份查禁暨停止发行书刊一览表各一份。江西省教育厅　印

中央图书杂志审查委员会查禁书刊表　(三十年十二月份下半月)

一、图书

名称	著译人	出版者	送审者	查禁理由	备注
叶山嘉树集	冯宪章	现代书局	陕审处	强调阶级对立,鼓吹阶级斗争	
南洋漫记	许杰	晨钟书局	宪兵司令部	立论态度完全以派系私利为立场	
知行诗歌续集	陶知行	上海儿童书局	渝审处	有歪曲事实鼓吹阶级斗争之文字	
春蚕	韦月侣	希望出版社	陕审处	内容诲淫,有害善良风俗	
饿殍	程碧冰	希望出版社	陕审处	思想偏激,鼓吹阶级斗争	
封建半封建和资本主义	薛暮桥	黑白丛书社	陕审处	立论偏激,鼓吹阶级斗争	
中国边疆问题讲义	思暮	生活书店	陕审处	思想悖谬,倡导割裂国家民族	
曙光	巴玲	天一出版社	陕审处	思想悖谬,鼓吹阶级斗争	

续表

幸福圈外	时光	海燕出版社	陕审处	思想偏激,鼓吹阶级斗争	
新上海名歌三百曲		国光书局	赣审处	内有软性歌曲,足使人心麻木	
中国青年与抗日运动	徐冰	一心书店	陕审处	以派系私利为立场	
二、杂志					
刊名	期别	送审机关	发行地址	查禁理由	备考
今日青年		粤审处	广东遂溪	立论态度完全以派系私利为立场,不合抗战要求	不分期别通行查禁
附注:该刊第三期曾于十一月上半月份查禁在案兹补行不分期别查禁					

中央图书杂志审查委员会查禁书刊一览表 (三十年十二月份上半月)

一、图书					
名称	著译人	出版者	送审者	查禁理由	备注
大英帝国的两块基石	刘少严	亚东图书公司	赣审处	鼓吹偏激思想,强调阶级对立	
军务政治工作纲要	杨实	扬子江出版社	赣审处	诋毁本党及政府	
田野的风	华汉	毅力出版社	陕审处	宣传谬误思想,鼓吹割裂国家	
中日问题讲话	章乃器等	生活书店	陕审处	立论偏激,诋毁政府	
周作人代表作选	周作人	全球书店	陕审处	著者附逆有据	
一个美国人的塞上行	史诺	新生活出版社	陕审处	恶意诋毁本党	
政治常识讲话	汉夫	生活书店	陕审处	曲解三民主义,宣传谬误思想	

续表

二、杂志					
刊名	期别	送审机关	发行地址	查禁理由	备考
世界知识		赣审处	桂林翻版	立论态度纯以派系私利为立场,违反国家民族利益	不分期别通行查禁
大路		粤审处	香港	诋毁政府,破坏国家	不分期别通行查禁
青冈月刊		渝审处	湖北黄冈	汉奸刊物	不分期别通行查禁
国讯港刊	三期	中宣部转来	香港	触犯审查标准	该期查禁
国家社会报丛刊	第一辑	中宣部转来	香港	触犯审查标准	该辑查禁
停止发行图书一览表					
名称	著译人	出版者	送审者	停止发行理由	备考
怎样作内地工作	石础	异白出版社	粤审处	以派系利益为立场,不合抗战要求	
集团活动方法	裴小楚	世界书局	桂审处	歪曲事实,为反动思想张目	

中央图书杂志审查委员会查禁书刊表（三十一年二月份下半月）

一、图书					
名称	著译者	出版者	送审者	查禁理由	备注
求孕与避孕	朱振声	国光书店	陕审处	迷信阴阳五行,不合科学原理	
二、杂志					
名称	送审机关	发行地址	查禁理由		备考
光明杂志	中宣部转来	山西潞池	内容都多触犯审查标准,不合抗战要求		不分期别通行查禁
停止发行图书一览表					

续表

名称	著译者	出版者	送审者	停止发行理由	备考
世界史要	刘叔琴	开明书店	渝审处	思想偏激,强调阶级斗争	
遗珠	林珏	大众出版社	粤审处	以派系私利为立场	
全面抗日向战史	林纪衡	上海印书馆	陕审处	宣传派系私利	
小夫妻	宋之的	香港群社	粤审处	立论纯以派系私利为立场	
马克思主义经济学大纲	河山肇		陕审处	该书既无出版者,又无出版地点	
砰	羽萍		湘审处	内容偏激,鼓吹阶级斗争	
夜工	蒋牧良	文化生活出版社	陕审处	暴露战争惨酷,鼓吹阶级对立	
欧洲大战的军事准备	萧剑青	时代文化社	陕审处	立论偏激,诋毁政府	
平型关战斗记	子风	上海中外编译社	陕审处	攻击友军,不合抗战要求	
人民之战	刘涟	新人出版社	川审处	歪曲事实,攻击政府	
抗战将领印象记	陈文杰	战时读物编译社	赣审处	具派系宣传作用	
外蒙与抗日战争	冯思聪	新生出版社	陕审处	有割裂国家领土之嫌	
今日青年书信	红风	博文书店	黔审处	具派系宣传作用	
唯物史观的改造	胡一贯 张文心	新生命书局	陕审处	思想偏激,鼓吹阶级斗争	

中央图书杂志审查委员会查禁书刊表三十一年二月份上半月

一、图书

名称	著译人	出版者	送审者	查禁理由	备注
不同集	章英编	乐华图书公司	陕审处	内容荒谬,并有汉奸张逆资平著作	
满洲少山北支人	神田正雄	海外社	陕审处	为敌伪作宣传	日文本
中国通史简编上册	中国历史研究会	新华书店	渝审处	以派系为立场,强调阶级意识	
出卖上海滩	越裔译	大地出版社	粤审处	内容荒谬,足贻社会不良影响	

二、杂志

名称	期别	送审机关	发行地址	查禁理由	备考
学生阵地		粤审处	广东东山中学学生自治会	立论系以派系私利为立场,不合抗战要求	不分期别通行查禁

停止发行图书一览表

三、图书

名称	著译人	出版者	送审者	停止发行理由	备考
新编小学模范作文非常时期模范作文合订本	黄澄甫	中国复兴书店	赣审处	冒印审查证号码	
水夫妻	陆坚	大地图书杂志公司	粤审处	以派系私利为立场	
恐怖故事从谈	秦天燕	大方书局	渝审处	妨害善良风俗,足贻社会不良影响	

四、杂志

名称	送审机关	发行地址	停止发行理由	备考
阵中粮道	桂审处	广西龙州	未经依法登记送审,内容亦有不妥	停止发行

中央图书杂志审查委员会三十一年一月下半月查禁书刊一览表

一、图书					
名称	著译人	出版者	送审者	查禁理由	备注
胡二八		文华堂	渝审处	妨害善良风俗,足贻社会不良影响	
牺牲者	高语罕	上海亚东图书馆	滇审处	思想偏激,强调阶级对立	
二、杂志					
名称	期别	送审机关	发行地址	查禁理由	备考
五月	第二期	桂审处	桂林	套用审查证号码,内容亦有触犯审查标准	
停止发行图书一览表					
名称	著译人	出版者	送审者	停止发行理由	备考
征名委员	徐盈等	涛汇出版社	桂审处	既无出版地点,又故不送审原稿	
当代中国文艺论集	乐华编辑部	乐华图书公司	粤审处	强调阶级斗争并有汉奸作品	
新妇女书信	钮之铮	国风书店	粤审处	鼓吹偏激思想,强调阶级斗争	
雨夕	毕奂午	文化生活出版社	桂审处	强调阶级斗争,恶意诋毁政府	
文艺创作讲座第三期	华蒂等	光华书局	陕审处	思想偏激,鼓吹阶级斗争	
董小宛	周晓光	大方书店	渝审处	内容淫部分未删改,前停止发行	

10. 江西省政府关于抄送查禁图书一览表的训令(2-4-707. P49-51)

事由:准内政部函抄送查禁图书一览表请查照办理等由令仰遵照由

江西省政府训令　　　教四字第02018号

民国三十二年四月　日发

令公私立中等学校省立社教机关

案准内政部本年三月一日渝警字第七六六号公函开"案准中央图书杂志审查委员会函送三十一年十二月下半月及三十二年一月上半月份查禁图书一览表暨停止发行图书一览表,请查照办理等;到部,除分行外,相应抄送原表函请查照办理为荷"等由;附抄《查禁图书一览表》一份,准此,除分令外,合行抄发原表令仰遵照办理为要!

此令。

附抄《三十一年十二月下半月及三十二年一月上半月查禁图书一览表》

主席　曹浩森

教育厅厅长　程时煃

中央图书杂志审查委员会查禁书刊一览表（三十一年十二月下半月）

一、图书					
名称	著译人	出版者	送审者	查禁理由	备注
三年来的抗战	彭德怀	解放社	桂处	为派系私利作宣传	
儿家春色	旦华	群利出版社	陕处	内容软性	
停止发售图书一览表					
一、图书					
名称	著译人	出版者	送审者	停止发行理由	备考
生活与美学	车尔尼舍夫斯基著周扬译	延安华北书店	特检处	思想偏激，强调阶级对立	
军政领袖蒋介石	蒋鼎黻编	上海长风书店	桂处	不合事实	

中央图书杂志审查委员会查禁书刊一览表（三十二年一月上半月）

一、图书					
名称	著译人	出版者	送审者	查禁理由	备注
用孙子兵法透视敌我战术之得失与第二期抗战之关系	李铁青	无	军训部	内容确多失实	
停止发售图书一览表					
一、图书					
名称	著译人	出版者	送审者	停止发行理由	备考
抗战建国的常识手册	无	无	特检处	为派系私利作宣传	

第九编　民国教育监控体系与考核办法

一、关于教育监控体系

1. 江西省政府摘录视导员关于万载县学校教育尚有应行改进之点令仰遵照之训令(2－4－938. P1－10)

事由:据视导员卅四年下半年视导该县学校教育报告尚有应行改进之点摘录一宗报告令仰遵照转饬改进具报由

江西省政府训令　　　教字　第4022号

中华民国三十五年五月廿二日

教育厅案呈视导员卅四年下半年视导万载县学校教育报告,请查核一案,经核该,县各乡镇中心国民学校校舍类多简陋或不适用,经费不足,设备欠缺,学额未能充实,且多缺课,成人班或妇女班亦多未举办。亟应由县督饬改善,合行摘录原报告各校应行改进之点,令仰该县长即便遵照,转饬切实改进,具报为要。

此令

摘录该县各中心国民学校校务应行改进之点一份。

主席　王陵基

教育厅厅长　程时煃

附:摘录卅四年下半年视导报告万载县各乡镇中心国民学校校务应行改进之点

中正乡中心国民学校

一、体育场可在门口空场开辟。

二、各项必需设备应设法添置。

三、学生自治组织应注意指导。

四、学额尚不充实,应遵照《强迫入学条例》切实征足名额。

五、设于中正乡街上之分校可合并池下分校办理,改为“中正乡第二中心国民学校”,原本校校名则改为“中正乡第一中心国民学校”。

康乐镇中心国民学校

一、民教部工作应遵规定，切实办理。

二、运动场狭小，应设法在校舍后面，将环城马路扩充为运动场。

三、设备多属简陋教具亦感缺乏，应急筹款增购。

四、童军设备训练均缺，应设法购置童军设备，并积极训练。

五、学额尚不充实，应将附近儿童实行强迫入学。

六、课外活动尚须加以切实指导。

获富乡中心国民学校

一、童军训练仍须加紧进行。

二、民教部应设法健全。

三、辅导工作应遵照规定切实办理。

四、教学用具应予充实。

五、教员薪津现只发半薪，应即筹款全数发给。

株潭镇中心国民学校

一、地方公学款产极少。本款因旱成灾，毫无着落，应另行设法筹款。

二、校舍系借用庙宇，隘狭破旧甚不适宜，应设法筹款另建新校舍。

三、学生太少，一年级尤少，应遵照《强迫入学条例》征生入学。

四、民教部未办，应遵照迅速办理。

五、教师教学方法欠佳，平时应注意研究。

六、教具及各项设备、运动器具等均缺乏，应设法筹款购置。

七、童军训练应遵照办理。

大桥乡中心国民学校

一、教师对于复式教学支配尚欠适当，应于课余多予研究复式教学方法，并于上课前先行准备。

二、民教工作尚无显著成绩，应切实办理。

三、辅导工作应遵照规定，切实办理。

四、缺席学生过多，平时应与家长联络，学生请假应照规定手续办理，并备册登记。

五、学校基金应设法稳定。

六、各项设备应设法购置。

七、体育场尚须予以扩大并添置各项器具。

罗城乡中心国民学校

一、教职员应专一服务，不得兼任其他职务。

二、体育设备、挂图、图书等，应设法筹款添置。

三、办公费月支谷一担，为数太少，应设法增筹。

四、所在保三、七两保近三年均未依照县府计划筹集设备谷，嗣后应遵照添置。

五、办公室设备全无，应筹款添置。

六、该校校舍尚未觅定固定地址，应筹款建筑一新校舍以资布置。

七、前任校长卢汉昌还未交代，应迅速将所有校具、案卷、财产、公物等逐一交代清楚。

卢洲乡中心国民学校

一、地方基金全无，本乡各种乡有公学款产应澈底清查样数，权为该校基金。

二、桌櫈、教具、图书等均无，应即筹款购置。

三、运动场及设备均无，应在附近觅定场址开辟，并添置设备。

四、校舍、教室、寝室均不适用，应筹款修建改良。

五、所在二、三、四保应遵照县府规定，各保筹谷三十担，权为该校充实设备之用。

柏树乡中心国民学校

一、校长朱霞岛办事不甚负责，嗣后应痛改前非，努力工作。

二、教员精神散漫，嗣后应共同合作，以谋校务之发展。

三、一切设施均未达到最低标准，应设法努力达到。

高村乡中心国民学校

一、校舍不适用，教室、住房均欠缺，应设法筹款修建。

二、运动场狭小，设备亦无，应从事另辟运动场，并添置体育器具。

三、第一保所在保仍应遵照县府规定，筹谷三十石，权为乡中心国民学校添置设备之用。

四、校圃及校园等均无，应就附近公学田产权续以资生产。

五、民教部应从速举办。

中正乡中心国民学校

一、校舍不适用，应设法筹款改建新校舍。

二、运动场太远且缺乏运动器具，应注意改良。

三、公学款产太少，每员每款仅支谷二担五斗，应设法筹集充足。

四、民教部尚未举办，应遵照规定办理。

五、辅导工作应切实实施。

2. 万载县政府抄摘教育厅视导报告所提出的教育应行改进事项令仰遵照之训令(2-4-938. P11-12)

事由:抄交教育厅视导员卅四年下半年视导该校教育应行改进事项令仰遵照改进由

江西省万载县政府训令　　　忠教一字第2935号

中华民国三十五年五月6日

令各乡镇中心国校校长(照后填)

案遵江西省政府教字第四〇二二号训令,以据教育厅呈送《视导员卅四年下半年视导万载学校教育报告》,经核该县各乡镇中心国校校舍类多简陋或不适用,经费不足,设备欠缺,学额未充实,且多缺课,成人班及妇女班多未举办,亟应由县督促改善,摘录原报告各校应行改进之点,仰即转饬改进等因,遵此。除分令外,合行抄交该校教育应行改进事项,令仰切实遵照改进为要。

此令。

抄交该校教育应行改进事项一份

县长　张〇〇

中正乡中心国民学校分校

康乐镇中心国民学校(实验小学)

获富乡中心国民学校

株潭镇中心国民学校

大桥乡中心国民学校

罗城乡中心国民学校

卢洲乡中心国民学校

柏树乡中心国民学校

中正乡中心国民学校

高村乡中心国民学校

3. 省教育厅视导私立万载私立小学所提出的改进要点摘录(2-4-938. P15-16)

摘录卅四年下期视导万载县各私立小学报告应行改进之点

私立俊逸小学兼办第十四保国民学校

一、教员之聘请应以选用师范生为原则,不应持畛域之见,不问学识专聘族人充任。

二、中低年级一班应分开教学。

三、高级教室太小,应另辟教室。

四、作文次数不足,每周至少一篇或两篇。

五、各种簿籍表册不齐全,应逐一制备,并详细记载。

六、运动场狭小,不适用,设备亦简陋,应一并改善。

私立龙冈小学

一、应注意办理童子军训练。

二、经费不充裕,应尽量设法筹集款项,以谋校务之发展。

三、教学用具简陋,应设法购置。

四、应依照规定指导学生课外活动。

4. 教育部视察员彭百川视察本省义务教育报告节录(2-4-371. P208)

节录教育部视察员彭百川视察本省义务教育报告

一、该省近年来对于义务教育推行颇为努力,学校数量与年俱增,二十六年规定每县保立小学须完成保数五分之三,各行政区多能达到或超过上项限度,殊堪嘉许。惟各县保学经费未臻稳定,师资多欠健全,今后应从稳定经费,改良师资二者,切实办理,则将来成绩,当更优异。

二、各县义务教育经费不甚充裕,应责成各县依照《江西省各县筹集义务教育经费实施办法》《江西省各县市保立小学经费筹集及补助办法》《江西省各县清查地方公款公产暂行办法》及按照《人民富力分担义务教育经费实施办法》等,继续积极办理,使义务教育经费来源巩固。

三、各县保立小学经费未臻稳固,推其原因,由于各地提拨公学款产及其他款产,未能认真办理。应令各县仿照玉山县办法规定,保立小学经费完全由保学委员会收集保管,田租实行榷收过户,店租实行变换租折,以稳定保立小学经费基础。

四、支配中央及省义教捐助费,应力求各校均匀,并饬发放是项经费应力求迅速公开,不得挪借或移作别用,县补助费应按月全数支付,各保自筹经费应由县府派员分赴各区署及经管保学经费机关严密稽查收支账目,并改良收支办法,由区署负责统筹统付或统筹转付,以免侵蚀或拖欠等弊。

五、赣西、赣南、泰和、遂川、万安、赣县、安远、会昌、雩都、兴国、南康、崇义、上犹、大庾、龙南、定南、虔南等县由钨□附加税项下拨充之义务教育经费,应由各县义务教育委员会严密保管稽核监督用途。

六、各县主管教育行政科应照本部前令,专设科员一人,专办义务教育行政事宜。

七、各区署教育区员多兼教育委员,应遴委师范毕业生及曾任教育职务有年者充任。

八、各县长对于教育以战事影响减少进取精神，应令知教育为抗战建国之重要工作，务须积极推进，以完成普及教育复兴民族之任务。

九、区长、保联主任、保长等对于教育未能十分注意，各县县长应随时督促努力保学经费之筹集与征收，并随时协助教育之发展

十、本部颁布之《小学特种教育纲要》应令各县普遍推行、以应战时教育之需要。

十一、各县保立小学学额多不充实，应由各县遵照《学龄儿童强迫入学办法》实行“征学”。又各县乡间儿童大都帮助家庭工作，应由各校分别推行二部制，并由各校对于缺席学生多举行个别谈话，家庭访问，调查缺席原因，予以补救。

十二、各校图标簿册应由县统筹代办，分发应用，以资划一。

十三、各校内容应达到《江西省二十六年度上学期各级小学最低限度设施标准》。

十四、省立实验小学对于小学各科教学实际问题及幼稚园设备与教学法均有研究，所订《行政章则》《教导概况》及出版之《顽劣儿童特殊训导实验报告》与《江西实小》月刊等，可供一般小学之参考。

十五、该省玉山县长汪镇寰清理各项款产，筹集保学经费，切实努力，并能任劳任怨，不避艰阻，其热心教育，殊为难得，应予嘉奖。

5. 万载县政府奉教育部令发各级视导人员视导国民教育研究会要点转饬遵照之训令(2 - 4 - 330. P36 - 37)

事由：奉令以奉教育部令发各级视导人员视导国民教育研究会要点仰遵照具报等因转饬遵照由

江西省万载县政府训令　　　　心教字第 10966 号

中华民国三十三年六月 8 日

令梅溪区署

案奉江西省政府教三字第〇三六一六号训令开“教育厅案呈，以奉教育部三十三年四月十一日国字第一七一七八号训令开，兹制定《各级视导人员视导国民教育研究会要点》一种及附表，随文颁发，仰即遵照，并转饬所属遵照，并于每学期终了时，摘要汇报本部备核此令等因，计颁发《各级视导人员视导国民教育研究会要点》及附表各一份，此奉请转饬遵照等情，应准照办，除分令外，合行抄发原件，令仰该县长遵照，并转饬遵照，并于每学期终了时，摘要汇报，以凭核转为要”等因：附抄发《各级视导人员视导国民教育研究会要点》及附表各一份，奉此，自应遵办，除分令外，合行抄发原件令仰该区长遵照为要！

此令。

附抄《各级视导人员视导国民教育研究会要点》一份。

县长　何心毅

附:各级视导人员视导国民教育研究会要点

一、各级视导人员除负有特殊任务者外,均须依照本要点视导其层级以下之各级国民教育研究会(以下简称研究会)。

二、各级视导人员在出发视导期间,应办理其同级及上级研究会之委托事项。

三、视导人员每达到一视导区,时应与该区内各研究会主任事先商定研究问题及会议日程,以便提供研究参考资料,并按期前往参加指导。

四、研究会主任于每次视导人员到达时,应将会务推进情形提出报告;视导人员为明了该研究会情形,亦得调阅各项文卷及历次会议纪录。

五、视导人员在参加研究会会议期间,除应考查其经常会务外,并须特别注意会员实际研究活动及其对于各项研究问题事前准备情形。

六、视导人员认为必要时,得借会议期间举行会员个别谈话,以考查会员平日德业之进修。

七、会议开幕时,视导人员应即席发表其指导意见,并将是项意见一并载入于会议纪录,以资查考。

八、研究会对办理会员福利事业是否努力,应特别注意考核,除提出一般问题公开研讨改进外,并须借与会员个别谈话之机会,征询各会员对其本会办理是项事业之意见及建议,如仍有重大缺陷,应即督导改善或请示办理。

九、研究会或其会员对会务之推进着有特殊成绩或成绩过劣者,应报请分别予以奖惩。

十、视导人员于视导一区完毕后,应将该区各研究会情形分别填具报告表(表式另附),呈送主管机关备核。县以上各级研究会视导报告表,应呈送教育部备查。

6.江西省各县督学互调视导暂行办法(2-4-320.P34)

一、省政府为增进各县教育视导效能起见,得令调各县督学交换视导。

二、互调视导县份以同一行政区为原则。

三、互调视导期间,每学期一次,每次至少四个月。

四、视导计划及日程由督学商承奉调,县份主管科长拟定呈由奉调,县份政府转呈省政府备案。

五、视导完毕,除县辖各级学校及社教机关视导报告应送由奉调县份政府核转各学校及社教机关查照改进并转呈省政府备案外,其余关于教育行政初等教育、中等教育及社会教育各项优点缺点及改进意见暨乡镇教育行政人员及教职员服务成绩一览表应迳呈省政府核办。

六、视导旅膳费在各该督学所属县政府旅费项下开支;由原县至奉调县份来往旅费,应实报实销，在奉调县份教育预备费或地方预备费项下支给。

七、本办法自公布之日实施。

7. 江西省政府教育厅关于宜春乡师地教指导员视导国教情形电请查照改进之代电(2－4－938. P18－19)

据宜春乡师呈送卅四年度下学期地教指导员视导该县国教情形电请查照改进由

江西省政府教育厅代电　　　育申字第11799号

中华民国卅五年七月卅一日

万载县政府鉴：据省立宜春乡师呈送三十四年度第二学期本校地教指导员视导万载、宜春、宜丰三县国民教育报告，前来，经核万载教育科人事组织极健全，工作亦极努力；宜春乡镇中心国民学校校舍多保适合标准之建筑物；宜丰乡镇中心国民学校基金多已独立保管。凡此进步情形，殊堪嘉慰。惟万载城区教师与乡镇教师待遇悬殊，致引起乡镇教师作有组织之抗议，应由该县切实调整；宜春各级教育行政人员工作考核各校表报及国教研究问题结果，均未能如期汇交；宜丰推行扫盲工作少有成效均，应切实改进。据呈前情，除指复暨分电外，希即查照改进为要！

教育厅教二年印

8. 万载县政府印发修正卅三年度教育督导区办法令仰遵照之训令(2－4－330. P93－95)

事由：印发修正本县卅三年度教育督导区办法令仰遵照由

江西省万载县政府训令　　　心教字第14674号

中华民国三十三年六月29日

令梅溪区署

查本县卅三年度教育督导区办法业经本府颁发饬遵在卷，兹奉江西省政府卅三年四月廿九日教三字第(0X793)号指令署开：以该项办法经予修正，饬遵照等因。奉此，除分令外，合行印发是项办法一份，令仰该区长遵照

此令。

印发《修正本县卅三年度教育督导区办法》一份。

县长　何心毅

附：修正万载县卅三年度教育督导区办法

一、本县为加强教育督导工作起见，经将全县划分为三个教育督导区实施督导，特订定本办法。

二、教育督导区域分列如左：

甲　第一督导区：丁田乡、白良乡、茭湖乡、三兴乡、卢洲乡、罗城乡、高村乡、黎高乡属之；

乙　第二督导区：涂泉乡、民权乡、城南乡、蓝田乡、中正乡、获富乡、黄茅乡、株潭镇属之；

丙　第三督导区：康乐镇、高城乡、大桥乡、柏树乡、槽头乡、仙源乡、白杨乡、白水乡属之。

三、教育督导区由县政府各派督学一人负责主持督导事宜，并分别指派区教育指导员、国教巡回辅导团团员协助工作。

四、督学对于各该督导区内应视察及指导之事项如左：

子　关于教育法令之推行事项；

丑　关于国民教育行政事项；

寅　关于国民教育经费及基金筹集保管事项；

卯　关于学校教育事项；

辰　关于社会教育事项；

巳　关于地方或族祠兴办文化事项；

午　关于国教人员服务及考成事项；

未　关于县长特命视察或指挥事项。

五、督学对于各该督导区内之教育，务须依照教育法令，切实计划督导改进。

六、督学每学期在规定视导时间内，应常川驻督导区，并指定一适中乡镇为办事及通讯地址。

七、督学对于各该督导区内乡镇文化干事，必要时得指挥调遣。

八、督学视察所至，得召集现任教育人员及当地士绅开会征求意见及研讨教育改进方法。

九、督学视导每一乡教育完毕后，即应召集有关教育界人士将视导意见共同会商，并将各学校视导结果报告县政府核办。

十、督学对于各该督导区内乡(镇)长文化干事及中心学校校长应严密考查，倘遇有怠玩徇私或违法反令等事件，得随时纠正，并报告县政府核办。

十一、各督导区教育情形由县长或教育科长随时前往抽查。

十二、督学及其他视导人员得借住乡公所或中心学校，但不得受其供应。

十三、本办法由县政府呈准省政府备案施行。

9. 三十六年度第一学期视导意见(2－4－548. P2－3)

事由：据视导员三十六年度第一学期视导该县教育尚有应行改进——视导意见命仰遵照改进具报由

办拟：奉颁视导意见(二)点(二)款转饬各乡镇公所切实遵照办理，(六)点转饬各级国校遵办，(七)点转饬民教馆遵办，(八)点转饬县田粮处遵照并转饬县中知照其余一一遵办。

令万载县政府

教育厅案呈导视员三十六年度第一学期视导该县教育报告请案核一案，经查原报告该县(1)教育科长丁耀华对于本身工作尚颇具热忱，仍须持以毅力，积极展开工作；(2)该县中心国民学校经费应全部列入县预算，由县库直接发放；(3)保国民学经费应于年度开始时，由乡镇负责筹合。祈摘录原报告内视导该县教育意见具中应待改进之点，仰该县长即便道照，切实办理，具为报要。

此令。

10. 万载县政府关于乡镇文化干事第一次互易视导之训令(2 -4 -138. P15 -16)

事由：令发乡镇文化干事第一次互易视导表由

江西省万载县政府训令　　　心教字第13608号

中华民国三十三年四月21日

令罗城乡

本府前为严密视导教育工作，曾经订定《乡镇文化干事易乡视导办法》，通饬施行在卷. 兹依照是项办法，订定《乡镇文化干事第一次互易视导区域表》，以资试行. 除分令外，合行检发是项互易视导表一份，令仰该乡遵照，并转行所属各校知照为要！

此令。

附印发《乡镇文化干事第一次互易视导表》一份。

县长　何心毅

万载县各乡镇文化干事第一次互易视导表

乡镇别	文化干事姓名	易往视导地点	时间	备考
高城乡	黄镇汉	城南乡所属各保国民学校	四月二十五日开始至五月十日止	
城南乡	巢作昆	高城乡所属各保国民学校		
涂泉乡	宋泳南	丁田乡所属各保国民学校		
丁田乡	鲍镇汉	涂泉乡所属各保国民学校		
民权乡	胥福厚	白良乡所属各保国民学校		
白良乡	巢文达	民权乡所属各保国民学校		
三兴乡	杨传授	罗城乡所属各保国民学校		
罗城乡	喻恒才	三兴乡所属各保国民学校		
仙源乡	曾振华	大桥乡所属各保国民学校		
大桥乡	辛衍兴	仙源乡所属各保国民学校		
蓝田乡	辛胤达	柏柱乡所属各保国民学校		
柏柱乡	彭瑞琳	蓝田乡所属各保国民学校		

二、关于教育奖惩措施

1. 江西省万载县三十三学年度办理国民教育优良成绩事实报告(2-4-45. P133-138)

一、关于行政者

(一)设校:本县二十四乡镇二百七十保。遵照规定,每乡镇各设置中心国民学校一校,又中正乡因面积广阔,增设分校一校,共计二十五校;又保国民学校二百四十校并私立小学三十六校,已达到一保一校目标。

(二)设置班级及学生数:本县本学年度学校共计三百零一校(含私立小学三十六校)、三百九十一班,教职员计七百零八员,入学儿童计一万二千九百四十五名,入学成人计一万一千三百七十五名(经本年六月十二日以心教字第2218号呈报在案),学龄儿童计三万七千一百三十二名,失学成人计三万三千六百四十六名(经本年九月十八日以心教字第23599号呈报在案)。

(三)视导工作:本学年度本县对于视导学校各种,除由县督学依照规定每学期常日在外视导四个月并由教育科长随时下乡抽查各校办理情形外,各乡镇文化干事亦经常视导所属各保国校办理情形,县督学于学期终结均有详确之视察报告。乡镇文化干事规定每月应将视导报告书呈报县府核备,多能遵办。各级视导人员视导时如认为教职员成绩优良或发现不负责任者,则随时由各该视导人员签报县府立予奖惩。

(四)奉行法令:关于普及教育方面,遵照《强迫入学办法》令饬各乡镇长切实遵照办理,并切实推行肃盲工作。各级学校均订有行事历督促实施,并加强中心国校辅导工作,普遍组织教学研究会及读书会,以增进教师学术及教学经验,各校均能遵令办理。

二、关于经费者

(一)增筹经费:本县教育经费虽战时困难尚能分年增筹并不挪作他用。

(二)经费支出:本县县立中学及乡镇中心学校除每月由县府发给公粮外,规定由基金保管委员会按月发给学谷。康乐、中正、株潭、大桥、卢洲原系县立,并由县库发给经费。至保国民学校经费稻谷县,发津贴每人每月一市石,自筹部份经规定由各乡镇长按月发放,不得迟延或积欠,并列为各乡镇长考绩之一。

(三)基金筹集:本县各级学校基金除中心国民学校以其原有公产田亩为基金重行整理均已筹集足额外,至保国民学校基金亦经拟定《筹集国民教育基金实施办法》并分组下乡督导筹集多能筹集足额。

(四)提高待遇:本县教职员待遇早经提高,改发实物。县立中学教职员除薪津公粮外,按薪金每一百元另加津贴谷一市石。原有县立中心学校除比照县级公务员发给薪津公粮外,另由基金保管委员会发津贴谷壹石贰斗其余中心国校校长除由县发给公粮外另由基金保管委员会发给薪谷,校长月支二石,主任月支一石八斗,教员月支一石六斗,保国民学校校长月支二石二斗，教员月支二石。

三、关于学校设施者

(一)充实学额：本县各级学校学龄儿童及失学成人经本府实行《强迫入学办法》后，各校儿童多已达到规定名额，并不中途退学。

(二)民教部之设置：本县中心国民学校普遍设立民教部，并能切实办理。

(三)辅导研究：本县各中心学校对于辅导研究工作大都如期举行，其中以黄茅等校成绩为最佳。

(四)充实设备：本县各级学校设备原欠充实，嗣因本年日军窜扰遭受严重破坏，更感不敷教学。经本府令饬各乡镇长筹集经费，依照部颁设备标准切实办理，并拟提措专款补助。

2. 江西省政府奉令发《管理私立中等学校应行注意事项》暨《私立中等学校考核表》之训令(2-4-320. P250-258)

事由：据教育厅案呈以奉教育部令发《管理私立中等学校应行注意事项》暨《私立中等学校考核表请》转令遵照等情令仰遵照由

江西省政府训令　　　教二字第一〇二七七号

民国三十一年十月三日发

令万载县政府

据教育厅案呈以奉教育部本年九月九日中字第三六〇八七号训令开：

查私立中等学校之设置及管理，其应行遵照与注意之点，本部早有规定，迭经通饬颁行在案。惟频年以来，各省市原有及新增之私立中等学校，其办理著有成绩者固多，而资金为足人事尚欠健全内容未能充实，分歧复杂违背规章者，亦往往而有。兴学徒有其名，作育反多贻误，此在各校之董会及学校，或抑缘于法令规章未能尽晓，而在主管教育行政机关，则监督未严，考核欠周，□□疏忽。复查各省市能立中等学校之校数，最近统计约八百余所。如何奖励优良取缔浮滥，关系整个中等教育前途至深。本部为加强对于私立中等学校之管理及考核起见，特再制发《管理私立中等学校应行注意事项》暨《私立中等学校考核表》各一种，除分令外，合行签发该注意事项及考核表各一份，令仰切实遵照。

等因；附发《管理私立中等学校应行注意事项》暨《私立中等学校考核表》各一份，请转令颁发遵照等情，据此，除分令外，合行检发该注意事项及考核表各一份，令仰切实遵照。转该管区域内新近设立、未经立案中等学校校名，详实签报为要。

此令

计发《管理私立中等学校应行注意事项》及《私立中等学校考核表》各一份。

主席　曹浩森

教育厅厅长　程时煃

附:管理私立中等学校应行注意事项

一、全国私立中等学校之管理依后列各项办理之。

二、私立中等学校经临各项费用应由校董会负筹措之全责。

三、私立中等学校校董会至少应有三分之二之校董籍隶或居住学校所在之省区。

四、私立中等学校征收学生费用之种类及数额,应于事前呈经省市教育行政机关核准。以后非经各该机关核准,不得变更之。省市教育行政机关并得规定管辖区域内私立中等学校征收学生费用种类及数额表,呈请教部核定施行。

五、私立中等学校教职员之聘任应依照规定开具合格人员详细履历及所担任学科暨职务,呈报省市教育行政机关审核。

六、私立中等学校由校董会筹得之基金收息及其他确定收入在初级中学每年不足叁万元、在高级中学每年不足伍万元、在初高级合设之中学每年不足柒万元者,以每学年开始时招取一年级新生一班、初高中一年级各一班为原则。非经呈由省市教育行政机关核准不得招收春季或两班以上之一年级新生。其经费来达规定标准而滥事扩充班级之学校,应由省市教育行政机关予以取缔。

七、私立中等学校招收一年级新生时,录取同等学力学生之名额初级中学不得超过百分之三十,高级中学不得超过百分之二十。逾额者,不予审定其学籍。

八、私立中等学校每班学生人数不超过五十人。逾额不予审定其学籍。

九、私立中等学校办理情形应由省市教育行政机关依照附列之考核表认真考核,至少每年一次,并得由各该机关订定办法分别奖惩。

十、私立中等学校经省市教育行政机关依照附列之考核表考核结果,其成绩优良达于规定标准者应由省市给予补助。

十一、凡私立中等学校所受领之补助费超过每年十万元时,其会计人员应由省市教育行政机关派任。

十二、凡私立中等学校所受领之补助费超过该校全年经费总额之半数时,该省市教育行政机关得斟酌情形将该收为公办。

十三、省市教育行政机关应订定每年补助私立中等学校经费数额及给予补助之详细办法,呈请教育部核准施行。

十四、各省市教育行政机关应于每学年开始后两个月内,将给予补助之私立中等学校校名及补助费数额暨前学年考核各私立中等学校及奖惩情形,分别列表专案报部。

十五、私立中等学校之设立应依照《修正私立学校规程中规定之程序》办理。未经核准开办不得先行招生,应由省市教育行政机关严加监督。如有不依照规定办理者,应随时取缔。其迭次抗命者,并应勒令封闭。

十六、各省市教育行政机关对于管辖区域内未经核准开办而先行招生之私立中等学校,在一年内未予取缔者,其主管人员应以失职论,由部予以惩处。

十七、上列各项未加规定之事项仍依照一般有关法令办理。

私立中等学校考核表

项目	考核计分
甲、学校组织经费及人事	最高分数200
一、行政组织	（最高分数30）
1. 组织恪守规定	15
2. 人事健全联系密切	25
3. 分工合作运用灵活	30
二、会议	（最高分数20）
1. 各项委员会之设置，各种会议之举行，悉遵规定	10
2. 各项会议之举行，有关人员均能出席	15
3. 讨论切实，研究精到，并能确实执行	20
三、经费支配	（最高分数25）
1. 经费支配比例适合规定	12
2. 会计出纳权责分明的经费稽核委员会认真稽核，并按时公布	20
3. 经费支用能力求撙节，核实经济有效	25
四、征费及免费	（最高分数25）
1. 征收学杂费项目及数额，均遵规定	12
2. 代管各费均专帐保管，有余照退	20
3. 设置免费名额合于规定	25
五、教职员聘任	（最高分数30）
1. 教职员资历与规定相符	15
2. 专任教员与规定比例相符	20
3. 教职员待遇及授课时数与规定相符	30
六、学级设置及招生	（最高分数25）
1. 各级学生人数与规定相符(每级不超过五十人)	12
2. 学级设置与学校财力现有设备均相配合，不滥事扩充	20
3. 招收新生均定期公开，严格考试，不滥事收容	25
七、事务管理	（最高分数20）
1. 校产登记保管暨经常事务进行事项井然有序	10
2. 饮水、膳食、燃料之管理办法完善	15

续表

项目	考核计分
3. 一切事务处理均迅速周密	20
八、环境布置	（最高分数 25）
1. 布置简单尚能合用	10
2. 布置适当、清洁、整齐	15
3. 布置艺术化，教育化军事化	25
乙、精神训练	最高分数 200
一、导师制之推行	（最高分数 40）
1. 遵照规定，切实施行	20
2. 导师能以身作则，领导一切活动	35
3. 师生融洽，视如家人	40
二、集团训话及个别考查	（最高分数 30）
1. 纪念周及每日升降旗时精神讲活动能确实目标预订计划	15
2. 注意个别考查，施行个别谈话，以明瞭个别情形，积极辅导	25
3. 与学生家庭能密切联系	30
三、军事管理及童军管理	（最高分数 35）
1. 军事管理及童军管理认真，施行组织完密	20
2. 集合敏捷，行动规律	25
3. 内务整洁，仪容整饬	35
四、校风	（最高分数 30）
1. 全校精神发扬表现朝气，读书研究空气浓厚	15
2. 学生在校内外行动，均有礼节，风气优良	25
3. 训导人员及教师能生活打成一片，融洽无间	30
五、训导设施	（最高分数 30）
1. 训导工作除消极管理外，并能积极领导	20
2. 训导方法能时时筹商，研究改进	25
3. 党团活动积极推行，并能密切联系	30
六、课外活动	（最高分数 35）
1. 订有各项课外活动奖励学生积极参加	15

续表

项目	考核计分
2. 教师及训导人员积极参加领导	25
3. 各项课外活动有显著成效	35
丙、课程与教学	最高分数300
一、课程	(最高分数40)
1. 教学科目暨每周教学时数恪遵部章办理	25
2. 各科教学时间编配合理	30
3. 各科教学进度能达到部订标准	40
二、考试	(最高分数50)
1. 平时考查及定期试验按时举行,并严格认真	30
2. 考查及试验命题扼要,足以指示学习及研究之方法	40
3. 对于学生学习瞭解情形,能注意日常考查	50
三、上课日数	(最高分数20)
1. 每学期实际上课日数与规定相符	10
2. 学期中例假日指导学生作有益身心之课外活动	15
3. 规定适当之寒暑假作业,并有指导与考核办法	20
四、缺席	(最高分数40)
1. 对于学生缺席能严格检查,加以记载	25
2. 对于教员学生之缺席,均有适当处理并严格限制	30
3. 教员学生缺席,订有补课办法,认真实行	40
五、教学情形	(最高分数50)
1. 教员于授课时能事先准备充分,教学适合	30
2. 教员对于所授学科富有研究精神,能激起学生学习之兴趣	40
3. 教学方法优良,能以明确的提示引起注意而促使学生自动学习	50
六、日常练习作业	(最高分数50)
1. 各科均规定学生有练习作业	30
2. 学生各科练习作业之缴还均按时考查,不容短少	40
3. 学生各科练习作业,统由教员认真批改	50

续表

项目	考核计分
七、自修督导	（最高分数50）
1. 规定学生自修时间，并由教师负责督导	30
2. 自修时间学生疑问，各科皆有教师解答	40
3. 利用自修时间能指导学生自动学习	50
丁、体育卫生	最高分数100
一、体育训练	（最高分数50）
1. 注意日常锻炼，举行早操各项运动	30
2. 注意普遍发展，实施强迫运动	40
3. 注意提高学生爱好运动精神，时常举行各项运动竞赛	50
二、卫生设施	（最高分数50）
1. 环境卫生，办理良好	30
2. 每学期均举行学生体格检查	40
3. 预防疾病及各项卫生措施均认真办理	50
戊、生产劳动服务、战时服务各项训练及职业指导	最高分数100
一、生产劳动训练	（最高分数30）
1. 生产计划适合环境及需要	20
2. 推进生产计划能力求合于经济原则，著有成效，产品精良	25
3. 生产劳动训练能全校学生普遍认真参加	30
二、战时后方服务	（最高分数30）
1. 战时后方服务有完整计划及组织	20
2. 战时后方服务运动推行切实有效	25
3. 战时后方服务工作特著成绩	30
三、职业指导	（最高分数40）
1. 有升学就业指导之组织	20
2. 职业指导之推行有周密计划	30
3. 推行职业指导著有成效	40
已、校董会组织资产资金及设备	最高分数100
一、校董会组织	（最高分数30）
1. 遵照规定组织健全	20

续表

项目	考核计分
2.会议如期举行	25
3.每次校董会议有二分之一以上校董到会出席	30
二、资金资产	(最高分数30)
1.资产资金筹足规定数额	20
2.经费来源可靠不恃学费收入	25
3.经济宽裕可资扩充	30
三、设备	(最高分数40)
1.校舍及图书、理化、仪器各项教学设备均敷应用	25
2.校舍建筑设计良好,合于教学之用;图书、理化仪器、体育、医药用品、设备充实,并有扩充计划	35
3.各项设备充实并能尽量利用	40
说明:1.本表适用于私立中等学校(师范及职业学校得酌予补充)。 2.本表最高分数共列1000分,经考核结果以后,500分以上之学校为中等,700分以上为优等,900分以上为最优等。 3.本表所列项目每目分三细目。以第一细目为基准递进,则所得分数递增,三项全合于标准者,则予以该目应得之最高分数。其E于第一细目所列不合而合于第二细目所列者,则给予以第二细目所列之分数,减去与第一细目所列之分数,相差数后之分数。仅合于第三细目者,亦照此推算(如原列分数为15、25、30,仅合于第二细目者应给予15分,仅合于第三细目者应给予15分)。仅合于第二第三细目及第一第三细目者,给予第三细目所列之分数减去与第二细目所列之分数相差数后之分数(同上列合于第一第三或第二第三细目者应给予25分)。	

3.江西省各县转发三十二年度优良国教师资奖励要点(2-4-45.P2-3)

江西省各县转发三十年度优良国民教育师资奖励金要点

一、本省为增进国民教育效率起见,特于三十年度由省库筹拨法币二〇〇〇〇元,以充各县优良国教师资之奖励金,并订颁本要点。

二、各县奉到此要点后,即查照《江西省三十年度各县优良国教师资奖励金分配一览表》所规定数额,于三十一年四月二十日前编造预算书五份、请款书一份,连同优良教师姓名一览表五份，呈请本府核发奖励金，并切实考核各乡镇中心及保国民学校教师服务成绩，分别给予奖励金，藉资鼓励。

三、此项奖励金专以奖励各县三十年度各乡（镇）中心及保国民学校优良教师之用，其他小学教师如遇有奖励之必要时，应由各县另筹经费奖励之。

四、各县国教师资具有左列成绩之一，经考核属实者得给予奖励：

1. 所教小学部及民教部以每班学生均满四十人，平均每日到课学生在百分之八十以上，且能按时举办学年、学期后毕业考试者；

2. 资历符合规定或经核定合格且努力服务、无旷课之情事、教学成绩优良者；

3. 筹划校务或协助地方自治著有成绩者；

4. 对教育有有价值之著作或其他特殊贡献者；

5. 本年内经政府嘉奖或记功者。

五、各县评定优良国教师资之成绩时，须将以奖教师提交县国民教育委员会公开评定，以昭公允。

六、各县领到奖金十日内，须转发各教师领用造具经费累计表五份，并检同单据粘存薄，呈送本府转送审计处核销。

七、各县对于此项奖励金如有任意挪作他用或迟不发放之情事即严予惩处。

4. 江西省政府关于募集师范生奖学金之训令（2－4－45. P22）

事由：为订定各地募集师范生奖学金办法令仰切实推行由

江西省政府训令　　　教字第 042271 号

民国三十二年五月十五日发

令万载县政府

兹为发动乡邨社会人士募集师范生奖学金，以鼓励优秀青年就学师范起见，特定《江西省各县募集师范生奖学金办法》一种，规定各县设置师范生奖学金名额每保至少一名，每名年支一百元，由各保保长负责募集递解县政府组织管理委员会统筹支配。此项办法系属创举，各地方政府应督饬所属切实推行，务期各保普遍设置师范生奖学金名额，以直接加惠本保之学生，间接裨补于国家师范教育之大计。除分令外，合行检同办法一份，令仰该县遵照办理，并先组织管理委员会拟具详细实施办法，连同各保设置奖学金名额一览表，一并呈送备核为要。

此令。

附发《江西省各县募集师范生奖学金办法》一份。

附:江西省各县募集师范生奖学金办法

(三十二年三月二十六日第一五四七次省务会议通过)

第一条 江西省政府为提倡师范教育、奖励师范学生、以适应推行国民教育之需要起见,特制定本办法。

第二条 各县设置师范生奖学金名额,每保至少一名,每名年支一百元。

第三条 师范生奖学金由各保保长负责募集递解。县政府组织师范生奖学金管理委员会保管、统筹、支配,县长及教育科长为该会当然委员,余就地方热心教育人士聘任之。

第四条 各县师范生奖学金管理委员会对于全县在学师范学生人士及其所属保甲,应由详细之调查统计。

第五条 各县县政府应将全县设置师范生奖学金名额分保列表呈报省政府备。查以后如有增减,并应随时报查。

第六条 奖学金之分配以尽先给予本保在学学生为原则。如本保并无在学师范生或在学师范生成绩低劣不堪造就时,得改分配于邻保学生。

第七条 在学师范生申请奖学金,应取具原籍保长证明书连同学校正式成绩证明书,呈送县政府择优核给之。

第八条 得有奖学金之学生毕业后必须回至本保小学服务最少一年。如服务期间不满一年时,县政府追缴其原领奖学金。

第九条 各县募集师范生奖学金应照本办法办理,并酌实际情形订定详细实施办法,呈报省政府核定施行。

第十条 本办法经江西省政府公布,并咨报教育部备案。

主席曹浩森

教育厅厅长程时煃

5. 中正乡中心学校分校要求发给教导主任优良教师奖励金的呈文(2-4-45. P37-39)

事由:为据情转请发给本校教导主任丁弘毅优良教师奖励金壹佰元以凭转给而资鼓励由领据壹份

万载县中正乡中心学校分校呈　　　池　字第46号

中华民国三十三年十月十七日发

顷据本分校教导主任丁弘毅报称“窃职于本月十四日奉县府心教会字第一七五一一号训令内开:‘查三十二年度各级学校优良教师经遵章分别核给奖励金,以资奖励。上项奖金分甲、乙、丙三等甲等三百元,乙等二百元,丙等一百元。计受甲等奖金者,王其昌等三名;受乙等奖金者,龙沐沂等十名;受丙等奖金者,卢汉昌等三十一名。查该员核列丙等给予丙等奖励金。除分令外,合行令仰该员即日备据来府具领为要。’等因:奉此,不胜赧然！窃职奉令谬充斯职，迄今半载有余，虽竭尽棉薄，敬谨将事，尚恐汲深绠短，贻误学童！而乃政府不惟不加罪戾，反蒙核给丙等优良教师奖励金壹佰元，此种殊遇之恩，实令职受之有愧矣！此后惟有鞠躬尽瘁，加紧工作以图报效；奉令前因；理合备具领据壹纸随文呈请鉴核准予转呈核发"等情；据此，理合据情转呈钧长鉴核准予，即将该员奖励金壹佰元发下以凭转给而资鼓励，实为教便！

谨呈

万载县政府县长　何

附呈本校教导主任丁弘毅领据一纸

万载县中正乡中心学校分校主任　丁耀庭

6. 江西省各县三十三年度完成建筑中心学校国民学校校舍竞赛办法(2-4-138. P36-38)

一、目的

江西省政府为完成三十一年九月三日教字第〇八七〇九号令颁《江西省各县乡镇中心学校暨保国民学校建筑校舍办法大纲》(以下简称大纲)之规定，各县从三十一年度起至三十三年度止，将已改设之乡镇中心学校全部建筑校舍，并将已改设之保国民学校建筑校舍一万所起见，特订定本办法。

二、期限

(一)建筑：各县应依照大纲各项之规定，于三十三年十二月底以前将三十一、三十二两年度已分配尚未建筑完成，及卅三年度新分配建筑之中心学校国民学校校舍数额(见附表)全部建筑或修理完成。

(二)呈报：各县应将已建筑或修理完成之校舍填具报告表(见附式)三份，于三十四年一月底以前呈由该管行政督察专员，于三十四年二月二十日以前汇报省政府备核。

(三)验收：省政府接到前项报告表后，分别发交教育厅视导人员，于三、四、五、六等四个月就各员视导范围内予以三分之二抽验，并于六月底以前将抽验结果据实呈报省政府核定，于三十四年八月分别奖惩。

三、参与竞赛人员

(一)各行政区督察专员及主管教育之科长科员；

(二)各县县长及主管教育之科长科员督学；

(三)各乡镇长保长中心学校国民学校校长乡镇保文化干事；

(四)出力士绅。

四、奖惩方法

(一)奖励分传令嘉奖奖状记功三种；

(二)惩戒分申诫记过撤职三种。

五、奖惩标准

关于奖励者

(一)保长、保文化干事、保国民学校校长如期完成修理或建筑校舍者,由省政府传令嘉奖或颁发奖状。

(二)乡镇长、乡镇文化干事、中心学校校长如期完成修理或建筑中心学校校舍并督同所辖各保同样完成者,由省政府分别传令嘉奖或颁发奖状。

前项建筑校舍出力士绅除捐助资费,另照《捐助兴学办法》之规定办理外,由省政府按照出力情形,分别传令嘉奖或颁发奖状。

(三)县长、教育科长、科员、督学:全县校舍在各年度分配数内中心学校有三分之一新建,三分之二修理,国民学校全部修理者,由省政府传令嘉奖;中心学校有三分之二以上新建,三分之一修理,国民学校有三分之一新建,三分之二修理者,由省政府颁发奖状;中心学校全部新建,国民学校有三分之二新建者,由省政府予以记功。

(四)督察专员教育科长科员辖区各县县长有三分之二受传令嘉奖者,由省政府传令嘉奖;有三分之二受奖状者,由省政府颁发奖状;有三分之二记功者,由省政府记功。

关于惩戒者

(一)各乡镇保到期未完成修建校舍者,乡镇保长分别记过或撤职,中心学校国民学校校长及乡镇保文化干事分别申诫或记过。

(二)各县到期中心学校国民学校校舍有各年度分配总数三分之一或三分之二未完成建筑或修理者,县长教育科长科员督学由省政府予以申诫或记过,仍应赶速督饬完成报验。

(三)各行政区到期中心学校国民学校校舍有各年度分配总额三分之一或三分之二未完成建筑或修理者,督察专员主管科长科员由省政府予以申诫或记过,仍应督饬赶速完成转报候验。

六、特殊情形

除南昌、新建、高安、彭泽、湖口、九江、德安、瑞昌、永修、奉新、安义、武宁、星子、清安等十四县情形特殊,暂不分配建筑数额,准由各该县斟酌地方情形自行决定外,其余各县非有特殊情形充分理由,不得借词呈请缓理。

七、附则

本办法自颁布日施行如有未尽事宜随时由省政府以命令修改或补充之。

跋

“万载县民国时期宗族与地方基层社会档案资料整理与研究”与“民国万载县教育工作研究”课题由万载县档案馆黄光辉局长策划，于2017年9月向国家档案局提出申报，于当年底同获得“国家重点档案保护与开发”的立项。2018年寒假期间，我组织宜春学院文学与新闻传播学院的几位学生参加此课题的档案整理与部分内容的电脑输入工作。2018年4月，杨吉安博士与我进行了课题分工，吉安博士主持完成《民国时期万载县宗族资料汇编与整理》的编写，我则主持《民国时期万载县教育工作资料汇编与整理》的编写，并分别与万载县档案馆签订编写协议。

《民国时期万载县教育工作资料汇编与整理》的编写分两步进行。从2018年2月始至7月下旬止，我主要从事万载县民国教育档案的整体阅读与相关编写档案资料的收集工作。为了尽快完成任务，我近半年内利用周末时间，不下10次到万载县档案馆查找资料，翻阅了近200盒上千卷的万载民国教育档案。因为万载民国教育资料太过丰富，我所翻阅的资料其实还不是十分完全，有不少看似同类性质的资料都只浏览卷宗标题，没有翻阅其中的具体内容。梳理翻阅收集部分民国教育档案后，把选择出来的资料录入电脑并加以整理编辑校对工作更加烦难。因为民国档案大多属于手写体，行草书写出来的文字辨认起来十分吃力，故而电脑录入工作进展十分缓慢，投入时间之多不言而喻。我工作之余，不得不利用周末与晚上加班加点，历经半年多时间的内容输入与编校，到了2018年12月基本完成初稿的编写。

在电脑上翻阅档案的工作，其辛苦一言难尽。伏案一整天，且连续数天，腰酸背痛自不用说，不断翻阅的右手腕由于长时间保持某一固定动作，乃至出了问题，很长一段时间都不能自由转动，关节炎症一度相当的严重。与我一同受累的是我的妻子龙艳辉，她帮我完成几十万字的档案文件输入工作。为了方便进行档案内容的比较与选择，输入电脑的原始文档比最终呈现的文档字数多了将近一倍，六七十万字的文字，都是她由逐字逐句输入完成的，她的工作量之大可想而知。此外，妻子还帮助我进行了最初的校对。由于她做事情比较认真细致，故在校对过程中，发现了不少问题，排除了文稿中的不少错误。正是因为妻子分担了编写的大半工作，我才得以较顺利地完成了此书的编写任务。

从事民国时期万载县教育工作档案的整理与研究，需要经常到万载县档案馆资料室翻阅资料。我每次来万载县档案馆查找资料，都得到了档案馆领导与工作人员的热情关照与帮助。黄光辉局长特意安排一间办公室，方便我翻阅档案及午休；同时，他还吩咐档案馆工作人员为我获得相关档案提供帮助与方便。翻阅档案期间，万载县档案馆领导还特意安排我与馆里的工作人员一起用工作餐，免除了我中午外出吃饭的往返之辛劳。翻阅资料过程中,我的工作时间不定也给档案馆的门卫老张带来不少麻烦,老张亦毫无怨言。总而言之,在万载县档案馆翻阅与收集资料期间,我深深感受到了档案馆领导与工作人员的热情周到。值此初稿付梓之际,我深怀感激,难忘大恩!

万载县民国教育工作涉及面广,内容丰富。通过对万载民国教育档案的梳理,我比较具体了解我国现代教育事业的发展轨迹,即由传统私塾教育、书院教育向现代国民教育的转变。我深深感受到我们民族对于现代化的迫切性,为了完成现代教育的转变,近代国家在教育方面投入了大量的经费与社会力量。然而,由于受篇幅限制,本成果并未能让民国万载教育工作的面貌得到更全面详实具体的展现,因为要做到这一点,其需要的篇幅将是本编著篇幅的数倍。如今的成果,仅能为从事民国教育研究的学者提供一个视角或提供一些原始资料,这极大地限制了本书稿编写的现实意义。如果有可能,我希望能在现有成果基础上,完成一部教育涉及面更为全面、内容更为丰富的巨著,如此方能弥补缺憾。

杨永俊续跋于宜春学院北校区

2019.12.20